中国の歴史7

中国思想と宗教の奔流

宋朝

小島 毅

講談社学術文庫

目次

中国思想と宗教の奔流

北宋領域図　政和元年（1111）

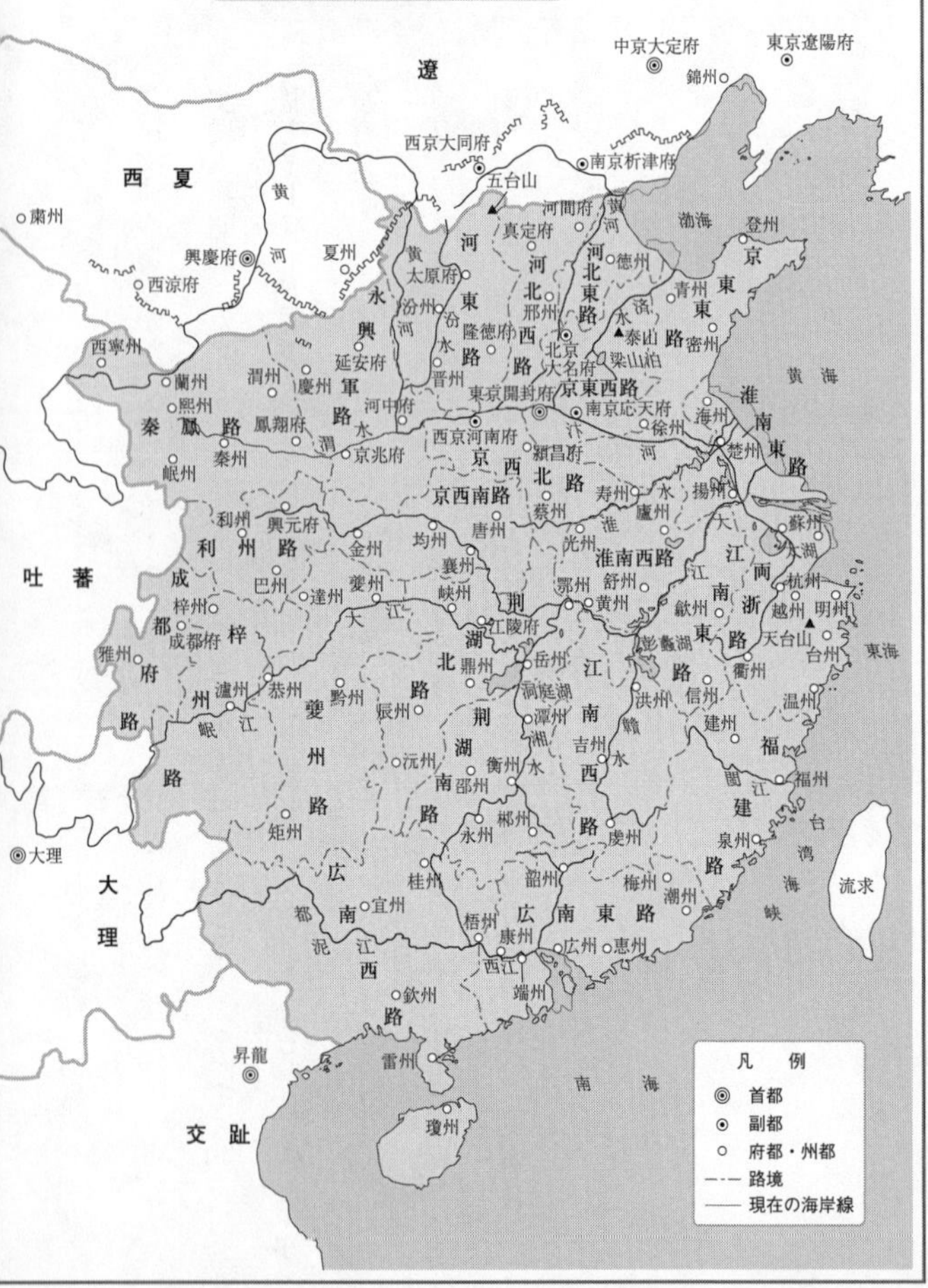

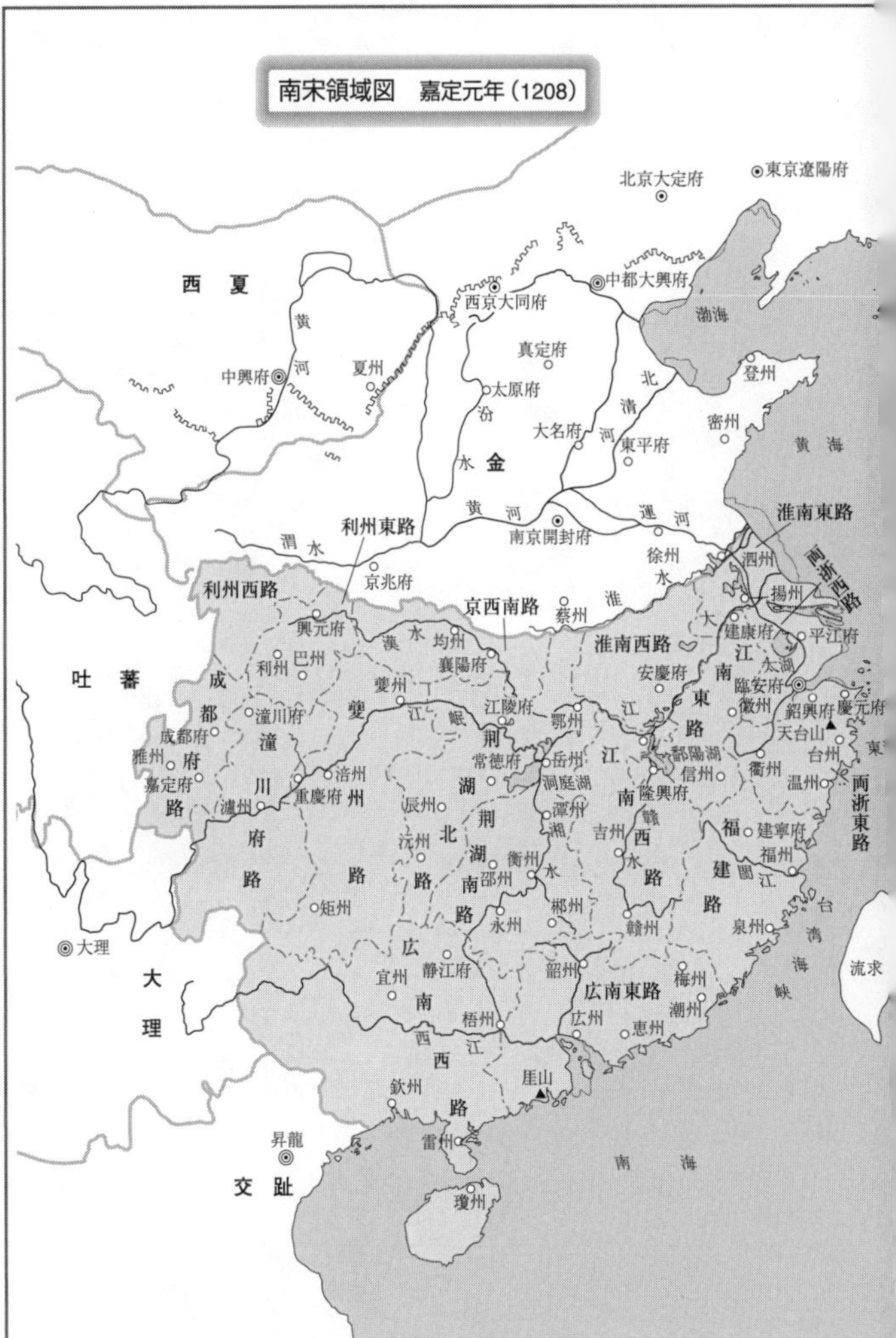

南宋領域図　嘉定元年（1208）

地図・図版作成
さくら工芸社
ジェイ・マップ
図版提供
瀧本弘之

中国の歴史 7

中国思想と宗教の奔流

宋朝

はじめに

宋代陶磁への崇敬

本書の執筆依頼を受けたのは二〇〇一年、ハーバード大学の訪問学者として米国滞在中のことであった。数日後、久しぶりに訪れたボストン美術館で、わたしはあらためて宋代陶磁器の展示品と対面していた。定州《ていしゅう》・汝州《じょ》・吉州《きつ》・建州《けん》などの窯場で焼かれ、おそらくそれぞれに数奇な運命を経て、今は地球の裏側の陳列ケースに収まっている品々。それらは小杉一雄氏『中国美術史　日本美術の源流』（南雲堂、一九八六年）が、「宋代陶磁こそは古今東西にわたり人類がもつことのできたもっとも美しい器物であったといっても、おそらくだれからも文句はこないと思う」と述べた、逸品たちである。一切の装飾を排して形そのものの均整美に徹した造形手法と、天然の玉《ぎょく》の色あいにどこまで迫れるかを人工的に追求した釉薬《ゆうやく》の微妙な輝きとは、わたしと器とのあいだをへだてるガラスの壁とそこに反射する室内照明という野暮な邪魔者の存在をさえ忘れさせる不思議な吸引力をもっている。わたしはいつにもまして長時間、そこにたたずんでいた。

しかし、上述の小杉氏の述懐は、かならずしも普遍的なことではないようだ。「文句」が来るかもしれないのである。それが証拠に、館内はだいぶ混雑しているはずなのに、この展示室を通る人はまれである。たまにあっても、ずらりと並ぶ中国陶磁（ごく素朴な新石器時代のものから、けばけばしさの極致ともいうべき清朝工房の製作品まで）に辟易《へきえき》してか、みな足早に通り過ぎていく。

やはり訪問学者として中国からきていて、親しく話をするようになった宋代思想の専門家ですら、わたしが宋代陶磁のすばらしさをたたえて同意を求めたときに、賛成できない（より正確には「よくわからん」）という言い方をした。そういわれて顧みれば、ボストン美術館でも唐三彩《とうさんさい》や元代以降の景徳鎮《けいとくちん》製品には別の展示室を用意して披露しているのに、かの逸品たちは、中国陶磁史の一こまとして、四〇〇〇年前の生活用具や二〇〇年前の俗悪趣味と同列の扱いなのである。

宋代陶磁への崇敬や愛着は、もしかしたら小杉氏やわたしに特殊な、文化的な背景に由来するのかもしれない。それを「日本人」という語でくくってしまうのは危険だろう（それが証拠に、多くの日本人観光客も、くだんの展示室は通りぬけるだけである）。が、少なくとも俗に日本文化と称されるところのコードになじんでいるもの、きどってフランスの社会学者ピエール・ブルデュー風にいえばこの「身体化された趣味」を共有するものにとって、宋代陶磁は自分と親しい存在だということはいえそうである。早い話が、この展示室から茶の湯で用いる道具としてはどれが最適かと考えた場合、宋代陶磁のどれかになるに違いあるまい。日本の「わびさび」は、唐三彩からは生まれようがなかったろう。そもそも、茶を飲むという行為自体、中国でも宋代に広まった習慣であった。

仏教を通した日中交流

日本臨済宗《りんざいしゅう》の祖師とされる栄西《えいさい》（「ようさい」とも　一一四一―一二一五。一一六八、一一八七入宋《にっそう》）には『喫茶養生記《きっさようじょうき》』という著作がある。彼自身の宋での生活経験をもとに、養生すなわち健康法として日本の同胞たちに茶を飲むことを推奨した書物である。いわば、世界の中心で流行している新しいダイエット法を、留学土産に披露したというところだろうか。

かつての通説にひきずられて、今でも誤解している人が多いのではないかとおそれているが、遣唐使《けんとうし》の廃止は日中交流の停止を意味するわけではない。人や物の行き来はあいかわらず、というより、いっそうさかんに行われていた。ただ、証拠となる文書記録が残りにくくなって、実情がわからないというだけの話である。保元《ほうげん》の乱（一一五六）の首謀者「悪左府《あくさふ》」藤原頼長《ふじわらのよりなが》（一一二〇―五六）は大の読書家として知られるが、その日記『台記《たいき》』には、読んだ本や購読したい本のリストが載っていて、中国の文化に対する飽くなき知識欲をうかがわせる。

遣唐使が廃止されてからも、事実上の国使として日本を代表して中国に渡った天台宗《てんだいしゅう》の僧侶達がいた。彼らが訪問したのは、唐末から長江《ちょうこう》下流部に事実上の独立王国として君臨していた呉越《ごえつ》国であった。呉越の領域内には天台山があったから、彼らにとってはこの渡航は聖地巡礼でもあった。呉越が宋によって併呑《へいどん》されてからは、開封《かいほう》におかれた宋の宮廷が訪問先となった。その最初の使節が奝然《ちょうねん》（九三八―一〇一六。九八三入宋）である（彼は天台宗ではなく東大寺の学僧であるが）。彼の訪問は宋の側からも重視され、宮廷には詳細な記録が作成・保存された。一度、『宋史《そうし》』の日本国伝を繙《ひもと》いてみていただきたい。彼に関する記述および彼が伝えた日本情報で埋め尽くされている。

奝然は日本仏教史の側からもきわめて重要な貢献をした。宋で印刷された直後の大蔵経《だいぞうきょう》を持ち帰ることを許されたのである。宋の宮廷からすれば、発明間もない新技術（ハイテクノロジー）を、文化のいまだ開けぬ夷狄《いてき》に誇らしげに示すという意味合いをもった行為であった。

紙・火薬・羅針盤《らしんばん》は、中国の三大発明といわれる。後二者が（西洋の歴史における重要性とは離れて）中国それ自体にとってどれほど重要だったかということになると、わたしは懐疑的である。しかし、紙こそは、中国文化を象徴するものであろう。紙は漢代の発明品だが、書物が多くの読者によって個人所有され、蔵書のなかから必要に応じて随時参照できる環境を作ったのは、印刷技術の発明であった。印刷が上記の三つと並べて「四大発明」ともいわれる所以である。この技術自体の発明は唐代もしくは隋《ずい》代にさかのぼるが、大蔵経のような大部のシリーズの非営利出版や、一般書籍の商業出版が始まるのは、宋代のことである。最澄《さいちょう》（七六七―八二二。八〇四入唐《にっとう》）や空海《くうかい》（七七四―八三五。八〇四入唐）は経典を持ち帰るのに書き写させねばならなかったが、奝然は印刷されたものをもらったり買ったりすればよかった。

『参天台五台山記《さんてんだいごだいさんき》』の著者成尋《じょうじん》（一〇一一―八一。一〇七二入宋）が宋を訪れたのは、奝然の九〇年後である。彼ともなると、書物の購入はもっと楽になっていた。日記の最後に、先に帰国させる弟子に持たせる書籍目録が載っているのは印象的である。

彼が宋に出かけたのは、王安石《おうあんせき》の改革の最中であった。前年来の旱魃《かんばつ》を憂えた神宗《しんそう》皇帝は、開封滞在中の成尋に雨乞いの祈禱を依頼する。「日本国の名誉にかけて三日以内に雨を降らせねば」と張り切る成尋。そして、まさしくその三日目に大雨が降ったと、彼の日記は記録している。ただし、この一連の出来事を、中国側の史料から確認することはできない。

皇帝側近の人物からの「日本には貴僧のような雨乞いの名人がまだおられるか？」との問いにこたえて、成尋は先人として空海の名をあげる。「そのやりかたを聞かせてくれ」との問いに、「彼は真言密教《しんごんみつきょう》、自分は天台なので、残念ながら存じ申さず」と答える。成尋としては、仏法が多種多様にさかんな日本の国情を自慢したつもりだったのだろう。天気を思うとおりに操作することのできる技術は、成尋が理解している仏法の本質的な部分であった。だが、わたしの解釈では、彼は重大な誤解をしていたのではないかと思われる。中国の宋代と日本の平安時代とは、たしかに物理的には同じ時間を共有していた。しかし、時代の位相《いそう》はずれていた。仏教の最前線は中国ではすでに大きく変質していた。

いわゆる鎌倉新仏教各宗の祖師として高等学校の教科書に載る六人（法然《ほうねん》・親鸞《しんらん》・一遍《いっぺん》・日蓮《にちれん》・栄西・道元《どうげん》）のうち、禅《ぜん》系統の二人だけ（栄西・道元）が中国留学経験者である。あとの四人はすべて広い意味で天台系のなかから出てきた思想家であり、彼らにとって、というか天台教学にとって、もはや中国から新機軸を導入する必要もなければ、本場中国の状況がそういう時期でもなかったことを示している。

すでに成尋の時点において、中国の仏教思想は、禅の時代にはいっていた。成尋は雨を降らせる神通力で中国皇帝を感心させ、日本の国威発揚に努めたつもりだったろう。だが、それは日本で関白頼通《よりみち》の護持僧を長くつとめた者の感覚にすぎなかった。中国では、彼のしたことは祈禱師・呪術師の仕事にすぎないと認識されたのである（現代のコンテクストに忠実に翻訳すれば、「人工降雨の技術者」であろうか）。彼は学者あるいは宗教者としては扱われなかった。その証拠に、自分がいかに開封で重用されたかを得々と語る彼の日記にも、当時の王安石政権の中枢を担ったエリート官僚たちとの交友関係は一切記録されていない。辛うじて、旧法党の重鎮文彦博《ぶんげんはく》との一度きりの会見が記録されている程度である。彼の話し相手は仏教教団内部の人物や皇帝側近の役人にすぎない。中国伝統文化の担い手、すなわち士大《したい》夫《ふ》たちから、成尋はほとんど相手にされていないのである。

中国史の分水嶺――唐宋変革

士大夫たちが傾倒した仏教が禅であった。現在、英語で中国語読みの chan よりも zen のほうが一般的であることに象徴されるように、明治以降の日本人の売り込みもあって、禅仏教は日本文化の不可欠の要素をなすものとみなされている。しかし、言うまでもなく、禅仏教は中国で発生した。成尋より一〇〇年後、栄西・道元をはじめ多数の留学僧が宋で学び、また宋からも少なからぬ僧侶が日本へ渡って京や鎌倉に禅寺を建立した。北条時頼《ほうじょうときより》（一二二七―六三）以降の執権たちは、禅僧を政治顧問としていた。道元が政治の世界と距離をおいたことは有名だが、それは臨済宗が為政者と積極的に関わろうとしていたことへの批判という側面を持っていた。栄西のもう一つの代表作は『興禅護国論《こうぜんごこくろん》』である。宋の士大夫たちも、自分自身の信仰問題を、国家を運営していく為政者としてのあり方と結びつけて考えようとして、禅に近づいていたのである。

禅の「不立文字《ふりゅうもんじ》、以心伝心《いしんでんしん》」は、できるだけ多数の経典・書籍を将来することを目標としてきた、それまでの天台系統の文化とは違う様相をもっていた。大蔵経が印刷され、あらゆる文献がかなり容易に見られるような時代だからこそ、書物を通じての学習行為に対する反省がおこなわれたのである。写本の時代から印刷の時代となり、書物による知識は誰でもどこでも手に入れることができるようになった。すると、次の問題として、人間自身の内面、「心」の問題が浮上してくる。唐代に発展の基礎をきずいた禅の思想が花開くのは宋代であり、また、その影響を少なからずこうむって、道教の内丹《ないたん》思想や儒教の心性《しんせい》論が展開していくのである。それは宋代陶磁がもつあの宗教的な雰囲気、高尚な精神性にも通じている。まさしく、宋代とは思想と宗教の奔流の時代であった。

陶磁も、書物も、宗教も、唐以前と宋以降とではその様相を大きく異にする。内藤湖《こ》南《なん》（一八六六―一九三四）はこの時期を中国史の分水嶺としてとらえ、それ以来、「唐宋変革論」というテーマが歴史学のなかで熱く論じられてきた。ただ、その後のアカデミズム歴史学でマルクス主義が覇権をにぎっていたこともあり、この議論も社会経済史の土俵でなされることが多く、本来、内藤湖南が意図していた文明史的・精神史的な捉え方は充分には展開されてこなかった。唐と宋の文化はどこが違うのか。端的にいえば、人間や馬の姿の精妙な模倣に熱意を注ぐ唐三彩と、単純かつ抽象的な形の茶碗作りに意欲を見せる宋磁との相違は、どこに由来するのか。

本巻は、宋代の思想文化に焦点を合わせた記述をしていく。そのため、従来の類書とは相当の違いがあることをあらかじめおことわりしておきたい。歴史とは生産関係と階級闘争の様子を分析・解説するものだと理解しておられる読者、もしくは、歴史とは人物名と事件年代の羅列・暗記にすぎないと誤解しておられる読者には、きわめて読みにくい概説書かもしれない。しかし、全体を通読していただければ、この時代の人々が何に悩み何を考えていたのか、また、その結果がここ数百年の日本文化にどのような影響をもたらしてきたのかが、多少はわかるようになっていただけるものと思う。

では、幕をあけることにしよう。宋という王朝が創設されるよりも二〇〇年前、日本人になじみの玄宗《げんそう》・楊貴妃《ようきひ》のところから話が始まる。

第一章　宋朝の誕生

安禄山から黄巣へ

漁陽鼙鼓動地来
驚破霓裳羽衣曲
九重城闕煙塵生
千乗万騎西南行

漁陽《ぎよよう》の鼙鼓《へいこ》　地を動《どよ》もして来り
驚破《けいは》す　霓裳羽衣《げいしょうい》の曲
九重《きゅうちょう》の城闕《じょうけつ》　煙塵《えんじん》生じ
千乗万騎　西南に行く
（白居易《はくきょい》「長恨歌《ちょうごんか》」より）

安史の乱

天宝一四年（七五五）一一月、北部国境地域の節度使《せつどし》をいくつも兼ねる安禄山《あんろくざん》（七〇五―七五七）が、「君側《くんそく》の奸楊国忠《かんようこくちゅう》を誅殺《ちゅうさつ》する」ことを名目に本拠地幽州《ゆうしゅう》（現在の北京《ペキン》）で挙兵、一二月には早くも洛陽《らくよう》を陥れた。玄宗《げんそう》政府にとって、それは驚天動地の出来事であったに違いない。翌年六月、首都長安《ちょうあん》防衛を断念した玄宗一行は、西南の四川《しせん》方面へ逃亡する。そして、上段の引用にすぐ引き続く部分で描写されるように、長安郊外の馬嵬《ばかい》駅において近《この》衛《え》軍のクーデターが発生、楊国忠は一族皆殺しの憂き目に遭う。彼の従妹で一族栄達のきっかけを作った楊貴妃も例外ではなかった。愛する妃を失った玄宗は位を皇太子に譲り、彼が唐の再興を期して霊武《れいぶ》（現在の寧夏《ねいか》回族《かいぞく》自治区銀川《ぎんせん》市付近）に向かうのと別れて、四川へと落ち延びていく。

安禄山はすぐに息子に殺され、部下の史思明《ししめい》が反乱軍の実権を握る。後世、安史《あんし》の乱と呼ぶ所以である。唐軍は至徳《しとく》二年（七五七）には長安を奪回、以後、洛陽をめぐって一進一退の攻防が続き、玄宗・粛宗《しゅくそう》父子が相継いで崩御したあと、代宗《だいそう》の宝応《ほうおう》二年（七六三）になってようやく鎮定した。

この反乱が唐という王朝に与えた打撃はすさまじかった。王朝はこのあとも一四〇年続き、期間としては創業から安史の乱までの長さとほぼ等しい。しかし、わたしたちが「大唐帝国」もしくは「花の都長安」という言葉から連想するのは、唐代前半の全盛時代である。唐の後半は、ぐらついた屋台骨をなんとか立て直そうとする改革者が入れ替わり立ち替わり登場し、一時の延命工作には成果をあげるものの、帝国秩序の根本的な再建はならず、巨大な恐竜がしだいしだいに衰弱して死を迎えるにいたる過程であった。

その経過については本シリーズ第六巻（『絢爛たる世界帝国』）で扱われているのでここでは省略し、これら諸施策のなかで次の時代に引き継がれていくものについて簡単に触れておきたい。

まずは両税法があげられる。建中《けんちゅう》元年（七八〇）、宰相《さいしょう》楊炎《ようえん》の建議で行われた税制改革は、従来の均田制にもとづく、租庸調《そようちょう》システム、すなわち人頭税的な支配の理念をなかば放棄し、土地私有を公認したうえで家計単位である戸と土地資産とを課税対象とする方策への大転換であった。あわせて、それまで歳入に応じて歳出額を決めてきたのに対し、逆に歳出を見込んで歳入額を課するやり方を採用し、国庫財政の健全化を図った。これによって王朝体制が財政国家に変質したと評価されている。

官僚機構もそれに応じて改編が加えられた。ただし、なんらかの理念にもとづいて立法されたわけではなく、場当たり的に必要な組織・職務を追加していったため、総体としての官僚機構は非常に複雑かつ矛盾に満ちたものとなっていく。玄宗が編纂させた『大唐六典《だいとうりくてん》』の機構図は、かつての理想を語る古文書にすぎなくなっていった。

次に、藩鎮《はんちん》の跋扈《ばっこ》がある。安禄山自身、北辺防備のために軍事と民政をあわせて一手に握る地方総督であり、その権力を私物化して反乱に及んだのだった。唐は安史の乱を鎮圧する過程で内地にも藩鎮を設け、その総督である節度使・観察使に多大な権限を与えて効率的な軍事徴用と民生安定を期待した。乱の終末期には反乱側将軍たちの投降を許し、その勢力範囲を保障する措置をとって統治を委ねている。こうして全国にくまなく藩鎮が設けられるにいたる。

両税法では税の三分の二を各地で消費し、三分の一を中央政府に上納させるきまりであったが、いくつかの藩鎮はその上納すら肯《がえ》んぜず、節度使の継承もそこの軍隊が勝手に決めるというように、朝廷の統制がきかない状態になった。なかでも安禄山の部下が降伏して節度使に任じられた河北三鎮は実質的な独立王国を形成していた。河北三鎮とは、幽州の盧龍《ろりょう》軍節度使、鎮州《ちんしゅう》（現在の石家荘《せっかそう》市付近）の成徳《せいとく》軍節度使、魏《ぎ》州（現在の邯鄲《かんたん》市）の魏博《ぎはく》軍節度使である。

そして、科挙《かきょ》官僚の擡頭《たいとう》である。官吏登用に筆記試験が導入されるのは隋代とされ、これをもって科挙制度の成立と説明されるのが普通である。だが、実際にそれが機能するようになるのは唐も後半になってからであった。国家の変質にともなって、必要とされる人材の性格も異なってきた。そうした需要に応ずる有能な官僚が科挙試験を通じて供給されるようになる。中央集権体制再建の立場から藩鎮との抗争を展開したのも、多くは科挙官僚であった。

一方で、科挙試験に志を得ず、藩鎮の幕僚となって活躍する人たちもいた。韓愈《かんゆ》も科挙で進士科に合格はしたものの、貴族制の牙城である吏部の採用するところとならず、いくつかの藩鎮で仕事をしている。このように優秀な人材が節度使のもとで働いていることは、中央政府にとっては敵を利するものであり、損失でもあった。税・軍・才をふたたび都に一極集中させること、それが王権の再度の強化をめざす皇帝たちの夢であった。

韓愈や白居易が仕えた憲宗《けんそう》は、いっときそれに成功する。しかし、宮廷に巣くう宦官たちが皇帝側近として超法規的に権勢をふるい、官僚内部の派閥闘争もあいまって、朝廷の権威確立はままならなかった。帝国の内臓が徐々に病魔にむしばまれるなか、一気に病状を悪化させる事件が起こる。黄巣《こうそう》の乱である。

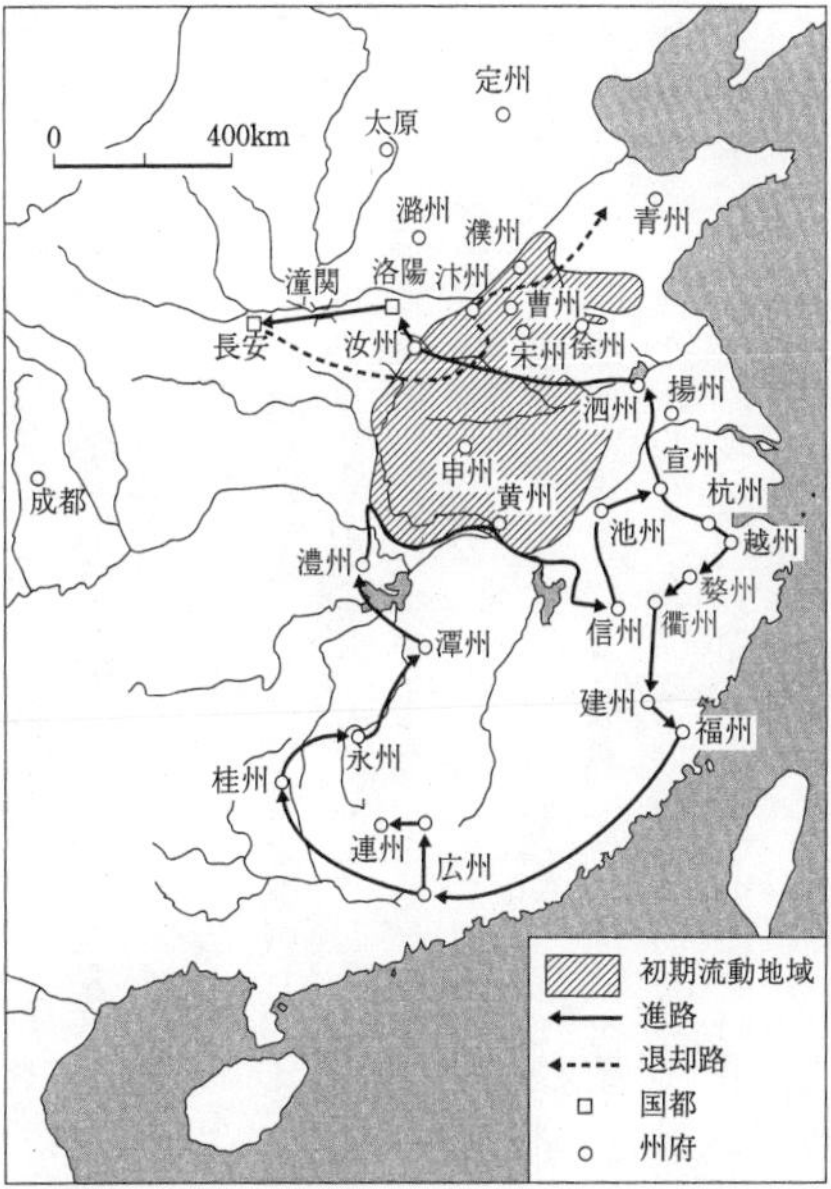

黄巣軍の進路（礪波護『馮道』中公文庫版をもとに作成）

黄巣の乱

乾符《けんぷ》二年（八七五）六月、前年来、山東で活動していた王仙芝《おうせんし》の一党に呼応して、黄巣が一族あげて武装蜂起《ほうき》する。王仙芝も黄巣も専売品であった塩の密売にたずさわっており、国庫税制上その取り締まりを強化する唐朝政府との間に日頃から軋轢《あつれき》が生じていた。ちょうど華北一帯に旱魃《かんばつ》と虫害が発生し、多くの住民が土地を離れて流浪生活に転落していた。黄巣はこれら窮乏者や無頼の徒を糾合して、財の集積する都市を荒らし回る大型盗賊団の首領となり、衝天《しょうてん》大将軍と号した。

黄巣自身は科挙に何度も挑んで失敗したと伝えられるように、古典の素養もそなえた人物だったらしい。当初は獲物を求めて各地を転戦し、イナゴさながらに餌を食い尽くしては別の都市を襲うという生き方であった。唐側ではもちろん鎮圧を試みていたが、彼らが根拠地を定めて籠城するという戦術をとらないため、把捉《はそく》することが困難であった。

浙江《せっこう》・福建《ふっけん》を経由して乾符六年（八七九）初頭に広東《カントン》にはいった黄巣は、朝廷に対して節度使のポストを要求、受け入れられれば恭順することを申し入れている。集団ごと藩鎮《はんちん》の軍隊になって、正規に大手をふって収奪できる地位を望んだのである。彼らが農民解放をめざす戦士などではなかったことは、この振る舞いを見てもわかる。要するに、社会情勢から行き場を失ったり、自身の能力欠如によって世に認められなかったりする不満分子が、場当たり的に一旗揚げたというのが真相であろう。彼らも安定した生活に戻るための落とし所を模索していたのである。

ところが、朝廷はより下位の官職しか提示しなかった。それでは黄巣本人はともかく、彼につきしたがっている連中の生計が成り立たない。意を決した黄巣は同年九月に広州《こうしゅう》城を攻略、徹底的な破壊と略奪を行った。広州は南海貿易の拠点として富を集積していたからである。一〇万を超す住民が殺害されたと史書は伝えるが、この「広州大虐殺」の犠牲者数の伝承にきちんとした根拠はない。被害者側によってそう記憶・記録されているだけである。
広州で奪えるものを奪い尽くし、南方の暑気に苦しむようになった集団は、北への移動を開始し、途中かなりの迂回をしたにもかかわらず翌年一一月には早くも洛陽を囲んでいる。この驚異的な速さの移動は、対応が遅れがちな唐の朝廷にとって防ぎようもないものだった。洛陽が、そしてその翌月には長安が、あっけなく落城する。

長江《ちょうこう》を北に渡った頃から集団には変質の兆しが現れる。略奪をしなくなり、黄巣が天補均《てんぽきん》平大将軍《へいだいしょうぐん》を自称して、民心を収攬《しゅうらん》し唐とは別個の理想国家建設を謳うようになったのである。洛陽・長安といった唐の中枢都市を狙うようになったのも、唐軍との正面衝突を避けていた時期とは様変わりであった。恐れていたほどの抵抗も受けることなく長安を占領すると、黄巣は宮殿において皇帝に即位、国号を斉《せい》、年号を金統《きんとう》と定めた。国号は彼の出身地山東に由来し、年号は唐を受け継ぐ王朝として金徳であることを表明したものである。

漢代以来、中国には王朝交替を理論化する五徳終始説《ごとく》なるものがあった。森羅万象を説明する五行《ごぎょう》思想にもとづき、各王朝は五行に対応する五種類の「徳」のいずれかを持ち、王朝が替わると一定の順序によって「徳」が移行するというものである。その順序としては前漢末に相生説《そうしょう》が採用され、木↓火↓土↓金↓水↓木と循環することになった。漢は火徳とされ、前漢を簒奪《さんだつ》した王莽《おうもう》も、後漢を簒奪した曹丕《そうひ》も、自分の王朝の徳は土徳であると称した。曹氏の三国魏《ぎ》を滅ぼした晋《しん》は金徳、南朝において東晋に代わった宋は水徳である。北朝系の唐は、晋（金）↓北魏（水）↓北周（木）↓隋（火）という流れを継いで土徳だったのである。

また、これらの王朝交替は通常「禅譲《ぜんじょう》」という儀礼によって演出された。これは天命の更新を前王朝の皇帝が認め、新たな王者に皇帝の位を自主的に譲るというもので、王莽にしろ曹丕にしろ、実際には暴力的な脅迫によるとはいえ、漢の皇帝から禅譲され、三度断ったのちにやむなく即位するという手順を踏んでいる。

大唐帝国の後継者

黄巣の場合には禅譲ではなく、すでに僖宗《きそう》が四川に蒙塵《もうじん》したあとの長安宮殿に乗り込んで勝手に即位したのではあるが、金徳にふさわしい年号を布告することで、自分が大唐帝国の後継者であることを内外に宣言したわけである。なお、唐の正式名称は「大唐」であり、本書では「唐」を名乗る他の王朝と区別する意味で、このわれわれにとってなじみの世界帝国のことを、先学の呼称法に倣って大唐帝国と呼んでいきたい。ちなみに、黄巣の「斉」も本来は「大斉」だった。「大日本帝国」、「大韓民国」、いずれも中国のこの手法を踏襲した国名である。

斉王朝は逃げる間もなく長安に残留していた大唐帝国の中下級官僚をそのまま引き継ぎ、大臣・将軍に黄巣集団の幹部たちを据えた混成政府であった。天補均平大将軍というかつての称号はどこへやら、ほぼ無傷で手に入れた長安の、衰えたりとはいえ、かつての栄光をとどめる輝きのうえに寄生するようになる。唐の貴族で長安周辺に逼塞《ひっそく》していた者たちは、事あるごとに逮捕・殺害の対象となった。その財貨没収が目的であったと思われる。

その間にも根拠地が定まったことでかえって敵方藩鎮《はんちん》諸勢力に包囲網をしかれ、経済事情は逼迫《ひっぱく》していく。金統三年（八八二）、すなわち大唐の中和二年、長安東方一〇〇キロの同《どう》州に駐屯していた朱温《しゅおん》が寝返るに及んで首都防衛も危うい事態に立ち至る。朱温はこの功績で大唐帝国から全忠《ぜんちゅう》という名を与えられ、あらためて節度使に任じられた。「まったき忠誠」という名を持つこの男が、安禄山《あんろくざん》も黄巣も果たせなかった、大唐帝国へのとどめを刺すことになるのだから皮肉である。

唐側にはトルコ系沙陀《さだ》族の武将で、帰順して皇室の姓の李《り》をたまわった李国昌《りこくしょう》の子、李克《りこく》用《よう》も加わった。彼は黒ずくめに武装して「鴉軍《あぐん》」と呼ばれた精強な部隊を率いており、中核となって斉軍を大破する。こうして長安を脱出した黄巣は、以前のように河南各地を略奪しまわったのち、故郷に近い泰山《たいざん》のふもとで自殺する。乱後には、平定の功績で一気に頭角を現した朱全忠と李克用の両雄が相対立して覇権を争うことになる。

朱全忠の擡頭

中原に鹿を逐う

朱全忠《しゅぜんちゅう》はもともと宋州（現在の河南《かなん》省商丘《しょうきゅう》市）の出身。父は儒教の経書《けいしょ》を教える田舎教師だった。三人兄弟のうち、長兄は父の気風を受け継いで人格者として信頼されていたが、下二人は無頼の性があり、黄巣《こうそう》が蜂起《ほうき》するとその集団に加わった。仲兄は広東《カントン》攻略戦で戦死するが、全忠（当時の名は温）は黄巣に付き従って長安《ちょうあん》入城を果たす。全忠は同州攻めの司令官、陥落後はその地を防御する任務を与えられており、斉国内でも重鎮の一人であった。しかし、黄巣側近の人物と隙を生じて唐に投降、やがて宣武《せんぶ》軍節度使に任じられる。その駐屯地汴《べん》州（現在の河南省開封《かいほう》市）は大運河沿いの要衝で、南方物資を洛陽や長安に輸送する中継点に当たっていた。故郷に近いこの都市の重要性を、彼は早くから見抜いていたに違いない。ここを任されたことで、彼の軍団は急速に力を増していく。

一方、彼のライバル李克用は、河東《かとう》軍節度使として太原《たいげん》（山西《さんせい》省）に根拠地を与えられる。勇壮な騎馬軍団を養成するには好適の地であったが、いかんせん、経済的な優良地ではなかった。この差が、中原に鹿を逐《お》う両者の運命を分けた。

朱全忠はトルコ系のこの人物が自分にとって将来邪魔になることを早くも察していたのだろう、黄巣追討のため李克用が汴州を通過した時に、歓待すると見せかけて夜襲を仕掛け、暗殺を企てる。李克用は辛くも虎口を脱し、朱全忠とは不倶戴天《ふぐたいてん》の敵となった。

しかし、政治力では朱全忠のほうがはるかに老獪《ろうかい》だった。汴州を手にしたのもおそらく長安の宮廷への根回しによるのだろうが、黄巣死後の論功行賞では同中書門下平章事《どうちゅうしょもんかへいしょうじ》、すなわち宰相の職を得ている。もちろんこれは名目的なもので、地盤の汴州を手放しはしなかった。同時に沛郡侯《はいぐんこう》に封ぜられ、やがて沛郡王に栄進している。李克用はさきの暗殺未遂事件を朝廷に訴えていたが、朱全忠の裏工作でかえって朝敵の汚名を着せられ、追討される始末であった。河南軍閥としての朱全忠と山西軍閥としての李克用は、以後二〇年にわたり何度も干戈《かんか》を交えたが、決着はつかなかった。

光化《こうか》三年（九〇〇）、皇帝昭宗《しょうそう》が酔ったあげくに側近や侍女を殺害するという事件が起きる。宦官劉季述《かんがんりゅうきじゅつ》は「おかみがこのようでは天下を治めさせることはできない」と述べて廃立を決意、皇太子を即位させる。劉季述は早速養子の劉希度《きたく》を汴州に派遣し、唐の政権を委ねるからと朱全忠の同意を求めた。中央に進出すべきかどうか迷う朱全忠。しかし、側近に劉季述を誅殺すべしと説く者もおり、形勢観望をしているうちに劉季述一派は失脚し、昭宗が復位する。

劉季述と当初から対立していた宰相崔胤《さいいん》は、朱全忠の助力を得ることにより、宦官一掃を企図する。その招きに応じて朱全忠は出陣、長安へと迫った。宦官韓全誨《かんぜんかい》は昭宗を擁して長安の西一〇〇キロあまりの鳳翔《ほうしょう》（現在の陝西《せんせい》省宝鶏《ほうけい》市付近）に逃れ、当地の軍閥李茂貞《りもてい》を頼る。しかし、結局李茂貞は韓全誨を殺害、その首を朱全忠に届けて和睦を申し込んだ。昭宗は長安に帰還し、崔胤は、朱全忠の支持・指示もあってただちに宦官七〇〇人を処刑する。

唐代後半の宮廷を牛耳り、さまざまな弊害をもたらした宦官ではあったが、皇帝の手足として王権を支える役割も果たしていた。これを失ったことで皇帝は裸同然となる。この粛清の功績で朱全忠は梁《りょう》王に栄達し、ますます重きをなす。ついには長安で甥の朱友倫《しゅゆうりん》がポロ競技中に事故死したことを口実にして朝廷での協力者崔胤も殺してしまう。こうして唐の宮廷に朱全忠の敵対者はいなくなった。

王権簒奪

天復《てんぷく》四年（九〇四）、朱全忠は自分の勢力範囲内にある洛陽《らくよう》への遷都を昭宗に要求、長安の住民も一緒に強制移住させた。すでに近衛軍も解体していて、行幸に付き従うのは侍従の少年ばかりであったが、朱全忠は彼らも謀反の嫌疑をかけて道中で殺害、昭宗の周囲はすべて梁の手の者たちばかりとなった。

昭宗が洛陽に到着すると、朱全忠はこれを祝して天祐《てんゆう》と改元させる。晋《しん》王李克用・岐《き》王李茂貞・楚《そ》王趙匡凝《ちょうきょうぎょう》・蜀《しょく》王王建《おうけん》・呉《ご》王楊行密《ようこうみつ》といった各地の軍閥は一斉に反発、打倒朱全忠の旗幟を鮮明にする。以前から意にかなわない昭宗がこれらの勢力に利用されることを恐れた朱全忠は、彼を部下に弑殺《しいさつ》させた。かわって大唐最後の皇帝哀帝《あいてい》（昭宣帝）が即位する。すでに朱全忠は簒奪《さんだつ》を決意していた。

しかし、哀帝も彼の思惑通りには動かなかった。都の南の郊外で天帝を祭る郊祀《こうし》実施を企てる哀帝に、朱全忠は「唐の延命を祈るつもりか」と不快感をあらわにし、皇太后を密通のかどで殺害、喪のために郊祀ができないようにしむけた。

天祐四年（九〇七）正月、王権簒奪は最終段階を迎える。洛陽の哀帝から汴州に派遣された高官は、朱全忠に遠からず禅譲《ぜんじょう》のことがあろうと告げ、彼に臣下の礼をとってひとさし舞う。哀帝は二月に禅譲をおこなう旨の詔を発し、宰相を派遣して朱全忠に即位を勧進した。しかし、ここは型通り、彼は辞退する。二月になって洛陽宮廷の大臣たちが哀帝に譲位することを上奏し、帝の意向として彼らは打ちそろって汴州に出向し、即位を勧進する。地方藩《はん》鎮《ちん》のうち朱全忠に従うところからも、勧進の上奏が相継ぐ。三月になってみたび勧進の使節が洛陽から汴州に向かう。そして、ついに見切り発車の形をとって、譲位の通達が洛陽から発せられた。朱全忠は「思いがけない」という態度で逡巡のそぶりを見せ、彼自身の梁宮廷の官僚たちや、洛陽から下向した大唐帝国の文武百官からさらなる勧進を受けてようやく帝位に即《つ》く儀式を執り行う。国号は大梁、年号は開平《かいへい》、都は汴州あらため東都開封府、王朝の徳は金であった。土徳の大唐を継いだ以上当然のこととはいえ、三〇年前に朱全忠自身がその将軍となった斉《せい》と同じ徳である。

新皇帝の長兄は、弟の即位を喜ぶどころか、こう言って叱りつけたという。「三郎！　お前は盗賊の一味だったのを、特別に恩顧をかけられて大臣に取り立てていただいたのを忘れたか？　お前のせいでわが朱一族はきっと祭ってくれる子孫すらいなくなることだろうよ」。

事実、梁王朝はわずか一六年しか続かなかった。朱全忠はかつて安禄山《あんろくざん》がそうであったように、実の息子の手にかかって非業の死を遂げる。即位してから五年後のことであった。

華北王権の興亡

五代十国の時代

かくして、高祖李淵《りえん》以来続いた大唐王朝は、反乱軍から投降してきた一代の成り上がりに

後梁時代の五代十国

よって息の根を止められた。朱全忠《しゅぜんちゅう》はようやく待望の帝位を手に入れ、名も臣下にこそふさわしい「全忠」から「晃」とあらためる。もっとも、中国皇帝の実名はおそれがましいとこれを避け、日常生活でも一切その字を使わないきまり（避諱《ひき》）があったから、実際にはこの名が公の場で使われることはなかった。なお、以下、五代の諸皇帝には即位後に改名した者が多いが、煩雑になるのですべて臣下時代の名で呼んでおく。

二九〇年ぶりの禅譲《ぜんじょう》劇もつつがなく済み、朱全忠は名実ともに中国に君臨する王者となったはずであった。しかし、彼の威令になびいたのは、華北の一部にとどまっていた。まずもって最大のライバル李克用《りこくよう》がこの禅譲を認めない。彼は洛陽《らくよう》遷都を朱全忠の反逆行為とみなして天祐《てんゆう》への改元にしたがわず、太原《たいげん》では旧来の天復《てんぷく》を引き続き使用していた。今回の梁《りょう》王朝設立にともない、朱全忠の王権を認めるならば開平《かいへい》を使用すべきところ、彼はそれまでの天復使用を天祐使用に切り替えるという措置に出た。ややこしい話だが、彼のもとでは天復七年が突如天祐四年に代わったのである。実際には滅亡している大唐帝国最後の年号を奉じることで、あくまで梁と張り合うことの宣言であった。

同様に、呉国《ご》（江蘇省《こうそ》）の楊渥《ようあく》も天祐四年の年号を守って梁には従わない意思表示をした。呉国では独自の年号を建てるまで天祐が一五年続く。呉越国《ごえつ》（浙江省《せっこう》）の銭鏐《せんりゅう》は天祐四年のあと天宝《てんぽう》という独自年号を建て、後唐《こうとう》に入貢するようになってからは後唐の年号を使用し、以後一貫して五代・宋の各王朝の年号を用いた。それは呉越の支配者が中原《ちゅうげん》の皇帝から「呉越国王」の爵位を得ていることと連動している。

後周時代の五代十国

唐梁の禅譲から周宋の禅譲にいたる五三年間（九〇七—九六〇）は五代十国時代と呼ばれる。これは洛陽または開封《かいほう》を都とする華北の中原王朝が五つ、それ以外のおもな地方政権が一〇あったことによるが、十国の形態は一様ではない。呉越のほか、荊南《けいなん》（湖北《こほく》省）・楚《そ》（湖南《こなん》省）といった国々は、あくまで「王」であって、他王朝の皇帝の臣下としてその年号を奉じている。生き残りのためには朝貢先を代えることも必要で、長江《ちょうこう》中流域にあった小国荊南は、呉に服属したり後唐を奉じたりと、何度か年号のあるじを取り替えている。

一方、呉のように皇帝を称して独自年号をもつ国もあった。蜀《しょく》（四川《しせん》省）王の王建《おうけん》は晋《しん》王李克用同様に天祐年号すら認めず、「天復七年」（＝開平元年）の九月に、朱全忠より五ヵ月遅れて皇帝に即位、翌年正月をもって「武成《ぶせい》」と改元する。その一〇年後の西暦九一七年、南漢《なんかん》（広東《カントン》省）も皇帝を称して「乾亨《けんこう》」という独自年号を使用した。閩《びん》（福建《ふっけん》省）は、自立当初は中原王朝の年号を奉じていたが、途中から帝位に即き、独自年号を使用する。

そのほか、王氏の蜀（通称は前蜀《ぜんしょく》）を滅ぼした後唐の将軍がのちに自立した孟《もう》氏の蜀（通称は後蜀《こうしょく》）、呉から禅譲されて成立した唐（通称は南唐《なんとう》）、五代の漢（通称は後漢《こうかん》）をそのまま引き継いだ通称北漢《ほっかん》の諸王朝の君主は王ではなく皇帝であり、独自年号を持っていた。したがって、たとえば西暦九五七年に相当する年は、後周の顕徳《けんとく》四年、南唐の保大《ほうだい》一五年、後蜀の広政《こうせい》二〇年、北漢の天会《てんかい》元年、南漢の乾和《けんわ》一五年であった。

ただ、実はこの「五代十国」という呼称法は漢族中心史観によるもので、この時期の王朝興亡史のアクターとしてはもう一つの王朝を見落としてはならない。契丹《きったん》である。その初代耶律阿保機《やりつあぼき》が皇帝に即位して年号を建てたのが九一六年、すなわち神冊《じんさく》元年である。この王朝、のちには中国風に遼《りょう》を名乗っており、九五七年は遼の暦では応暦《おうれき》七年と呼ばれる。この王朝については本シリーズ第八巻（『疾駆する草原の征服者』）で詳しく扱われるので、本書では脇役として振る舞ってもらう。

このほか、周辺の諸国、南詔《なんしよう》（雲南《うんなん》省）・于闐《うてん》（新疆《しんきよう》ウイグル自治区）、それに日本なども独自年号を持っていた。現在の国境線から見たとき、南漢は十国に数えるのに南詔や于闐がはいらないのはなぜかという素朴な疑問も湧くが、要するに「五代十国」という呼称が宋代において形成された、当時の宋の勢力範囲を念頭においた時代呼称であることを認識しておけばよかろう。

ともかく、通常「五代乱離」などと表現されるこの時期を、王権の興亡という観点から整理するのがここでの意図である。そうすることで、宋という王朝の特質が鮮明に浮かび上がってくるはずである。

五代王朝の推移

話を「開平二年」、すなわち西暦九〇八年に戻そう。この年、太原では——ということは当地では天祐五年の出来事として記録されたわけだが——梁の建国を認めない晋王李克用が無念の思いを抱きながら世を去った。遺志を受け継いだ子の李存勗《りそんきよく》は、みずから軍を率いて黄河《こうが》まで押し寄せ、梁軍と対峙する。梁も皇帝朱全忠みずから出陣して応戦し、その侵攻をなんとか食い止めた。以後、両者にらみあいの膠着状態が続く。

後世評判になったのは、この時、晋軍の陣中にやがて皇帝となる運命の五人の人物がいたことである。もちろん、その時点では誰もそうなると予想すらしていないわけだが、以後数十年の帝位争奪戦の主人公となる人たちである。

まずは李存勗本人。最初は物量にまさる梁に押されて劣勢だったが、朱全忠没後の後継者争いに端を発した梁の内紛に乗じて攻勢に転じ、梁に与《くみ》していた有力藩鎮《はんちん》を次々と降していく。魏《ぎ》州で大唐の伝国《でんこく》の璽《じ》（歴代王朝が伝えてきた玉璽で、皇帝のシンボル。日本の三種の神器に相当する）を入手したのを機に、祖父が李姓を賜っていたことを根拠として唐の皇帝に即位、天祐二〇年を改めて同光《どうこう》という年号を建てる。梁の年号では龍徳《りゅうとく》三年（九二三）のことであった。その半年後には開封を陥落させ、梁を軍事的に制圧した。宋代以降今日にいたるまで、彼をもって新王朝の創始者とし、その王朝を後唐と呼んでいるが、自己認識としてはあの大唐帝国の復興が彼の使命であり、自分を中興の祖と位置づけていたことになる。三国時代蜀漢の劉備《りゅうび》に同じと言えよう。

李存勗は唐の復興を志したために諸方面で復古政策をとった。都を洛陽に置き、唐の法典を復活させ、宦官《かんがん》や旧貴族の血筋の者たちを重用した。そのため皇帝在位わずか三年にして養子の李嗣源《りしげん》に叛《そむ》かれ、近衛軍に殺される。李嗣源はいちおう彼の功績を認め、荘宗《そうそう》という廟号を贈った。

こうして李嗣源が即位する。彼は五代の諸帝中では周《しゅう》の柴栄《さいえい》と並ぶ名君とされ、官僚制度や軍隊組織を整備改編して時代の要請に応えた。財務官庁である三司や、近衛軍の中核となる侍衛親軍は彼の創設で、北宋まで継承されたものである。近衛軍のことを中国では禁軍《きんぐん》と呼ぶが、その強化拡大をしていくことが、五代の各皇帝共通の政策であった。その成果として李嗣源は四川《しせん》に遠征軍を派遣し、前蜀を滅ぼして版図を拡げている。彼自身は漢字が読めなかったらしいが、宰相馮道《ふうどう》による儒教経典印刷などの文化事業を推進した。没後、明宗《めいそう》と廟号を贈られる。なお、彼の治世二年目の天成《てんせい》二年（九二七）に、趙匡胤《ちょうきょういん》すなわち宋の太祖が都の洛陽で生まれている。

あとを嗣いだ実子は、長安の軍閥で李嗣源の養子李従珂《りじゅうか》に殺され、位を奪われる。李嗣源にしろ李従珂にしろ、先帝とは擬制的な血縁関係しかなく、旧来の感覚から言えば王朝交替

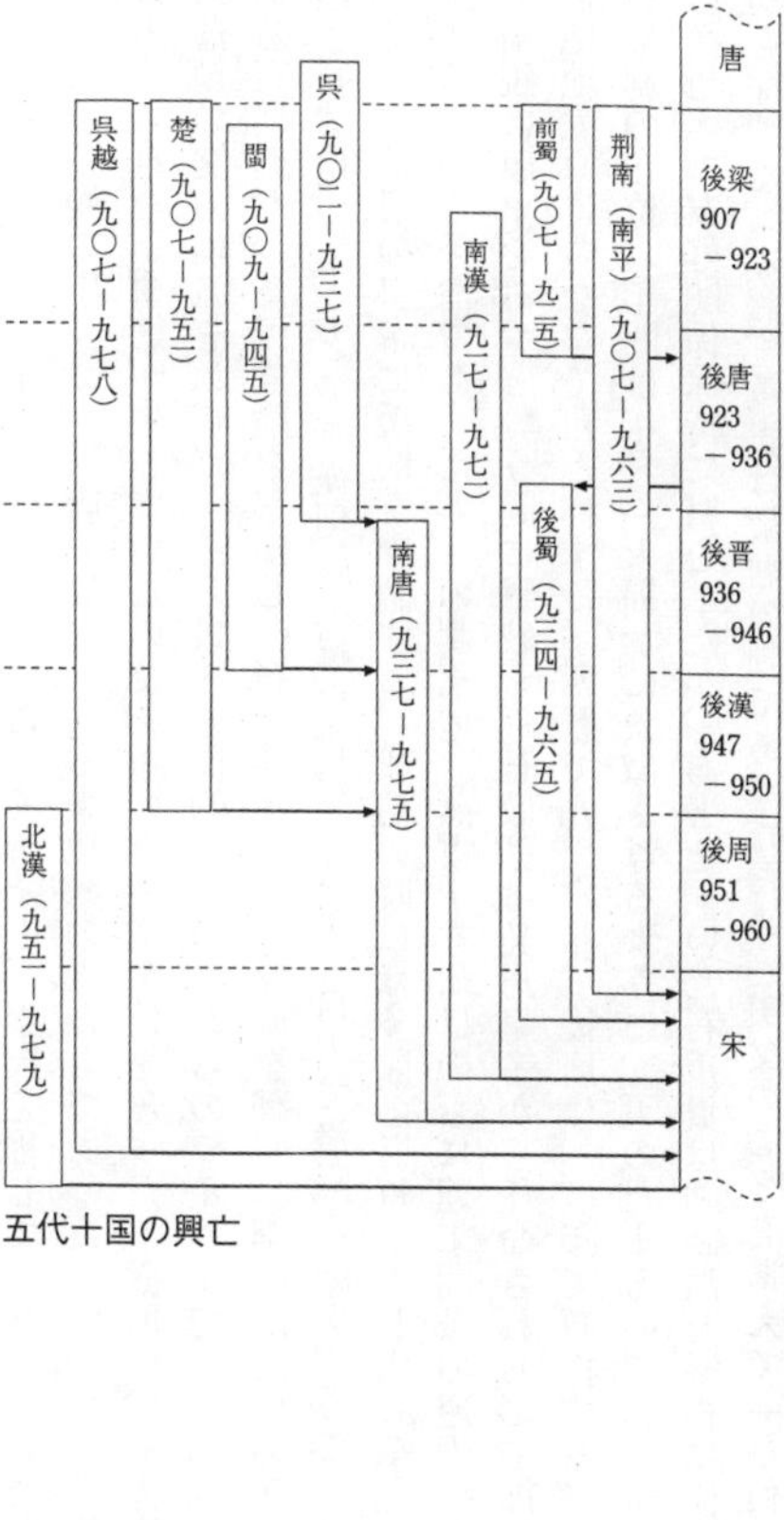

五代十国の興亡

に等しいクーデターによって即位していた。そもそも、李氏を称しているこの人たちはみなトルコ系沙陀族の出身で、大唐の皇室とは本来無縁の人たちであった。かつての政治秩序からは考えられない事態が生じていたのである。実力で帝位を奪った李従珂は、王権強化のために藩鎮の勢力削減をねらう。その最大の標的がかねてからのライバルで、李嗣源の娘婿でもある石敬瑭《せきけいとう》だった。危険を察知した石敬瑭は太原で反旗を翻し、李嗣源時代の年号長興《ちょうこう》を復活させて用いることで李従珂の王権を否定するが、自力で洛陽に進攻することはできない。そこで契丹《きったん》の皇帝に援助を申請する。成功の暁には多額の財貨を差し出し華北の一部を割譲するという条件であった。この割譲地、燕雲《えんうん》十六州はのちに遼宋開戦の遠因となる。契丹の精鋭は唐軍をあっという間に撃破し、石敬瑭は契丹皇帝から任命される形で即位、国号を根拠地太原にちなんで晋と称する。西暦で九三六年、後唐は一三年で滅亡する。

石敬瑭の在位六年間は年号「天福」に象徴されるように、天のたまものである帝位を守るため契丹との友好関係保持に腐心したが、あとを嗣いだ石重貴《せきじゅうき》は強硬派を宰相に任じ、対決姿勢を採った（なお、重貴は敬瑭の甥であったため、実父のことをあえて「皇伯」と呼んだ。このことは、あとの章でもう一度言及する）。契丹は皇帝耶律徳光《やりつとっこう》みずから大軍を率いて南進する。晋側はこれを撃退、それに気をよくして天福を開運と改元する。即位三年目の年度途中という、従来にはあまり例のない改元であった。こうして二度まではなんとか侵攻を食い止めるのに成功したが、三度目の侵攻により開運三年（九四六）、ついに開封は陥落、晋は一〇年の国運が尽きて滅亡する。皇帝石重貴は北方に拉致された。国外へ出ていっ

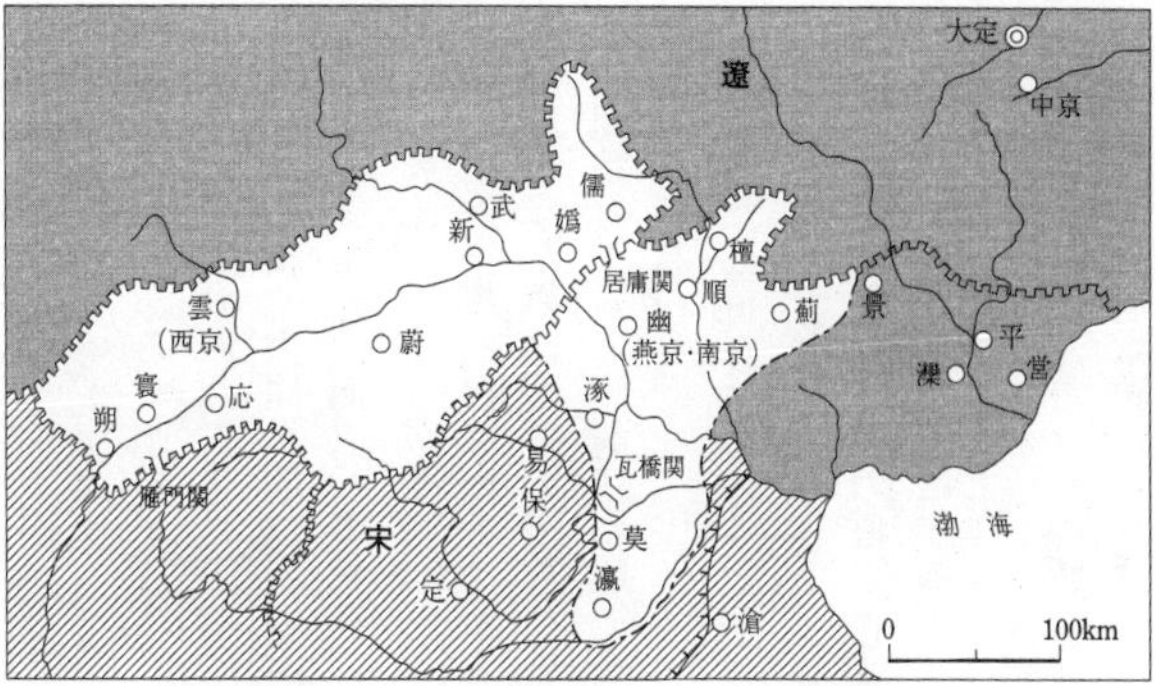

燕雲十六州略図（佐伯富『宋の新文化』をもとに作成）

たために、次の王朝によって彼の諡《おくりな》は「出帝《しゅってい》」と定められた。耶律徳光は華北をそのまま占領統治するつもりで、わざわざ馮道率いる晋の文武百官の勧進を受けて開封であらためて中国式に即位する。これにあわせて国号も遼と改めていたが、国内での皇太后一派との対立に加えて、華北各地で反遼闘争が生じたため帰国を決意、その帰路に崩じる。こうして華北には政治的真空状況が生まれた。

その間隙を衝いて皇帝に即位したのが劉知遠《りゅうちえん》、かつて石敬瑭に仕えた武将である。ただし、その即位はこれまた中国史上に類を見ない珍しいものであった。皇帝即位後数ヵ月、国号も年号ももとのままだったのである。正確には、出帝政府による遼への強硬路線を認めない立場から、開運年号を無視して天福一二年を称したのである。つまり、法制上は新王朝の創設ではなく、皇帝が拉致された状況を受けて「晋の三代目の皇帝」を演じたのであった。その後、中原に進出して国号を漢《かん》と定める。劉姓であるため、あの漢帝国皇室の末裔を自称して華北統治を志したのである。王朝の祖先を祭る宗廟にも、高祖劉邦《りゅうほう》と光武帝劉秀《こうぶていりゅうしゅう》を祭り、みずからの帝位を正当化した。ただ、実際には彼も沙陀族出身である。国号を変えても年号だけは旧主石敬瑭への思慕やみがたしと称して変更せず、翌年（九四八）正月をもってようやく「乾祐《けんゆう》」と改まった。

劉知遠もまた太原を即位前の本拠地としていた。唐・晋・漢と、ここまですべて太原にいた将軍が新王朝を樹立しており、李克用によって基礎が作られた山西軍閥の底力を示している。ただし、どの王朝も都は洛陽か開封という中原の地に据えざるをえず、それが政治経済の中心地と軍事的拠点との乖離《かいり》を生じて王権の不安定につながっていた。李従珂が石敬瑭の軍権を奪うために移封を持ちかけて拒まれ遼軍との合作を招いたのも、宋になってからここを本拠地とする北漢討伐に最後まで手こずったのも、なかば独立した太原の地勢的条件のなせるわざであった。

劉知遠が即位してまる一年で死去すると、あとを嗣いだ劉承祐《りゅうしょうゆう》は有力な大臣・将軍を遠ざけて王権の基盤を固めようとする。唐の李従珂、晋の石重貴と同じやり方である。そして、彼もまた魏州駐在の将軍郭威《かくい》の反発を買う。劉承祐は郭威に叛意《はんい》ありと知って、開封にいた彼の一族を皆殺しにするが、結局は彼に通じる自分の臣下によって殺害されるはめに陥る。

開封に乗り込んできた郭威は漢の皇太后を擁して実権を掌握した。今回の政変でもあいかわらず政権中枢に居残った馮道は、劉知遠の弟にして太原を守る劉崇《りゅうすう》の子で、別の土地の節度使をしていた劉贇《りゅういん》を皇帝として奉じることを郭威に献策する。ところが、劉贇が開封に到着する以前に、郭威は遼の南下を迎撃すると称して黄河沿岸の澶《せん》州まで出陣、そこで軍隊に擁立されて都に戻り、皇太后からの禅譲《ぜんじょう》によって帝位に即いた。こうして周《しゅう》王朝が誕生する。五代各王朝はいずれも短命ではあったが、漢はそのなかでも最短で、劉知遠の即位後わずか四年であった。

自分の子が皇帝になれると喜んでいた劉崇は、開封での政変を承知せず、自立して皇帝を称し、乾祐年号を引き続き使用する。主観的には漢の第三代皇帝ということになるが、普通、後漢と区別してこの王権を北漢と呼ぶ。北漢は四代三〇年にわたって続き、十国としては最後まで存続して、その年号で広運《こううん》六年（九七九）に宋の軍門に降った。宋の年号では太《たい》平興国《へいこうこく》四年のことである。

革命の論理

禁軍を支持基盤とした禅譲

郭威《かくい》の王権簒奪《さんだつ》は禅譲《ぜんじょう》形式によって行われた。華北では朱全忠《しゅぜんちゅう》以来四四年ぶりの禅譲である。

後唐《こうとう》は軍事的に後梁《こうりょう》を滅ぼした。しかも、後唐は大唐帝国皇室の一族として即位したため唐梁革命を認めていない。逆賊朱氏を討滅したのであって、梁という王朝と交替したわけではなかった。

つづく後晋《こうしん》は後唐皇帝に反旗を翻して軍事的にこれを制圧したのであるが、その際には友軍として契丹《きったん》の援助を受けた。そのため契丹皇帝に対して臣下の礼をとり、石敬瑭《せきけいとう》が皇帝に即位したのも、契丹皇帝の命令という形であった。後唐から帝位を引き継いだのではない。

劉知遠《りゅうちえん》は最初、後晋の皇帝として即位した。王朝名を漢《かん》と定めたのは、大漢帝国皇室の末裔を自称するからであり、その点で後唐の場合と同じである。五胡《ごこ》十六国の一つで、匈奴《きょうど》族の劉淵《りゅうえん》が漢王朝の再興を称した故事が意識されていたかもしれない。

このように山西軍閥内部での王権争奪戦は、漢から後梁にいたる易姓《えきせい》革命とは形式を異にしていた。禅譲という、前王朝から譲られてやむをえずに王権を受け継ぐ、いかにも貴族制に似合いの儀式ばった空疎なやり方ではなく、勝者が前の王朝を否定し、より根源的な正統性根拠を標榜する形式。それは新しい時代、実力本位の時代の到来を告げるものであった。ところが、郭威はふたたび禅譲形式を復活させる。

彼も劉知遠の部将として山西軍閥の一員であったが、革命前には魏《ぎ》州に駐屯する軍司令官であった。ここは北斉の都であったため鄴都《ぎょうと》とも呼ばれ、唐代後半からは魏博《ぎはく》軍節度使《せつどし》が置かれた河北《かほく》の要衝である。のちに宋では四京の一つとして北京大名府《ほくけいたいめいふ》と呼ばれ、遼に対する軍事的拠点となる。その点で、後周の建国は、後唐・後晋・後漢がいずれも山西軍閥の本拠太原を任されていた将軍によって樹立されたのと事情を異にする。そもそも劉知遠はこの点での太原の重要性を充分認識していたため、信頼できる弟をそこに駐屯させていたのであろう。だが今回は別の場所の司令官に軍事クーデターをしてやられたのだった。

周《しゅう》という名称は、郭威が、古代の周王朝の分家一族の出であると称したことによる。李存《りそん》勗《きょく》の唐、石敬瑭の晋、劉知遠の漢と来て、遡ってついに周にまで到達したわけである。こうして自分の家柄を誇示するのは、彼らが実は名族出自ではないことからくる劣等感の裏返しであった。この辺は、日本の戦国大名たちの心性によく似ている（ただし、石敬瑭は晋の司《し》馬《ば》氏の後裔を称したわけではない）。

郭威は李存勗・石敬瑭・劉知遠といった山西出身の沙陀族ではなく、古代の周王室の流れを汲むと称する河北出身の漢族だった。この時期、雑居による血の融合がかなり進んでいたから、漢族にとっては重要な父系祖先だけでは、生物学的に純粋な漢族のＤＮＡを持っていた証拠にはならない。しかし、後世の史書が彼が漢族であったことを強調するのは、ここでそれまでの蛮族王朝がようやく終わり、漢族王朝が復興したという物語を構築したいという思いによるものであろう。それは次の宋の皇室趙《ちょう》氏一族についても当てはまる。宋の創設者兄弟の父趙弘殷《ちょうこういん》は、河北涿《たく》州出身で、その祖先は戦国時代の趙の王室だとされた。

郭威の開封《かいほう》入城に先だって、すでに彼を敵視していた劉承祐《りゅうしょうゆう》は殺害されており、郭威は平和的に権力を握ってしまった。自分が皇帝になるためには、前王朝から帝位を譲ってもらうのが最も理にかなっている。こうして禅譲形式が選択されたのだろう。ただし、従来の禅譲劇とは違って、国軍総司令官として一旦出陣し、その軍隊に擁立されてやむなく都に戻って禅譲を皇太后に迫るという、手のこんだ演出をしている。この時点で彼は魏州の一軍閥ではなく、首都にあって皇帝を防衛する禁軍の司令官であった。つまり、地方駐留軍ではなく、禁軍を支持基盤としたことに、今回の革命の特徴がある。郭威は澶《せん》州において禁軍の将校たちの手で黄色い旗をからだに巻かれていた。黄色は皇帝の色であり、この旗もそもそもは禁軍の標識であったのだろうが、それを上着に見立てることで、郭威自身が皇帝になったことを表現したのである。禅譲に先立ち、すでに澶州において禁軍の意向により革命は行われていたわけだ。そして、このやり方は、この時禁軍の将校としてその一部始終を実見した趙匡胤《ちょうきょういん》により、九年後に再演されることになる。

五徳終始説

禅譲となると王朝の〈徳〉が問題となる。黄巣《こうそう》の乱のところで紹介した五徳《ごとく》終始説である。史書の記録では今一つ明確でないのだが、漢周革命に際しても五行相生説《ごぎょうそうしょう》による徳の交替があったと考えられる。周宋革命の時にとりたてて議論された形跡もなく宋の徳が定められていることからみて、後周は自分の徳を明示していたであろう。それは、宋が火徳であることから逆算して木徳であった。したがって、その前の後漢は水徳だったことになる。ただし、これが後漢の時に実際そう宣言されていたかどうかは定かでない。上で述べたような王朝創設事情からすると、かならずしも徳を定める必要はないからである。もしかすると、漢周革命の禅譲のために、滅亡直前になってそう決まっただけかもしれない。大唐が土徳だ後周が木徳であるということは、五行の順序で考えてみると実に興味深い。

ったのは天下周知の事実なので、これをもとに計算してみると、間には二つしか王朝がないことになるからである（もちろん、二たす五で、七つとするのも論理的に可能だが、歴史的事実にそぐわない）。この二つは晋と漢のことであり、後唐は上で述べたとおり大唐の中興王朝として同じ土徳に配されていたのだろう。つまり、五徳終始説の連鎖では、後梁の存在を抹殺しているのである。このことは、のちに宋の朝廷で編纂された『冊府元亀《さつぷげんき》』という歴史文書集成が、後梁を十国と同等の範疇に分類していることにつながる見解である。後梁の正統性を認めないのが後唐王朝の持論だったが、後周も北宋も山西軍閥政権の流れに連なるものとして、同じ歴史観を共有しているのである。まとめれば、大唐帝国の正統は李克用父子による中興を経て、その後、晋・漢・周と伝わり、宋の創設にいたったというわけである。

もっとも、その一方で、宋では開宝《かいほう》七年（九七四）に薛居正《せつきよせい》が中心になって『五代史』という正史を編纂している。宋による、いわゆる天下統一がほぼ確定した時点で、短命だった華北の五王朝をまとめて一つの正史に入れてしまおうという作業であり、自分たちが「六つめの短命王朝」にはならないという決意と自信の顕れであるとともに、後梁をも客観的に正統王朝として認定する懐の深さを見せる余裕が感じられる。その八〇年後に書かれた欧陽脩《おうようしゆう》の『五代史記』も、同じ立場にある。なお、後世、両者を区別するために、前者を薛史もしくは『旧五代史』、後者を欧史もしくは『新五代史』と呼んでいる。「五代」というカテゴリーの創出は、大唐の継承者としての宋の自意識の産物なのである。

最後の禅譲

五代随一の名君柴栄

郭威《かくい》は中原《ちゅうげん》の混乱を収束してまもなく、在位三年で崩じた。太祖という廟号を贈られる。息子がいなかったために皇后柴《さい》氏の兄柴守礼《さいしゅれい》の子を後継者に指名した。こうして柴栄が後周二代目の皇帝として即位する。柴栄の叔母は、「郭雀児」と呼ばれた青年将校郭威の颯爽とした姿に一目惚れし、親の反対を押し切って結婚したといわれる。この故事は戯曲にも仕立てられて中国では有名な話となったが、彼女の男を見る目は間違っていなかった。夫は皇帝となり、実の甥がその後継者として即位したのであるから。

ただ、この帝位継承も従来の論理では理解しがたいものであった。すでに後唐《こうとう》におけるように、実際の父子ではなく養子が継承者となる先例は開かれていた。しかし、その場合も——漢族と異なり、沙陀族で姓がどれほど意味を持つものかはさておき——養子はみな李《り》姓に改姓していた。ところが、どうも柴栄は柴姓のままで帝位継承者になったようなのである。これは儒教の政治理論からいえば「易姓《えきせい》革命」にほかならない。だが、後周《こうしゅう》の朝廷においてこのことが議論された形跡は史料上うかがえないのであって、儒教的な名分論・王権儀礼がほとんど顧慮されない状況だったことを示している。

ちなみに、柴守礼は息子が皇帝になっても健在であった。高官に任じられたのち、洛陽《らくよう》に引退し、皇帝の父として我が物顔に振る舞う。良民として法を守っていてくれればそれでもまだよいのだろうが、なんとこの親父、「礼を守る」という名前とは裏腹のとんでもない不良中年で、殺人罪まで犯している。五代随一の名君柴栄も、この処断には随分悩んだようだ。結局、罪には問わなかったのだが、この措置をめぐっては後世とやかく評されることになる。ただ、現在の常識から見て驚くことは、「親の犯罪を見逃したとは、さすが名君、孝行であっぱれだ！」という見解が多いことだ。中国の伝統的公私観念がうかがえる一例である。

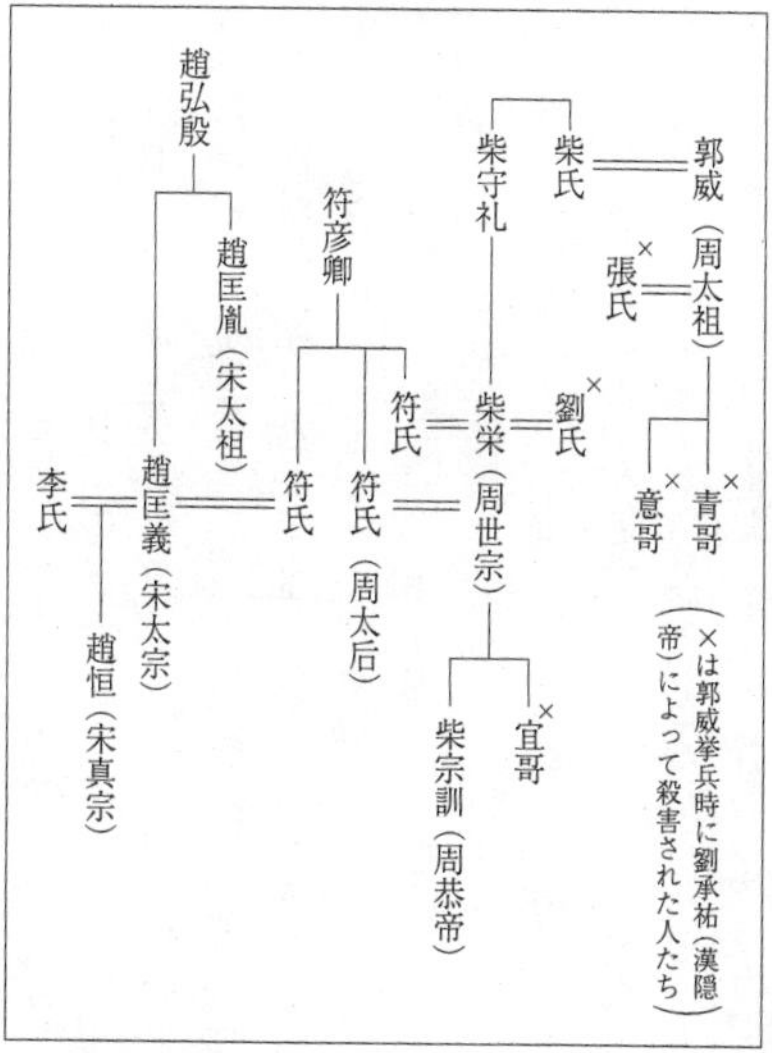

周宋帝室関係図

柴栄即位直後という時期を捉えて、華北《かほく》の正統政権をもって自任する北漢は、後周領域への大規模な侵攻を企てる。遼《りょう》軍の助太刀を得て一気に周を滅ぼそうという勢いであった。周の宮廷では宰相《さいしょう》馮《ふう》道《どう》らが開封籠城論を唱えたが、血気さかんな柴栄はみずから精鋭を率いて出陣、山西《さんせい》省の高平《こうへい》で敵軍と遭遇する。数の上での劣勢をはねかえす大勝利であった。これによって北漢はもはや中原に進出する力を失い、後周は後顧の憂えなく南進政策を採ることが可能になった。一八歳の趙匡胤《ちょうきょういん》も大きな戦功をあげ、禁軍のなかに新設された殿前諸班《でんぜんしょはん》の副官に昇進する。

この年、宰相馮道が薨《こう》ずる。晋王時代の李存勗《りそんきょく》に仕えて以来、度重なる軍事クーデターや易姓革命の嵐を乗り越えて、常に中央政府の要職にあった人物である。文化人としても多くの業績を残したが、なかでも李嗣源《りしげん》のもとでおこなった経書の印刷事業は、学術史上・技術史上特筆されている。宋代に欧陽脩や司馬光《しばこう》による正統史観が確立すると、唐・晋・遼・漢・周の「五朝」、李嗣源・李従珂《りじゅうか》を唐の異姓、柴栄を周の異姓として数えて「八姓」、合計「十一君」に仕えたとして、大義名分論のうえから臣下の道にもとる大罪人と非難されることになる。近代になってこうした儒教的評価がくつがえされ、彼は民衆のためにあえて手を汚して秩序ある世の中を追求したのだとする好意的解釈が流行するようになった。しかし、どちらの評判も、みずから長楽翁と号した馮道は、地下で笑って聞くだけかもしれない。当時、こうしたことは文官としてごく普通の生き方であった。野蛮な軍閥たちに殺されることなく地位を保った彼の処世術は、乱世を生きのびる智恵の結晶だったのかもしれない。

さて、高平の戦いの結果は南北の力関係に大きく作用した。それまでの華北諸王朝は、太原をはじめとする藩鎮《はんちん》軍閥たちや、その背後に控える遼に対する警戒を怠ることができず、南方へ目を向けるゆとりを持たなかった。そのため、大唐王朝の継承者という名目の上では最大のライバルであった南唐《なんとう》王朝（西暦九三七年に呉からの禅譲により成立）と、緊張関係にありながらも戦端を開くことはできなかった。北方からの脅威を斥けた柴栄は、一転して南唐との対決に打って出る。王朴《おうぼく》という官僚の上奏がきっかけである。

王朴は言う。高平で勝ったからといって、今急に北進しても充分な戦果は望めない。それよりも、軍事的にさほど強力ではない南方の諸国を先に平定し、その豊かな経済力を手中に収めたならば、北方との長期戦に持ちこたえるだけの体力を身につけることができるであろう。そのためにも、まず蜀《しょく》と南唐を討つべきである、と。

南唐への親征は成功し、淮水《わいすい》以南の塩の生産地を奪いとった。それまで南唐が栄えていたのは、塩の輸出による面が大きかった。後周は経済的にも最強の王権に成長する。趙匡胤はこの戦役でも軍功を立て、帰還後、殿前都点検《でんぜんとてんけん》に昇進する。殿前軍は柴栄が創設した禁軍の精鋭部隊で、都点検とはその総司令官である。だが、それ以上に、陣中で趙普《ちょうふ》という幕僚と巡り合ったことのほうが大きい成果であったかもしれない。彼は宋初二代にわたって重用される名宰相となる。

南唐親征に先立ち、柴栄が実施したのが仏教弾圧政策である。いわゆる三武《さんぶ》一宗《いっそう》の法難(北魏太武帝、北周武帝、唐武宗、そして後周世宗《せいそう》による仏教弾圧)の最後のものであった。しかし、これは教義としての仏教を邪教視したというのではなく、経済的に力を持つ仏教教団を整理し、その財力を国家に吸収しようとしたものであった。世俗権力によって宗教の力を封じこめようとしたあたり、わが日本の織田信長《おだのぶなが》に似ている。

実際、周から宋への天下統一の流れと日本の一六世紀とを類似現象として捉える見方がある。柴栄は信長、その部下として頭角を現した後継者趙匡胤は豊臣秀吉《とよとみひでよし》、天下統一を実現し

【塩──専売制と闇商人】

生物学的存在としてのヒトは、塩無しでは生きていけない。周囲を海に囲まれていて塩田が多く、また海産物によっても摂取できる日本とは異なり、大陸国家中国では塩は遠隔地まで運ばれる特産品だった。歴代王朝政府は塩に税をかけることによって国庫を潤そうとした。特にその制度が整ったとされるのが宋代である。

宋は産地によって塩の流通範囲を指定した（行塩地制度）。黄河支流の解池《かいち》（解州の塩池）で採れるものが北部内陸地方に、淮水河口地帯の塩田で採れるものが江南地方に流通した。当初は政府みずから専売を取り仕切る榷塩法《かくえんほう》を布《し》いたが、やがて認可制で商人に流通を請け負わせる通商法となった。特に禁軍にかかる諸経費をまかなうために、商人に現金や現物を開封や北部国境の駐屯地で納入させて塩印（手形）を交付し、これを産地

海塩の生産（『経史証類備用本草』より）

に持参して塩と交換させた。

塩そのものの生産価格に比べて、国家がかける税率は非常に高く、そのため密売によって利ざやを稼ごうとする動きが絶えなかった。現代社会における麻薬や武器密売同様、塩の闇商人も徒党を組んだ武装組織であった。というより、そうした組織が塩の売買に手を出していたと見るべきだろう。黄巣や朱全忠、さらには蜀の王建、呉越の銭鏐《せんりゅう》らも、みなこうした組織の出身である。


た弟の趙匡義《ちょうきょうぎ》が徳川家康《とくがわいえやす》というわけだ。ただ、あとで見るように、趙匡義の役回りは秀吉の実弟、大和大納言《やまとだいなごん》秀長《ひでなが》にこそ当てはまる。日本でも、もし秀長のほうが兄より長生きしていたら、そんな展開になったかもしれない。

柴栄という英傑のもと、長かった群雄割拠の情勢に出口が見え始める。彼は南唐親征を一段落させると、今度は一転して北の契丹《きったん》に矛先を向ける。石敬瑭が皇帝の位と引き替えに割譲した河北北部の諸州、いわゆる燕雲《えんうん》十六州の回収が目的であった。戦闘は順調に進んでいた。しかし、天は周に与《くみ》しなかった。名君柴栄は陣中に病を得、顕徳《けんとく》六年（九五九）六月、三九歳であっけなく世を去る。あとを嗣いだ息子はまだわずか七歳であった。

長命王朝の歴史の幕開け

こうして、最後の禅譲《ぜんじょう》劇の準備が始まる。禁軍最大の実力者趙匡胤を皇帝に擁立する計画である。宋代に編纂された史書は、いずれも彼自身は実際に擁立されるまで皇帝になるつもりなどまったくなかったように書き記している。そうしなければ簒奪《さんだつ》者になってしまうという、大義名分論からする気遣いなのであろう。しかし、ここまで見てきた五代の興亡をふまえるならば、主役の趙匡胤が与《あずか》り知らぬところで事が進んでいたとは考えにくい。舞台を設定したのは名参謀である弟の趙匡義と幕僚の趙普《ちょうふ》であったろうが、彼らをそう動かしたのは、乱世ならではの昇進を遂げていた若き禁軍総司令官だったと思われる。

顕徳七年（九六〇）正月元日、遼の大軍が南進中との急報が開封《かいほう》に届く。朝廷はただちに迎撃を決し、趙匡胤は本隊を率いて三日朝に出陣、郊外の陳橋《ちんきょう》に野営する。その夜遅く、異変は起こった。陣中に誰言うともなく、こんな世論が形成された。「われわれには主君と仰ぐべき皇帝がいない。このまま遼と戦ってなんになろう。ここはひとつ、都点検どのに帝位に即いていただこうではないか」。

その動きはまもなく趙匡義と趙普のところに伝わる。しばらく押し問答が続いたのち、擁立を迫る諸将を幕舎の外に待たせて、彼ら二人は趙匡胤の寝台に近づいた。生来酒好きの匡胤は、夜来の痛飲で高鼾《たかいびき》である。たたき起こして外に連れだし擁立の意向を伝える。すでに何者かが用意した黄色の上着が彼に掛けられていた。九年前の郭威《かくい》の時と相違して、今回はあらかじめきちんとした上着まで準備してあったのである。周の皇族・高官に危害を加えないこと、開封で乱暴狼藉をはたらかないことを条件に、彼は推戴を受諾する。

四日昼、革命軍は開封に戻ってきた。すでに内通の手はずが整っており、入城にあたっても戦闘行為は一切無かった。趙匡胤の家族は寺に避難しており、無事であった。禅譲に際して、ある翰林《かんりん》学士があらかじめ用意してあった詔を袖から出して使用した。すべてにわたって九年前の禅譲劇の経験をふまえた手際の良さである。若干の高官や将軍が抵抗したため無血革命とまではいかなかったが、つつがなく、予定どおりに、王朝交替が実現したと言ってよい。

即位した趙匡胤は、国号を宋《そう》と定める。彼は殿前都点検であるとともに帰徳軍節度使《きとくぐんせつどし》であり、その駐屯地が春秋《しゅんじゅう》時代の宋の故地だったからである。彼自身の自称する家系からいえば「趙」でもよかったのだろうが、宋を選んだのは、宋が殷《いん》の遺民の国であったことも関係しているかもしれない。しかも彼の父の名は「弘殷（殷をひろめる）」であった。言うまでもなく、殷は周の前の王朝である。李存勗《りそんきょく》に始まった「過去の栄光ある王朝をまねる」戦術は、ここにいたって殷にまでさかのぼったと言えよう。ただ、蛇足ながら言っておけば、弘殷の名を避けて宋では殷のことを常に「商《しょう》」と呼ぶことになる。

趙匡胤は即位すると早速新王朝成立を宣言する一連の布告を発した。まずは天地の神々への報告。これは歴代王朝の天子は天命を受けて地上を統治してきたという儒教の教義にもとづく作法であり、実際には軍事クーデターによる権力奪取であるとはいえ、いや、そうであればこそ、民心を収攬するために必須であった。新王朝の徳は、火徳であった。

こうして三一六年間続く長命王朝の歴史が始まる。新たな年号で建隆《けんりゅう》元年正月のことであった。以後、本書では宋の皇帝たちに敬意を表して、彼らについては本名ではなく廟号で呼ぶことにしよう。趙匡胤も、以下すべて太祖《たいそ》と呼ぶことにする。

第二章　宮廷の運営

統一への気運

民心収攬――文治への意志

一、後周の皇室や政府高官に危害を加えないこと。
一、開封《かいほう》市内で乱暴狼藉をはたらかないこと。

太祖《たいそ》は陳橋《ちんきょう》で軍からの擁立を受諾した際、右の二つの条件を提示し、将士に遵守《じゅんしゅ》を確約させたとされる。

これらの行為は数十年来、政変のたびになされてきたことであった。太祖の要求は、旧来の山西軍閥同士の権力争奪戦のあり方と訣別し、新しい時代を開く意思表示であったと言えよう。

この二条件は厳守されたようである。まず、後周最後の皇帝は鄭王《ていおう》として処遇され、生命も保護された。『水滸伝《すいこでん》』の頭目の一人柴進《さいしん》はその子孫という設定になっている。後周《こうしゅう》の文官たちはほとんどが引き続き宋でも高官として活躍した。禅譲《ぜんじょう》の詔勅草案を翰林《かんりん》学士が事前に用意していたことからみて、すでに文官をも巻き込んだ根回しが進んでいたものと思われる。文人官僚を中心とした国づくりが宋朝の国是となることは、これから見ていくとおりである。また、戦闘による落城時だけでなく、九年前の郭威《かくい》の平和的禅譲の時にも、開封では禁軍《きんぐん》による略奪行為があった。支持部隊に対する褒美だったのである。そのため、政変は一般市民の生命財産にとって脅威であった。太祖は軍の士気より民心収攬《しゅうらん》を優先させた。ここにも文治への意志を見てとることができる。

唐梁《とうりょう》禅譲以来、華北王権は軍人群雄の奪取目標となってきた。皇帝に即位した者は、つねに簒奪《さんだつ》を警戒してきた。

柴栄《さいえい》は北方に親征した際に「点検が天子となるだろう」という予言文書を入手し、ただちに当時の都点検を更迭した。その後任が太祖である。また、福耳を持つ者を見かけるたびに殺していたが、側近に侍る太祖だけは免れていた。太祖の伝記に見えるこうした逸話が事実を伝えるものかどうかはわからない。しかし、ここには当時の真実が語られているだろう。

柴栄は自分の子孫に王権を伝えるための予防措置を講じていたのである。太祖がその対象にならなかったのは、彼の太祖への信頼、あるいは同じ事だが、「この男に簒奪の芸当はできまい」との思いがあったのかもしれない。これも信長と秀吉の関係を彷彿《ほうふつ》させる。だが、結局、王権は太祖に移った。太祖はまるでひとごとのようにそれを天命だったのだと回顧している。

太祖も即位後まもなく自分の王朝を安定させる措置について思い悩んだ。趙普《ちょうふ》の献策を得て、有名な「杯酒釈兵権」の故事が仕組まれる。

ある日、太祖はかつての同僚で今は臣下として仕えている実力者の将軍たちを慰労する酒宴を張った。席上、次のようなやりとりが行われた。

「朕《ちん》が帝位に即いたのは、みなの力によるもの。ただ、皇帝になってから枕を高くして寝たことがない」

「どういうことですか？」

「誰もが皇帝になりたがるからな」

「とんでもございません。すでに天命は定まっております。誰がそんな不遜を企みましょう」

「いやいや、もし部下が勝手に黄色の上着を着せ掛けたら諸君はどうするね？」

「恐れ入ります。いったいわたしたちはどうすれば無事でいられるのでしょう？」

「軍事指揮権を放棄し、各地（各自の藩）に豪勢な邸宅を建てて毎日を楽しく暮らしたらどうかね」

かくして将軍たちは職を解かれ、その軍隊はすべて禁軍において太祖が信頼する部下の指揮下に置かれ、安禄山《あんろくざん》の乱に始まる藩鎮跋扈《はんちんばっこ》の風潮は終わりを告げたという。

これも実際の出来事を記録したものだという確証はない。しかし、見事にこの間の経緯を表現している。太祖自身がそうであったように、他人からはまったく野心家には見えない人物でも、部下から推戴を受ければ勢いとして簒奪に向かうことができたのは、司令官と軍隊との緊密なつながりがあったからである。五代初期は太原《たいげん》軍府の兵力が強勢であり、それと対抗すべく歴代皇帝によって強化された禁軍が、今度は自分たちの司令官をかついで周と宋の建国にいたった。太祖は禁軍そのものを皇帝直轄の軍隊に編制替えすることに成功したのである。

宋が建国されると、南唐《なんとう》や呉越《ごえつ》のように周に服属していた南方諸国はあいついで開封に入貢し、新政権樹立を祝福した。彼らは建隆《けんりゅう》の年号を奉じている。宋に服属しない政権に対して、太祖は軍事的制圧政策を開始する。これも趙普《ちょうふ》の献策にしたがい、まず南方を平定することになった。乾徳《けんとく》三年（九六五）には後蜀《こうしょく》、開宝《かいほう》四年（九七一）には南漢が降伏・滅亡する。

余談ながら、太祖は年号制定にも気をつかい、「従来の王朝が使っていないものを選定せよ」と命じていた。ところが、ある日宮中備品のなかに「乾徳四年」という銘を発見する。機嫌を悪くした太祖は、ただちに宰相《さいしょう》を呼びつけた。しかし、彼は平然と「その備品はもともとは蜀のものでしょう。前蜀にその年号がありますから」と答える。太祖は「宰相には読書人を用いるべきだな」といたく喜んだという。たしかに前蜀の二代目の皇帝がこの年号を六年間にわたり使っていたのだが、興味深いのは、太祖がその事実を知らなかったこと、宋が乾徳年号を採用する時には蜀のことは考慮の外にあったことである。

つまり、太祖が数十年前の地方政権について無知であったことと、知っていた官僚たちのほうはそれら諸国をまっとうな王権として扱っていなかったことがわかるのである。それは同時に、無学な武人の一人にすぎない太祖と、博識な文人官僚との対照を鮮やかに示してもいる。太祖は自分の同類たちを政権中枢から追いだし、文官たちに彼の王朝の将来を託したのであった。そして、実際、彼らは新しい風気を生み出しながら、三〇〇年間にわたり宋を支えていくことになる。

周囲の諸国が次々と亡びゆくなか南唐は国号をやめて単に「江南《こうなん》」と称し、恭順の意を示すことでなんとか宋との関係を穏便に済まそうとしたが、経済的に豊かなこの地をいつまでも放っておくことは、太祖にはできなかった。開宝七年（九七四）、太祖は曹彬《そうひん》を司令官として討伐の命令を下す。その際、都の昇州《しょう》（現在の南京《ナンキン》）が陥落しても市民の殺戮《さつりく》をせず、王である李《り》氏一門も生け捕りにしてくるようにと指示していた。衰えたりとはいえ、かつては華北王権を凌駕《りょうが》する繁栄を誇っただけに、江南征服には時間がかかった。曹彬は宋に忠実な呉越の軍隊まで動員させて、翌年一一月にようやく昇州を陥落させ、後主李煜《りいく》を捕らえて開封に護送する。彼は「違命侯」という屈辱的な称号を与えられて幽閉され、やがて暗殺される。

帝位継承

開宝九年（九七六）、南方をほぼ制圧した太祖は、いよいよ北漢に進攻を開始した。しかし、その矢先に崩御《ほうぎょ》する。弟の晋王光義《こうぎ》（兄太祖の名を避けて「匡義」という旧名をあらためていた）が第二代皇帝に即位した。

この帝位継承については、すでに宋代からとやかく言われてきた。太祖には成人した皇子たちがおり、皇太子は決まっていなかったものの、通常ならそちらが即位するはずだからである。

晋王は王朝創設に功績があり、その後も趙普とともに兄を支える名参謀として、朝廷の中

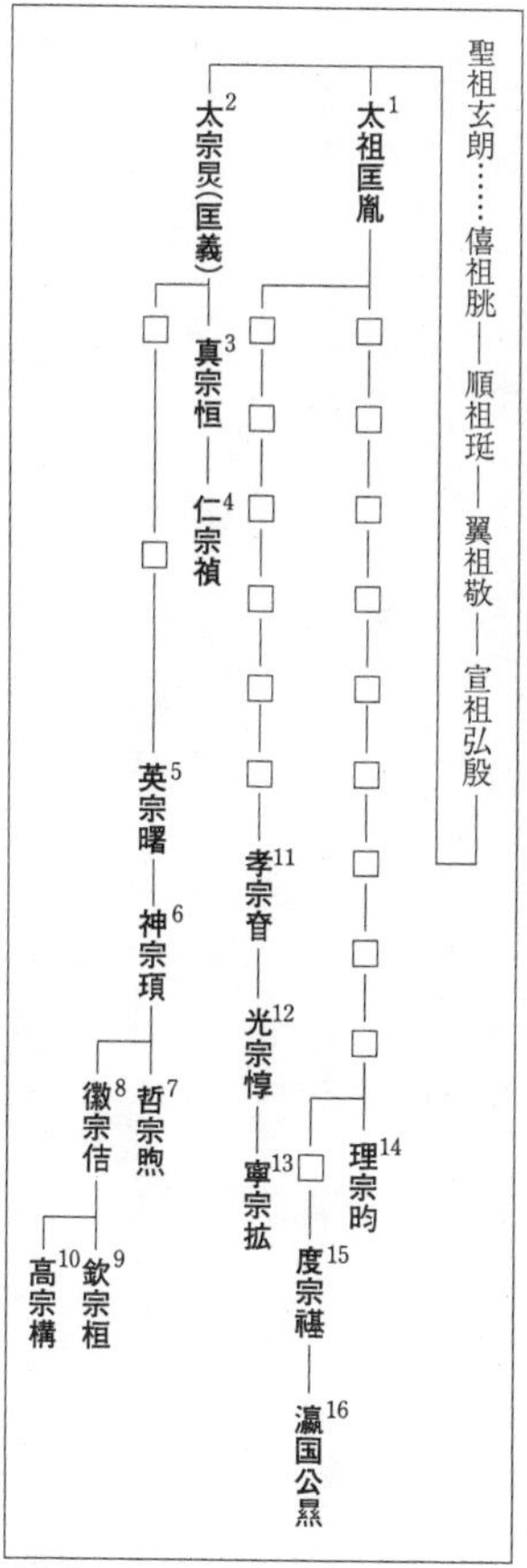

宋朝趙氏系図

太祖

太宗

神宗

徽宗

高宗

で重きをなしていた。開封の知事や宰相を歴任したのち、晋王に封ぜられ朝廷では現役宰相よりも上位の席次を与えられていた。晋とはあの太原のことであり、北漢が太原を本拠として現存している以上は単に名目的だとはいえ、太祖は実弟にこの要地を委ねることにしたのである。こうして、かつての五代諸王朝同様、今回も太原の王が開封の皇帝になった。

臨終の際に太祖が自分の子を呼ぶために出した使いが晋王に内通していて彼のところに行って参内させたとか、太祖が兄弟差し向かいで密談の最中に急死したとか、さらには晋王が直接手を下して兄を殺したのだとかいった噂が、さまざまな随筆に記録されている。こうした噂を補強するのが、晋王即位直後の改元である。

通常、帝位を継承した者は先帝への敬意を表して、自分が定める新年号は即位翌年の正月元日から施行する。これを踰年《ゆねん》改元という。ところが、晋王は即位してまもなく、年もおしつまってからわざわざその年を「太平興国《たいへいこうこく》」と改元している。そのことは、宋の正史として元代に編纂された『宋史』でも特記され、「後世とかく批評されている」とコメントが付されている。

年号が持つ政治的な意味については第一章で紹介したとおりで、当時の人々はこの改元を「太祖の統治をそのまま継承したのではない」という意思表示と受け止めたはずである。そこに何らかの宮廷クーデターがあった可能性は高い。年末に趙普を含む各地の有力節度使が開封に御機嫌伺いに参集しているのも、あらためて忠誠を誓わせるための、あるいはそうさせることで政権が安定していることを内外に示すための、セレモニーであった。だが、ともかく表面上は不穏な動きもなく新皇帝の治世が始まる。廟号を太宗《たいそう》という。

諸制度の確立

太宗のめざす中央集権官僚国家

太宗《たいそう》は呉越《ごえつ》の浙江《せっこう》統治権を接収、福建《ふっけん》の軍閥陳洪進《ちんこうしん》も帰順し、南方は完全に宋の直轄統治となった。つづいて激しい戦闘の末、北漢の根拠地太原《たいげん》もついに陥落、宋はいちおうの全国統一を達成した。勢いに乗る太宗は、あの燕雲《えんうん》十六州奪還のため遼《りょう》と対決する。おりから遼では新皇帝耶律隆緒《やりつりゅうしょ》（廟号は聖宗）が即位、国号を契丹《きったん》に戻して非漢族王朝としての自覚を明示した。戦況は膠着状況のまま両国のにらみ合いが続く。太宗は実質的には奪還をあきらめ、契丹との緊張状態のなかでの共存をめざすようになる。

周辺諸国は、宋による華中・華南制圧によって、続々と朝貢《ちょうこう》使節団を派遣した。西はシルクロード沿いのオアシス諸国家、南では現在のベトナムにあった交趾《こうし》国や占城《せんじょう》国、東は朝鮮半島の高麗《こうらい》、そして日本である。もちろん、日本は正式な意味での朝貢ではない。そのためか、他の諸国と異なり、『宋史』でも太宗の治世を記録する本紀の部分には登場しない。だが、その外国伝の日本に関する記述は、太宗のもとを訪れた実質的な使節の記事と彼がもたらした情報で埋め尽くされている。その使節とは、「はじめに」で紹介した奝然《ちょうねん》であった。そこでも述べたように、従来、日本は呉越国と交流していた。呉越政権の滅亡は、平安宮廷に開封《かいほう》宮廷と直接接触せざるをえない情勢をもたらした。遣唐使《けんとうし》廃止以来、黄河《こうが》流域には使節を送っていない日本としては、状況視察の意味をこめて、東大寺のこの学僧を派遣したのであろう。

太宗と奝然の会談には実に興味深い記録がある。「わが国は開国以来革命がなく、大臣もみな世襲である」とお国自慢をするこの異国の僧侶に、太宗は「うらやましい」と感想を洩らしたというのだ。宋を後梁《こうりょう》以降のような短命王朝に終わらせないためにはどうしたらよいか。国内統一を終えた太宗が当時抱えていた政治的課題はここにあった。あえて彼を弁護する言い方をすれば、太祖の皇子に帝位を継承させなかったのも、実力のない凡庸な皇帝ではまだまだ不安定な時代の波を乗り切ることができないと判断したからかもしれない。「杯酒釈兵権」がなされたとはいえ、油断はならなかった。豊臣政権にとっての徳川家康になりうる人物は、いくらもいたのである。「織田がつき羽柴《はしば》がこねし天下餅」を羽柴ならぬ趙氏がそのまま味わうにはどうしたらよいか。太宗はそのために寝食を惜しんで政務に精励し、強固な中央集権官僚国家を作り上げる。しばしば独裁君主体制の確立者とされる所以である。

その最も象徴的な成果が、科挙《かきょ》制度の整備拡充であった。太祖時代には毎年の科挙合格者は数十人規模だったが、太宗はこれを一気に数百人に増やした。しかも、皇帝みずから試験官となる殿試《でんし》を最終段階に設け、科挙の理念どおり皇帝が官僚候補生を選抜することにした。のちには殿試の落第者というのはなく、合格順位を決めるための試験にすぎなくなったが、その順位が官僚としての昇進を大きく左右するので、受験生に名誉を与え忠誠心を培う巧妙な仕組みであった。

科挙官僚たちは、唐末以来の軍閥とは異なり、あわよくば自分が天子の位に即いて天下に号令しようなどという野心を持たなかった。大唐帝国を支えた貴族官僚たちと同様、宮廷での栄達と子孫の繁栄を願い、その環境を与えてくれる王朝体制を護《まも》ろうとする保守的な心性を備えるようになっていく。

太宗は各地の武人節度使を淘汰して文人官僚に取り替えていく。文官に戦闘指揮能力を期待することはできないが、首都駐在の禁軍を拡充することで、補いをつけた。各地の軍閥を征伐するための軍隊から国防軍への転換である。宋の軍隊が弱いという後世の評価はたしかに事実だが、それは国初からの意図的な政策なのである。宋に漢武帝や唐太宗のような華々しい外征の成果はない。しかし、どちらが文明的な王朝かはまた別の問題である。

釈迦如来立像（京都・清涼寺蔵）　奝然が帰国直前に台州の開元寺でインド伝来という栴檀（せんだん）釈迦如来像を模刻させて日本へ持ち帰った

太宗の制度改革として他に特記すべきは、路官の整備であろう。全国を一〇を超す路に分け、それぞれに安撫司《あんぶし》（監察）・転運《てんうん》司（財政）などを設けて長官を「使」と呼ぶ。これはかつての藩鎮《はんちん》が掌握していた権限を分割したもので、それぞれが中央政府に直結しているうえ普通三年任期で交替するため、独立王国を築くことはできなくなった。しかも、路は州の上司ではなく、州もそれぞれ中央の直轄であり、「知州事」は中央政府の官職名を帯びていて、あくまで皇帝の名代として地方に臨時に派遣されているという建て前であった。実質的には漢代の太守《たいしゅ》などと同じ地方官で、実際知事は雅称で太守とも呼ばれたが、制度上は中央官僚であるという位置づけは、彼らの意識にさまざまな面で影響を及ぼしたと思われる。また、中央で宰相の任にあった者が、必ずしも左遷という意味あいではなく地方要地の知事として赴任することもあり、朝廷の統制を地方末端に浸透させるうえで大きく作用した。

太宗は仏教の大蔵経《だいぞうきょう》印刷のほかにも、大規模な書籍編纂事業を起こした。唐五代までの政治文書集成である『冊府元亀《さっぷげんき》』、主要術語についての出典集成『太平御覧《たいへいぎょらん》』、逸話や奇聞の集

【軍制】

宋は五代の流れを継承して禁軍（中央政府直轄軍）の増強に励んだ。その結果、国都開封の大部隊はもとより、北部国境や国内主要都市に駐屯するものも含めて、実際に戦う部隊はみな禁軍となった。そのため、廂軍《しょうぐん》と呼ばれる地方軍は、土木作業に動員されたりするのが主任務

となった。資質として戦士でない者にまで給与を支給したのは、一種の失業対策・社会事業だったともいえよう。

五代十国の混乱を制圧してふたたび全土を統一した宋だったが、大量の軍隊を維持するために財政が逼迫し、何度か軍縮を企てる。王安石の保甲法では郷兵（民兵組織）が郷里防衛のため軍事訓練を受けた。だが、禁軍中心の体制は不変で、南宋では総領所制のもと、主要軍事拠点を中心にした財政運営が工夫された。形のうえでは一見、唐の藩鎮に似ているが、宋では中央からの統制がよく利いていた。もっとも、第一〇章で述べるように、最末期には前線の精鋭部隊が敵国に寝返るが。

唐の前半までのような兵役制ではなく、また中世ヨーロッパにあったような傭兵でもなく、はたまた蒙古のように国民皆兵というわけでもなく、職業兵士からなる国軍を持っていた点で、宋はある種の近代国家だったといえるかもしれない。

林冲・徐寧（『水滸図賛』より）梁山泊の頭目として活躍するこの二人、もともとは禁軍の将校である

成『太平広記《たいへいこうき》』、詩文の集成『文苑英華《ぶんえんえいが》』の四つである。これらに引用されたもとの書物は今日滅びてしまっていることが多く、宋以前の政治や文化を知るための貴重な資料集として現在も利用されている。さらに、真宗《しんそう》（第三代皇帝）の時代になると、馮道《ふうどう》が刊行した儒教の経書《けいしょ》注釈に一部改訂を加えて再刊し、全国の学校に頒布している。このことは、第七章で印刷文化について述べる時に再度触れよう。

首都開封と古都洛陽

ここで宋の都について述べる。宋では四京といって、四つの都市を特別視した。東京開封府《とうけいかいほうふ》・西京河南府《せいけいかなんふ》・南京応天府《なんけいおうてんふ》・北京大名府《ほくけいたいめいふ》である。この逆順で紹介していこう。

大名府は唐代に魏《ぎ》博《はく》軍節度使が置かれたあの魏州。もうお馴染みの軍事的要地である。宋でも契丹南進に備えた戦略拠点であり、そのために慶暦《けいれき》二年（一〇四二）に北京とされたのだった。応天府はかつての宋州、すなわち太祖が帰徳軍節度使を務めたために国号の出典となった都市。それゆえに大中《たいちゅう》祥符《しょうふ》七年（一〇一四）に南京とされた。河南府とは古都洛陽《らくよう》、五代にはしばしば皇帝の御所が置かれた。開封と対等もしくは優位な関係にあったと言ってよい。後周以降は開封が首都として定着するが、宋でも洛陽を国初以来西京河南府として副都扱いしている。

開封は大運河沿いの交通の要衝として発達、宋州出身の朱全忠《しゅぜんちゅう》が目をつけて本拠地として開発したことにより、大都市へと変貌していた。彼は禅譲《ぜんじょう》儀礼をここで演じ、そのまま皇帝に即位して首都と定める。ところが、まもなく洛陽への遷都を実行していた。もちろん、黄河対岸の晋《しん》王国（後唐）と軍事的に対決するには、前線に近い洛陽のほうが何かと便利ではあったろう。しかし、それだけだろうか。やはり、洛陽が持つ、歴史的・文化的な象徴性が、新興都市開封には及びもつかない意義を、この町に付与していたのではないだろうか。大唐復興を掲げる後唐が、後梁《こうりょう》を滅ぼしてからずっとここを首都としたのもそのためである。そして、宋の太祖も晩年、洛陽遷都を計画した。弟の晋王光義（太宗）らが諫めて思いとどまらせたという。豪傑タイプでそれだけ理想主義的な太祖と、事務処理能力にすぐれ現実的な太宗との性格の相違がうかがえて興味深い。

二代目皇帝となった太宗は、もはや遷都を口にはしなかった。以後、靖康《せいこう》の変で華北を失うまで、開封は宋の首都として定着する。一方、洛陽は文化の香り高き古都として官僚引退者たちに好まれた。特に王安石《おうあんせき》新法の時には反対派の大物がここに集まり、野党のような雰囲気をかもしだしていた。道学の開祖程《てい》氏兄弟は洛陽近辺の出身だったこともあって、この雰囲気のなかで思想形成をおこなっている。

華開く都市の文化

開封の繁栄を今に伝える史料が、『東京夢華録《とうけいむかろく》』と「清明上河図《せいめいじょうかず》」である。『東京夢華録』は孟元老《もうげんろう》という人物が南宋初期の紹興《しょうこう》一七年（一一四七）、題名どおり、かつての都の夢のような栄華を偲ぶため著した書物である。記述の内容は北宋末、徽宗《きそう》（第八代皇帝）の治世後半のことである。全一〇巻は、名所や習俗を紹介する前半五巻と、年中行事を順次述べる後半五巻に分かれる。当時の首都住民の生活が手に取るようにうかがえる貴重な史料である。と同時に、後半の年中行事には政府が主催するさまざまな祝祭が記録され、なかでも冬至《とうじ》の日に南の郊外にある祭場で催される郊祀《こうし》の項は詳細で、一年の締めくくりとして官民一体となっての祭りが行われていた様子がよくわかる。

郊祀とは、皇帝＝天子が天命を受けていることに感謝して、天の最高神をみずから祭る儀式で、唐代のなかばまではせいぜい官僚たちが参加するだけの、支配者たちの祭りだった。それが安禄山《あんろくざん》の乱のあとになると、事前の太廟《たいびょう》（祖先のみたまや）・太清宮（唐の祖先老子《ろうし》を祭る施設）詣を含めて、都大路を皇帝が行幸してまわる「見せる行事」に変質、一般住民も巻き込んでの祝祭となっていた。宋の開封でも同様の、いや、それ以上の大規模な軍事パレードが繰り広げられた。行列には象も加わっており、都民は冬の寒さをものともせずに、見物に出かけて喝采を送ったのである。そのなかを、皇帝は玉輅《ぎょくろ》と呼ばれる車に乗って移動した。唐宋変革にともなう王権の変質を示す一例である。ちなみに日本で王の行列が庶民の目に触れることは、明治維新までなかった。江戸時代、天皇は在位しているかぎり御所を滅多に出なかったし、将軍は両側の民家の戸をすべて閉めさせたうえで無人の道を粛々と進んだ。

「清明上河図」は張択端《ちょうたくたん》という画家の手になる都市絵巻で、後世その模倣作がたくさん作られた。二十四節気《にじゅうしせっき》の一つで、唐代後半から墓参の日とされるようになった清明節（現在の暦で四月五日頃）の様子を描いている。「上河」とは「河をさかのぼる」という意味で、開封南部を貫通している汴《べん》河沿いの光景である。ただし、この絵は開封城内ではなく、郊外の衛星都市を描いたのだとする見解が、近年有力になってきている。ここには生き生きとした人々の姿が精密かつ写実的に描かれており、『東京夢華録』のような文献資料の漢字の羅列では知りえないさまざまな情報が盛り込まれている。当時の人にとってはあまりにも常識的で文献に残らないことも、絵画資料だときちんと伝えてくれる。たとえば、店先に並べてある椅子に腰掛ける姿勢から人々の座り方がわかるし、河に浮かぶ多くの舟の外形からその骨

「清明上河図」より趙太丞家（薬局）の場面（張択端　北京故宮博物院蔵）　椅子に腰掛ける女性の姿が描かれている。中国で椅子座が定着するのは宋代からで、椅子文化が発達した

格や構造が復元できる。宋代史研究についても、こうした視覚資料の活用が進んできている。宋は都市の文化が華開いた時代であり、『東京夢華録』にも「清明上河図」にも、あるいはそれ以外の史料にも、それをうかがわせる記録が多く残っているが、その紹介はのちほど章をあらためて行うことにしよう。

平和的皇位継承

趙普《ちょうふ》が罷免《ひめん》されてから、宰相《さいしょう》として太宗を補佐したのは呂端《りょたん》であった。ただ、趙普が太祖のもとでかつて太宗と同僚であったのとは異なり、太宗と呂端とは明確な君臣関係にあった。宰相とはいえ、重要な政策はすべて太宗みずからが独裁的に決定し、呂端はそれを執行するだけだったようである。宋において君主独裁体制が成立したとする論者は、太宗の事例を念頭におき、これを典型的な形として見ている。しかし、それは寝る間も惜しんで政務に励んだ太宗の性格に起因していよう。秦《しん》の始皇帝《しこうてい》や清《しん》の雍正帝《ようせいてい》など、中国には時々こうした皇帝が現れる。だが、それは通例ではない。宋の場合もそうだった。

太宗は兄太祖から帝位を継承した。そのため、弟の秦王廷美《ていび》はその次をひそかに狙っていた。実子を後継者にしたい太宗は廷美をしだいに疎んじ、太平興国七年（九八二）に洛陽を治める西京留守の任を解き、王から公爵に格下げしたうえ、房《ぼう》州（現在の湖北《こほく》省房県）に幽閉する。廷美は失意のうちにその二年後に世を去る。こうして太宗の長男元佐《げんさ》が後継者と目されるにいたったが、父の叔父に対する措置を見るのが苦痛だったのか、精神に異常をきたしてしまう。ついには宮廷の宴会に自分だけ呼ばれなかったことを怨んで自邸に火をかける始末。

次男の元僖《げんき》が代わって事実上の後継者に内定し、中書令にして開封尹という、皇太子待遇を受けるにいたる。ところが、またしても不幸が襲う。淳化《じゅんか》三年（九九二）、建国の功臣趙普が薨じてわずか二ヵ月後の一一月、いつもどおり朝廷に出仕した元僖は急に気分が悪くなり帰宅。驚いて太宗が見舞いに駆けつけた時にはすでに危篤状態であった。さすがの太宗も慟哭《どうこく》したという。五日間は国中が喪に服し、その一〇日後に予定されていた定例の郊祀も翌年正月に延期されている。

かくして帝位は三男の元侃《げんかん》が継ぐことになった。至道《しどう》三年（九九七）三月、太宗は五九歳で崩御し、その遺詔を奉じて皇太子元侃が即位する。真宗《しんそう》である。彼は恒と改名し、翌年元旦をもって咸平《かんぺい》と改元した。世の中も治まり、久しぶりで平和的な皇位継承が実現した。だが、北辺はまだまだ不穏であった。

澶淵の盟と封禅

振り上げたこぶしを収める勇気

西暦一〇〇四年に相当する年の、東アジアの暦で正月元旦、真宗は即位後二度目の改元をおこなった。新しい年号は景徳《けいとく》。これにちなんで名づけられた江西《こうせい》の鎮《ちん》（県の下位の都市）

が、陶磁器によって世界的に有名となる、その年号である。

年初早々の一一日、北辺から契丹《きったん》に国境侵犯の動きがあるという報告が届く。真宗は防御態勢の確認を命じ、軽挙妄動を戒める。春になると、秋には大規模な入寇《にゅうこう》があるだろうという情報が飛び交う。折しも華北では地震が続き、夏には虫害が発生した。

「天高く馬肥ゆる秋」、閏九月になって、ついに契丹は大挙して南進してくる。皇太后と皇帝の親征であり、軍司令官は撻覧《ダラン》であった。この年宰相《さいしょう》に就任したばかりの寇準《こうじゅん》は真宗に親征による黄河北岸での迎撃を進言する。参知政事の王欽若《おうきんじゃく》は江寧《こうねい》（現在の南京《ナンキン》）へ、簽書枢《せんしょすう》密院事《みついんじ》の陳堯叟《ちんぎょうそう》は成都《せいと》への避難をひそかに上奏した。いずれもそれぞれの地元である。寇準はうすうすその事を知っていながら素知らぬふりで、「そんなことを妄言するやつは、斬って捨てましょう」と、断固として黄河を防衛線とすることを主張する。こうして、あまり気乗りのしない真宗に率いられて、宋の主力は澶淵《せんえん》に布陣した。一一月末のことである。

その前に、小競り合いで流れ矢に当たって撻覧は戦死していた。契丹軍の士気はおおいにくじける。一方、寇準も実際に戦端を開くつもりはなかった。はじめから講和を計画しての出陣だった。だが、独断専行すればあとで国を売ったと弾劾を受ける恐れがある。そこで皇帝を現地に引きずり出し、交渉に直接関わってもらうように仕向けたのだった。真宗のほうは厭戦気分に染まっていたから、戦う気は毛頭ない。陣中でもいつ敵襲があるかとびくびくしていた。それを察した寇準は文人官僚の楊億《ようおく》と毎晩のように飲み明かし、その様子を側近の報告で知った真宗は、はじめて安心して床に就いたという。

宋は使者として曹利《そうり》用《よう》を契丹の陣中に派遣した。宋が契丹に毎年どれだけの額を支払うことを講和条約に盛り込むかが焦点となる。なんとしても戦争を避けたい真宗は、「一〇〇万でもかまわんぞ」と彼を送り出す。ところが、寇準は曹を呼び止め、「もし三〇万以上だったら貴様を斬る」と脅す。その甲斐あって、曹は三〇万に値切ることに成功した。復命に戻る曹利用。いくらだったかを宦官《かんがん》に早速尋ねさせる真宗。曹は事の重大性から御前で直接答えたいと、とりあえず指三本で数を示した。ところがこの宦官は「指三本ですから三〇〇万でしょう」と上奏してしまう。「高いなあ」と叫ぶ真宗。外に控える曹の耳にはこの真宗の語だけが聞き取れたから堪らない。冷や汗を流しながら、「わたくしめはとんでもない条件を呑んでしまいました」と言上するはめになる。

「それでいったいいくらなのだ？」

「三〇万でございます」

曹はただただ平伏するのみ。ところが、彼の案に相違して、真宗は表情を一変してご満悦であった。曹が山のような褒美を手

契丹使朝聘図　「景徳四図」の一つで、遼（契丹）の使節団が開封宮廷を訪れた場面を描いている。両国の友好と平和を寿いで作成された

にしたことは言うまでもない。

かくして両軍あわせて数十万人の本格的な軍事衝突は回避され、契丹の軍は退いた。交渉により事態を解決する智恵、振り上げたこぶしを収める勇気を、両国の指導者は持っていた。儒教的・仏教的に潤色して表現すれば、罪のない一般民衆を戦争で苦しめるのは忍びないという仁愛・慈悲の心をそなえていた。それからちょうど一〇〇〇年、人類は賢くなるどころか、愚かになってしまったのではないだろうか？

この講和は、石重貴《せきじゅうき》が先代石敬瑭《けいとう》の結んだ盟約を破棄して以来五〇年以上続いた、契丹と華北政権との交戦状態の終結を意味した。講和条約は双方をそれぞれ「大契丹国」「大宋国」と称しており、対等の外交関係が樹立されたのである。両国皇帝は兄弟の関係に擬せられた。毎年銀二〇万両、絹一〇万匹が歳幣として宋から契丹に贈られたが、これは一種の無償経済援助というべきであろう。この額で平和があがなえれば非常に安い買い物である。

澶淵の盟と呼ばれるこの講和条約は、徽宗《きそう》が燕雲《えんうん》十六州奪還のために一方的に破棄するまで一二〇年にわたって遵守《じゅんしゅ》される。なお、盟約締結時にローマの暦ではすでに年が明けているので、厳密には澶淵の盟は一〇〇五年の出来事である。しかし、西暦との対照は「東アジアの暦で某年に相当するのは西暦何年か」という、年単位ではじめて意味を持つ比較と考えるので、本書では一〇〇四年のこととしておきたい。

今回の最大の功労者は、もちろん寇準であった。もし南方に行幸していたら、実際より一二〇年早く宋は華北を失っていたろうし、戦端を開いていても勝ち目はあまりなかったろう。戦争を回避しつつも国土を全うしたその政治・外交手腕は並のものではない。毎年の無償援助も、それによって契丹が宋を侵略することを封じており、その意味では「無償」でなかった。

天書降臨と封禅

ところが、いつの世もそうであるとおり、ここにも足を引っ張る輩がいた。王欽若である。自分が当初華北放棄を進言していたことは棚にあげて、今回の講和は「城下の盟」だという。敵に本拠地に攻め込まれ、無理矢理呑まされた屈辱的和睦だというのだ。実際の内容がそうでないことは今述べたとおりだが、形としてそうなっていることは否定できない。御機嫌だった真宗は一転して講和を後悔し、寇準を罷免してしまう。鬱々として楽しまぬ真宗。かくして、失墜した（と彼が思いこんだ）宋の皇帝の権威を宣揚するために、一連の国家儀礼が仕組まれる。天書降臨と封禅《ほうぜん》である。

景徳五年（一〇〇八）正月、宮殿の門の屋根に黄色い布がひっかかってひらひらしているという報告があった。真宗は王旦《おうたん》・王欽若ら大臣たちを召集して昨年一一月に寝室で起きた怪異の話をする。神が現れて「一ヵ月の間、宮中において道教式の祈禱を捧げるならば、天書大中《たいちゅう》祥符《しょうふ》を与えよう」と告げたというのだ。報告のあった布はきっとそれに違いない。はたして、宦官《かんがん》に屋根に登って取らせた布には冒頭「趙受命、興於宋、付於恒」と書かれていた。恒は真宗の名である。通常、臣下は皇帝の御名を書くことは許されないから、これは神が書いたに違いない（と、当時の法制上はなる。もちろん、神が書いたということにするために、あらかじめ真宗の許可を得て、臣下が「恒」字を書くことは可能である）。

天書が降ってめでたいというので、早速改元がなされた。そのものずばりの「大中祥符」という年号である。これは儒教経学において「皇極」の意味を表す語として、古くから王を象徴する語であった。

天書はそれ自体を奉安する御殿を建てて、鄭重に祭られた。天の神から寿《ことほ》がれた皇帝に向かって、封禅を勧進する動きが生じる。最初は封禅の祭場である泰山《たいざん》近辺の住民一二八七人が自主的に（という装いで地方官の支援を得て）上京、上奏した。真宗はその任にあらずと断る。二度目、領導は地元の進士にランクアップ、計八四六人が上京してお願いする。また却下。今度は宰相以下、文武百官・諸軍将校・州県官吏・諸外国・僧侶道士・老人あわせて二万四三七〇人の大規模な請願。かくしてついに真宗も「そこまでみなが言うなら」と一〇月の封禅実施を受諾する。決定までには、このように禅譲同様の過程があった。

封禅とは、当時の儒教経学においては、天下太平を実現した皇帝にのみ許される儀礼とされていた。太古の諸帝王が実施したのち、儒教の道がすたれて中断、秦の始皇帝のようにその資格を持たない暴君が、神仙思想に毒された形式に、この神聖な儀礼をねじまげる。漢の武帝の封禅も、儒教での評判はあまりよくない。後漢光武帝《こうぶてい》が本来の姿に戻し、唐の高宗《こうそう》・玄宗《げんそう》、それにやや変則的ながら則天武后《そくてんぶこう》が、それを継承した。

もっとも、これは儒教の神学的言説にすぎず、実際は始皇帝が神仙思想によっておこなったほうが古形で、あとからその前史を捏造《ねつぞう》したにすぎない。儒教ではそれほど重要視された神聖な儀式だった。実は先代太宗も北漢平定後の雍熙《ようき》元年（九八四）に封禅を計画していたが、折から発生した皇居宮殿の火災を天の譴責《けんせき》と受け止めて中止し、実現していなかった。宋が漢から唐にいたる王権を模範にするかぎり、いつかは実施することが期待されてきた儀礼であった。天書降臨によって、人々は天がそれを許したと解釈したのである。

中国史上最後の封禅

南宋の李燾《りとう》が編集した北宋の年代記『続資治通鑑長編《ぞくしじつがんちょうへん》』（以下、『長編』と略称）のこの年についての記載は、封禅準備に多くを費やしている。沿道の整備や通過する城門改修に経費をかけるなと真宗は何度も指令しているが、これも型どおりの作法であった。「皇帝は慈愛あまねく、民ぐさの生活を思いやっている」ということの表明である。

契丹には学者官僚の孫奭《そんせき》を派遣し、封禅の実施を告げている。泰山まで真宗を護衛する大部隊が移動するので、それを軍事行動と誤解されないための用心であった。出発前に「使節の応接に面倒をかけては先方に悪いので、国境で親書だけ渡してくればよい」と申し渡す真宗。孫奭が持参した礼物を契丹が「歳幣以外に受けとるのは盟約にそむくから」と受けとらなかったと聞いて、今度は「信義を重んじること、いつもこのようだ」と讃える。『長編』が描く真宗は、まさに太平の名君そのものである。

事前には開封の宮殿で予行演習もしっかりこなし、一〇月四日、真宗一行は泰山に向け出発した。二三日、泰山登山。おつきの者たちがばててしまうなか、延々と続く石段を、四〇歳の真宗は颯爽と登っていく。前日の悪天候が嘘のような晴天であった。翌日早暁、山頂にて封禅儀礼が行われた。唐の玄宗以来、二七〇年ぶりのことである。宋がようやく自分の模範、大唐帝国と肩を並べた瞬間であった。そしてこれが中国史上最後の封禅となった。

帰途、曲阜《きよくふ》に立ち寄った真宗は、孔子《こうし》旧宅の廟において孔子こと文宣王《ぶんせんのう》（孔子の諡《おくりな》）を盛大に祭る。あわせてその称号に「玄聖」の二文字を冠した。『荘子《そうじ》』に典拠のある語だが、その後の儒教文献にも使われており、決して道教思想にもとづく命名ではない。

封禅が後世二度と行われなかった——徽《き》宗《そう》の時に蔡京《さいけい》が準備したが徽宗にはその気がなかった——のは、封禅が儒教の教義から抹殺されるためである。真宗の封禅のきっかけを、一〇〇年後に蘇軾《そしよく》はこう記録する。「城下の盟」に鬱々としていた真宗に、王欽若は契丹征伐を勧める。「民ぐさのことを思うと戦争はできない」と突っぱねる真宗。その答えを待ちかねたかのように、王欽若は今度は封禅を勧める。「天瑞がなければ封禅は許されまい」と渋る真宗。すかさず、「陛下は太古聖王の時代の河図《かと》や洛書《らくしよ》が本当のことだとお思いですか？」と王欽若の突っ込みがはいる。奇蹟は創られる。かくして天書の捏造が行われたのだ、と。のちほど述べるように、蘇軾の時代は儒教が変質する時期であった。そこでは封禅は迷信として批判対象になっていた。真宗は、漢代以来の王権のあり方を追求した最後の皇帝であった。以後は、開封城外南郊における郊祀と宮中の御殿を使った明堂祀との二種類の上帝祭祀が、皇帝みずから祭司となって三年に一度の周期で繰り返される。

大中祥符元年の大騒ぎは真宗の開封帰還によって一段落したが、真宗による国家祭祀の荘厳化はこれで終わらなかった。まずは、山西《さんせい》の汾陰《ふんいん》で封禅と対をなす土地神への祭祀を執り行った。また、天の最高神の名称を「玉皇」と定め、皇室の祖先神としても崇拝した。儒教でそれまで昊天《こうてん》上帝と呼んできた神と同一だとしたのである。現在でも民間信仰では玉皇を天の神として祭っている。

さらに、夢にふたたび神の使いが現れ、後日真宗の遠い先祖が訪れることを告げる。はたして降臨したその神は「趙玄朗《ちょうげんろう》」という名であった。時間的には春秋時代晋国の臣下が趙氏を名のるより前に生きていた人のはずなのだが、なぜか趙さんなのである。わが国の『古事記』でもそうだが、神代のことは「からごころ」で量ってはならないのだろう。趙玄朗を祭る宮殿として造営されたのが玉清昭応宮《ぎょくせいしょうおうきゅう》であり、また帝室の祖先の遺影を奉じる景霊宮にも、彼の絵姿が掲げられるようになった。真宗は彼に聖祖という廟号を贈る。

玄朗すなわち「くろぐろとした明るさ」。この一見矛盾する名は、当時の宗教的雰囲気を示している。「玄」とは漢末から重視されてきた哲学概念で、この字を用いた熟語が数多く存在し、頻用されていた。

ところが、真宗のこの夢が原因で、以後この字の使用は禁止となる。皇室の祖先の御名だからである。四神の一つとして日本でも知られる玄武は、真武と改称された。そのため、本来の亀と蛇の合体神は「ほんものの武人」と誤解され、神の性格自体が変質してしまう。玄聖こと孔子は至聖と改称された。この語は今でも日本の湯島聖堂などに見ることができる。

唐の玄宗は尊号の一字をもとに「明皇」と呼ばれるようになる。真宗自身、玄字が使用可能ならあるいは玄宗という廟号を得ていたかもしれない。それ以外の、数百年来愛用されてきた「玄×」という熟語はすべて使用禁止となり、廃れていった。皮肉なことに、玄の思想を最大限に継承・尊重した真宗によって、玄の思想は滅ぼされたのである。「玄」に代わって思想界の寵児となった文字は、「理」である。この字もそもそもは唐の高宗の名「治」を避けるために、七世紀以降使用頻度が増した字であった。

この頃、ある官僚が「宋は大唐の後継者だから、火徳ではなく金徳であるべきだ」と上奏した。真宗は太祖の決めたことを守りたいとしてこれを却下しているが、「このことを提言する者は他にも多い」と述べており、当時流行した見解だったことがわかる。実際、太宗の時にも同様の上奏が記録されている。これも宋が大唐を継承する王朝・時代になったという、時人の自信を象徴する事例である。自信はやがて大唐を凌駕《りょうが》したというところにまで高まっていく。

宰相群像

財務官僚の出世コース

万事親決した太宗とは異なり、真宗は三代目の気質ゆえか、大臣たちの意見を重んじる政治姿勢を採っていた。宰相《さいしょう》たちの力が増したわけである。最近の研究にもとづいて、彼の治世を支えた宰相群像を紹介しよう。

太宗は太子元侃《げんかん》が自分とは異なるタイプの君主になるだろうことを見越していた。そこで、信頼できる補佐役をあてがう。李沆《りこう》であった。彼は太平興国五年（九八〇）の進士。翰林《かんりん》学士となって太宗の目にとまり、一時期参知政事を務める。太宗は彼を皇太子づきの職務に任じ、代替わり後には再度参知政事になれるよう布石を打った。果たして、真宗は即位後ただちに彼を昇進させ、やがて呂端《りょたん》が引退するとその後釜に据える。彼は真宗の全幅の信頼を得て文武百官を統率し、「聖相」と呼ばれた。

李沆と入れ替わりに三司使から宰相に昇進したのが寇準《こうじゅん》で、澶淵《せんえん》の盟の陣頭指揮を取った。しかし、前述のとおり王欽若《おうきんじゃく》の讒言《ざんげん》により罷免《ひめん》され、代わって王旦《おうたん》が就任する。彼には特記すべき業績はないが、それだけに政治秩序の安定期を無難に取り仕切った。天書・封禅も王欽若たちが主導してのことで、王旦は名目的な政府首班として一二年の長きにわたり、彼らに上から睨みを利かせていただけのようである。その後半期は、向 敏中《しょうびんちゅう》が次席宰相を務めている。

天禧《てんき》元年（一〇一七）から天聖《てんせい》元年（一〇二三）にかけて、一気に世代交替が進む。王旦・向敏中・王欽若・寇準（再任）・李迪《りてき》が相継いで宰相を去り、天禧四年（一〇二〇）、丁《てい》謂《い》と馮拯《ふうじょう》とが就任する。丁謂は淳化《じゅんか》三年（九九二）に、王欽若と一緒に進士となり、合格時に成績優秀だったので要地の地方官を歴任、真宗が即位すると中央で三司《さんし》戸部《こぶ》判官《はんがん》となった。四川《しせん》で路官を務めたあと、今度は三司塩鉄《えんてつ》副使に就任。山東《さんとう》の路官を経て、権三司使事、つまり財務大臣臨時代理の職を与えられる。数年後には正式に三司使となる。

三司は、前にも述べたとおり、後唐の時に戸部・度使《たくし》・塩鉄の三つの役所をたばねて設けられた財務官庁である。すでに寇準の例に見られるように、その長官からは次に宰相に任じられるほどの要職になっていた。丁謂が路官として任じられていたのはやはり財務関係の職で、これは三司と直接の統属関係にはないものの、内容的には同じ種類である。つまり、彼は財務官僚として能力を発揮して頭角を現した。この点、先輩の寇準とはだいぶ気質を異にしている。天書・封禅《ほうぜん》の費用捻出を担当したのも丁謂であった。

三司使は「計相」と呼ばれた。格としては枢密使のほうが上なので、講和により枢密使の実務が財政問題に比重を移すと、三司使・枢密使を経てから宰相に昇進する事例が増える。こうして、それまでの進士の王道であった、翰林学士から参知政事を経て宰相にというルートと並び立つ、財務官僚の出世コースが確立する。のちの新法・旧法の党争で、王安石は地方官から翰林学士に抜擢されるルートであったが、事実上は財務系のコース・人脈に属しており、それが正論派の欧陽脩《おうようしゅう》・司馬光《しばこう》らと合わなかったという側面を持っている。その意味で、丁謂の存在は注目される。寇準や王欽若との確執を党争のはしりと評する研究もある。

未完の政治運動——慶暦の改革

乾興《けんこう》元年（一〇二二）二月、真宗は在位二六年にして五五歳で崩御する。遺詔《いしょう》により皇太子の禎《てい》が即位した。仁宗《じんそう》である。少年の彼を助ける名目で母后《ぼこう》が摂政をする。女性は男性官

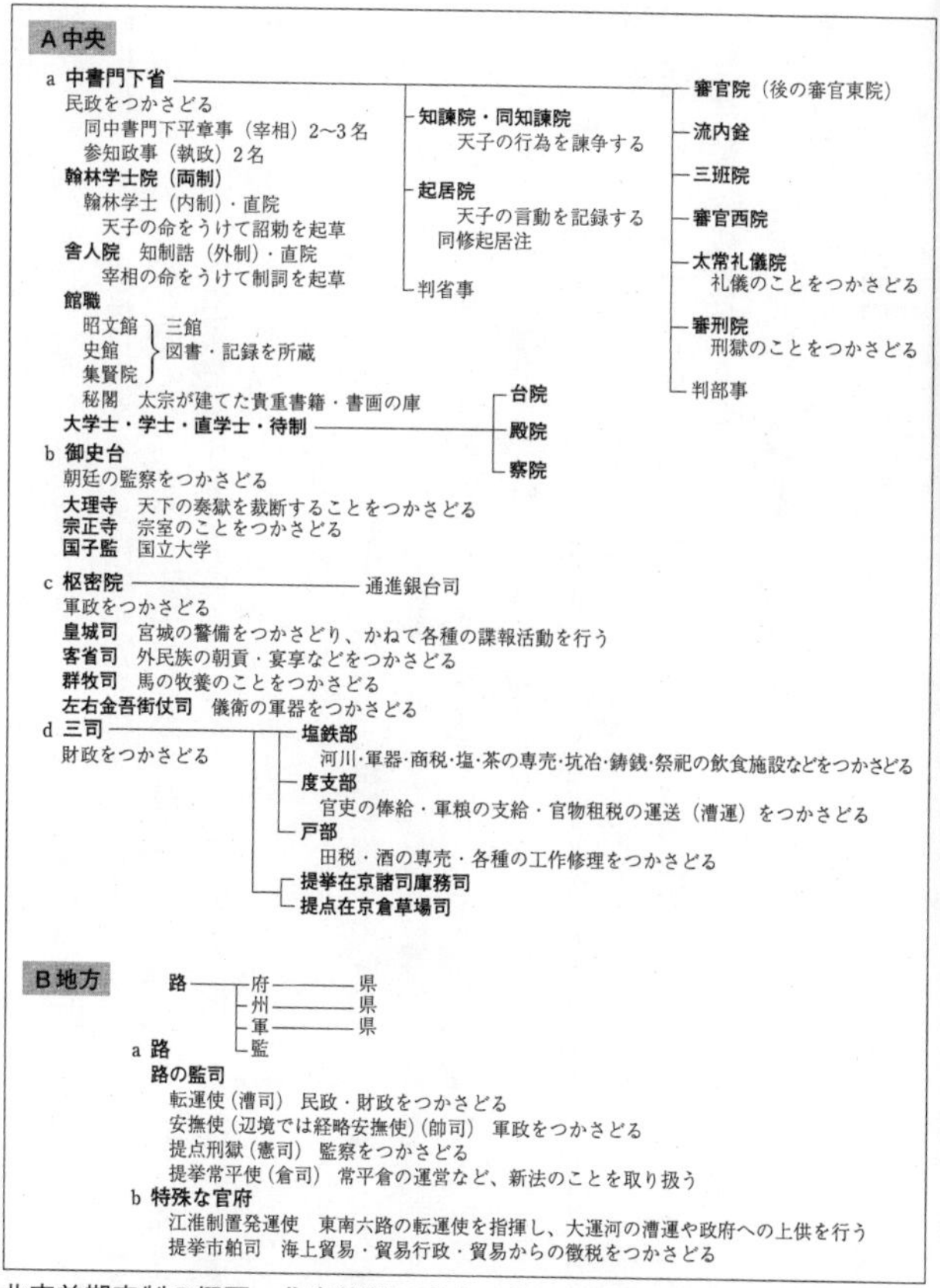

北宋前期官制の概要　北宋前期は唐末以来の趨勢をうけて官僚機構がきわめて複雑であった。元豊年間の官制改革で中央官庁は『唐六典』の六官制へと復古的に整備される（講談社版前シリーズ『中国の歴史5　五代・宋』所収の表を簡略化した）

僚に姿をさらすわけにいかないため、御簾《みす》を垂れて政務会議に臨んだ。このためこれを垂簾《すいれん》聴政《ちょうせい》という。この年のうちに丁謂は宰相を罷免され、馮拯も翌年に病気引退、こうしてほぼ同世代の、真宗の治世を支えてきた宰相たちはすべて退場した。代わって参知政事の王曽《おうそう》が昇任する。その穴を埋めるべく参知政事に任じられたのが呂夷簡《りょいかん》であった。彼はやがて宰相に昇進、実質的に朝廷を牛耳る。王曽と呂夷簡とは権力闘争を展開、一時期、ともに宰相を罷免されてもいる。このように、王曽は呂夷簡と対立したということで後世の史家から君子とみなされてきたが、見るべき政績はない。

仁宗時代の前半、朝廷を主導していたのは、呂夷簡であった。彼も進士として官界入りし、地方官を歴任してから中央の高官となる。地方官時代には、農機具への課税を取りやめさせたり、道観建設の資材調達期限を延長させたりと、民力涵養を旨としていて、真宗から「国を治め民を愛する心がある」とお褒めの言葉を頂戴している。

仁宗の時に、真宗が建立させた玉清昭応宮が焼失、皇太后は再建を企図したが、呂夷簡は天災にことよせて断念させている。仁宗親政になっても引き続き政権の中心にあった。薨去の際、仁宗は涙を流して、「国を憂えおのれを忘れること、夷簡の右に出る者はない」と評したという。彼の息子たちはいずれも政府高官として活躍、なかでも呂公著《りょこうちょ》は司馬光《しばこう》とならぶ旧法党の重鎮であった。その後、南宋になってもこの一族は朝廷で重きをなし、朱熹《しゅき》（朱《しゅ》子《し》）の盟友呂祖謙《りょそけん》ほかを輩出している。

しかし、呂夷簡のもとで、政治は停滞し腐敗していた。少なくとも、少壮官僚たちにはそう思われた。折から、西北辺境ではタングート（党項）族が自立、国号を「夏《か》」として宋と交戦状態が続いていた。文民官僚として前線の指揮にあたった韓琦《かんき》・范仲淹《はんちゅうえん》の努力で講和が成立し、彼らを中央政府に呼び戻して新政の気運が盛り上がる。慶暦《けいれき》三年（一〇四三）に行われたため、慶暦の改革あるいは慶暦の治と呼ばれている。

　范仲淹の上奏文を見ると、この改革がまずは官界の綱紀粛正による人心一新をめざしていたことがわかる。呂夷簡政権における因循姑息《いんじゅんこそく》な風気を打破し、清新で前例に囚われない立場から国制の改革が企てられた。慶暦の改革は、創業八〇年を迎えた宋朝が、大唐帝国以来のしがらみから自由になるための第一歩であった。

　その担い手の年齢構成を見ると、首領范仲淹のような重鎮はさておき、学術面の指導者石《せき》介《かい》が景徳二年（一〇〇五）、少壮エリート官僚として改革を担う欧陽脩は景徳四年（一〇〇七）、蔡襄《さいじょう》は大中祥符五年（一〇一二）の生まれ。つまり、澶淵《せんえん》の盟のあとに生まれ、契丹の脅威を感じたことのない世代、「戦争を知らない子供たち」であった。彼らの理想主義的政策は、このことと深く関わっていよう。そこにはプランを現実化する戦略が欠けていた。

　慶暦の改革とは、結局プランを立てただけに終わった未完の政治運動であった。その危険性に気づいた当事者たちがみずから撤収したのだとする見解もある。それなのに、後世しばしば回顧され、理想の政治文化が華開いたかのように語られるのはなぜだろうか。それは、ここにそれ以後のさまざまな展開の萌芽がすべて含まれていたからである。政治的・学術的な立場の相違を超えて、これ以後の宋代士《し》大夫《たいふ》たちは常に慶暦を規範とするようになる。単に宋代にはとどまらない。明《みん》あるいは清《しん》末にいたるまで、すなわち近世士大夫の魂のふるさとは、この慶暦の改革にあったと言っても過言ではない。その種々相は別の章で個別に紹介するが、ここではやはり慶暦士大夫のリーダー范仲淹の、あのあまりにも有名な一文を引いておこう。六〇〇年後、日本に亡命した朱舜水《しゅしゅんすい》（一六〇〇―八二）の提案で徳川光圀《みつくに》（一六二八―一七〇〇）が邸の庭に「後楽園」と名を付けた、その典拠、「岳陽楼記《がくようろうき》」である。

居廟堂之高則憂其民
処江湖之遠則憂其君
是進亦憂　退亦憂也
然則何時而楽邪
其必曰先天下之憂而憂
後天下之楽而楽歟

廟堂の高きに居りては則《すなわ》ちその民を憂え
江湖の遠きに処りては則ちその君を憂う
これ進むも亦《また》憂え　退くも亦憂うるなり
然らば則ち何れの時にして楽しまんや
それ必ず天下の憂いに先だちて憂え
天下の楽しみに後《おく》れて楽しむと曰わんか

弊害の噴出と濮議

国家の財政危機

宋の屋台骨は徐々に蝕《むしば》まれていた。欧陽脩《おうようしゅう》は「原弊」という論文を書いて、安逸を貪《むさぼ》る官僚たちに警告する。当時の有識者が気づいていた弊害とは国家の財政危機であり、その原因は大きく次の三つからなる。

一つは軍隊である。常備軍体制を採る宋では、国境線上と首都開封とに集中して総計一〇〇万を超す軍隊を配置していた。彼らは普段何もすることがない。まさしく無為徒食なのだが、さりとて無防備にするわけにもいかない。そもそも、彼らを解雇しても代替職業が見つからなければ社会不安を招くだけである。のちの「好鉄は釘にならず、好人は兵にならず」の俚諺《りげん》どおり、宋代の兵卒の質も相当なものであった。『水滸伝《すいこでん》』の頭目に軍隊くずれ――あるいは、軍隊あがり？――の人物が多いのは、結構時代の実相を突いているかもしれない。将校・兵卒ともに、とてもまっとうな良民になれるような手合いではなかった。仁宗時代には、飢饉《ききん》や収奪による農民反乱よりも、給料未払いや待遇劣悪化を理由にした地方駐屯軍の蜂起《ほうき》のほうが目に付く。かつて、毛沢東《もうたくとう》思想に忠実に、何が何でも農民「起義《きぎ》」を見つけねばならなかった時期には、これらも階級矛盾の表出として語られたものだが、それはいささか無理があろう。

二つ目は官僚組織である。節度使の跋扈《ばっこ》を抑えるべく敷かれた文官優位の体制は、太宗が科挙《かきょ》を拡大させることによって完成した。が、「完成」という静態では止まらず、過剰が生じていた。官僚ポストは限られている。そこに科挙を通じて大量の候補生が押し寄せる。当然、空きポストへの就任を待つ者の数が急増する。その解消策としての意味合いもあって、官僚機構の拡大・複雑化がなされるが、それは無用の経費負担を国庫に課すだけであった。官僚機構は一度作ってしまうと自己増殖し、歯止めが利かなくなる。中央集権を急ぐあまり、なんら将来のグランドデザインを持たないままに形成された宋の官僚機構は、優秀な士大夫を生みだす一方で、極度に危機的な状態に陥っていた。

そして、三つ目が節税である。法律上の抜け道を使って、資産家・土地保有者が名目的にその資産や土地を手放し、税や徭役を免れようとする。税制上優遇措置が講じられていた、寺院・道観への寄進、官僚特権階層への贈呈であった。もちろん、受託者側は一定のマージンを要求するが、要するに、本来は国庫に納めていなければならないものの私的な山分けである。その分、コネを持たない弱小者たちがしわ寄せを食らう。いつでもどこでもある「正直者は馬鹿を見る」の構図であった。

慶暦の改革は、手始めに官僚の綱紀粛正を図ろうとしていながら、その途中で中断、以後二〇年、仁宗時代の後半はふたたび因循姑息の時期となる。そもそも、仁宗は無為の人で、真宗のように王権強化のためだけであれ積極的、ということすらなかった。それと関係があるのか、子宝にも恵まれず、すでに生理的には子作りは難しい年齢になっているのに、後継者を選定しようともしない。こういう場合の帝位継承問題は臣下として発言の憚《はばか》られる問題であったが、さすがにたまりかねて、欧陽脩をはじめ何人もの高官が、皇族からしかるべき王子を養子に迎えるようにと建白《けんぱく》する。仁宗は体力的にまだまだ自信があったのか、それとも世継ぎを種付けしてもらおうとする後宮女性たちの妨害があったのか、事は一向に進まない。仁宗は病気で倒れるに及んで、ようやく一人の王子を宮中に引き取り、養子待遇を与えることを承諾した。それも、実子が生まれたら元に戻すという条件付きである。こうして選ばれたのが従兄だった濮安懿王允譲《ぼくあんいおういんじょう》の子、宗実《そうじつ》であった。彼は曙《しょ》と改名する。

濮議——構造改革にまさる大論争

嘉祐《かゆう》八年（一〇六三）三月、四〇年を超す治世を経て、仁宗崩御。その直前に皇太子に立てられた曙がただちに即位する。英宗《えいそう》である。つまり、彼は仁宗の子として帝位を継いだのである。時に宰相は韓琦《かんき》、参知政事は欧陽脩。若い皇帝が号令を発すれば、一〇〇年間にたまったもろもろの制度疲労に対する構造改革が始まる体制にはなっていた。翌年正月、『礼《らい》記《き》』の大学篇にもとづき「治平《ちへい》」と改元される。しかし、改革よりももっと重大な問題が、士大夫官僚たちの思考回路を占拠する。亡き実父を新皇帝は何と呼ぶべきかという問題であった。世に言う濮議《ぼくぎ》が始まった。

論点は、実父濮王をあくまでも「養父仁宗の従兄」として扱うか、それとも「実際の父親」として扱うかにあった。はじめ、翰林《かんりん》学士の王珪《おうけい》らが上奏したのは、前者の立場の「皇伯」案だった。韓琦・欧陽脩ら中書《ちゅうしょ》省（政府）首脳は、過去に前例がない呼称だとして、後者の方針、すなわち「皇親」と呼ぶことを主張した（実際には後晋で石重貴《せきじゅうき》が実父に対して皇伯という呼び方を用いているが、欧陽脩は「五代の事例は先例になりえない」と一蹴している）。すると、司馬光《しばこう》・呂誨《りょかい》ら諫官が「先代が仁宗であるという継承の正統性をみだすものだ」と、政府案を批判した。以後、しばらく朝廷の高官たち全員を巻き込んでの大論争が展開する。

近代的な視線からは、それこそどうでもいいことをめぐる確執であり、前に述べたさまざまな課題を打ち捨ててまで議論する価値があるようには思えない事柄である。そのため、この事件は歴史記述上軽視されるか、この対立に世代間闘争やら、政府と諫官との制度的・構造的対立関係やら、支配階級内部の矛盾やらを読みとり、この論争自体よりも、その原因となった（であろう）これらの事情の説明に力点が置かれてきた。

しかし、近代的視線が定着する以前においては、濮議は濮議そのものとして事あるごとに回顧・論評されていた。それは、ここで起きた見解の対立が、中国の政治秩序、すなわち礼教秩序における根本的な問題をはらんでいたからである。われわれの視線・視点で異文化に属する人たちの言動を判断するのは危険である。自分たちとは違う思考をする人たちの存在を認めない「普遍主義」が、限りない対決と混乱とを世界にもたらすことは、現在わたしたちの時代に起きている事態からも学ぶことができるであろう。宋とは、わたしたちにいろいろと考えさせてくれる時代である。

濮議のために精力を使い果たし、欧陽脩は自分の手で政治改革を行うことを断念する。范仲淹や欧陽脩が夢見た宋代ならではの新しい政治は、次の世代の士大夫たちに委ねられる。だがそれは、これまで以上に激しい党派対立を招くことになるのであった。

第三章　動乱の世紀

王安石の登場

神宗の片腕として選ばれた俊才官僚

治平四年（一〇六七）正月、英宗《えいそう》崩御。『礼記《らいき》』の「治国平天下」にちなんだ年号命名もむなしく、在位わずか四年であった。長男の頊《きょく》があとを嗣ぐ。二〇歳の青年皇帝神宗《しんそう》の誕生である。

国政改革の必要性は、四年前の英宗即位の時よりいっそう切実になっていた。しかし、朝廷にはまだ濮議《ぼくぎ》のしこりが残っており、両派互いに相手方を牽制していた。その間隙を縫って一気に頭角を現したのが、王安石《おうあんせき》である。

王安石は仁宗崩御と同じ年に母を亡くし、英宗の治世にはその喪に服するため江寧《こうねい》（現在の南京《ナンキン》）にいたから、中央の濮議には一切関わっていなかった。彼は江西撫州《こうせいぶしゅう》の出身ではあるが、事実上の郷里は江寧であった。

神宗は皇太子時代に、韓絳《かんこう》・韓維《かんい》・呂公著《りょこうちょ》といった、いずれも名門出身の若手官僚と親しくしていた。王安石の名は彼らを通じてその耳にはなじみのものとなっていたようである。

欧陽脩《おうようしゅう》も司馬光《しばこう》も以前から王安石には注目しており、朝廷全体の期待をになって、彼は朝廷に召し出され翰林《かんりん》学士に任ぜられる。

王安石の父も科挙《かきょ》官僚であったが、各地の地方官を歴任するだけで一生を終えた。安石は慶暦二年（一〇四二）、二二歳の若さで、しかも八三九名中第四位という非常に優秀な成績で進士となる。同年の進士にはのちに新法党政権にあって彼を支え、やはり宰相にまで昇進する王珪《おうけい》や韓絳がいた。

これだけの好成績で合格した場合、一期地方官を務めたあとはすぐに中央に戻り、顕職を歴任するエリートコースが用意されていた。ところが、王安石は淮南《わいなん》での職務を終えたのち中央での官職を求めず、今度は明州《めい》（現在の寧波《ニンポー》）鄞《ぎん》県の知事として赴任する。その後、中央のポストに就くこともあったが、母の喪が明けたあとはそのまま江寧府の知事としてその地に残っていた。このように自分から好んで地方回りを選択したのは、家に資産がなかったうえに大家族を養う必要があったので収入のよいポストを選んだのだと言われているが、地方の実情をつぶさに見、諸種の改革をおこなった経験は、その後の中央での活躍に活かされることになる。

神宗はみずからの治世最初の改元に際して、「煕寧《きねい》」という二文字を選んだ。煕はひかり輝く、寧はやすんじるの意。父親の時以上に、国政立て直しへの決意をこめた命名であった。その二年（一〇六九）、王安石は参知政事に昇進。特設された制置三司条例司の長官を兼ねて、改革に乗り出す。制置三司条例司には、慣例化した官僚制度内での昇進の仕組みか

王安石

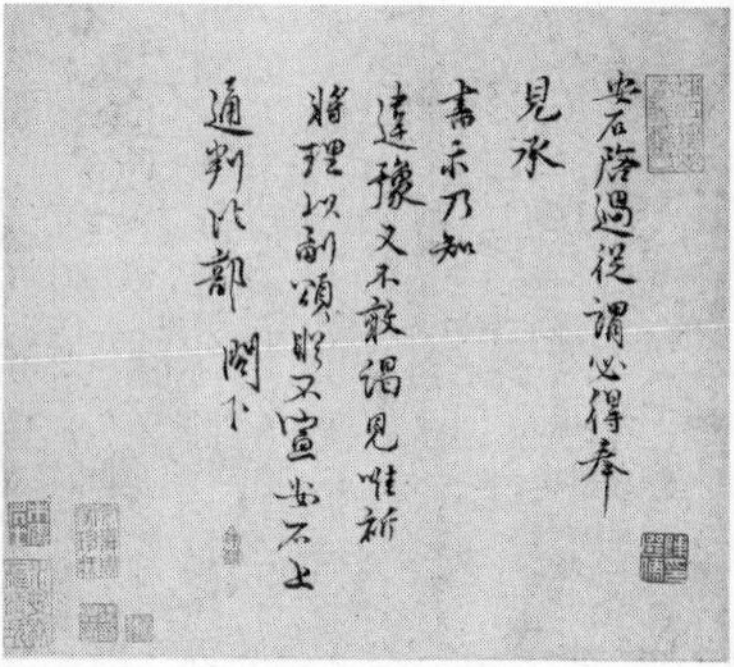

王安石真筆「致通判比部尺牘（ちつうはんひぶせきとく）」（台北故宮博物院蔵）　通判比部の官にあった友人に宛てた見舞いの手紙

ら自由に、有能な若手官僚が集められた。そのなかには、王安石の腹心呂恵卿《りょけいけい》のほか、程顥《ていこう》や蘇轍《そてつ》といった、やがて批判派に転じる人材も含まれていた。この時点で、改革が幅広い人士の共通志向であったことがわかる。彼らは互いに議論を交えながら、日夜さまざまな施策を練った。いわゆる新法政策である。翌熙寧三年（一〇七〇）には王安石は宰相《さいしょう》に任じられ、神宗と二人三脚、名実ともに朝廷を指導して国政の立て直しに邁進することになる。

個々の新法とその意義については、あとで節をあらためて述べることにして、先に政治的な推移を追っておこう。

王安石おろし

新法の内容が具体的に固まってくると、朝廷の内部に亀裂が生じる。程顥や蘇轍は辞表をたたきつけて制置三司条例司を去り、濮議の論敵同士であった欧陽脩と司馬光が同一口調で王安石一派の解任を求め、さらには当初王安石を神宗に推薦した呂公著までが新法を批判するようになる。彼らをまとめて旧法党と呼ぶが、これは後世新法党に対する抵抗勢力を総称してこう呼んだだけのことで、彼らが明確な政策プランを共有して一つの党派を結成したわけではない。

彼らの目標はただ一つ、「王安石おろし」であった。そこにはさまざまな政治力学が作用している。王安石はさまざまな口実を設けて、彼らを政界中枢から駆逐していった。あからさまに失脚させにくい大物は、名誉職としての閑職や地方大都会の知事の任務を与えられた。道教施設である道観の監督者というポストも、この時王安石によってその目的で設置されたという。中央政府の要職は、王安石とその一党が独占した。

政治的には敗北した抵抗勢力は、言論戦にもちこむ。今ならさしずめ世論を味方につけるのだろうが、その当時は天の意向を後ろ盾にすることが最も有効だった。

天人相関思想というものが、古来中国にはある。朝廷がまちがった政治をおこなうと、天が天体の異常現象や天候不順などを起こして警告するというものである。熙寧《きねい》六年（一〇七三）は前年来降雨が少なかった。批判派はこれこそ天の警告だとして改革政策の停止を求める。「王安石をクビにしてから一〇日たっても雨が降らなかったら、私を死刑に処してくれてかまわない」とまで言い切った官僚もいた。こうした批判に対して王安石は、「正しい政治をしている以上、天に対してやましいところは何もない。天変畏《おそ》るるに足りず」と神宗に答弁したという。こうした言い方がまた、後世王安石の評判を悪くする一因となった。

その時、たまたま開封《かいほう》にいたのが、「はじめに」で紹介した成尋《じょうじん》である。そこでも述べたように、彼の日記の記載を宋側の史料で確認することはできないのだが、神宗みずからその雨乞いを激励に訪れたというところに、神宗のあせりと期待がうかがわれる。雨が降ってくれなかったら、改革推進派の神宗といえども、王安石を罷免せざるをえない状況に追い込まれていたのだ。もっとも、王安石本人は登場しないところに、「天変畏るるに足りず」の発言者の面目躍如たるところがある。彼は天への畏敬の念はもっていたが、異国から来た祈禱師の雨乞いなど信じていなかったのであろう。

この時は成尋の祈禱の甲斐あって（?）、王安石のクビはつながったが、翌年、ついに反対派の批判に堪えきれず、宰相の職を辞する。熙寧八年（一〇七五）には宰相に返り咲くも、その翌年に再び辞表を提出、以後、かつて住んだ江寧に引きこもって政治の表舞台から姿を消す。政治家として開封の地を踏むことは二度となかった。

王安石の引退とはかかわりなく、新法政策自体は続行された。呂恵卿や蔡確《さいかく》・章惇《しょうとん》といった、王安石が抜擢した人材が、神宗のもとで集団指導体制を布いた。王安石という偉大なプランナーが去っても、一連の新法はすでに施行されており、あとはその運用適正化が彼ら実務官僚に委ねられたのである。

一〇年続いた熙寧の年号は、「元豊《げんぽう》」と改元される。新法が軌道に乗り、国家再建の展望が開けてきた自信を示す年号である。抵抗勢力も王安石という標的がいなくなってしまったためか、あるいは諦念に達したか、あるいは内心では新法の実効性を認めるようになったか、熙寧年間のような激しい議論は影を潜める。世の中はこれで王安石の路線に沿って変わっていくかに見えた。

しかし、不幸が訪れた。新法政策を全面的に信頼し支持してきた神宗が、在位一八年にして崩御したのだ。元豊八年（一〇八五）、まだ三八歳の若さであった。歴史に「もしも」は禁物だというが、しかし、やはり思わざるをえない。もしも神宗が天寿を全うしていたならば、その後の中国文明は大きくその様相を変えていたことだろう。

北宋末期四〇年の党争の歴史は、彼の早すぎた死によって始まる。その国葬を取り仕切ったのは元豊年間に新法政策を支えた宰相の王珪。濮議の時に翰林学士として「皇伯」案を最初に奏上した人物である。彼は任務を完遂しないうちに薨じたため、そのあとの党争に巻き込まれずにすんだ。旧法党系の史家の評判も悪くない。ただ、この人物、のちほど登場するさる宰相の義理の祖父にあたるので記憶しておいていただきたい。彼の後任には蔡確が任じられた。

王安石の改革が生んだ『資治通鑑』

あとを嗣いだ哲宗煦《てっそうく》はまだ幼少。そのため、仁宗の初期同様、彼の祖母高氏（すなわち神宗の母）が太皇太后《たいこうたいごう》として垂簾聴政《すいれんちょうせい》をおこなう（宣仁《せんにん》太后）。運の悪いことに、彼女は大の王安石嫌い、したがって新法批判者であった。ただちに洛陽《らくよう》に引退していた旧法党の精神的支柱、司馬光が召還される。司馬光は前年に、精魂込めたライフワーク『資治通鑑《しじつがん》』を完成させたばかりであった。

司馬光は若い頃から歴史書編纂の企画をもっていた。しかし、それには膨大な時間と労力を要する。エリート官僚としての職務のかたわらでできるような作業ではない。洛陽退隠は彼に充分な時間を与えてくれていた。その意味では、「王安石の改革が『資治通鑑』を生んだ」と言えよう。

このように、「風が吹けば桶屋がもうかる」式の、直接の因果関係はない二つの事象を結びつける論法を、古来、「春秋《しゅんじゅう》の筆法《ひっぽう》」と呼ぶ。後から起こった事象の起源をたどっていくと前に起こった事象に原因の一つがあり、かつ、道義的に、前の事象の主体こそが後の事象の責任を負うべきだという判断のもと、実際の行為主体とは違う人物が後の事象の主体であるかのような書き方をすることをいう。魯《ろ》の国の年代記に孔子《こうし》が手を加えた（とされる）『春秋』が、そういう書き方をしている（と後世の注釈者たちが解釈してきた）からである。政敵王安石がいなかったら、この不朽の名著は完成しなかった可能性が高い。

司馬光は、『春秋』のあとを受ける歴史年代記の編纂を思い立った。数十年の作業を経て完成したその書物に、『資治通鑑』すなわち「政

司馬光

治のためになる、現在を照らす鏡としての通史」という命名をしたのは、神宗であった。この本は、司馬光や先人たちの評語が一部挿入されているとはいえ、全編ほとんどが記事の羅列である。しかし、事項の選択や配列、そこでの文字の使い方といったところに、司馬光の歴史観が込められている。つまり、捏造《ねつぞう》を排し、編者が判断した歴史的事実のみを連ねた内容でありながら、単なる実証に終わることなく、現代につながる問題提起を盛り込んでいるのである。本書が歴史書の鑑として東アジアで広く読まれてきたのもうなずける。過去がいかに記録・記憶されていくのかという、今の歴史学における最前線の課題とも、一脈通じるところがあろう。

中国の歴史書というと、彼と同姓の司馬遷《しばせん》『史記《しき》』が有名である。系図上、司馬光一族は司馬遷の子孫を称していた。そのため、司馬光も司馬遷を尊敬はしているのだが、歴史記述の流儀はおおいに異なっている。『史記』が帝王の年代記と個人の伝記とから成る紀伝体《きでん》と呼ばれるスタイルを創始したのに対して、『資治通鑑』のほうは帝王の年代記のみからなり、『春秋左氏伝《さし》』を承けるいわゆる編年体《へんねん》であった。

『史記』は各人の伝記に、司馬遷によって蒐集された口承なども盛り込んで物語性を強くしている。そのため、同じ事件の経緯が別の人物の伝記部分では相矛盾する形で記述されていることも珍しくない。ある歴史的事実を、それを伝えた人々の視点や記憶の多様性を反映してそのまま多様に表現する——『史記』にはそうしたところがあった。たとえば、『史記』全体のクライマックスともいうべき項羽《こうう》と劉邦《りゅうほう》の天下争奪戦にしても、項羽に感情移入して書かれた項羽本紀と劉邦の立場で書かれた高祖本紀とでは、だいぶ感じが違う。古来、項羽本紀は名文として広く読まれ、日本では鴻門《こうもん》の会《かい》や四面楚歌《しめんそか》の話が高校漢文の教科書に今なお採録されているが、これは「猛き者もつひには滅びぬ」の『平家物語』の世界に通じる、日本人好みの内容だからだろうか。しかし、項羽の英雄性を誇張した悲憤慷慨《こうがい》調のこの描き方のみが、『史記』の世界を代表するわけではない。劉邦の着実さと現実感覚に対する賛嘆の念、偉大な王朝創設者への敬意が、高祖本紀の主題となっている。どちらが正しいというわけではない。歴史を善悪の価値判断とは異なる次元で、まさしく人間ドラマとして捉える視座が、『史記』にはある。

　これに対して、単一の年代記である『資治通鑑』は、一つの事件は一つの筋でしか描かない。各種の史料を比較検討し、過剰な装飾を取り去って、事柄の本質だけを記録していく姿勢で一貫している。そのねらいは、いわゆる大義名分論であった。大きな流れのなかで、人はその場その場でいかに振る舞うべきか。特に宮仕えをする者が国家に忠節を尽くすとはどういうことなのか。欧陽脩の『五代史記』とも共通する問題意識が司馬光の執筆動機であった。

　その意味で、『資治通鑑』は読み物としての魅力で『史記』に劣るけれども、文面の行間を読みとる技に習熟した者には読みごたえのある歴史書である。単に事実を羅列しただけではない、司馬光の史観・史眼の鋭さが、『資治通鑑』には示されている。『史記』が青少年向けの活劇調であるとすれば、『資治通鑑』はおとなの読みものなのだ。『資治通鑑』には抄訳もあるので、ぜひ目を通してみていただきたい。

話を神宗崩御の年、元豊八年（一〇八五）に戻そう。

さて、太皇太后から開封に来るように命じられたとき、司馬光は六七歳、あとは静かに洛陽で余生を送るつもりだったろう。一世代年下の皇帝が先に死んで再び自分の出番が来るなどとは考えていなかったに違いない。この頃、洛陽には旧法党の長老が何人も集まり、開封政府と距離を置いて文化的なサークルが結成されていた。宣仁太后からのお召しに逡巡する司馬光に向かって、「あなたをおいて、この悪政をやめさせることのできる人物はいない」と励ましたのは、そのサークルの一員程頊《ていきょう》の息子で、かつて制置三司条例司に籍を置いていた程顥だった。彼は司馬光を送り出してまもなく、五四歳の生涯を終える。

旧法党の立場で描かれた歴史書は、沿道に無数の民衆がつめかけて、救世主司馬光の開封入城を歓迎したと述べる。彼は年齢と健康を理由に要職への就任を何度も辞退したが、翌年すなわち「元祐《げんゆう》」と年号が変わった年（一〇八六）に宰相に就任する。王安石登場以前、英宗のもとですでに翰林《かんりん》学士であったことを思えば、およそ二〇年遅れの昇進であった。ここに宣仁太后と司馬光による、改革撤廃を旗印とする政権が誕生する。これを「元祐更化《こうか》」と呼ぶ。しかし、他の大臣たちをはじめ、朝廷内外の実務官僚はほとんど新法党で占められていた。新法政策を撤回することは、容易なことではなかった。

さまざまな新法

新法の内容と改革派の論法

ここで、後回しにしていた個々の新法を紹介しておこう。

王安石の新法というとすぐに思い浮かぶのは、均輸《きんゆ》法・青苗《せいびょう》法・市易《しえき》法・保甲《ほこう》法・募役《ぼえき》法・保馬《ほば》法といった経済政策である。というか、今の高校世界史教科書を繙《ひもと》いてみると、これらの名称が列挙されている。試験対策に記憶したことを記憶している読者も多いだろう。果たして、それらの内容と意義はどのようなものだったのだろうか。

均輸法とは、政府が国家事業や消費のために物資を調達する際に出るムダを省く方策であった。当時、多くの物資は江南から都の開封に輸送されていたので、その出先機関として発《はっ》運司《うんし》という機関を大運河沿いの揚《よう》州に設け、開封からあらかじめ何をどのくらい調達すべきか指示を発しておく。発運司では時価を勘案して特定の場所から安く仕入れ、開封に輸送する必要のないものは別の場所で売りさばいた。それによって、物資調達事業を効率化し、同時に物価を安定させる試みである。均輸とは物資がどこでも同じ値段で同じように行き渡るようにするという意味であるが、要するに、政府が遠距離商人と同様の商売をおこなったわけである。

青苗法とは端境《はざかい》期の農民の窮乏を未然に防止する政策である。種蒔きの時期に作付けの資金（現物の種籾《たねもみ》なら「青い苗」）を低利で貸し与え、収穫後に返済させる仕組みであった。その財源には、飢饉《ききん》にそなえて備蓄することが従来義務づけられていた常平倉《じょうへいそう》の収蔵物を充てた。常平とは「いつも同じ」、つまり飢饉にあっても困らないようにするという意味であるが、何年も豊作が続けば旧い備蓄穀物は腐ってしまいムダになる。冬を越して備蓄が不要とわかった時点で、それをそのまま、もしくは売却して現金化したうえで、貸し出しに使用しようというわけである。これも従来資産家が営利目的でおこなってきた事業に、国家が参入したことになる。しかも、原資は大規模、金利は安い。

市易法は青苗法の都市版ともいうべき、商人相手の融資である。市易とは文字どおり「市場で交易する」意味。開封に市易務という機関を設置し、全国の都市に置かれた出先機関を統轄させる。これも、豪商がおこなってきた金融業への国家の参入であった。

以上の三法は、経済的に裕福な階層が富の維持・再生産のためにおこなってきた営為と利害が対立する。そのため「民と利を争うもの」、すなわち国家として〈はしたない〉行為だとして反対者が続出した。近代歴史学の解釈では、それは批判者およびその背後に控える大地主・大商人たちが、自分たちの私的権益を守るための、それこそ〈はしたない〉振る舞いを隠蔽《いんぺい》する口実だとされている。

もちろん、そうした面もあったではあろうが、旧来の国家観からすればそれが当然の論理であり、王安石に対する抵抗勢力をいちがいに私利私欲の亡者と片づけるわけにはいかない。彼らが引き合いに出す故事は、漢の武帝《ぶてい》の均輸平準法と昭帝《しょうてい》のときの塩鉄《えんてつ》論争であった。苛斂誅求《かれんちゅうきゅう》によって国家の立て直しはできないという記憶を、宋の士大夫《したいふ》官僚たちは儒教と歴史の勉強を通じて刷り込まれていた。むしろ改革派のほうに、これら諸政策の有効性を、教理的・歴史的に証明する責務があった。

そこで王安石が持ち出したのが、『周礼《しゅらい》』である。『周礼』は周《しゅう》王朝創業者武王《ぶおう》の弟にして建国の功臣である周公旦《しゅうこうたん》が文章化した国制の仕組みだとされていた。わかりやすく言えば憲法と行政法典とを兼ねたような書物である。周公は孔子が夢にまで見てあこがれた人物で、儒教自体が「周孔の教え」と呼ばれるほど神聖視されていた。王安石は自分の一連の改革が、周公の施策と一致すると説いたのである。たとえば青苗法は、『周礼』のなかに見える「泉府《せんぷ》」のやり方を受け継ぐものとされた。

これは漢の塩鉄論争の時にはなかった論法だった。そのころには『周礼』は規範としての力を持っていなかったからである。というより、その時点でこの書物が存在したかどうかすら怪しい。伝承ではそのころ地方の王が宮中図書館に献上したとされているのだが、確実に知られているのは、王莽《おうもう》がこの書物に依拠して改革をおこなった史実からである。ただし、王莽は漢王朝に背いた謀反人ということになってしまったから、それ以来、『周礼』は周公の書として尊ばれる一方、危険な書物として警戒されてもいた。王安石はあえてこの書物を正面にすえることで、改革を正当化したのである。彼はみずから『周礼』の新しい注釈書を書き下ろし、科挙試験における必修科目とした。

そのことを、後世の儒者たちはこう批判する。「王安石は『周礼』にこじつけて自己弁護したたけであって、周公の意図を継承しようなどという気は毛頭無かった」と。

王安石が王莽と並んで否定すべき人物の仲間入りをすると、『周礼』と王安石とを切り離す必要が生じてくる。上の批判はそのための論法であった。そして、近代になって王安石を合理主義者として再評価しようとする人たちは、『周礼』への彼の言及を、今度は反対派の批判を封じるための隠れ蓑・方便にすぎないとみなす。

両者の評価はコインの裏表の関係にある。しかし、おそらく王安石自身は、自分の政策が周公の意図を継承するものだという信念をもって行動していた。周公の意図がどこにあるのかをめぐって、王安石とその反対者たちは対立していた。それは経学《けいがく》という、当時もっとも重んじられていた言説空間におけるヘゲモニー闘争であった。そのことは、あとの章であらためて触れたい。

さて、新法の話を続けよう。

保甲法とは、国土防衛や治安維持の責任を地域住民にも負わせようという政策である。膨大な常備軍の維持は、国庫枯渇の最も大きな原因であった。しかも、規律・士気・戦闘能力のあらゆる面で、この軍隊は十分に機能していなかった。むしろ、失業対策・社会救済事業として、他に働く場のない者たち、やる気や能力のない者たちを収容し、扶持《ふち》するという機能のほうが大きかった。彼らが治安を守るのではなく、彼らを軍隊に入れておくことが治安の維持に役だったのである。

そのため、徴兵制度に戻すのではなく、不十分にしか機能していない正規軍の補助として、民兵組織の設立が企てられた。一〇軒の家を甲という単位に組織し、これを重層的に束ねて指揮系統を明確にさせる。はじめは遼《りょう》・西夏《せいか》との国境線と首都近辺に施行し、農閑期には軍事訓練も施す組織として立ちあげたが、のちには治安維持のための隣組的な組織として全国的に展開させた。

保甲法が身体的に国家秩序の下支えをさせる組織であるのに対して、募役法は金銭面での負担を応分に求める施策であった。従来、さまざまな労役は人頭税的に課されていた。これを差役法と呼ぶ（「差」とは差配の意味）。その際、資産を保有耕地の多寡などに基づいて五段階に評価し、各段階ごとにそれ相当の負担を課する、戸等制と呼ばれる方式が採られていた。しかし、官僚身分の者はどれだけ資産を持っていようとも課役を免除されるし、登記簿上の操作によって課役を免れることが可能だったから、有力者や寺院とのコネを持つ者は差役者リストからはずれることができた。当然、その皺寄せは一般庶民に及んでいた。この不公正を是正し、保有資産に比例して金銭を納めさせ、それによって実際の労役に従事する者を雇おうというのが、募役法（またの名を雇役法）の趣旨である。当然、従来は負担を免れていた階層からの評判は悪い。

保馬法は、民間人に軍馬を飼養させ、必要に応じて借り上げたり買い上げたりする、いわば民活導入策である。

そのほか、新田開発に国家が積極的に関与し、財政的な援助や税制上の優遇措置を講じてこれを奨励するものとして、農田水利条約があった。

科挙改革と学校制度の整備

以上、経済政策にかかわる新法をざっと紹介してきたが、実はこれらは新法全体のほんの一部分にすぎない。旧法党から批判を浴びたのがもっぱらこの分野であったため、後世なにかと注目を浴び、また、社会経済史的に重要な問題をはらんでいるために近代歴史学で高く評価されてきたという経緯がある。しかし、実は、これ以外の諸施策のなかに、その後の中国の政治や文化を規定することになる重要なものがいくつもあるのだ。

その一つが科挙改革で、すでに実体を失っていた諸科を廃止し、礼・法・医学などの専門職コースとして再編した。また、科挙の花形である進士科では、それまで必須のものとして課してきた詩の作成をやめ、経書《けいしょ》の意義を自分のことばで論述する問題に配点の比重を移し、他に歴史上の事件・人物に対する議論と、現実政治への献策を出題することとした。経義では、『論語《ろんご》』と『孟子《もうし》』を必修とするほか、五経《ごきょう》についてはどれか一つの選択必修とした。その場合の五経とは、従来の『春秋』を省いて代わりに『周礼』を入れたものである。『春秋』は内容を正しく把握するのが難しいからというのがそもそもの理由であったようだが、王安石の悪口を言う者たちは、彼が『春秋』自体を「断爛朝報《だんらんちょうほう》（官報の断片をつなぎあわせただけで、全体としての意味をもたないもの）」と軽蔑したという話を作り上げている。『周礼』重視は上で述べた問題と連動する、王安石および彼の後継者たちの特徴である。

ここで注目してほしいのは、『孟子』のことである。実は、『孟子』を『論語』と並ぶ儒教の重要な典籍に正式に認定したのは、王安石政権がはじめてであった。わたしたちは儒教思想を「孔孟の道」として教わるが、実はその始まりはここにある。政治的には王安石と相容れなかった程顥《ていこう》・程頤《ていい》の兄弟がやはり『孟子』を重視し、その流れに朱熹《しゅき》が登場して朱子学《しゅしがく》を大成することによって、『孟子』の経書としての地位が確立する。一般には忘れられがちだが、孟子顕彰の真の功労者は王安石なのである。

これと並んで、王安石による学校制度の整備も重要である。科挙は人材登用の手段であるが、同時に人材育成も国家の課題であるとして、それまでの国立大学を大幅に拡張・整理し、地方にある学校についても中央政府から経費を支出して教育基盤を整備した。徽宗《きそう》時代になってから、より一層の拡充が図られ、中央・地方ともに、上舎・内舎・外舎の三つのレベルの教程をもつようになる。これを三舎法と呼ぶ。財政改革が主眼ではあったが、目前の利益を追うわけではなく、将来をになう優秀な人材を育成するためには国庫からの支出増大を惜しまない、そんな精神が王安石の改革にはあった。国家百年の大計とは、こういう方針を指すのであろう。南宋になると民間の資金による書院教育が盛んになり、儒教文化の浸透を推し進めた。

元豊の官制改革

また、これは王安石退陣後の元豊年間のことだが、官僚制度の大幅な改革も見逃せない。

【選挙と考課】

わたしたちが普通に科挙と呼んでいる制度は、正しくは「選挙」という。『唐書《とうじょ》』(それも欧陽脩らの『新唐書』)以降の正史には「選挙志」という章があって、その制度沿革を記録している。もともと漢代には民間からの人材登用を地方官が行っており、これを「郷挙里選《きょうきょりせん》」と呼んでいたが、隋唐以降、皇帝が自分の部下を「選び挙げる」のが「選挙」になったわけである。選挙には何種類かのコース(科)があったので、科挙とも称されるようになった。

唐の科挙と宋の科挙の最大の相違は、本文でも述べたように皇帝自身が試験官となる殿試がもうけられ、人事権が皇帝に集約されたことにある。これによって、図のように地方(解試)と中央(省試・殿試)の三段階の試験からなる仕組みができあがった。

殿試の合格者は成績序列に応じて区分けされ、授与される肩書も異なる(本文では煩雑さを避けてすべて進士とだけ呼んだ)。この肩書は一生を左右し、進士同出身の者は銓試《せんし》(官僚としての適性を見る再試験)を経ても、高官になるのは難しかった。科挙合格ではなく、親が官僚だっただけの者や軍人・胥吏《しょり》あがりの者についてはなおさらである。

官僚たちは原則三年に一度の勤務評定を経て昇進していく。ここにも選人に始まって京官《けいかん》・朝官《ちょうかん》等の職階があり、その頂点である三公《さんこう》(宰相退任者等のための名誉職)にまで至りついた者は、宋代を通じて数えるほどしかいない。

左頁―科挙制度(平田茂樹『科挙と官僚制』より作成)

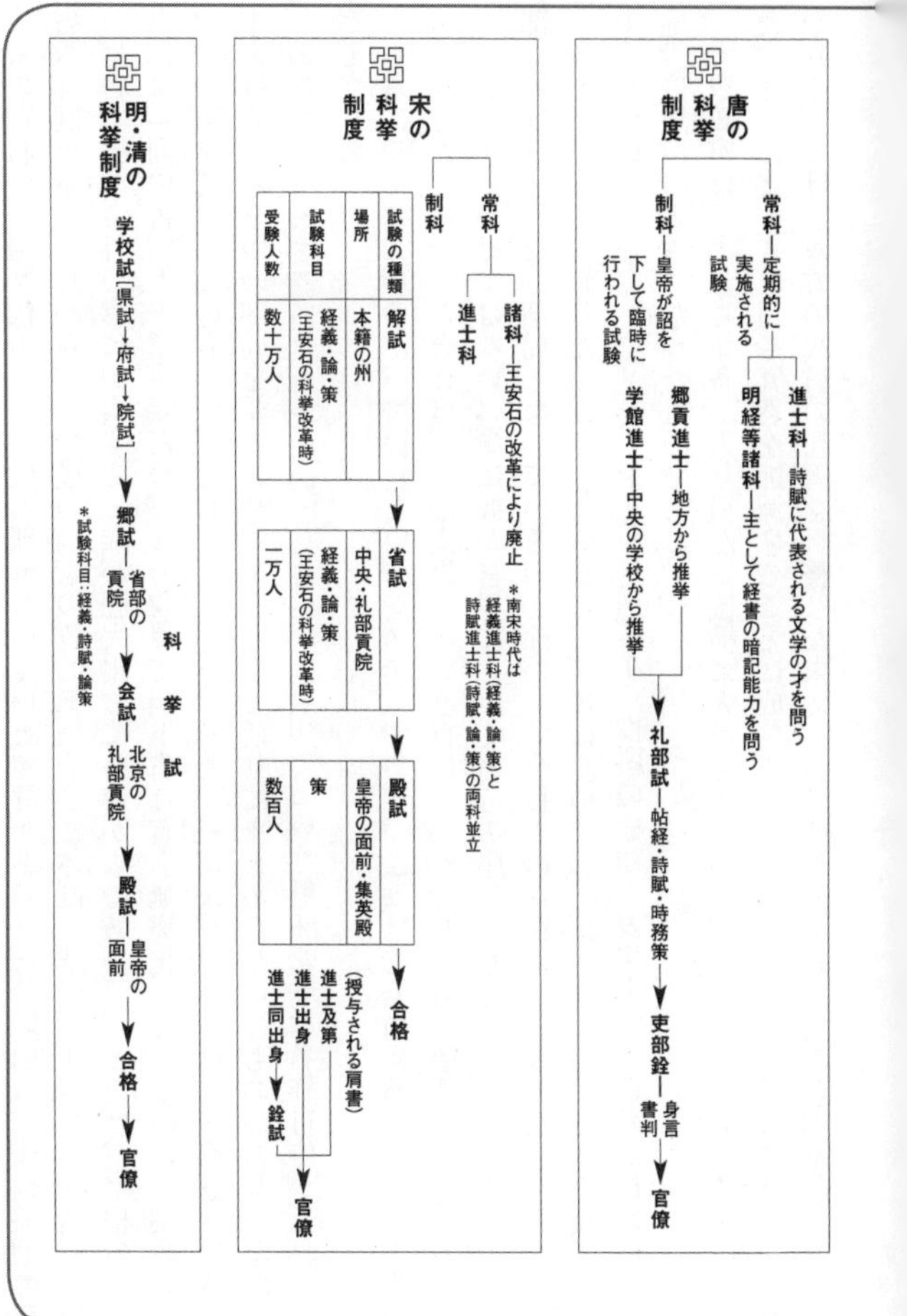
唐の科挙制度
常科ー定期的に実施される試験
進士科ー詩賦に代表される文学の才を問う
明経等諸科ー主として経書の暗記能力を問う
制科ー皇帝が詔を下して臨時に行われる試験
郷貢進士ー地方から推挙
学館進士ー中央の学校から推挙
礼部試ー帖経・詩賦・時務策
吏部銓ー身言書判
官僚
宋の科挙制度
常科
諸科ー王安石の改革により廃止
進士科
*南宋時代は経義進士科(経義・論・策)と詩賦進士科(詩賦・論・策)の両科並立
制科
試験の種類
解試
場所
本籍の州
試験科目
経義・論・策(王安石の科挙改革時)
受験人数
数十万人
省試
中央・礼部貢院
経義・論・策(王安石の科挙改革時)
一万人
殿試
皇帝の面前・集英殿
策
数百人
合格
(授与される肩書)
進士及第
進士出身
進士同出身
銓試
官僚
明・清の科挙制度
学校試[県試→府試→院試]
郷試ー省部の貢院
会試ー北京の礼部貢院
殿試ー皇帝の面前
合格
官僚
科挙試
*試験科目:経義・詩賦・論策

宋の官制は中国歴代のなかで最も理解しにくいと定評がある。その理由は、唐代盛期の三省六部《りくぶ》制を温存しながら、その後の国家の質的転換や藩鎮《はんちん》体制の遺産をすべて盛り込み、いわば日本史の令外《りょうげ》の官《かん》に相当する組織が肥大化していたからである。たとえば、宰相の正式名称は「同中書門下平章事《どうちゅうしょもんかへいしょうじ》」だが、この時点で門下省は有名無実化しているのに、国政のトップの職掌だけはこの名称で呼ばれていたのだ。また、三司《さんし》は、戸部《こぶ》・度支《たくし》・塩鉄《えんてつ》という、本来は異なる三つの部局を並立させたままでひと括りにまとめただけのものであり、なんらかの理念をもって設置されたものではない。「三司」という無味乾燥な名称自体がそれを象徴している。

さらにややこしいのが、寄禄官《きろくかん》というシステムである。これは官僚の昇進・俸給の必要から残存したもので、たとえば「礼部尚書」という官についたとしても、儀礼関係の大臣として仕事をするわけではない。単に彼が官界において占める序列を示した符号にすぎない。六部は戸部が三司の一部局となっているのを除いて、名目上の存在にすぎなくなっていた。もちろん、職掌が消滅したわけではないから、儀礼についていえば「太常寺《たいじょうじ》」という役所が仕事をしている。なお、「寺」はもともと漢代から役所の種類を表す字で、新来の仏教が教団施設に用いるようになったものである。

元豊政府は、これら雑多に入り組んだ機構に大鉈をふるい、わかりやすい形に整理統合した。それによって冗員《じょういん》や冗費を節減することに成功する。といって、本来異なる官庁をむりやりくっつけ、双方の成員の利害を調整した末に、わけのわからぬ長大な名称を冠するというような、能のないことはしなかった。ここでも典範として『周礼』が活用されたのである。そもそも唐の制度は『周礼』の官制を模しており、玄宗《げんそう》はそれを整理して『六典《りくてん》』という行政法典を編纂していた。元豊の官制改革は『六典』に帰ることを標榜している。ただし、財政国家への質的転換という事態をふまえ、それに見合うような内容を盛り込んだ。以後、これは二〇世紀はじめに西洋にならった政府機構への改編がなされるまで、元・明・清と基本的に受け継がれる。その意味でこちらは千年先を見越した行政改革であったことになる。

たとえば、「工部」という実質的にはたった一文字の名称のなかに、この官庁がになうべき職掌、国営事業を総轄し産業を育成する職務が、一目瞭然に示されている。簡潔であるから、熟語の頭文字を連ねて無意味な略称を用いる必要もない。それでいて、その機能は財政国家のもと、かなり複雑なのである。『論語』のなかで、孔子が政治の要諦として「まずは名を正しくすることだね」と語ったことになっているが、その伝統を見事に実現させているといえよう。蛇足ながら、わが明治政府の構築者たちも、律令官制には欠けていた「工部省」を新設し、殖産興業政策のかなめとしている。国の事業として何が求められているかを、王安石やわが明治政府の首脳たちはわかっていた。そして、果断にそれを実行した。官界や民間の既得権益にいちいち顧慮していては、整合的で有意義な政治改革はなしえないからである。「現在を照らす鏡としての歴史」がここにある。

話が余計な方向に行ってしまった。元豊年間の改革に戻ろう。

中央官制の整理統合とあわせて、地方の現状を把握するための資料として、一冊の書物が編纂される。『元豊九域志《げんぽうきゅういきし》』である。宋代には他にも国勢要覧の役割を果たす書物があるが、新法党政権下における地方行政組織を一目瞭然に示すのが元豊三年（一〇八〇）に完成したこの書物である。そこには、路二三、京府四、次府一〇、州二四二、軍三七、監四、県一一三五が列記されている。

礼制の改革

もう一つ、新法の一環としてどうしても特記しておきたいことがある。それは礼制の改革である。

経済政策、科挙と学校制度、官制改革については、これまでも多くの研究があり、概説書でも言及されてきた。しかし、意外にも、礼制に大きな手直しがあったことには注意が向いていない。『長編』を繙けば、神宗《しんそう》の治世を通じて、礼に関する諸問題が熱く議論されていることがすぐにわかるのに、である。つまり、先学研究者たちは知ってはいたが、取り立てて紹介するまでもないと判断してきたのであろう。濮議《ぼくぎ》に対する評価と同じ視線が働いているように思われる。

しかし、たとえば郊祀《こうし》制度の改革は、思想史的に非常に重要な意義を持つものだった。皇帝による統治の正統性を視覚的に演じる儀礼である以上、その方式は国家のあり方を規定するものとみなされていた。元豊三年（一〇八〇）に、激しい議論を経て天の神々と地の神々とは常に別の祭場で別の日に祭らなければならないとされたのだが、それは天帝とはなにかという儒教の教義内容にまで踏み込んだ大きな改革なのであった。簡単に言えば、「孝の対象としての有意志的な神から、自然界の法則としての神への変質」となる。ここで自然界とは、近代西洋的な意味での人間界との分離を前提にした自然ではなく、人間社会をその本質的な構成要素として含みこむ意味である。むしろ「環境」と言ったほうがよいのかもしれない。この論争で前者すなわち旧い立場を代表して意見表明をしたのは蘇軾《そしょく》であり、この論争自体には参加しなかったが、自身の著作で同趣旨のことを述べているのが司馬光だった。それだけだと、旧法党と新法党との対立で説明がついてしまいそうなのであるが、程頤《ていい》が（これも論争終結後ではあるが）明確に改制支持の立場を表明しており、朱熹も同じなのである。つまり、新法党と道学派とが同一歩調をとっているのだ。そのことの意味は「理」という言葉をめぐってあとの章（二一二〜二一四頁）で考えてみたいが、旧法党が思想的には決して一枚岩ではなかったことの証拠である。

党争

新旧両党の内部抗争

中央政界に復帰した司馬光《しばこう》を悩ませたのは、新法のうちどれをどう廃止していくかであった。「新法反対」では一致する旧法党内でも、個別の対応はばらばらであった。司馬光自身も、募役法《ぼえき》は即刻廃止しようとしていたが、科挙《かきょ》については王安石の経義重視路線を支持している。ところが、蘇軾はその正反対である。程頤についていていえば、礼制における古礼復帰の新法路線を支持していた。おおまかにいって、この三人を代表として、旧法党は三つに分裂した。各人の出身地をとって、それぞれ朔党《さくとう》・蜀党《しょく》・洛党《らく》という。しかも、政府には多くの新法党人士が残っており、カウンター・リフォーメーションの足を引っ張った。

そんななか、王安石が元祐元年（一〇八六）四月に江寧《こうねい》で世を去った。病床にあった彼のもとに募役法廃止のニュースが届いたとき、「ああ、この法までもか」とひどく落胆したと伝えられている。数ある新法のなかでも彼の自信作だったのだ。

すでに老境にあった司馬光も、宰相としての激務が応えたのだろう、宰相在任わずか七ヵ月にして、九月に薨去《こうきょ》する。政敵ながら良き友人であった王安石の訃報も、精神的にショックだったのかもしれない。新旧両党の中心人物の相継ぐ死は、抗争を次の段階へと導いていく。

最初はその標的は新法党に向かっていた。ところが、旧法党内部の亀裂が深まってくると、互いの追い落としが始まる。蘇軾兄弟と程頤とは性格的にも折り合いが悪く、不倶戴天《ふぐたいてん》の間柄であった。宣仁《せんにん》太后の庇護を得て、少年皇帝の侍講《じこう》として幅を利かせる程頤は、翰林《かんりん》学士となった蘇軾のことをあしざまに批判する。蘇軾は生来の直言癖が太后に嫌われていたこともあり、再度杭《こう》州の知事を拝命して地方に出される。やがて呼び戻されて礼部尚書の要職に就く。神宗の官制改革後は、この職務は実際に礼のことを統轄する大臣としての実職である。ところが、太后が崩じて哲宗《てっそう》が親政し、紹聖《しょうせい》（聖王神宗を継承するという意味）と改元されるや新法党が政権を握り、蘇軾は遠く海南島に配流の身となる。徽宗が即位して赦免《しゃめん》されるが健康を損ない、都に戻る長い道中、建中靖国《けんちゅうせいこく》元年（一一〇一）に世を去った。かたや程頤のほうも新法党のブラックリスト、いわゆる元祐党籍碑に名を載せられ、大観《たいかん》元年（一一〇七）、故郷洛陽《らくよう》で寂しく世を去る。両巨頭にしてこのありさま、それ以外の者たちにいたっては転変ただならぬ時世であった。

旧法党のみではない。新法党も内部抗争に明け暮れる。最初、王安石の後継者と目されていたのは呂恵卿《りょけいけい》であった。しかし、そのひととなりについてはとかくの風評があり、王安石も引退後は「福建子《ふっけんし》」の三文字を書いて彼にしてやられたことを後悔していたとされる。呂恵卿が福建泉《せん》州の出身だったからである。すでに元豊年間には中央を逐われて地方の大官を歴任するようになっていた。あまりの切れ者だったため、他の朋輩が嫉妬し、かつ畏れて、中央に呼び戻そうとはしなかったのだという。

中央にあって王安石を継承したのは、蔡確《さいかく》・章惇《しょうとん》・曽布《そうふ》・蔡卞《さいべん》・蔡京《さいけい》といった面々だった。呂恵卿もあわせて、みな南宋において批判対象となり、『宋史』では「姦臣《かんしん》伝」に入れられている。

蔡確は同僚王珪《おうけい》の死後、司馬光・呂公著《りょこうちょ》ら旧法党の元老にひとり抵抗していたが、宣仁太后をそしる詩をつくったかどで告発され、配流先で没した。章惇は剛直で知られ、哲宗の親政を補佐して、旧法党の人脈に連なる皇后孟《もう》氏を廃した。元符《げんぷ》三年（一一〇〇）に哲宗が崩御して兄弟のなかから後継者を選ぶ際に、皇太后の意にかなう端王佶《たんきつ》（徽宗）の名を口にしなかったため、徽宗のもとでは冷遇される。一方、曽布は徽宗擁立に功績があって当初は重用されたが、蔡京と合わず、地方に出される。蔡卞は王安石の娘婿で、章惇と並んで哲宗を助けたが、徽宗が即位すると弾劾されて地方に出た。その間に、昇進では遅れていた兄の蔡京が宰相になる。この兄弟がまた相互にそねみあい、結局弟が敗れて地方に転出していった。

徽宗政権の屋台骨を支えた人物蔡京

そして蔡京である。徽宗の時代はこの人物を措いて語ることはできない。小説『水滸伝《すいこでん》』では禁軍《きんぐん》の総帥高俅《こうきゅう》の陰に隠れて悪役ぶりがあまり目立たないが、善くも悪しくも徽宗政権の屋台骨を支えたのはこの人物であった。彼についてあしざまに語る場合、元祐更化において司馬光の意向を汲んでわずか五日で差役法を復活させた逸話から始まる。紹聖年間になると、今度は章惇にむかって募役法復活を勧める。節操もなく権力者にこびへつらう人柄だったというわけだ。徽宗が即位するや、曽布と仲の悪い韓忠彦《かんちゅうげん》が自分の与党として彼を宰相職に推薦する。以後、崇寧《すうねい》四年（一一〇五）に旧法党人士をパージするための元祐党籍碑を建てたのを手始めに、旧法・新法にかかわりなく、自分の意に沿わない人物を中央政界から追放して専権を握る。もちろん、その原動力は徽宗の支持であり、時に不興を買って地方に飛ばされることもあったがほどなくして復帰し、前にも増して権勢を振るうようになっていく。

徽宗の王権を荘厳《しょうごん》するため、天帝を祭るための明堂《めいどう》を建立し、地の神の祭場方沢《ほうたく》（方形の祭壇）を改修し、天下の支配を象徴する九つの鼎《かなえ》を鋳造させ、宮廷音楽の制度・楽器を改め、道教儀礼を盛大にするなど、新法により好転していた財力を用いてさまざまな施策を提案・実施していく。それらは南宋になって批判対象となり、近代になってからもいたずらに国力を浪費したものとして評判が悪いが、彼には彼なりの国家プランがあってのことであった。それが成功すれば太平の名宰相とされるが、失敗すれば亡国の姦臣と評されるだけのことである。彼とは対照的に、彼と張り合っていた張商英《ちょうしょうえい》という人物は、反蔡京だったというだけで善玉とされ、後世からの評判がよい。

「聴琴図」（徽宗　北京故宮博物院蔵）　中央で琴をひいているのは徽宗自身、右の人物は蔡京。画面上部の文章も蔡京の書である

蔡京の所業のなかでも特に評判が悪いのは、徽宗の庭園趣味に迎合して太湖石《たいこせき》をはじめとする江南《こうなん》の珍奇な物資を開封に輸送させた、いわゆる花石綱《かせきこう》であろう。腹心の朱勔《しゅめん》を派遣して実行させたこの収奪により、江南の経済状態は逼迫《ひっぱく》し、宋江《そうこう》の梁山泊《りょうざんぱく》一党の蜂起《ほうき》や浙江《せっこう》における方臘《ほうろう》の乱の一因になったとされる。

たしかにそうした面は否めない。しかし、他方、徽宗の時代には新法政策にもとづく社会的な諸施策も行われている。近年、墓の発見・発掘により注目されているのが、漏沢園《ろうたくえん》と呼ばれる弱者救済施設で、これによって当時の下層庶民の生活実態が明らかになりつつある。こうした施設を国家が設けていることは、西暦一二世紀ということを考えると驚異的であり、この方面は南宋以降むしろ民間活力に依存していくようになる。上ですでに述べた学校制度も含めて、宋の場合には先に国家主導の実施経験があり、あとから民間がこれに参入していったことがわかる。これを古代専制帝国の遺制と見るか、近代国家の先駆けと取るかは意見の分かれるところであろう。

「風流天子」――これがみずから「道君皇帝」と称し、中国文化史上最大のパトロンとして振る舞った徽宗に与えられたあだ名である。その「風流」は結果的にはたしかに国を亡ぼすことになってしまったが、彼は無能な暗君にすぎなかったのであろうか。彼が構想していた国家体制には、その時点におけるそれなりの意味があったのではなかろうか。歴史の軌道はポイントを切り換えて違う方向に進んでいったが、徽宗・蔡京政府が王安石の路線を継承してめざしたものはなんだったのか。今後とも徽宗時代については解明されるべき点が多いのである。

これらの点で、日本の後白河院《ごしらかわいん》と徽宗とは似ているようにわたしには思われる。「遊びをせむとや生まれけむ」――生まれた順序からも、資質のうえからも、本来は皇位につくはずがなかったのに、兄弟の早すぎる死によって、その事態を自分たちに都合のいいように収拾しようとする野心家たちの道具にされるために、政治的難局を担うはめに陥った幸運な、いや悲運の皇子。偉大な父親（鳥羽《とば》院と神《しん》宗）の方針を継承すべく、それでも彼らは真摯《しんし》に政務に取り組んだ。その結果は……。南宋との交流を通じて、五〇年ほど先輩の徽宗のことを、後白河院はおそらく知っていたはずである。

蔡京にも名誉回復の機会を与えてやる必要があろう。王安石の後継者として、その学校政策や社会政策には、すでに述べたように近代国家を思わせる性格がある。その後もこの路線が順当に踏襲されていたら、すなわち、実際にそうなったように朱子学が体制教学となることがなかったならば、中国は、いや東アジアは、だいぶ違う歴史を持つことになったであろう。彼が新法党の宰相たちのなかでも最低の悪評を後世の史家から受けることになったのは、また、そもそも南宋になって新法党に対する悪評が定まった原因は、遼《りょう》への宣戦布告に始まる華北《かほく》失陥にあった。

宋の政和《せいわ》五年（一一一五）、遼の北辺に逼塞《ひっそく》していた女真《じょしん》族は決起して完顔阿骨打《ワンヤンアクダ》を首領に戴く金《きん》国を創設する。徽宗政府はこの新興勢力と結んで遼を挟撃し、開国以来の宿願であった燕雲《えんうん》十六州の奪還を計画した。紆余《うよ》曲折ののち宣和《せんな》四年（一一二二）に宋金同盟が成立、童貫《どうかん》を司令官とする禁軍精鋭部隊が遼の領域に侵入を開始する。ところが太平の夢に慣れた宋軍は各地で遼に惨敗する。かたや金軍はあっというまに遼の都を攻略、盟約どおり六つの州を宋に引き渡した。ところが懲りない宋側は遼から金に降っていた将軍を招聘《しょうへい》し、彼の占領下にあった他の州まで接収しようとする。さすがの金もついに堪忍袋の緒が切れて、両国は戦闘状態に突入した。

靖康の変

金軍黄河を渡る

宣和七年（一一二五）、金軍は二手に分かれて南進してきた。太原《たいげん》・大名《たいめい》などの軍事的要衝はあえて避け、一気に開封《かいほう》を衝く戦術である。徽宗《きそう》は驚愕《きょうがく》し、皇太子桓《かん》に開封の守備を命じて避難しようとする。この策を批判して登場するのが李綱《りこう》であった。

李綱の祖先は福建《ふっけん》の出身だったが、祖父の代から江南《こうなん》の無錫《むしゃく》（江蘇《こうそ》省）に移っていた。父も官僚としてある程度の地位にまで昇り、綱自身も政和二年（一一一二）に進士となって昇進コースを歩んでいた。そして宣和七年、金を撃退する献策をおこない、あわせて徽宗に譲位を迫った。旧法党系の彼は軍隊の士気を高めるには徽宗が帝位にいてはだめだと判断したのであろう。肘を傷つけ、その血でしたためた彼の上奏に徽宗も動かされ、年末の一二月二三日、皇太子への譲位が実現する。悲劇の皇帝欽宗《きんそう》である。

欽宗は李綱を兵部侍郎《へいぶじろう》（国防次官）に任命し、戦備を整える。翌年、改元して靖康《せいこう》元年（一一二六）となった正月、金の軍隊はついに黄河《こうが》を渡った。上皇徽宗はさっさと南方鎮江《ちんこう》（江蘇省）に避難する。大臣たちの間では欽宗にも避難を勧める動きがあった。李綱は敢然と言い放つ。「先帝はご先祖のみたまやと土地の神とを陛下に委ねられたのです。捨て去ってよいものでしょうか？」。

大臣たちが開封の地勢は防衛に向かないと言い立てると、彼は唐の玄宗が安禄山《あんろくざん》の乱の時に四川《しせん》に逃亡したために失敗した例をあげ、あくまで開封死守を主張する。それでも欽宗が脱出しようとするや、禁軍の戦意を高揚させ、「陛下が南方に落ち延びて行かれても、誰も護衛をしませんよ」と上申する。こうしてついに首都防衛が決せられた。

七月、蔡京《さいけい》・童貫らの流罪が決定。彼らは護送の途中、なかば公然と処刑される運命にあった。

金の側では突然開封を襲えば宋では狼狽《ろうばい》して違約を詫びるだろうという程度の腹積もりで、あくまで陥落させようという意志はなかった。後顧の憂えもあって、和議を申し入れてくる。こうして多額の賠償金と太原など三鎮《さんちん》の割譲、それに人質として皇弟康《こう》王構《こう》と大臣張《ちょう》邦昌《ほうしょう》とを差し出すことで和睦が成立した。ここで人質に選ばれたことが、この二人のその後の運命を決める。

朝廷の蔵にはこの賠償金を支払う余裕がなく、そのため金軍は入城して略奪をはたらいた。これに対して、開封の郊外には各地から続々と宋の義勇軍が集結する。李綱はこの機会を捉えて金軍への夜襲をしかける。しかし、戦果は芳しくなかった。金は糾問の使者を宋の朝廷に派遣する。応接した宋の宰相は「夜襲は李綱の独断であり、朝廷の意向ではない」と責任逃れの回答をし、李綱を罷免《ひめん》した。すると、太学の学生たちが政府批判のデモを起こし、兵士や一般庶民も巻き込んで数十万人規模に膨れあがった。この世論に押されて欽宗はふたたび李綱を登用、宰相の職につけ首都防衛司令官に任命した。

金軍は背後を衝かれることを恐れ、放っておいた三鎮の接収に向かう。李綱からの指示もあって守備隊は明け渡しを拒んで籠城、それぞれに交戦状態となった。開封周辺は一時平穏を得る。南方に逃れていた徽宗も帰還し、朝廷の緊張感は緩んでいった。しかし、李綱は再度の来襲に備えて諸政の刷新を企てる。それを快く思わなかった新法党系宰相の耿南仲《こうなんちゅう》は、太原防御の援軍総帥として李綱を推薦し、彼を体よく中央から遠ざけるのに成功した。李綱はみずから范仲淹《はんちゅうえん》の西夏《せいか》討伐に比し、悲壮な決意で出陣する。果たして朝廷では和議論が力を得、金の好意を得るため李綱を遥か南方への流罪に処した。

しかし、金軍は要求をエスカレートさせ、講和の証として徽宗・欽宗二人の身柄を引き渡すように命じてくる。開封城内の世論は沸騰し、またも開戦となった。李綱は配流の途上で召還の命令を受け、湖南地方の軍隊を率いて救援に向かう。しかし、時すでに遅かった。

北宋の滅亡

数十日に及ぶ首都攻防戦の末、形勢の圧倒的不利を悟った皇帝父子は、城外の金軍の陣営に投降した。金軍はただちに宮殿を接収、集められた宋の官僚たちは欽宗に代わるあらたな君主を推戴することを強要された。その人物とは、さきに人質となって金に引き渡されていた張邦昌である。宋の文武百官に勧進されて彼は皇帝に即位する。ただし、金という異国の後押しあっての即位であり、その点で石敬瑭《せきけいとう》の後晋《こうしん》創設の事情に近い。国号は楚《そ》であった。靖康二年（一一二七）三月のことであり、ここに形式上、宋はいったん滅亡する。この時、張邦昌推戴に異議を唱え、金に逮捕されて北方に送られた高官がいた。名を秦檜《しんかい》という。

その頃、もう一人の人質、康王はどうしていたのだろうか。弓矢に巧みな彼の姿を見た金の人は、彼は本当の皇子ではなく宋が偽って差し出したにせものに違いないと考え、別の皇子と交替させていた。その後、宋からの使者として金の本国に派遣された途上、開封の危機を耳にし、首都北方の相州《しょう》にとどまって大元帥府《だいげんすいふ》を開き、抗戦部隊を組織する。その幕下には、地元出身の将校として岳飛《がくひ》も加わっていた。

金軍は開封を陥落させて楚国を建てると、皇帝父子をはじめとする宋の皇族を全員拉致《らち》してただちに北方に帰還した。すると傀儡《かいらい》張邦昌にとって、皇帝の椅子は居心地が悪くなる。かつて哲宗の皇后だった孟氏が、除籍されて尼となっていたため拉致を免れ、皇室ゆかりの唯一の人として開封に残っていた。彼は彼女に垂簾聴政《すいれんちょうせい》を請い、自分は宰相に戻る。孟氏はやはり拉致を免れた康王に、即位のお墨付きを与える。

南宋の幕開け

こうして、先帝からの譲位ではなく、伯父にあたる三代前の皇帝に廃されていた皇后から命じられるという形で、康王が帝位に就く。高宗《こうそう》である。しかも、即位したのは開封ではなく、副都の南京応天府《なんけいおうてんふ》（現在の河南《かなん》省商丘《しょうきゅう》市で、南京市とはまったく別の都市）であった。ここは県名を宋城《そうじょう》というように、春秋時代の宋の故地であり、太祖《たいそ》がここの節度使《せつどし》をしていたことが宋という国号の由来であった。応天（＝天命にこたえる）という府の名称や、さしたる要地でもないのに副都あつかいされていたのもそのためである。

高宗がこの非常時にわざわざここを即位の場所に選んだのは、軍事的意図からではなく、象徴的意義からだったと思われる。しかも、彼は即位後ただちに改元する。普通、帝位を継承した場合には翌年正月を待って改元するしきたりであることは、太宗への帝位継承に際しても述べた。今回も、あえて即座に改元することで、欽宗の靖康《せいこう》という年号を継承しない意志を内外に示したのであろう。しかも、その年号は建炎《けんえん》。「炎を建てる」とは、火徳の宋王朝を中興させるという意味である。後世、南宋と呼び慣わす時代の幕開けであった。

高宗が即位すると張邦昌はただちにこれに帰順、開封はふたたび宋の手に戻る。高宗は李綱を宰相に任命し、身近に呼び寄せた。側近のなかには、彼では金からの受けがよくないので、むしろ張邦昌を重用すべきだという意見もあったが、高宗は主戦論にくみしており、これをしりぞけた。哀れ張邦昌は、その年のうちに自殺を命ぜられている。

開封が防衛に利あらずと見た高宗政府は、名目上はここを首都としてその留守居役に人望篤い宗沢《そうたく》を任命、高宗自身はその南の揚《よう》州にあって開封にははいらなかった。高官のなかには安全な江南への避難を提案する者が多かったが、李綱ら主戦派が突っぱねて駆け引きが続いていたのである。しかし、建炎二年（一一二八）に高齢の宗沢が没し、開封から宋軍が撤退して李綱が失脚すると、高宗は長江《ちょうこう》を渡り江南へと逃げていく。

支えを失った華北の諸州はすべて金の軍門に降った。やがて金は黄河と長江の間の地帯を統治させるため、早くから投降していた劉予《りゅうよ》という人物を帝位に即かせる。国号は斉《せい》、年号は阜昌《ふしょう》。金の年号で天会《てんかい》八年、宋の年号で建炎四年、神聖ローマ帝国の暦で一一三〇年のことであった。

この年、淮水《わいすい》近くに野営していた金の将軍のもとから、もとの宋の高官が妻の王氏（元豊の宰相王珪《おうけい》の孫娘）を連れて脱出生還している。あの秦檜《しんかい》であった。高宗は以後彼を重用し、困難な政局運営を任せるようになる。また、福建山間部に住む士大夫朱松《しゅしょう》に男の子が生まれたのも同じ年のことであった。熹《き》と名づけられたこの赤ん坊は、本書のこれまですべての登場人物以上に、わたしたちにとって重要な人物となる。王安石が宰相に上りつめてからちょうど六〇年、その時に生まれた人が還暦を迎える年のことであった。

岳飛の活躍

軍隊の私兵化

相州《しょう》で大元帥府《だいげんすいふ》の将校に取り立てられた岳飛《がくひ》は、その後宗沢に抜擢されて軍功を重ね、開封守備軍の重鎮となっていた。宗沢に代わって開封留守となった杜充《とじゅう》は、撤退を決意する。岳飛は強く反対したが、不承不承この上官に付き従って長江の線まで退いた。

杜充が金に降服すると、岳飛は独立して活躍を始める。江南各地を転戦、建炎四年（一一三〇）には建康（前年、江寧をこう改称していた）の奪回にも成功する。一時期、船に乗って海上に逃れるところまで追いつめられていた高宗が、曲がりなりにも江南支配を継続できたのは、彼をはじめとする将軍たちの戦果のたまものだった。紹興三年（一一三三）秋、高宗は岳飛に「精忠岳飛」という御製の字を与える。翌紹興《しょうこう》四年（一一三四）には戦略上の要衝襄陽《じょうよう》を攻略している。その軍隊は「岳家軍」として金から畏れられた。

当時、彼のほかに、張俊《ちょうしゅん》・韓世忠《かんせいちゅう》・劉光世《りゅうこうせい》・劉錡《りゅうき》といった人たちがそれぞれに軍隊を組織し、金との前線に立っていた。彼らの軍隊は形のうえでは宋王朝の正規軍であったが、かつての節度使同様、それぞれの領袖《りょうしゅう》の私兵と化しており、中央の統制は利かなかった。そのまま彼らを放置することは、宋の国是である文官による軍隊統帥には抵触してしまう。

当初は自身「大元帥」として救国の軍隊を組織した高宗も、しだいにこの問題に頭を悩ませるようになる。軍隊は禁軍を含めて彼の統率下にはなく、自分たちの利害関心に沿った動きをしていた。建炎三年（一一二九）には禁軍の不満が爆発し、高宗は迫られて一時期息子に譲位せざるをえない事件まで生じている。岳飛たちを野放しにしておくことはできない――高宗は秦檜《しんかい》にその対策を任せた。

建炎四年に秦檜が金から脱出生還してきた経緯については不自然な点がいくつかあり、金の政府首脳との暗黙の了解があったのだろうと言われている。いわば、彼は敵国から指令を受けて潜り込んできた工作員だった。いったん宰相に任じられたもののすぐに罷免されるが、持ち前の政治力で南宋の宮廷に強固な人脈を作り上げる。妻が王珪《おうけい》の孫娘ということもあって、新法党人士とも親しかった。こうして彼は徐々に主戦派追い落としを進めていく。そのターゲットになったのは、趙鼎《ちょうてい》と張浚《ちょうしゅん》であった。

靖康《せいこう》の変の時に彼らは中央官僚として開封城内にいたが、太学に隠れて張邦昌《ちょうほうしょう》推戴の署名に加わらなかった。高宗の政府に参加し、主戦派の重鎮として用いられる。趙鼎は靖康の変の責任を王安石に求め、彼を孔子廟に祭ることに非を鳴らして高宗に認めさせている。張浚のほうは地方にあってみずから軍隊を率いることが多かったが、建炎三年のクーデターに際して誘われても高宗支持の姿勢を崩さず、これを失敗に終わらせた。紹興五年（一一三五）には彼らは並んで宰相の職にあり、金への反転攻勢をかける体制を作っていた。岳飛らが長江を渡って北進するのにあわせて、高宗も建康まで前進する。李綱も中央に復帰して主戦論を鼓舞していた。しかし、それ以上に宋が進攻することはなかった。戦線は膠着《こうちゃく》状態に陥った。そうしたなか、金では斉国を廃止し、黄河以南も直接統治するようになる。金としてもはやいつまでも宋と戦闘状態でいるのは好ましくなくなっていた。

武将岳飛と文官秦檜

徽宗はすでに金の五国城《ごこくじょう》（黒龍江《こくりゅうこう》省）で紹興五年（一一三五）に崩じていたが、その報告が宋に届いたのは紹興七年（一一三七）になってからである。これは対宋講和のジェスチャーであった。高宗としては実父でありながら、生存中は自分の帝位正統性にとって危険でもあった徽宗の柩《ひつぎ》（梓宮《しきゅう》）の返還を金に求める。そのためなら華北支配の権利を放棄してもかまわないという姿勢であった。紹興八年（一一三八）、六年ぶりにふたたび宰相として登用された秦檜の尽力で金との和議が成立する。金からは徽宗の梓宮、高宗の生母の身柄のみならず、斉の旧領であった河南《かなん》・陝西《せんせい》が宋に返還されることになった。ただし、斉に代わって今後は宋が金に臣従するという条件付きである。

ところがあいにく金に政変が生じて強硬派が権力を掌握、またも南進の軍を起こし、洛陽や開封はふたたび金の手に落ちた。岳飛は岳家軍を率いて反撃、洛陽を回復し、開封郊外にまで押し寄せる。靖康の変以来、金軍の自主的撤退によって何度か宋が故都開封を接収したことはあったが、戦闘による奪還はまだなかった。この時の岳家軍の勢いからすると、開封回復も時間の問題かと思われた。

しかし、ここに邪魔がはいる。宰相秦檜からの停戦命令であった。講和派の秦檜としては、自軍優勢な状況のもとで、この機を捉えて講和にもちこみたかったのである。金軍が態勢を立て直して攻勢に転じてきたら、不利な形で終戦せざるをえなくなるかもしれない。しゃにむに前進して華北を実力で奪還しようとする武将岳飛と、戦況を見きわめながら落としどころを模索する文官秦檜。両者の資質の違いが悲劇につながっていく。

「即時停戦し撤退せよ」との政府の指令を、岳飛は何度も無視しつづける。前線にいた他の将軍たちがみな帰還するなか、岳家軍だけが戦場に残った。孤立無援の状況、一二通の撤兵命令が届くに及んで、さすがの岳飛も帰還を決意する。「わが一〇年の努力は一日でむだになった」と叫んだうえで。この年、一五年来主戦派の重鎮であった李綱《りこう》が、潭《たん》州（湖南《こなん》省長沙《ちょうさ》市）で死去している。

翌紹興一一年（一一四一）、金と和議を結ぶため、秦檜は太祖と同じ手段を取って岳飛たちから兵権を取り戻そうとした。すなわち、将軍たちを都に召しだし、高位と豪邸を与えるかわりに軍事指揮権を手放させたのである。張俊・韓世忠はこれに応じ、劉光世はすでに亡く、劉錡は抵抗して免職となった。

残るは岳飛である。あくまでも抵抗する岳飛に対して、秦檜は逮捕という強硬手段に出る。しかし、彼を処刑すべき明確な証拠はない。さすがに思いあぐねる秦檜。彼に処断を迫ったのは、妻の王氏であったという。かくして年末になって岳飛は処刑された。時にまだ三九歳であった。

秦檜の粛清は徹底的で、同時に長男を処刑し他の一族を広東に流罪にしたばかりか、岳州という地名が彼を思い起こさせるというので純州と改称させたほどである。秦檜死後、岳飛の名誉回復が行われ、子孫も赦《ゆる》されて都に戻った。蔵書家として有名な岳珂《がくか》は彼の孫にあたる。湖南の岳飛ゆかりの地には彼を祭る廟が建てられ、王の爵位も授与された。杭《こう》州にも岳王廟があり、その境内には鎖でつながれ、跪いてうつむいた秦檜夫妻の像が置かれた。参拝者は彼らの像に唾を吐きかける習慣になっている。外敵の侵入に果敢に立ち向かった岳飛は、漢民族の英雄となった。ただし、近年伝えられたところによると、公式な歴史観では宋金戦争は対外戦争ではなく、中華民族内部の兄弟喧嘩にすぎないことになったため、これにともない岳飛の英雄視は政策的にトーンダウンさせられるとのことである。

第四章　江南の安定

宋金和議と秦檜専権

高宗の全幅の信頼の上に成った秦檜専権

張俊《ちょうしゅん》らからの兵権の回収と岳飛《がくひ》の逮捕によって、紹興《しょうこう》一一年（一一四一）一一月、秦檜《しんかい》はついに金との講和条約を正式に締結した。大散関《だいさんかん》（現在の陝西《せんせい》省宝鶏《ほうけい》市南方）と淮水《わいすい》を結ぶ線を国境として画定、宋の皇帝は金の皇帝に対して臣下の礼をとり、折節の挨拶に使節を派遣し、銀二五万両と絹二五万匹を毎年歳貢として納めるという内容である。金側からは徽《き》宗《そう》の梓宮《しきゅう》と高宗の生母の身柄を返還することが約束された。宋の官僚機構にはただちに通達が出される。「講和が成立した以上、今後は公文書においてかならず〈大金〉と称し、あしざまな表現をしてはならない」と。夷狄《いてき》としての蔑称をもって呼ばれ、憎むべき仇であった金は、聖断による終戦の詔勅をもって一転、宋にとって大恩ある盟主に変化した。

なお、岳飛らの率いていた軍団は、従来の私兵的性格を払拭されてそれぞれに正規軍として編制替えされた。鎮江《ちんこう》（淮東《わいとう》）・建康《けんこう》（淮西《わいせい》）・鄂州《がくしゅう》（湖広《ここう》）・成都《せいと》（四川《しせん》）の四つで、このうち前三者はそれぞれ張俊・韓世忠《かんせいちゅう》・岳飛の軍団である。しかも、各軍団に対応する形で財政機関として総領所が設置され、文官を派遣して域内の財政を管轄した。

南宋初期の年代記『建炎以来繫年要録《けんえんいらいけいねんようろく》』は、講和成立にほっとしたのか、高宗が秦檜たちに向かって次のように述べたことを記録している。「何事もよくよく考え抜いてから実行するもの。朕《ちん》は三五歳だが、そのために頭髪はほぼ白くなっておる」。功臣岳飛を葬り去るについては、彼も相当に悩んだものと思われる。しかし、正論だけでは政治はできない。高宗はこうも言っている。「唐の太宗はたしかに学問がある名君ではあったけれども、漢の文《ぶん》帝の至誠なるには及ばないな」。それを受けて秦檜が言う。「陛下は至誠なうえに学問もおありですから、この二人を凌いでおられます。堯舜《ぎょうしゅん》や夏殷周《かいんしゅう》三代も遠くございません」。これを秦檜のおべんちゃらとするのはたやすい。だが、困難な状況のなかから江南に王朝を再建するために求心力を維持していくには、実際、魅力的な人柄と政治のノウハウの両方が必要であっただろう。

高宗は、別の折には、帝王の学問と士《し》大夫《たいふ》の学問は異なるという持論を展開し、また、諫《かん》言《げん》を聞き入れられる状態として無心を保つことが君主の要諦だとも述べるなど、この前後には彼の真情を吐露する記録が多い。次の、愚痴とも思える発言は、耐えがたきを耐え、忍びがたきを忍ぶ選択をした、高宗の苦悩をうかがわせよう。「朕は南北の民をどちらも大事に思っておる。自分をおさえて講和したのは、戦争が怖いからではない。これ以上戦争を続ければ天下が傷つくのを憂えてのことだ。士大夫のなかには偏った考えにこりかたまっていて講和を軟弱だと非難する者もいるが、それは通論ではない」。

南宋後半の士大夫たちは、この時期の講和政策を秦檜が強引に進めたように論じた。そうすることで、高宗自身を軟弱であると名指しすることが避けられたからである。後世の史書もこの風気を継承し、今にいたるも功罪ともに、この時期の主人公を秦檜として描いている。しかし、金から戻ってきた秦檜をただちに宰相に抜擢し、自分をそれまで支えてくれていた主戦派の大臣や将軍たちを遠ざけてまで彼に賭ける判断をしたのは、高宗本人であった。秦檜という宰相が専権をほしいままにしたという単純な図式は再考する余地があろう。史料は君臣上下秩序こそが国家安泰の基礎であると、秦檜たちに向かって説教する高宗の姿を伝えている。秦檜の専権は、高宗から全幅の信頼を得ていたがゆえに可能であった。その図式は、神宗《しんそう》と王安石《おうあんせき》の関係を彷彿《ほうふつ》させる。

科挙試験を利用した人脈構築

その一方で、秦檜は士大夫たちの間に強固な人脈を構築することも怠らなかった。その際に利用されたのが科挙《かきょ》であった。科挙試験の答案用紙は現代日本の入学試験や資格試験同様、誰のものかわからないようにして採点されることになっており、そこに情実の入り込む余地はないはずであった。しかし、実際にはさまざまなやり方での抜け道が講じられていたようである。

最近の研究によると、南宋初期においては明州《めい》（浙江省寧波市《せっこうニンポー》）と温州《おん》（浙江省）出身の試験官が非常に多く、この二つの州を中心とする浙東地域からの大量の進士輩出の一つの原

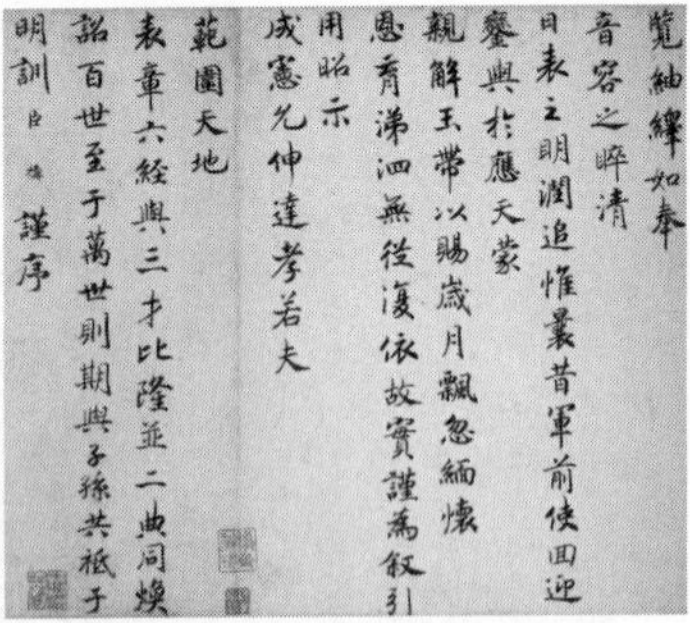

高宗筆徽宗文集序（文化庁蔵）

因になっているという。そこには秦檜の影がちらつくのだ。なかには、皇太后帰還の随員として活躍し、参知政事までつとめた王次《おうじ》翁《おう》のように、秦檜政権で枢要な地位を占めたのち、明州にあらたに居を構えてそこの名族となる者もあった。

　そもそも、臨時首都を杭《こう》州に定めたということ自体、浙東士大夫の利益に結びついている。国都には禁軍や胥吏《しょり》など膨大な数の消費者が住み着くから、その後背地は商品経済でおおいに潤うことが見込まれる。歴史的由来からいえば、かつて江南を拠点とした諸王朝は建康を首都としてきたにもかかわらず、また、主戦派が戦略上の拠点として建康を臨時首都とするように主張していたにもかかわらず、杭州が行在臨安府《あんざいりんあん》に選ばれた一因として、こうした経済効果を浙東出身者たちが考慮した可能性はあるだろう。講和前から杭州の首都機能を整備する事業が開始されており、その財政支出も浙東の経済を潤したと考えられる。

　紹興二六年（一一五六）、湯鵬挙《とうほうきょ》という官僚は上奏文のなかで次のように嘆いている。「近年、試験官が私情をさしはさんで公正な判断がなされなくなったため、独学で遠方から来る受験生は上位合格ができず、名門の子弟ばかりが上位を独占している」。紹興一八年（一一四八）に、主戦派の牙城福建《ふっけん》建州から受験した一九歳の秀才朱熹《しゅき》が下位の成績で辛うじて合格したのも、案外、こんなところに原因があったのかもしれない。

紹興二四年（一一五四）の科挙では、試験官が秦檜の孫の塤《けん》を省試の首席（省元）にしたものの、高宗は状元《じょうげん》（首席）にするのを嫌って探花《たんか》（第三席）に降格させた。高宗がいつも秦檜の言いなりになる傀儡《かいらい》ではなかったことを示すとともに、殿試《でんし》が皇帝自身が席次を決定する意味をもつ点で君主権力を支える重要な機能を果たすことを再確認させる事例である。ただ、合格者全体に占める秦檜与党の子弟の割合は人目を引き、「受験生が天子の臣下でなくなることを、人々は悔しがった」と史料は伝える。

この年（一一五四）八月に国家事業として編集されていた徽宗の文集が完成し、高宗がそれを受け取る儀式は、宰相としての秦檜、式典委員長としての秦熺《しんき》、徽宗御製詩を朗詠する係としての秦塤と、親子三代の独壇場であった。秦檜にとっても一生で最も栄えある瞬間であったに違いない。ただし、熺は実際には檜の妻王氏の兄が妾に生ませていた子で、本妻の手前、実子のない秦檜夫妻の養子になったのであった。

なお、秦氏三代の名前が順に木偏・火偏・土偏を部首とする漢字なのは、五行相生説《ごぎょうそうしょう》にもとづく五行の順序にしたがったもので、中国で広く見られる習慣だった。朱熹（火の部）も父は松（木の部）、子は在・埜・塾（土の部）で、秦氏と同じ順番である。

海陵王との対決

金の破約と侵入

紹興《しょうこう》一一年（一一四一）の和議成立以後、秦檜《しんかい》が薨ずる紹興二五年（一一五五）まで、江南にはこれといった大きな政治的事件は生じなかった。講和成立の翌年には、条約にしたがって両国国境に交易所（榷場《かくじょう》）が設けられ、また、徽宗の遺体と皇太后の身柄が返還されてきた。ただし、先帝欽宗《きんそう》（高宗の兄）の措置については講和条件からはずされており、金国領内に軟禁されたままであった。高宗としては扱いが厄介になる問題だけに、現状維持を望んだのである。もちろん、悪意にとれば帝位の正統性という私的利害のためであり、善意にとれば政府内部に紛争の火種を抱え込むことを未然に防ぐためであった。もし、靖康《せいこう》の変の悲劇の象徴である欽宗が戻ってくれば、主戦派が彼を擁して力を得ることは火を見るよりも明らかだった。欽宗は抑留三四年ののち、紹興三一年（一一六一）に崩御。

「人物故事図」（部分　上海博物館蔵）　徽宗の柩が金より返還されるようすが描かれる

その直後に両国が再び交戦状態にはいったため、遺体が臨安に移されるのはさらに数年後のことになる。

　秦檜死後、かつての主戦派張浚《ちょうしゅん》が宰相となったが、講和条約を遵守し、両国関係は引き続き良好であった。ところが、金の皇帝完顔亮《ワンヤンりょう》（廃位されたために廟号はなく、通常「海陵王《かいりょうおう》」と呼ばれる）は王権強化と漢化政策の延長線上に、一気に江南の併呑を企て一〇〇万と号する軍隊を進発させ、大挙して南宋を襲撃する。紹興三一年（一一六一）九月のことであった。

　一〇月一日、高宗は檄文《げきぶん》の詔を発し、宋は臨戦態勢にはいる。前線本部は建康に置かれ、時機を見て親征することが決せられた。しかし、中央の威勢のよさとは裏腹に、前線の士気は一向にあがらない。金軍は長江《ちょうこう》を渡るため建康よりやや上流に位置する采石《さいせき》（安徽《あんき》省馬鞍山《ばあんざん》市）という場所に押し寄せて布陣する。その地を管轄する太平州の知事は、非常事態を隠して報告しなかった。州の学校の教官二名がそのことを難詰すると、急に青ざめて一日に八通の報告書を上申する。しかも、最初の報告で「金軍が采石を侵した」とだけ言って、河のどちら岸かを報告しなかったため、朝廷ではすでに渡江したものと思い込んで大慌てとなり、官吏たちは家族ともども避難を始める始末。次の報告で金軍が楊林《ようりん》に到達したとあって、それが渡し場であることを明言しなかったため、その場所について何も知らない朝廷では金軍が間近に迫ったと勘違いしてますます騒ぎ立てる。夜になって、そのあたり出身の民から、楊林というのが長江の向こう岸であることを聞きだして、ようやく安堵したという。事前の調査や準備が何もなされていない、南宋の国防体制のずさんさを浮き彫りにする話である。この無能な太平州知事は翌日早速更迭《こうてつ》されている。後任は、前節で科挙の現状を嘆く上奏文の一節を紹介した硬骨漢、湯鵬挙であった。

地上戦のこの体たらくとは異なり、海軍のほうは、その数日後、密州《みつ》（山東省《さんとう》）まで遠征しておおいに金の船団を撃破した。これで海上から臨安《りんあん》を襲われる心配はなくなる。金の側でも出鼻をくじかれた恰好になった。しかも、国内では契丹《きったん》や蒙古《もうこ》諸部族が造反、女真《じょしん》内部でも別の皇子（世宗《せいそう》）を帝位に即かせて亮の廃位を宣言していた。亮はまず宋を殲滅《せんめつ》してから内乱を収拾する方針をとり、一気に長江を渡る動きに出る。

長江沿いの前線では、あいもかわらず宋側が精彩を欠いていた。急ごしらえの溝を掘り柵を設けて、金軍の渡江を阻止すると称していたが、地元民に「河が運ぶ土砂で一晩で元通りに戻っちまうさ」と笑われている。宋側の歴史書がそう記録しているのだから、現場はもっとひどい状況だったのかもしれない。金軍の長江突破は時間の問題かと思われた。

それを救ったのが、虞允文《ぐいんぶん》である。彼の臨機応変の指揮が当を得て、宋軍は采石磯《さいせきき》で金軍を大破、その勢いを食い止めた。直後に亮自身前線で暗殺され、江南併呑の野望は潰える。十数年ぶりの国難に、高宗はみずから長江沿岸の鎮江府まで出陣して前線の士気を鼓舞している。主戦派の士大夫たちも久しぶりに意気軒高たるものがあった。だが、完顔亮暗殺と金軍主力の撤退にもかかわらず、宋軍が逆に攻勢に転じて中原《ちゅうげん》回復を狙うということはなかった。主戦派の強硬論も威勢がよいだけで、実際に旧来の国境を越えてまで進攻する戦術を欠いていた。高宗も早々に臨安に引き上げてしまう。戦線は膠着状態となった。

宋金第三次和約の成立

そんななか、翌紹興三二年（一一六二）六月、高宗はかねて皇太子に定めていた養子の眘《しん》に譲位し、自分は太上皇帝と称してかつての秦檜《しんかい》の邸宅に移り住む。靖康二年（一一二七）の非常事態に即位してから在位三五年、おそらく二〇年前の第二次講和の時よりも白髪はもっとずっと増えていただろう。

なぜこの時期に譲位という形で退位したのか、詳細な理由はわからない。ただ、推測されるのは、金の侵入をとりあえず斥けて江南政府の盤石ぶりを示したこと、前年、兄欽宗の訃報を知り、もはや自分の正統性をおびやかす存在がなくなったこと、そして、目の黒いうちに自分の治世を歴史的に位置づけておこうとしたことなどが考えられる。

高宗は実の息子を幼くして亡くしており、数名の王子たちから選んで養子に迎えたのが、太祖の系譜を引く眘すなわち孝宗《こうそう》であった。これによって血筋の上では皇統は太宗系から太祖系に移ることになるが、あくまでも孝宗は高宗の養子として皇位を継承しており、今回は濮議《ぼくぎ》に類する議論は一切生じていない。譲位した当人が厳存する以上、当然であろう。譲位は、将来彼が現皇帝の父祖としてきちんと祭られることを保障する意味をもっていたのである。太祖・太宗に始まる皇統を後継者に伝えた中興の祖が高宗であったということを、彼は自分の生前に確認させることに成功したのである。

その時の思惑はどうあれ、高宗は譲位後ますます健康で、なんと二五年も経ってから、淳《じゅん》熙《き》一四年（一一八七）に八一歳の天寿を全うして崩じた。その二年後に孝宗は高宗への服喪を理由に譲位しているから、在位期間のほとんどは先帝の監視下で政治の指揮をとっていたことになる。

前章で徽宗を日本の後白河院と比較したが、父徽宗同様に思いがけずも皇位を継承し、しかも退位後数十年にわたって政界ににらみをきかせたという点では、高宗も後白河と似ている。しかも、実際にこの二人は、海を隔てて同じ時代を生きていた。采石磯の合戦は平治《へいじ》の乱（一一五九）の二年後の出来事である。高宗が崩じたのは、日本で源頼朝・義経兄弟の確執が（後白河の差し金によって）深まっているさなかであった。

孝宗は即位翌年の元旦をもって隆興《りゅうこう》と改元する。これによって、三二年という中国史上空前の長さを誇る「紹興」時代は幕を閉じる。この後、明からは一世一元制となったため、嘉《か》靖《せい》の四五年や、康熙《こうき》の六一年という例があるが、在位中、数年ごとの改元が普通であった宋代に、高宗がなぜこの年号に固執したのか、定かではない。王権の性格を考える上では非常に重要なことだと思われるのだが。なお、紹興酒と魯迅《ろじん》（一八八一―一九三六）で有名な町が、越州から紹興府と改称されたのは、もちろんこの年号にちなむもので、紹興と改元した時点で高宗がここにいたからである。

前の異常に長かった年号のあと、今度はわずか二年で隆興から乾道《けんどう》と改元されたその最初の年（一一六五）、数年間の膠着状態を経て、宋金の第三次の和約が成立した。金の一方的な破約・侵略と敗戦を受け、条約は宋に有利に改定された。すなわち、以前の和約が君臣関係であったのに対して、かつての宋遼関係と同じ親族関係が採用され、金が叔父で宋が甥と された。中国語では甥を「姪」字で表記するため、通常これを叔姪《しゅくてつ》の関係と呼ぶ。上納物の名称も歳貢から歳幣に戻され、額も減らされた。

臨安の繁栄

呉越国の都から南宋の首都へ

ここで南宋の首都となった杭《こう》州について紹介しておこう。中国の略図を描くとき、海岸線が大きく大陸側に引っ込んだところ、中国という巨大な魚が日本列島を呑み込むために口を開いているかのように見える、その喉《のど》のところにあるのが、この都市である。銭塘江《せんとうこう》の河口に位置し、中秋の名月の直後に湾の地形によって生じる潮の大逆流で知られる。

漢代には今の蘇《そ》州に郡治を置く会稽《かいけい》郡のなかの、銭唐県という一つの県であった。のちに余杭《よこう》郡として独立、隋唐では杭州と呼ばれた。大運河の起点として南方からの物資輸送に重要な役割を果たす。ここに置かれた節度使《せつどし》が自立したのが、銭《せん》氏の呉越《ごえつ》国である。遣唐使《けんとうし》廃止後の日本が実質的な交流を続けたのは、長安や洛陽《らくよう》の政府ではなく、杭州に官庁を置くこの国であった。呉越国は王権の基盤として鎮護国家の仏教教学を利用したため、杭州城内には多数の仏寺が建立された。そうしたところも、日本からの僧侶たちをこの地に惹きつけた理由かもしれない。近年、日本からの直航便も飛ぶようになり、昔の留学僧たちと違って、わずか二〜三時間で行けるようになった。

銭氏は歴代、中原王朝に形式上は臣従して王を名乗り、帝位にはつかなかった。年号も一時期を除いて五代王朝のものを遵守《じゅんしゅ》している。宋の太祖が即位すると、早速忠誠を誓い、建《けん》隆《りゅう》の年号を奉じる見返りとして呉越国王としての独立性を安堵されている。太宗の太平興国《たいへいこうこく》三年（九七八）、土地と人民の支配権を朝廷に献上、すなわち呉越国の版籍奉還をおこなう。この政権移譲後、銭氏一族は一介の士大夫に転身し、科挙官僚として宋代の政治史にしばしば登場する。したがって、呉越国が亡ぼされたというより、節度使銭氏の世襲権益が回収されたというほうが実情にかなうかもしれない。

杭州は西湖《せいこ》を擁する風光明媚な土地として知られ、蘇州（江蘇省）と並んで江南の代表的な景勝地であった。唐の白居易《はくきょい》が、この二つの州の知事をどちらも務めたのを自慢の種にしたことは、彼の文章を愛読した日本の平安貴族たちの間でも有名であった。明《めい》州に上陸すれば自然にここを通過することもあって、日本からの渡航者が実見する機会の多かった町である。北宋では浙東の開発が進むにつれて集散地としての重要性を増し、地方官としても重要な任地となる。蘇軾《そしょく》が知事として二度赴任したのも、中央政界を逐われたという面はあるものの、僻地《へきち》への左遷という意味あいではなかった。彼は南方統治の拠点であるこの都市の整備に意を注ぐ。西湖を縦横に仕切る二つの堤は、今も白堤・蘇堤と呼ばれて、唐と宋とを代表するこの二人の文人知事を記念している。

だが、西暦一一二〇年代は杭州にとって受難の時期だった。花石綱《かせきこう》などに象徴される徽宗政府の苛斂誅求《かれんちゅうきゅう》への反感から（とされているが）、方臘《ほうろう》を首領と戴く反政府軍が宣和二年（一一二〇）に杭州に入城、略奪・放火をほしいままにした。遼《りょう》との戦争に動員するはずだった精鋭部隊をまわして方臘を撃退、一息ついたのもつかの間、靖康《せいこう》の変が起こる。杭州自体は当初被害を受けなかったが、高宗を追う金軍が建炎三年（一一二九）一二月にはここまで到達し、ふたたび蹂躙《じゅうりん》を被ることになる。

いったん逐われた高宗が沿岸諸都市を転々としたのち、紹興八年（一一三八）になって最終的に落ち着いたのが、杭州であった。我々は杭州を南宋の都と呼ぶが、宋王朝にとって都はあくまでも開封なのであって、ここは臨時政府の所在地にすぎない。「中華民国」の首都が法制上は（この原稿執筆時点において）あくまで南京《ナンキン》であり、台北《タイペイ》ではないのと同様である。州から府に昇格して臨安《りんあん》府と命名されたのもそのためだし、しばしば「行在《あんざい》」とも呼ばれた。なお、これはよく知られたことながら、マルコ・ポーロの『東方見聞録』にこの都市がキンサイ（Quinsay）として登場するのは、「行在」の発音による。この「行」字を日本語の音読みでは「あん」と特殊な読み方をする（北京語では通常と同じく「シン xing」）のも、禅僧たちがこの当時のこの地方の読み方を伝えたからである。

都市への変貌

臨時ではあるにせよ、華中・華南を統治する帝国の中央政府所在地となった以上、首都機能の整備は欠かせない。秦檜《しんかい》主導の講和政策によって当面は開封《かいほう》帰還がありえなくなり、また逆に金軍に逐われて逃げ出す心配もなくなり、宮殿・官庁・軍営のほか、さまざまな文教施設が続々と設営される。それらの多くは、仏教寺院の流用であった。呉越国時代以来甍《いらか》を連ねてきた大寺院が、朝廷の諸施設や官舎に変身したのである。

こうして杭州の「本土化」によって都市基盤の整備が進み、膨大な消費人口をまかなうための商業従事者も多数住み着くようになる。当初城門外に葦が生い茂っていたが、急速に人口一〇〇万を超える都会へと変貌し、本来の首都開封をしのぐ賑わいを見せるようになる。

当然、都市環境は悪化し、西湖では生活排水による水質汚染が深刻化する。紹興一九年（一一四九）、府知事としてその改善に尽力したのは、もうおなじみのあの湯鵬挙《とうほうきょ》であった。行在として栄えた杭州についての詳細は、南宋滅亡後、往時を回想して呉自牧《ごじぼく》という人物が記録に残している。その著作は『夢粱録《むりょうろく》』と名づけられた。「人生は粱を炊《あわ》くのと同じくらいに短い」という故事に由来する。開封の『東京夢華録《とうけいむかろく》』同様、繁栄はやはり儚《はかな》い夢だったというわけだ。

『夢粱録』は『東京夢華録』とは逆に、年中行事の紹介のほうを前半に持ってきている。注目されるのは、『東京夢華録』が冬至《とうじ》の郊祀《こうし》を詳しく記述していたのに対して、『夢粱録』は九月の明堂祀に頁を割いていることである。王権の威信をよりいっそう高めるために国家祭祀の整備に情熱を注いだ徽宗に対して、南宋後半には国力減退により宮中の御殿で行われる明堂祀をもって南郊祀に代えることが普通になる。『夢粱録』の著者が実見したのは、ほとんど明堂祀のほうなのであった。北宋は王権の絶頂期に突然死したが、南宋は徐々に衰弱死したとも言えよう。

南宋ではパレードの道筋にも工夫がなされた。それは臨安の地形と関係がある。この町は西湖東岸に南北に細長く造られた。もともと帝国の首都として計画的に市街地が決まったわけではないが、中国の普通の行政都市としてもかなり異様な形である。しかも南のほうが土地が高く、城外北方は大運河に通じる湿地帯であった。そのため行在所すなわち宮城（皇居）は城内南部の丘陵に設けられた。「天子南面」を表現した長安や洛陽とは逆の形態である。しかし、さすがに郊壇は南郊つまり城外南方に設けざるをえなかった。すると、必然的に宮城と郊壇を直線で結んだだけではパレードが城中を通らなくなる。このため宮城からまずは北へ向かって進み、その後南下するという、かなり無理したルートを作り上げている。

また、臨安は火事が多いことも特徴であった。開封のような計画都市でなく、銭塘江と西湖とにはさまれた狭い市街地に人家が密集したこと、当初はほんの数年仮住まいのつもりであったため官吏や軍兵の住宅の屋根が木製であったことなどが、類焼を招いた原因とされる。『夢粱録』にもその記憶が盛り込まれている。

『夢粱録』を『東京夢華録』と比較して注目されるもう一点は、科挙試験が年中行事として記載されていることである。開封でも同じ時期に似た光景が展開していたはずだが、蔡京《さいけい》の学校政策で、科挙そのものの比重が相対的に低下していた徽宗の時代と比べて、南宋になると科挙の社会的役割がおおいに増したことの反映だろうか。

『夢粱録』ではそれらに続いて州城内外の様子が紹介されるのだが、まず無数の橋の列挙から始まっているのが、いかにも江南らしい。そのうち、蘇堤の近くにある袁公橋《えんこう》は、臨安府知事だった袁韶《えんしょう》が宝慶《ほうけい》二年（一二二六）に造成したもので、彼の姓にちなんでいる。その橋の前にある先賢堂も、彼が奏請して建てた施設であった。

先賢とはこの場合、当地ゆかりの歴史上の人物のことで、南宋になると、各地でそれぞれに先賢を表彰し、偶像や位牌《いはい》を作って祭ることが流行していた。詳しくは次章で述べるが、民間信仰の次元にも国家が介入し、儒教的な風俗を根づかせようとする運動の一環である。道学の開祖として周敦頤《しゅうとんい》の名が注目されるようになるのも、もとはといえば、湖南地方における先賢顕彰に始まっていた。

袁韶の上奏文は『夢粱録』にも抜粋が紹介されているが、詳しくは咸淳《かんじゅん》四年（一二六八）に編まれた地方志『臨安志』にその経緯が掲載されている。それらによると、彼の意見はこうであった。「杭州はもともと人材が多く輩出してきた土地であり、今では行在にもなっているのに、まだ先賢を祭る施設が設けられていない。これは不備なことであるので、公金を支出して祠堂を建てるようにしたい」。顕彰の対象として彼が選んだのは、堯《ぎょう》の時代の伝説上の人物に始まって、六朝《りくちょう》・唐の士大夫《したいふ》たち、呉越国王やその子孫で宋につかえた銭氏の人たち、そして、「皇朝太師崇国張文忠公」にいたる男性三四人と、女性五人であった。

この張文忠公とは銭塘県の出身で、名を九成《きゅうせい》という人物である。紹興二年（一一三二）の状元《じょうげん》であったが、主戦派として秦檜に反対し、生前は大臣となることなく終わった。彼が有名なのは楊時《ようじ》門人すなわち程顥《ていこう》・程頤《い》の孫弟子だからであり、紹興年間における道学の領袖《りょうしゅう》としてであった。太師崇国張文忠公という追贈は死後だいぶ経ってから、先賢堂建設の直前になされている。

今では張九成というと、朱熹《しゅき》が「洪水猛獣よりも害毒を流す」とあしざまに罵ったことによって記憶されているにすぎないが、ある時期までは程氏兄弟の道統を継承する人物として、道学派の間では尊崇を集めていた。彼には著作も多く、『中庸《ちゅうよう》』の注釈書は一二四〇年代に円爾《えんに》が刊本を宋から持ち帰り、東福寺に所蔵されて現存している。中国では朱子学の勝利にともなって廃棄されていったため、長らくこれが天下の孤本であった。現在通行しているのは、この本の写真複製である。

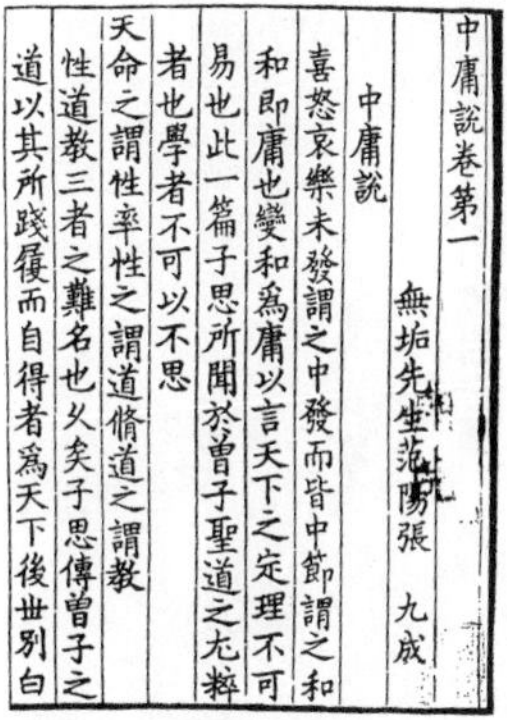
中庸説巻第一
無垢先生范陽張　九成
中庸説
喜怒哀樂未發謂之中發而皆中節謂之和
和即庸也變和爲庸以言天下之定理不可
易也此一篇子思所聞於曾子聖道之尤粹
者也學者不可以不思
天命之謂性率性之謂道脩道之謂教
性道教三者之難名也久矣子思傳曾子之
道以其所踐履而自得者爲天下後世別白

張九成『中庸説』宋刊本（京都・東福寺原蔵）

張九成のような人物を郷土の先人として顕彰

することで、外来の移住者が多い臨安府の人々にも地域意識を植え付け、風俗を淳良ならしめようというのが、知事袁韶のもくろみであった。政治上、特別な町ではあったが、都市化という宋代全体の文脈において見るとき、この町も多くの実例を提供してくれる。その具体相は、他の諸章でも何度か言及することになるであろう。

孝宗から寧宗へ

北宋後半の政治史観

乾道《けんどう》（一一六五―七三）・淳熙《じゅんき》（一一七四―八九）の時期は、国内の政情が安定したのみならず、のちの章で詳しく紹介する朱子《しゅし》学が形成されていく時期にもあたり、後世「乾淳」と連称される。隆興二年（一一六四）にはかつての主戦派張浚が薨じるなど世代交替が進み、対金関係も小康状態であった。折から日本では平清盛《たいらのきよもり》（一一一八―八一）が政権を掌握、福原（現在の神戸）を開港して日宋貿易がさかんとなる。宋側では明州を受け入れ窓口としており、栄西《えいさい》の第一次の入宋も、乾道四年（一一六八）の明州到着をもって始まる。

北宋末期の党争をどう評価するかは、政権の正統性ともかかわって、南宋政府にとっては重い課題だった。華北失陥という王朝の一大事は、新法の対外政策に大きな原因があることは衆目の一致するところであった。とはいえ、高宗が神宗の孫、徽《き》宗《そう》の息子であり、その後継者として即位している以上、新法党政権の全面否定というわけにもいかない。その妥協点として、「君側の奸」としてやり玉にあがったのが、呂恵卿《りょけいけい》や蔡京《さいけい》であった。王安石も時に批判対象になったが、あとで述べる孔子廟への従祀はまだ続けられている。

淳熙後半には、『続資治通鑑長編《ぞくしじつがんちょうへん》』（以下、『長編』と略称）と『四朝国史《しちょうこくし》』、『東都事略《とうとじりゃく》』が完成している。

『長編』は本書も北宋期の叙述に際してお世話になった編年体の書物で、編者は李燾《りとう》。司馬《しば》光《こう》の『資治通鑑』の続編として宋代の編年体史書を編むべく、その資料集として作られたものである。「長編」とは未整理の資料という意味で、司馬光も『資治通鑑』作成に際して、まずは長編を作ったとされる。

『四朝国史』とは神宗から欽宗にいたる北宋後半四代の歴史書で、こちらは紀伝体を採用する国家事業であった。編者代表は洪邁《こうまい》。奇怪な話を集めた『夷堅志《いけんし》』の編者として知られている人物。「国史」は皇帝の代替わりごとに適宜編纂されていたが、『四朝国史』が四代まとめて編纂されたのは、これが党争の時期としてまとめて歴史評価を下す対象とみなされたからである。旧法党を正義の味方とし、新法党を悪の権化とする史観が、『四朝国史』によって確立する。

『東都事略』は王偁《おうしょう》の個人的作品だが、北宋一代の正史のスタイルを採る紀伝体の史書。ここでも旧法党に肩入れする歴史記述がなされている。『四朝国史』ほかの国史や『東都事略』は、元朝において『宋史』編纂作業の材料として使われた。

『長編』のほうはというと、編者李燾が旧法党系の立場に身を置きながらも、比較的公平な視線で事の経緯を一次史料にもとづきながら淡々と記録している。だが、実は現在わたしたちが目にしているのは、『長編』の原本ではない。明の時に独立した形での完本は失われ、その後、明の初期に編まれた『永楽大典《えいらく》』に収録されていたものをもとに、清代になってからようやく印刷されて流布するようになったのである。もとの『永楽大典』自体がもはや現存しないが、そこへの収録に際して、熙寧《きねい》初頭と哲宗《てっそう》親政期以降は省かれていたらしい。永楽年間（一四〇三—二四）と言えば、皇帝成祖のもとで朱子学の体制教学化が完成した時期であるだけに、偶然というにはあまりにもでき過ぎた話である。朱子学の立場から、自分たちの源流である程顥《ていこう》・程頤《い》兄弟やその門人たちに関する、まずい記録——王安石の新法に加担していたという事実——を意図的に隠蔽《いんぺい》した疑いもある。前章で述べたように、程顥は王安石のもとで最初は新法に協力的だったはずなのだが、朱熹が編集した彼の文集・語録や、現行『宋史』の伝記などでは、彼がどうかかわったのか、具体的な言及を一切していない。北宋後半の政治史は、新法党を失政と国土失陥の責任者として糾弾する形で定着していく。

韓侂冑の野心

孝宗の治世は平穏に過ぎていた。政局が動揺するのは淳熙一六年（一一八九）に彼が譲位したあと、その譲位が引き金になってであった。

新帝光宗惇《こうそうとん》は生来病弱なたちだったようである。孝宗としては、この頼りない後継者の後見人として振る舞うつもりもあっただろう。ところが、光宗の皇后李氏は、舅《しゅうと》の政治への介入を妨害した。それだけでなく、夫が年老いた父に会いにいくのすら邪魔立てする挙に出た。高宗と孝宗との友好関係と打って変わって、実の父子である孝宗と光宗の関係は嫁の介在によって険悪になる。

大臣たちはこうした状況を憂慮し、光宗にたびたび諫言《かんげん》している。しかし、それらは妻の尻に敷かれた光宗の聞き入れるところとはならなかった。やがて、紹熙五年（一一九四）に孝宗が崩御する。光宗は当然その喪礼を主催しなければならない。だが、病状が悪化した彼には、もろもろの作法・儀式を満足に取り仕切ることができなかった。帝室の一員でもある大臣趙汝愚《ちょうじょぐ》は、高宗の妻であった太皇太后《たいこうたいごう》呉氏を動かして光宗に譲位を迫る。こうして即位したのが寧宗拡《ねいそうかく》であった。

この政変は、先帝への服喪執行を口実とする点で、前例のない珍しい事例であった。もちろん、その裏には、皇后李氏の政治への容喙《ようかい》を快く思わない士大夫官僚たちの奪権闘争という真相が隠されている。だが、それがあくまで儀礼のつつがなき執行を口実におこなわれた点に、濮議《ぼくぎ》の時と同様、宋の王権の意味が垣間見える。実際の政務はすでに士大夫官僚たちが取り仕切るようになっており、皇帝は形の上では独裁者ではあっても、実質的には「君臨すれども統治せず」に近い状況だった。先代への儀礼をきちんと遂行することができるかどうかが、君主の資質の根幹とみなされていたのである。

趙汝愚が君主の更迭《こうてつ》という、この非常手段を実施するにあたって、宮中に根回しする協力者として抱き込んだのは、太皇太后の妹の子にして皇太子妃の実家の一員である、韓侂冑《かんたくちゅう》という男だった。彼は范仲淹《はんちゅうえん》の盟友韓琦《かんき》の曽孫にあたる名門ではあったが、科挙合格という正規ルートの官僚ではなく、家柄のよい者に与えられる恩蔭、しかも武官の職階をもつにすぎなかった。趙汝愚のほうは、帝室出身のうえに進士でもあるから、韓侂冑のことを軽く見て、パシリのつもりで使ったのかもしれない。

ところが、この男がなかなかの食わせ者であった。寧宗即位の政変を成功させると、今度は趙汝愚追い落としに取り掛かる。年号があらたまった慶元《けいげん》元年（一一九五）二月、趙汝愚更迭。朱熹《しゅき》は趙汝愚の引きで朝廷に呼び出され、皇帝の侍講としてようやく中央に活躍の場を与えられるが、在職わずか四五日で解任される。それだけではない、韓侂冑は自分たちの正統性をアピールするため、朱熹の教説を危険思想として弾圧を加える。いわゆる「慶元偽学の禁」である。程頤の晩年がそうであったように、朱熹も最後は政府から監視されるなか、建陽《けんよう》（福建省《ふっけんしょう》）で没する。慶元六年（一二〇〇）春三月のことであった。

秦檜《しんかい》が単身帰順してすぐさま南宋政府部内の士大夫たちに与党を築き上げたのとは相違して、韓侂冑政権は自分の身内でまわりを固める基盤脆弱なものだった。科挙官僚ではなかったという点に、その原因を求める見解もある。名門の御曹司というだけでは、官僚たちは付いてこなかったのであった。

あせった韓侂冑は、対外的な功績をあげて権威を盤石なものにしようと、金との戦争を準備する。開禧《かいき》二年（一二〇六）、宋軍は国境淮水《わいすい》を越えた。靖康《せいこう》の変以来、宋側から攻勢をしかけたのは初めてのことである。しかし、後方に蒙古《もうこ》が興隆しつつあったとはいえ、金軍の強さはなお健在であった。宋軍はしだいに劣勢となり、また、金のほうでも宋を壊滅させようなどという力はもはやなく、両国は落とし所を求めて交渉にはいる。そうした折、かねてより韓侂冑の専権を快く思っていなかった史弥遠《しびえん》は、別の外戚と謀って韓侂冑を暗殺する。その首を届けることで、金との講和も成就した。時に開禧三年（一二〇七）であった。

史弥遠時代と朱子学の興隆

明州士大夫の活躍

韓侂冑《かんたくちゅう》に代わって政権を掌握した史弥遠は、明州《めい》出身のれっきとした進士。父は孝宗のもとで宰相《さいしょう》も務めた史浩《しこう》。史浩には経学《けいがく》の著作もある。宮中クーデターで実権を掌握し、強引に金との講和に持ち込んだ史弥遠のやり方には、伝統的に主戦論を唱える道学派官僚から抗議が出てもおかしくなかったが、彼の毛並みのよさとすぐれた政治力がそれを封殺したようである。

後世、史弥遠と真徳秀《しんとくしゅう》、魏了翁《ぎりょうおう》らとの確執を根拠に、彼は朱子学を嫌っていたという評判が定着し、好悪どちらで評するにしても、その視点から史弥遠を見ることがなされている。しかし、彼の兄弟やいとこたちが『宋元学案《そうげんがくあん》』では楊簡《ようかん》の門人に数えられているように、彼と道学との縁は深い。ここでも、宋代の史料が朱子学者たちによって整理された形で現在に伝わっているために、白黒はっきりさせすぎることの危険性を見ぬく必要がある。

楊簡とは通常陸九淵《りくきゅうえん》の高弟とされる人物で、郷里明州慈渓《じけい》県の湖にちなんで慈湖という号で呼ばれることが多い。陸九淵というと朱熹の論敵だったから、さしずめ朱子学反対派だろうと短絡的に考えるのは誤りで、浙江の陸九淵門下生たちは朱熹とも良好な関係を保っていた。朱熹は陸学派を批判する時につねに「江西の学者」と称した。それは陸九淵本人が江西出身だからにはちがいないが、その門下の江西の連中という意味でもあり、浙江は除外されているのである。

著作を嫌った師とは異なり、楊簡は経学のうえでいくつかの注釈書を著している。おそらく、出身地明州が科挙のさかんな地域であったということとも関係があると思われるが、いずれにしろ、陸九淵とはいささか異なる学風をもつ人物であったことはまちがいない。ただ、ややこしいのは、のちにやはり浙江で栄える陽明《ようめい》学が陸楊の師承関係を心学の伝統として強調したために、楊簡は朱子学とは違うというイメージを生産することになってしまった。しかし、史弥遠の当時、楊簡およびその関係者は、道学の一流派をなす者として、朱熹一門とも友好関係にあったのである。そして、一族の師事記録から見て、史弥遠の思想形成に楊簡が大きくかかわったことは疑いない。

楊簡と同じく陸九淵に師事した袁燮《えんしょう》は、自分の一族で門人でもある袁韶《えんしょう》が試験官の一人に加わっていた嘉定《かてい》七年（一二一四）に、息子の袁甫《えんほ》を状元《じょうげん》とすることに成功している。袁韶は臨安の知事として先賢堂を建設し張九成を祭った、あの人物である。袁燮本人が同知貢挙（試験全体の責任者）を務めた嘉定一〇年（一二一七）の省試では、楊簡門下で同郷の陳塤《ちんけん》が首席となっている（殿試の状元は建康出身の別の人物）。

陸学というと朱子学に比べて科挙とは無縁なように思われがちであるが、このように実態は全然異なっている。彼らはいずれも史弥遠と親密であった。後世、史弥遠の評判が悪くなると、それに引きずられて評判を落とすことがないように、彼らは内心では史弥遠を批判していたのだという形での名誉回復が図られる。しかも、そうした作業を史料を博捜して試みているのが、寧波《ニンポー》（宋の明州）出身の清代浙東史学の雄、全祖望《ぜんそぼう》なのである。そこでなされている作業は客観的考証などではなく、結論が先にある証拠探しであった。

と言って、史弥遠が同郷の友人たちにのみ目をかけるネポティズムだとは言い切れない。実際、彼は真徳秀・魏了翁ら、他地域出身の朱子学系統の学者官僚とも基本的にはうまくやっていた。金が蒙古に圧迫されて勢力が弱まると、真徳秀が講和条約にある歳幣の支払いを中止せよと建白《けんぱく》し、史弥遠はこの意見を採択している。開禧用兵の終熄《しゅうそく》には積極的だったが、史弥遠は決して対金屈従外交を方針としたわけではなかった。

史弥遠による理宗擁立

開禧三年（一二〇七）の政変後に建てられた「嘉定」という年号は一七年続く。これもまた小康時代であり、史弥遠のもと、政局は安定して推移した。明州に日本から道元《どうげん》を乗せた舟が着くのは、嘉定一六年（一二二三）である。

その翌年（一二二四）、寧宗崩御。彼には実子がなく、一族から趙竑《こう》という者を選び事実上の皇太子としていた。ところが、史弥遠は別の王子擁立を画策、韓侂冑《かんたくちゅう》暗殺の時も協力した外戚楊谷《ようこく》を巻き込んでしつこく皇后を責めたてる。こうして即位したのが理《り》宗昀《そういん》である。趙竑と史弥遠との個人的怨恨がクーデターの原因として語られているが、朱子学史観のなせるわざである以上、半分は割り引いて判断せねばなるまい。史弥遠の行為を、その時点では大半の士大夫が黙認することで支持したのである。

理宗の治世は南宋最長の四〇年間におよぶ。この時代は迫り来る蒙古帝国の脅威の前に、国力が日々衰退していく時期として描かれることが多いが、その詳細な実情はよくわからない。というのは理宗のあとほどなくして南宋が滅亡したため、その国史は編纂されぬままに終わり、また蒙古との戦争で一次史料が散佚したり、あるいは蒙古にかかわってはばかられる記載があったりしたためであろう、元代以降に伝わった史料が非常に断片的なのである。

紹定《しょうてい》六年（一二三三）、二六年にわたって権勢を振るった史弥遠が薨じる。この年数は、王安石や蔡京はもとより、秦檜をもしのぐ、最長不倒記録である。しかも、彼らがみな没後厳しい批判にさらされ、一族が勢威を失ったのとは相違して、史氏一族は政府高官を輩出しつづけている。明州を基盤に、その人脈を活かして名門士大夫として定着したのである。その点では、呂夷《りょい》簡《かん》以来の呂氏一族と似ているが、地元に根ざした地域性はこちらのほうがずっと強いと言えよう。明州史氏はいわゆるローカル・エリートの雄なのであった。

朱子学の公認——孔子廟に祭られる儒者たち

清代に造られた台南文廟の孔子（右）および宋代儒者たち（左）の位牌
明代に朱子学の教義にもとづいて孔子廟では偶像を置かずに位牌のみを祭るように改革された

史弥遠後、非明州系・朱子学系にも陽があたり、真徳秀・魏了翁が中央に返り咲き、後世、年号をとって「端平更化《たんぺいこうか》」と呼ばれる時期が訪れる。しかし、この名称自体、元祐更化の二番煎じであり、党派的な史観に基づくことは言うまでもない。

そのなかで特記すべきなのが、朱子学の公認である。それは孔子廟に祭られる儒者の選択という形で明示される事柄であった。古い時代のことは明確にはわからないが、少なくとも唐の太宗の時には、孔子を祭る廟（宋代当時の孔子の称号により「文宣王廟」というのが正確だが、以下すべて孔子廟と呼んでおく）に、本尊孔子の像以外に、彼のおもだった弟子や以後歴代の儒者たちを似姿（立体的な像もしくは平面画像）によってあわせ祭るようになっていた。唐代では直弟子以外には鄭玄《じょうげん》のような経書《けいしょ》の注釈者たち二一人が選ばれている。その後、北宋の神宗の時に孟子《もうし》・荀《じゅん》子《し》・揚雄《ようゆう》・韓愈《かんゆ》が加わり、さらに徽宗の時には王安石・王雱《おうほう》父子が加わった。靖康の変に際して、新法党を糾弾する趙鼎《ちょうてい》や楊時《ようじ》は王父子の追放を求め、淳熙年間になって王雱だけは孔子廟から追放されることになった。それに続く大きな変革が、淳祐《じゅんゆう》元年（一二四一）に行われる。

すなわち、王安石の追放と、周敦頤《しゅうとんい》・程顥《ていこう》・程頤《い》・張載《ちょうさい》・朱熹《しゅき》の追加が命じられたのだ。追加された五人は、朱熹自身によって道統の継承者とされた人たち（彼自身を含めて）であり、これは明確に王安石学派の退場と、道学それも朱子学派の勝利を示す象徴的な事件であった。その後、朱熹の盟友であった張栻《ちょうしょく》や呂祖謙《りょそけん》、さらには邵雍《しょうよう》・司馬光《しばこう》らが追加され、孔子廟の脇を固める儒者のなかで道学者が占める割合が増加していく。この傾向は清代まで、それどころか、現在もほとんど変わっていない。その意味で、この淳祐元年の改制は、孔子廟の歴史のうえで一大画期であったし、儒教史のうえでも記念すべき事件であった。皇帝の廟号が理宗という、中国史上他に例を見ない不思議な名称なのも、朱子学の別名である「理学」から来ている。

ここまで、安史《あんし》の乱を契機とする唐宋変革期の流れを、政治史を中心に時間軸に沿って概観してきた。朱子学の公認は、政治史と思想文化史の両面にわたって、宋という王朝を象徴する出来事であった。以下、視点を変えて、宋代の文化を社会的・技術的背景を視野に入れつつ紹介していくことにする。はじめに取り上げるのは、朱子学の勝利に結実した、思想と宗教の変質である。

第五章　宗教の土着化

〈哲学〉と〈宗教〉

〈哲学〉としての朱子学

ここまでの四つの章では、時間の流れに沿って西暦九世紀末から一三世紀なかばにいたる、政治史上の経過を概観してきた。大唐帝国は宋初の人々の目には模範とする理想の王朝として映じていた。しかしやがて唐を乗り越える独自の政治論・王権論が模索されるようになり、その集大成として朱子学が登場する。淳祐《じゅんゆう》元年（一二四一）の孔子廟の制度改定は、朝廷が正式に朱子学を御用学問・体制教学として認定したことを意味する。即物的には黄巣《こうそう》と朱温《しゅおん》（全忠《ぜんちゅう》）によって息の根を止められた唐であったが、理念としての滅亡はこの時であったと言えるかもしれない。

西暦一二世紀における朱子学の誕生と一三世紀におけるその体制教学化は、中国のみならず、朝鮮・ベトナム・日本を含む東アジア全域のその後の文明のあり方を変えた大事件であった。実際、唐モデルの国家建設の時代は終わり、朱子学の政治理念を看板に掲げる政権が、これら各地に樹立されていく。あわせて、宋代に起源を持つ文化の新潮流が、時間差をともないながら浸潤していく。このことが持つ文明史的な意義を、わたしたちはいったいどう考えたらよいのだろうか。そのために、以下三章にわたって、朱子学がどのような環境・背景から生まれてきたかを紹介していく。すなわち、本巻のタイトルになっている「中国思想と宗教の奔流」を扱う。

現在、一般的には、朱子学は〈哲学〉の範疇《はんちゅう》で理解されている。古代ギリシャの思想や、近代のドイツ観念論などと並べた形においてである。そうした理解の仕方には、たしかに一理ある。朱熹《しゅき》という人は厳密な概念規定のもとにさまざまな術語を駆使して、非常に精緻で包括的な――中国の思想家としては希有な――思想体系を構築した。その意味で、彼の思索の成果を〈哲学〉と呼ぶことは妥当である。

しかし、わたしは以前からずっと、彼と彼の教説をこうした枠組みで捉えることに疑問を感じ、専門的な論文その他の場を借りて疑念を表明してきた。ここでもまずはその説明から始めよう。

そもそも、〈哲学〉というコトバを、朱熹は知らなかった。朱熹だけではない、彼の教説を奉じた東アジアの儒者たちも、この単語を使うことはなかった。この点で、漢語の語彙《ごい》として古くから使われてきた〈文学〉や〈史学〉とは異なる事情が、〈哲学〉にはある。〈哲学〉という語は、一九世紀後半の日本において発明された漢語なのである。発明者は西周《にしあまね》（一八二九―九七）。彼が「ヒロソヒ」の訳語として〈哲学〉という語を編み出さざるをえなかったところに、問題の根源が潜んでいる。従来存在した〈経学《けいがく》〉という語――この語がそれまでは文学や史学と並列して用いられていた――では新来の西洋〈哲学〉は表現できないと、彼は考えたのだ。そして、彼の考え方は支持された。日本において〈哲学〉はたちまちのうちに定着する。日本ばかりではない、中国でも朝鮮でもベトナムでも、それぞれの言語に応じて発音は異なるものの、〈哲学〉というこの漢字二文字によって英語のフィロソフィー、ドイツ語のフィロゾフィー（philosophy, Philosophie）という概念が翻訳された。今やわたしたちは何の疑問も感ずることなく、テツガクということばを日常生活で使っている。「家庭を大事にすることがわたしのテツガクだ」という個人の信条を意味する用法や、「きのうは世界の現状についてテツガクしてみた」とサ変動詞化した用法まで登場している。「朱熹の哲学」という表現は、「アリストテレスの哲学」や「カントの哲学」と全く対等に、ごく自然な語感をもって使われている。

朱熹（台北故宮博物院蔵）

「朱熹の哲学」という言い方が生まれたのは、わたし自身が専攻している中国思想研究分野の先人たちの功績であった。「東洋哲学」もしくはその一分科として（当時の日本語における一般的な呼称によって）「支那《しな》哲学」という学問分野が創造され、孔《こう》子《し》・孟子《もうし》にはじまる儒家思想を「哲学的に」分析・考察する知的営為が積み重ねられてきた。その結果、「朱子学における生成論と存在論」とか「朱子学は唯心論《ゆいしんろん》（観念論）か、それとも唯物論か」といったような課題設定が可能になり、実際、多くの学問的成果が得られた。ひいては、朱熹とアリストテレス、あるいは朱熹とカントを比較検討する試みも行われてきた。だが、もともと生成論・存在論・唯心論・唯物論といった範疇を持つ西洋哲学の場合とは違って、中国にはこうした区分けはない。つまり、当事者たちはこうした概念規定とは無縁に思考活動をおこなっていた。それを分析の枠組みとして使うことにはたしかに意味があるだろうが、それだけでわかったつもりになってしまってはいけないのではないか。――それが、二〇年来この分野の研究にたずさわってきたわたしの初発以来の素朴な疑問点である。

朱子学を理解するために

小難しい話を長々としたのは、ほかでもない、次のようなことが言いたいからだ。朱子学のことを本当に理解するためには、西洋で形成された学問の枠組みに囚われてはならないだろう、と。宋代も末になると〈理学〉という語が登場し、元代・明代には朱子学およびそれに近い流派を指す呼称として一般化する。江戸時代には、日本人にとっても馴染みの語であった。明治初期には、これを応用して、中江兆民《なかえちょうみん》（一八四七―一九〇一）が西洋哲学を〈西《にし》周《あまね》の造語〈哲学〉ではなく〉〈理学〉と呼んでいる。〈哲学〉の定着と入れ替わりに、また、自然科学の基礎部門を〈理学〉と呼ぶようになったこともあって、儒学の一流派を指す用法は普通の日本人の間では忘れられていく。わたしが理系の友人に向かって冗談半分に「お前が〈理学博士〉とは僭称も甚だしい。俺のほうにこそふさわしい称号じゃないか」と言っても、相手は意味がわからずきょとんとしているが、それは致し方ないことだろう。

しかし、朱子学が〈理学〉として東アジア地域に広まっていたことの意味を再度認識しておくことは、決して無駄ではなかろう。

文明の転換点に来ているからか、近年なにかと過去の見直しがはやっているが、それらの多くが対象にしている「過去」は、たかだかこの百数十年のことにすぎない。ひところもてはやされたポストモダンの思潮が結局は近代主義の変種にすぎなかったのと同様に、西洋的な枠組みを自明の前提とした上での問題設定というのでは底が浅い。より根底的な見直しは、これとは異質な知の体系に対する認識を踏まえてはじめて可能であろう。自分が属する文明を独善的に称揚し、異質な他者を排除して「文明の衝突」を唱えるような思考の堕落に見舞われないためにも。

そこで、本書では――「はじめに」で述べたとおり、おそらく従来の類書に例を見ない形で――宋代の中国を紹介する内容のその中心に朱子学を据えてみた。章だての上でもちょうど中心に位置する以下の三章が、その関連記述に当てられる。まず本章が思想・宗教としての朱子学に関わる側面、第六章が政治・社会の側面、そして第七章が科学・技術の側面となる。科学技術と朱子学というと、水と油の関係のように思われるかもしれないが、それが明治以降作られた虚像としての朱子学イメージに由来する誤解にすぎないことは、読めば納得していただけよう。何しろ朱子学は自称〈理学〉だったのだから。第八章は朱子学の外縁に拡がる文化の諸側面、第九章は朱子学を支えた庶民の日常空間を扱っており、その意味ではどちらも以下三章の延長線上にある。

したがって、各章では個別の話題が並記される形で叙述が進んでいくが、それら相互の間には密接かつ有機的な関連があることを忘れないでおいていただきたい。それらの編み目はやがて第一〇章で一つの織物に結ばれるはずである。

宋以前の三教交渉

〈教〉と〈宗教〉

というわけで、はじめに宗教の話題から述べていく。ところが、ここで早速また〈宗教〉というコトバにこだわらなくてはならない。

〈哲学〉と違って、〈宗教〉は歴史と伝統を持つ漢語である。ところが、その意味内容はというと、わたしたちが今使っている意味——英語のレリジョン（religion）——とは微妙に異なって、「宗の教え」すなわち教説であった。これまた明治の日本人が、西洋におけるレリジョンという概念の翻訳語として使い始めたことが、意味の転換をもたらしたのである。

東アジアにもともと西洋的な意味での宗教概念はなかった。そのため、宗教というこの新来の概念にもとづいて東アジアの思想文化を語ろうとすると、諸所に問題を生じることになる。その最も顕著な事例が「儒教《じゅきょう》は宗教かどうか」という議論だろう。一九世紀に東アジアに紹介された際に、〈宗教〉なるものに対するいかがわしさの感覚がともなっていたこともあり、「儒教は宗教にあらず」とする見解が多数派を占めた。それへの「儒教は宗教なり」とする批判は、学術的なものや感情的なものを含めて少なからずなされてきたが、今でも一般には「儒教は宗教ではない」という理解が社会通念であろう。本巻のタイトルが「中国思想と宗教の奔流」と、思想と宗教とを並列しているのも、現代日本語における〈宗教〉という語感が持つ限定性ゆえに、やむをえずそうせざるをえなかったのである（〈思想〉という語にもまたそれなりの転変があるが、もういい加減にしろとお叱りを受けそうなので省略する）。

では〈宗教〉以前に東アジアには何という語があったのか。〈教〉である。儒教・道教《どうきょう》・仏教を総称して〈三教〉という言い方が、すでに唐代には確立していた。そのほか、いわゆるゾロアスター教を指す祆教《けんきょう》、キリスト教（西方世界では異端とされたネストリウス派）を意味する景教《けいきょう》、マニ教の漢字表記の摩尼教が、「文明的に劣る集団の人たちの三つの教え」を意味する〈三夷教《さんいきょう》〉と呼ばれていた。

すると、「なあんだ、宗の字がつかないだけで、〈教〉というのが結局は宗教のことじゃないか」とお思いだろう。たしかに、一面ではそうである。というか、そうであるからこそ、明治の日本人たちはレリジョンを宗教と訳したのだ。しかし、ここで問題になるのは、儒教が〈教〉の一つとして位置づけられていること、および三教と三夷教との間には格差が設けられていたことである。この二つの問題は実は一つのことの現れなのだが。

そもそも何をもって〈教〉と呼んだのだろうか。ここで宋代を遠くさかのぼって漢代のはじめ、西暦紀元前二世紀に飛ぶことをお赦しいただきたい。その頃、三教はまだ存在していなかった。仏教が中国に伝わったのが紀元前一世紀とされるからその意味でも当然だが、仏教だけでなく、儒教も道教もまだ存在していなかった。もちろん、孔子・孟子や老子《ろうし》(が実在の人物だとして)・荘子《そうし》はそれ以前の人であり、『論語《ろんご》』や『老子』も書物として現在のものに近い形に整いつつあった。しかし、それらは儒家や道家の思想・教説を述べたテキストなのであって、儒教や道教の経典ではなかった。諸子百家の一つであった儒家が――〈諸子百家〉というくくりかた自体、紀元前一世紀に発明された分類方法にすぎないのだが――、王朝体制を支える教学として体系化され、聖別されたいくつかのテキストすなわち経書《けいしょ》を擁するようになったのは、漢代中期以降のことである。通説では紀元前二世紀後半に武帝が五つの経書に〈博士〉を置いて儒教を国教化したとされているが、これには学界内部に異論がある。すなわち、武帝の段階ではまだ儒教の権威は確立していないというのだ。論者によって主張する時期を異にするものの、後漢《ごかん》にかけてのある時点で儒教一尊の状況に到達するという。わたしも、西暦紀元一世紀になってから、経典を持った儒教が成立したとみなしている。

しかし、この時点でもまだ〈儒教〉という用語は使われていない。漢代においてわたしたちが儒教と呼ぶ教説を表現するのに多く使われたのは〈徳教〉であった。実はこの語、明治時代の日本の哲学研究者井上哲次郎(一八五五―一九四四)が、儒教を他の宗教一般から区別して語る際に用いた分類概念でもあった。井上哲次郎といえば、『教育勅語』の解説書を政府から委嘱されたり、内村鑑三《かんぞう》不敬事件で内村攻撃の先頭に立って『教育ト宗教ノ衝突』を著した御用学者として知られる。また、江戸時代の儒学を朱子学・陽明《ようめい》学・古学の三つの流派に整理するという、現在でも高校の教育現場で使用されている分類方法――学術的にはもうあまり顧みられない方法――の開拓者でもある。井上が〈徳教〉という語を持ちだしたのは決して偶然ではなく、儒教が漢王朝の体制教学（もしくは国教）として他の諸子百家から抜け出した優越的地位を入手したことと呼応する背景を持っていた。帝国臣民をしかるべき正しい道徳によって教育することを、漢代の儒者同様、井上も〈徳教〉という表現に込めていたのである。

三教鼎立

後漢においては儒教の優越的地位はますます強まったと、現段階ではみなされている。仏教が伝来しても、当初それは儒教にとってなんら脅威《きょうい》ではなかった。〈教〉といえば儒教のことなのであり、その意味でわざわざ〈儒教〉と呼ぶ必要はなかった。「儒の教え」という言い方をするのは、他の〈教〉との差異化を図る必要が生じてからのことである。

その状況は漢滅亡後にやってくる。道教教団のはしりである太平道《たいへいどう》が引き起こした黄巾《こうきん》の乱（一八四）、およびそれを一因とする漢帝国の崩壊、三国時代・南北朝時代の国土分裂、五胡《ごこ》十六国とか六朝《りくちょう》と称されるように短命王朝――晋《しん》を除いて――が数百年間興亡を繰り返したことなどが、儒教の権威低下を招き、道教・仏教とあわせた三教の鼎立時代に至ったというのが通説である。実際、〈儒教〉〈道教〉〈仏教〉という語が史料に登場するのは、西暦五世紀になってからであった。そのため、儒教は宗教でないという前提に立つ研究者たちにとっては、疑いなく宗教と呼べる道教・仏教が盛んになったこの時期は「宗教の時代」として語りうるものであり、その点で西洋中世に似ており、したがって中国史上の中世であるという学説の根拠ともなっている。

南北朝時代（六朝時代）を「宗教の時代」と定式化してよいものかどうかはさておき、三教が拮抗《きっこう》する勢力を保っていたことはたしかである。ただここでも、その〈教〉が西洋近代的な意味での――より厳密に言ってプロテスタント的意味での――宗教とは微妙に異なることに注意してみたい。〈教〉とは、政治から独立して個人の安心立命を祈るためのものではなかった。むしろ、きわめて政治的なものだったのである。

ある研究によれば、〈教〉が〈教〉であるためには、王として統治した教祖とその政治教説を書き記した経典が必須であったという。道教が〈道教〉になるのは、老子の神格化された姿である〈道〉が、さまざまな形で〈経〉というテキストを人間世界に与えたとする説明が必要であった。今日普通に『老子』と呼ぶ書物が、『道徳経』として道教の根本経典になったのもそのためであった。『老子』は処世術の書物ではなく、政治教説だったのである。仏教にしても、世俗の王に対して至上の政治術としての仏法を説くことで〈教〉たりえた。そのことは鎮護国家という考え方が示している。日本でも初期の仏教受容は政治体制を支える教説として行われていたことを想起されたい。

これら三教の政治思想の上に立って君臨する王権を築き上げたのが、隋であり唐であった。特に大唐帝国は帝室李氏が老子（本名は李耳《りじ》とされる）を自分たちの祖先として崇拝対象にしたことから道教を重んじた。教団側でもそれを活かして儀礼や教説の体系化を進めた。仏教ではそれに対抗して、玄奘三蔵《げんじょうさんぞう》（六〇二―六六四）がインドから大量の経典を新たに将来して翻訳作業を行い、鎮護国家教説のさらなる整備に努めた。また、後述するように、禅や浄土信仰が興隆する。それらに比べて儒教の理論的な展開はやや見劣りがするため、一般に唐代は前代に引き続き儒教不振の時代と考えられているが、貴族官僚たちの生活規範や政治理念は儒教に基づいていたし、王朝国家の統治機構も儒教の経典『周礼《しゅらい》』を範として整理されていた。唐代の儒教不振というイメージは、宋代の儒者たちがことさらに指摘・強調した内容を鵜呑みにしている側面が強い。

つまり、唐代において、三教はそれぞれに併存する形で王朝体制の中に位置づけられていた。その優先順位が朝廷でしばしば議論されたという記録もあって、三つの教えはどれもが重要なものとして認知されていた。本巻五三頁でも触れたいわゆる「三武《さんぶ》一宗《いっそう》の法難」のように、時の皇帝の嗜好により弾圧を蒙ることがあっても、それが教団壊滅・教義衰退という事態にまでは至らなかった。大唐帝国の世界性を反映して非漢族の信仰である三夷教も〈教〉とみなされていたが、それらの地位は三教には及びもつかなかった。儒教は三教の一つとしてたしかに重要だったけれども、圧倒的な優越性を誇っているわけではなかった。韓愈《かんゆ》のような一部の儒者はそのことを不満に思っていたが、それは必ずしも多数派ではなかった。

儒教の再興

讖緯思想への批判

こうして、われらが宋の時代を迎える。宋が当初は大唐帝国を模範にしていたことは、もうすでに何度か述べた。〈教〉についても、それは当てはまる。太祖・太宗・真宗の国初三代の皇帝は、いずれも三教すべてにわたって関心を示している。もちろんそれぞれに濃淡の差はあって、太祖では仏教への信仰、真宗では道教への傾倒が目に付くが、彼らが他の二つの〈教〉をないがしろにしたというわけではない。

事態が変化するのは、仁宗の時である。立て役者はあの欧陽脩《おうようしゅう》。彼は韓愈を深く尊敬し、その後継者をもって自任していた。古文運動の領袖《りょうしゅう》として振る舞うことは、仏教排斥論と表裏一体の行為であった。詳しくは第八章で文学を扱う際に述べるが、当時流行していた西《せい》崑《こん》体という文体の書き手たち——その領袖は、ご記憶だろうか、澶淵《せんえん》の盟の際に寇準《こうじゅん》が毎晩酒盛りを開いた時の相手であった楊億《ようおく》という人物である——は、仏教心酔者としても有名だった。古文運動は文体と教義という両面から西崑体を覆《くつがえ》そうとする試みであった。

欧陽脩は唐代の儒教が純粋な儒教ではないとする。その最も象徴的な事例が経書の注解における緯書《いしょ》の多用であった。緯書とは、漢代になって現れた一群の書物で、孔子が経書の奥義を説くためにまとめたという触れ込みで広まっていた。予言としての〈讖〉とあわせて讖《しん》緯《い》とも呼ばれる。第一章で述べたように、禅譲《ぜんじょう》革命の理論もこの讖緯思想に由来している。実際、儒教の経書に対する唐の国定注釈書『五経《ごきょう》正義』には緯書からの引用が多く見られ、緯書の文言に依拠して経書の字句が解釈されていた。欧陽脩はこれを批判するのである。

彼によれば、緯書は孔子の著述ではない。孔子の思想を忠実に敷衍《ふえん》したものですらない。むしろ逆に、漢代の迷信的な世界観に基づいて当時の学者が捏造《ねつぞう》した文献であって、経書の意義を解釈するために参照すべきではない。よって、現行の『五経正義』——真宗の時点で十二経《じゅうにけい》の疏ができており、欧陽脩は総称で「九経」と呼んでいるが——から緯書引用の部分をすべて削除した改訂版を印刷刊行すべきだと、彼は主張する。

緯書に対する欧陽脩の文献学的批判は、現代の研究態度とも一致する。経書を孔子の編著だとみなしている人々でさえも——そういう考え方は学界では今やごく少数だが——、さすがに緯書については漢代に書かれたテキストとして、孔子の思想を語る際には排除している。その点で、欧陽脩の発想はわたしたちと共通の土俵に乗っており、現代的観点からも正しい。

ただし、ここで「正しい」というのには括弧《かっこ》をつける必要がありそうだ。と言うのは、彼がそう主張したのは、孔子本来の教説は無謬《むびゅう》であるはずで、彼の目から見て怪しげな内容である讖緯思想は、この本来正しい儒教の真の姿を明らかにするためには無用のもの、むしろ害悪を流すものと映じていたからである。彼にとっての目的は、文献学的に、あるいは実証的に、緯書の成立年代を確定することではなく、彼がイメージする儒教にそぐわない夾雑物《きょうざつぶつ》として緯書の思想を排除することであった。欧陽脩にとっては、讖緯思想のベールをはいだその向こうに、儒教の本当の姿が隠れているはずだったのである。

だが、いったい、儒教の本当の姿とは何のことなのだろうか。漢代の儒者たちにとっては、讖緯思想こそが儒教の正しい姿だった。孔子の意図は経書のみならず、緯書という別様のテキストを持ってくることではじめて全貌が明らかになると考えられていた。たしかに、実際には彼ら自身がそのテキストを捏造したのであろう。しかし、それらは彼らが信ずる孔子本来の教説を明示的にするために、儒教という〈教〉の経典を補助する目的で作為されたのである。儒者ではないわたしたち――少なくとも「わたし」――にとっての興味は、漢から唐の儒者が考えていた儒教教説と、欧陽脩が考えていた「本来の儒教」との間の質的な差異がどういうところにあるのか、また、それが何を意味するのかということにある。

宋代の新興儒教の特徴

欧陽脩がこれも韓愈に倣って、孔子の後継者として高く評価する人物が、孟子であった。古文運動のなかでは、孟子はすぐれた文章の書き手として尊重されてきたが、それは文章の名手すなわちすぐれた思想家という、彼らの文学観ともかかわっていた。そして、この点で、漢から唐までの讖緯思想を奉じる儒者たちと、欧陽脩以降の新しい世代とは大きく断絶する。

わたしたちは、学校教育のなかで知識として、儒教というと孔子に続けて孟子の名前をすぐに思い浮かべるように刷り込まれている。儒教は同時に「孔孟の道」でもある。ところが、このイメージは実は宋代になって生まれたものにすぎない。それ以前は儒教の代名詞は「周孔の教え」であった。「周」とは武王の弟にして周王朝創設の功労者、甥の成王の摂政、孔子が夢に何度も見たという、周公旦《しゅうこうたん》である。

政治教説としての儒教は、上でも述べたように君主が定めた教説であるはずだった。もちろん、それは堯《ぎょう》・舜《しゅん》以来の聖人君主の教説でもあるのだが、それを継承して体系化し、周王朝という黄金時代を築いた功績は周公に帰せられていた。やや専門的に言えば、経学のなかでも古文経学という流派——ここの「古文」は古文運動とは別の意味——が周公の業績を特に顕彰する。そして、周公の教えを学び、経書として集大成させたのが孔子だというわけである。

漢代には易・書・詩・礼・春秋という五種類の経書を「五経《ごけい》」（「ごきょう」とも）と呼び、国立大学での授業科目とした。五経は堯・舜から周公にいたる聖人たちの教えを孔子が書物としてまとめたものとみなされていた。ただ、これらとは別に、孔子が彼ら聖人たちの政治の要諦《ようてい》を弟子に語ったとされる経書があった。『孝経《こうきょう》』である。

聖人たちは孝という徳目を中核に据えて国を治めていた。孔子はその教えを受け継ぎ、儒教を集大成した。漢代以来、学者たちはこのように解釈して周公と孔子を尊崇《そんすう》してきたのである。宋では特に司馬光が『孝経』を重んじている。

こうした考えにもとづいて、孔子は実際には統治者ではなかったけれども、〈玄聖素王〉として、それに準ずる格をもって遇されていた。唐が孔子に文宣王という号を贈って廟に祭ったのも、われらが宋の真宗がその前に玄聖の二文字を追贈したのも――直後に「至聖」と改称されるが――、彼を王者として祭るためであった。儒教とは、周公・孔子がまとめた経典を正しく読み解く〈教〉であり、その面で功績をあげた儒者たちが孔子廟に従祀されてきたのである。そのなかに孟子の姿はない。

西暦一一世紀後半における孟子顕彰運動は、儒教の性格が大きく変質することの一つの現れだった。欧陽脩の理念を引き継ぎ、ついに孟子を孔子廟に従祀させたのが、新法党政権である。王安石《おうあんせき》みずから指揮して経書の新しい注解（新義）が書かれ、科挙《かきょ》受験生の教科書に指定されたことも、これと関わっている。新義のうち王安石が息子王雱《おうほう》や腹心呂恵卿《りよけいけい》とともに執筆した『周礼』『尚書《しょうしょ》』『詩』については、現在では断片的にしか伝わっていない。また、彼の系譜を引くあまたの学者たちが書いた多くの注釈書も、大半が散佚してしまった。しかし、遺された数少ない文献資料から判断するかぎり、彼らの注解が緯書を引用した形跡はまったくない。讖緯《しんい》思想の根幹をなすのは天人相関説であった。とすれば、「天変畏《おそ》るるに足りず」と嘯《うそぶ》いたとされる王安石が緯書を信用することはそもそもありえないのだが、ともかく、彼らの注解は欧陽脩の主張の線上にあって、唐代までの儒教のあり方を根底から変革するものであった。

同じく欧陽脩の後継者として、王安石・王雱父子に始まる流派（いわゆる新学）とは対抗関係にあったのが、蘇軾《そしょく》・蘇轍《てつ》兄弟の流派（後世、蜀学《しょく》と呼ばれたりする）と、程顥《ていこう》・程頤《い》兄弟の流派（道学）であった。彼らおよびその後学も数多くの経書注釈書を著している。そして、道学の流れのなかから登場するのが、ほかならぬ朱熹《しゅき》であった。

したがって、道学もまた、漢から唐までの旧時代の儒教とは大きく異なっていた。緯書の否定や孟子の顕彰も、もちろんそうである。そのことが道学だけの特徴なのではなく、宋代の新興儒教全体の特徴として見るべきことが、おわかりいただけたと思う。朱子学の特性を理解するには、北宋時代の諸潮流を広く見通しておかねばならない。朱子学は宋代思想文化史の到達点として扱われなければならないのである。そのことは、淫祀邪教《いんしじゃきょう》批判の文脈において一層顕著であった。

淫祀邪教の発見

祭祀の対象の選別

儒教の本質的要素の一つとして、祭祀がある。儒教が、単なる儒家思想としてではなく、まさしく〈教〉として存立しえたのは、それぞれに一連の儀式・儀礼をともなう祭祀群が存在したからであった。その頂点にあるのは、皇帝が天命を受けていることを視覚化して演出する天帝への祭祀と、帝室の祖先を祭る宗廟儀礼とであった。天帝への祭祀のなかでも格別の重さを持っていた封禅《ほうぜん》が経学的に否定され、郊祀《こうし》と明堂《めいどう》の二本立てに整理されたことについては、すでに第二章で述べたとおりである。このほか、皇帝は天地諸神や過去の偉人たちへの祭祀を通じて、空間的・時間的に人間社会の代表を務めていた。孔子廟祭祀もその一環にすぎない。

皇帝の名代として地方を治める官僚たちには、またそれぞれの土地にゆかりの山川・英雄への祭祀が義務づけられていた。それらがいわば公的な祭祀であるのに対して、各人にはそれぞれ私的な祖先祭祀があった。しかも、その格式が政治社会秩序におけるランクに応じて差等化されているところに、儒教の礼の制度の眼目があった。ある一軒の家において、祖先として血縁関係を想定される対象への祭祀は、『孝経』に説かれた孝の実践倫理として、儒教の側から推奨されていた。しかし、家の中にあって祭られる神はそれだけではない。古来の俗信にもとづいて、あるいは新たな生活習慣・技術開発にともなって、供物を捧げられる対象がいくつもあった。儒教経学はそれらの選別を志向する。

〈淫祀〉という語がある。経書に登場する語で、場合により淫祠とも書く。前者は祭祀の祀だから儀礼そのもの、後者はホコラという訓を持つ字であることからわかるように祭祀の施設を指すわけだが、必ずしも厳密に使い分けられてはいない。

語の歴史が古いように、淫祀への攻撃は昔からあった。「淫祠を破壊した」ことが地方官の功績として讃えられる慣行は、先秦時代においてすでに存在する。近代的な解釈では「迷信打破」ということになり、共産党政権のもとでは一時期政治的にもてはやされたものだ。それがある時期には「民衆文化に対する破壊行為」として非難の的になったりもするのだから、ご都合主義と言えばそれまでのことだが、たしかにわたしたちから見ても、そうした地方官の行為を文明的と評するべきなのか、慣習への高圧的態度と見るべきなのかは、判断に迷うところだろう。

儒教は神への祈禱《きとう》を一概に否定しない。問題視するのは「祭るべきでない場合」の祈禱行為なのであり、それが淫祀とされたのである。ではどういうのが「祭るべきでない場合」すなわち〈淫〉なのか。対象となっている神が儒教の教説上認められていない場合と、祭祀の主催者の地位では祭るにふさわしくない神を僭越《せんえつ》にも祭っている場合とである。

後者について先に言えば、たとえば、一介の庶民が天帝を祭るのがそれにあたる。天帝は受命者すなわち皇帝にしか祭ることが許されていないからだ。庶民だけではない。貴族や諸侯であっても、天帝は祭れない。いや、漢代以降は〈王〉の爵位を持っていても〈皇帝〉でない以上は祭れないのだ。禅譲《ぜんじょう》革命のあと、新王朝の皇帝が天帝に対してただちに仰々しく受命に感謝する儀礼を行うのも、祭る資格をようやく得たことを内外に示す目的があった。また、中国皇帝から冊封《さくほう》を受けている諸国の〈王〉には天帝を祭る資格はなかった。「朝鮮国王」は「大韓皇帝」になるや、すぐさまソウルに天壇《てんだん》を造った（実際には、それ以前に高《こう》麗《らい》国王や朝鮮国王が天帝を祭っていたこともある）。ベトナムの「越南《えつなん》国王」は中国には内緒で国内向けに「大南皇帝」として天帝を祭っていた。奈良朝の天皇たちと違って桓武《かんむ》天皇は郊祀を実施しているが、それも唐からの自立の意思表示であったろう。

【地方志】

ある地域のさまざまな情報を掲載する書物を地方志という。起源は古くさかのぼり、日本の奈良時代に編まれた風土記もその影響による。宋代になると、中央から派遣されてくる地方官が手早く任地の状況を把握するために、また、力をつけてきた在地有力者たちが自分たちのことを知ってもらうために、地方志の編纂が盛んになる。中央政府からの情報提供の指示や、印刷技術の普及も関係していた。現在に残るのはごく一部の特殊な事例だが、宋代の地方の実情把握に不可欠の史料である。

地方志は、当該行政単位の由来、土地の風土・産物の特徴やこれまでの人口・税額の沿革、それに郷土ゆかりの偉人伝などで構成される。祠廟についての記録は、地方志によっ

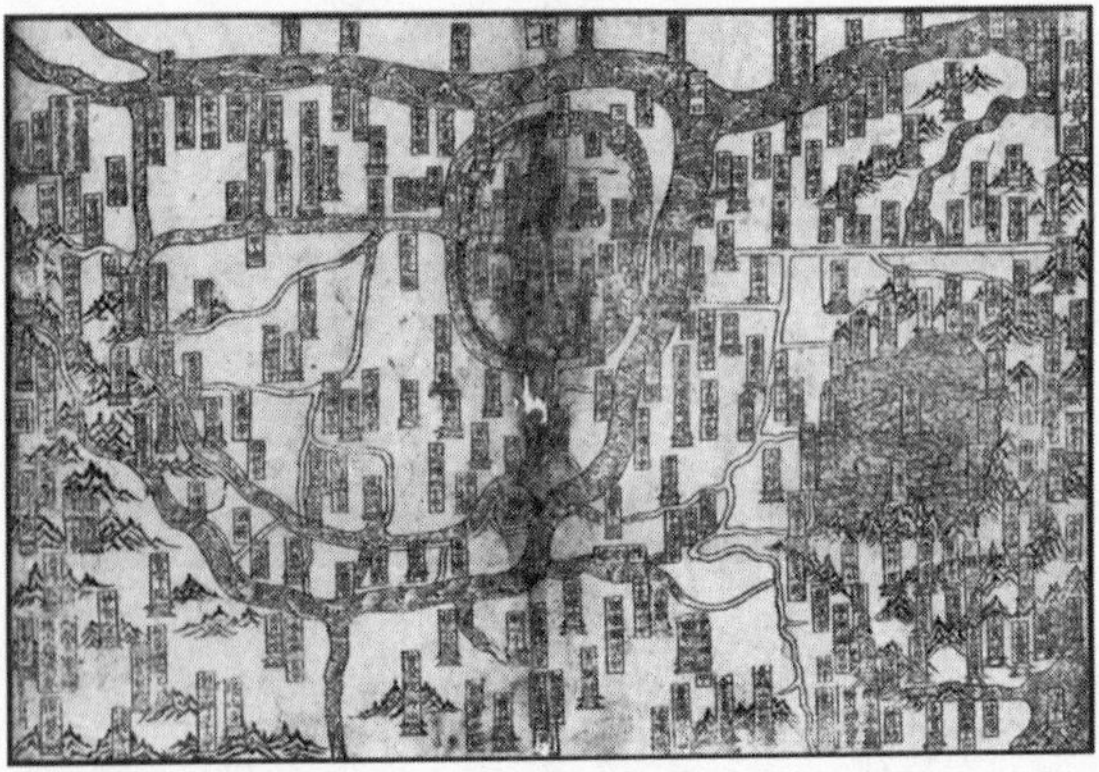

「鄞県県境（寧波周辺）図」（『宝慶四明志』より）

て記述方法にちがいがあり、執筆者（地元の士大夫であることが多い）が祠廟なるものをどう考えていたかを反映している。また、そこに記載されている神の名前が、民衆がそう思って祭っている神と一致するともかぎらない。地方志は、士大夫文化と民衆文化の接点ならではの興味深い叙述方法を見せてくれる史料である。

淫祀の烙印を免れた城隍神と媽祖

一方、前者は経書に記載のない神々、言い換えれば民間信仰の次元でのみ祭られている神々である。といって、そのすべてが禁圧対象になるわけではない。そもそもある祭祀を〈淫祀《いんし》〉と認定するかしないかは、その発言者（皇帝・官僚・学者個々人）の判断基準によって異なってくる。

それは時代によっても変化する。典型的なのが城隍神《じょうこうしん》と媽祖《まそ》であろう。どちらも宋代にかかわる事象なので、ここで紹介しておく。

城隍という語の語源は城壁都市の外側を取りまく壕であり、かなり古くから使われていた。六世紀の記録に「城隍の神に祈った」とあり、文献的には城隍神の初出とされる。唐代には都市の守護神としてかなり広範に普及していたらしい。ただし、城隍神という特定の神がいるのではなく、その都市ゆかりの英雄が個々に当該の城隍神として祭られたのである。そうしたところから見ても、〈城隍〉という名付け方自体、庶民のものというよりは、文字を使う士大夫たちによるものだったのだろう。「あそこの町では誰それを祭っている。うちでは何のなにがしだ。これはどちらも城隍神という範疇《はんちゅう》に入れよう」というように。要するに、〈城隍〉とは「守護神」と同じ、普通名詞だったのである。

そのために、儒教経学の〈社稷《しゃしょく》〉と抵触することになった。社稷は国家そのものの比喩《ひゆ》表現としても使われるが、元来は土地の神である〈社〉と穀物神の〈稷〉との複合語である。したがって、別々の神だったはずなのだが、儒教のなかでは常にワンセットで扱われる。帝国の首都には帝国全土の社稷神、各州には州の、各県には県の社稷神がおり、そして末端の行政区画〈里〉には〈里社〉が置かれることになっていた（〈里稷〉というものはない）。ちなみに、日本の神道《しんとう》が仏教の〈寺〉に対して〈社〉を称するのも、ここに由来する。

宋代にも、儒教の経学にもとづき、各地には社稷神の祭壇が設けられていた。したがって、城隍神とは機能的に重なることになる。この問題について弟子に質問された程頤《ていい》は、こう答えている。「城隍神なんて必要ない。社稷があるではないか」と。しかし、現実にはその地ゆかりの英雄を崇拝する心情からか、城隍神信仰は各地で盛況をきわめ、南宋ともなると道学者も無視できない勢いとなる。真徳秀《しんとくしゅう》にいたっては、現世の地方官である自分と対をなす役職として城隍神を冥界の官僚とみなし、就任時には廟に挨拶に出向くことをみずからに課した。史料的に証明はできないが、他の多くの地方官たちもそうしていたものと思われる。こうなれば、もはや淫祀ではない。明代には太祖洪武帝《こうぶてい》みずから、詔をもって城隍神の祭り方を指令している。

一方、媽祖と呼ばれる女神はもともと宋代はじめの福建《ふっけん》の漁師林氏の娘であった。生まれ

媽祖

城隍神

ついての霊能者で、いわばシャーマンのような存在だったらしい。中国の史書ではそうした人物を〈巫〉と表記する。儒教がしばしば淫祀の担い手として忌避する存在であった。

彼女は若くして世を去ったが、死後も霊験を顕したため、彼女を祭る祠が建てられた。特に漁師や海運業者など、船乗りの間で篤く信仰され、福建・広東の沿岸各地、やがては寧波《ニンポー》・天津《てんしん》などの港でも祭られるようになる。すでに宋の朝廷から女神の爵位である〈夫人〉号を得ていたが、元代には天妃に、清では天后に昇進、これまたれっきとした国家祭祀の対象となっていく。それにつれて彼女の出自も、しかるべき士大夫《したいふ》の家の娘へと昇格し、生前の偉業伝承も文飾をほどこされて整然としてくる。庶民から崇敬を受けている点では変わりないのだが、士大夫階層による潤色を経たことはまちがいない。もともと下層階級出身だったはずなのに、庶民たち自身も彼女を「お嬢様」として扱いたがった。いわゆる民間信仰が、ある種の政治的偏向によって異様に美化された時期があったけれども、その実態は当時の身分制度を否定するようなものではもちろんない。

また、彼女はたしかに女性神だが、その女性性への讃美が、現代社会におけるジェンダー論とは別の文脈でなされていることにも、きちんと目配りしておかねばなるまい。媽祖——直訳すれば「おっかあ」——は、あくまで男性船乗りたちにとってのアイドル＝偶像だった。

もっとも、社会秩序にとって危険でないからこそ、城隍神や媽祖は淫祀の烙印を免れたのであり、その過程で彼らに対する表象内容に変質があったことも事実である。彼らのように国家祭祀のシステムに組み込まれて昇進することなく、儒教側の弾圧によって消え去っていった〈淫祀〉もたくさんあったことは疑いない。しかし、ここで本巻の文脈から問題として取り上げたいのは、そもそもこうした〈淫祀〉が史料に頻繁に登場するのが宋代からだったという点である。

国家による神々の体系化

旧来はこう考えられてきた。史料に多くの〈淫祀《いんし》〉が登場するということは、それだけ民間の祭祀が多様化し、それまでの儒教的な〈社〉の祭祀に収まりきらない神々が誕生したことの証だ、と。つまり、実際にこの時期に〈淫祀〉の数が増えたという理解である。

しかし、わたしは違うのではないかと考えている。〈淫祀〉について語る史料が増えるのは、実際にそうした祭祀が増えたためではなくて、史料の書き手たちにとって問題化すべきものとしてそれらの祭祀が意識されるようになったからではないのか、と。従来は事荒立て〈淫祀〉だと指摘されることもなかった祭祀が、儒教的な知の担い手たちにとって気にさわる対象になってきた。つまり、〈淫祀〉のほうが変わったというよりも、〈淫祀〉を見る視線が変わったのである。

そのことは、〈淫祀〉ではないと認定された祭祀施設——仮に正祠と呼んでおく——に対する朝廷側の積極的な関心と表裏をなす現象である。近年の研究によれば、神宗の時期に、そうした正祠に対して皇帝が名称（廟額）を与えたり、そこで祭られる神（やその夫人）に爵位と称号を授けたりする事例が急増している。一説には、それは党争の激化にともなって不穏になってきた政治情勢を緩和するための弥縫《びほう》策だったということだが、わたしは別の解釈に賛成する。国家による神々の体系化である。

新法党政権が積極的に推し進めたこの政策は、庶民が各地で祭っている地方的な神々をも皇帝の支配・統制のもとに置き、爵位等の格付けを通じてパンテオンを作り上げ、帝国臣民たちの信仰生活をも統御しようとする意図に根ざしていた。〈淫祀〉への弾圧はその裏返しであり、皇帝が認めない神々を祭ることは許容されなくなっていく。これこそ、王安石が神宗に向かって力説した「風俗を一にする」ことにほかならない。

徽宗《きそう》政府も当然この施策を継承する。政和三年（一一一三）に完成した『政和五礼新儀《せいわごれいしんぎ》』は、国家祭祀から始まって一般庶民の葬送儀礼・祖先祭祀の所作まで規定した書物として注目される。模範になっているのは経書の『儀礼《ぎらい》』や唐の玄宗の時の『開元礼《かいげんれい》』であったが、朝廷から個別の家までを通じて同じ基準で、ただし、身分に応じた量的・質的差異をともなって、礼の諸規範がこれほど詳細に定められたことは以前にはなかった。しかも、その同じ年、朝廷は開封の淫祠約一〇〇〇ヵ所を破壊している。

各地で破壊された淫祠は、しばしば学校や書院などの文教施設に転用された。このやり方は、のちの明代・清代の史料にもうかがえる。明代初期に全国一斉に設けられた〈社学〉も、こうして急造されたものが多かった。あるいは、わたしが実見した例で言えば、県の城《じょう》隍廟《こうびょう》の本殿が中学校として使われていたように、共産党政権のもとでもこの手法が踏襲されている。

禁圧の対象として意識された淫祀邪教

新法党すなわち新学が神々への廟額・封号の授与に積極的であったことを、道学は濫発《らんぱつ》として批判する。上の程頤《ていい》の発言にも見られるとおり、道学のほうが祠廟を〈淫祀〉と断ずる割合が多かったようだ。しかも、仰々しい名称ではなく、その神そのものを直截に指す名称で呼ぶべきことを、道学者は要求する。たとえば、朱熹《しゅき》門人の陳淳《ちんじゅん》は、泰山《たいざん》の神に「天斉仁聖帝」という称号を授与したことに批判的であった。彼の主張は明の太祖洪武帝によって採択され、「東岳泰山之神」と改称される。

このように、宋代になると、儒教の新興流派のあいだから、〈淫祀〉をことさらに問題にする動きが生じてくる。言い換えると、それまで相手にせず放置しておいた庶民の信仰に対して、干渉を加え秩序づけしようとする意志が明確になってくる。それによって、彼らが祠廟の実態を文字に表記する方法も変わった。

宋代以前の史料に仮に〈社〉とあったとしても、それが本当に儒教経学において考えられているような〈社〉であったかどうか、確認する術はない。実態としては、宋代以降〈淫祀〉として指弾されるものと同内容の神であり儀礼であったかもしれない。ところが、宋代の史料は、これらの庶民信仰について、どんな神をどう祭っているかについて、事細かく記載するものが増えてくる。それは書き手たちがそうした祭祀に関心を示すようになったことを示している。ただし、その関心は現代の民俗学者・人類学者のように参与観察するためではなく、政治家・道徳家としてそれらを禁圧するためであった。禁圧の対象として意識されることによってはじめて、〈淫祀〉は文字史料の世界に姿を現した。〈淫祀〉はあらためて発見されたのである。

それは従来、士大夫の間だけにとどまっていた礼の世界が、庶民をも拘束する規範として樹立されはじめていたことを意味する。この趨勢は、清末にいたるまで、あるいは現在もなお進行中の事態であり、ノルベルト・エリアスの本の表題を借りて「文明化の過程」と呼べるだろう。

同じことは〈淫祀〉よりもさらに悪性の強い〈邪教〉についても言える。「よこしまなる〈教〉」。国家教学である三教に対して、政治秩序にとって危険と判断された〈教〉が〈邪教〉である。そのなかには、唐代には公認されていたマニ教も含まれていた。「喫菜事魔」というのが、マニ教に対する弾劾《だんがい》の文言である。肉食をせずに邪悪な神々に仕えているという意味だ。ただし、近年の研究によると、この決まり文句によって指弾されたものすべてが、正確にマニ教だったとは言えないとのことである。言ってみればこの語はレッテルだから、相手をおとしめる意図があれば使う当人が不正確だと自覚していても、あえて政治的文脈において使用したことだろう。政敵をとにかく「人民の敵」に仕立て上げるのと同じ事である。

ここでおもしろいのは、儒教側の士大夫にとって、「喫菜事魔」という語それ自体が負の価値を担っていたということだ。他人事ではない。朱子学も最初は「喫菜事魔」として弾圧対象にされかけたのである。江戸時代に朱子学式の葬儀を営んでご禁制のキリシタンの嫌疑をかけられた儒者がいたが、これも同様である。革新的なことをする者は、常にそうした誹謗中傷にさらされやすい。

朱子学がなぜ「喫菜事魔」とまで言われたのか。そのことは彼ら道学者が通常の生活様式とは異なったコードのもとに暮らしていたからである。特に服装が目立ったらしい。〈深衣〉という、経書の記載をもとに復元した白装束の衣裳を身にまとい、これ見よがしに集団で街を闊歩《かっぽ》する彼らの姿は、当時の多数派の目には異様に映った。しかも、彼らは理と気とを結びつける小難しい理論を振りかざして、自分たちの教説こそが唯一絶対に正しい孔子・孟子の道であり、これまで人々が信じてきた教説はとんでもないデタラメだと主張する。こうした連中が科挙試験にも合格して政府部内に勢力を蓄積してきたら、従来の体制派が危険思想として弾圧しようとするのは、むしろ当然だとも言えよう。弾圧者韓侂冑《かんたくちゅう》は決して孤立していたわけではない。この点では少なからぬ士大夫が彼のお先棒を担いだ。朱子学は今の用語を使えば、カルト集団として禁圧を蒙ったのである。

そうした逆境のなかでの教祖朱熹の死は、彼の信奉者にとっては一種の殉教《じゅんきょう》であった。彼の後継者たちが巻き返しを図り、史弥遠《しびえん》政権との微妙な協力関係の期間を経て、ついに孔子廟従祀に成功するのは、前章でも述べた淳祐元年（一二四一）。彼らが追放対象としたそれまでの正統派の儒者は、王安石であった。そう、朱子学（を含む道学）が目の敵にした、儒教内部の異端邪説、それまでの体制派とは、王安石新学だったのである。

教義の内面化と葬送儀礼の整備

心の教説――仏教の盛行

もう一度欧陽脩《おうようしゅう》世代の時点までさかのぼってみたい。この時点で儒教を再興させようと志向する人々にとっては、いったい何が問題だったのだろうか。彼らには唐代儒教の何が欠陥として感じられたのだろうか。

それは教義の内面性だった。道教や仏教に比べて儒教が振るわない（と少なくとも、北宋の儒教改革者たちが認識したことの）理由は、人々の心の問題に儒教が充分応えていないところにあった。たしかに、科挙に合格して官僚となるには儒教の経書を学ぶ必要があろう。あるいは、官僚として実地に政治の一翼を担うには、儒教的な政治思想と統治技術を身につける必要があろう。しかし、要はそれだけである。一個の人として、人間社会のなかでいかに生きて行くべきなのかという内面の問いには、当時の儒教は回答を用意していなかった。こうした心の隙間に食い込む形で、「身を修める」道教と「心を修める」仏教が盛行していた。

「身を修める」「心を修める」と対比して、儒教について言われるのは「世を治める」という句だった。政治教説としての他二者に対する優越性は、科挙官僚体制の成功とともに顕著になっていた。政治の実務において、道士や仏僧が容喙《ようかい》する余地はなくなっていた。ただ、その分、儒教改革派の士大夫たちには、いっそう切実に儒教の立場からする心の問題への回答が求められていた。

仏教において心の教説を前面に押し出していたのが、禅《ぜん》と浄土《じょうど》信仰である。と言うより、宋代以降の仏教はこの両者によって独占される。唐代にあれだけ精緻な教学体系を築き上げた唯識《ゆいしき》も華厳《けごん》も天台も、宋代において教義的に見るべき発展は遂げていない。辛うじて天台宗が明州の四明《しめい》知《ち》礼《れい》という学僧を擁していたくらいである。日本から来る僧侶の目的が、勉学のためでなく巡礼のため、あるいは外交使節としてであったことには、そうした背景がある。成尋《じょうじん》などは、むしろ宋の僧侶に教えてやろうという姿勢である。

では中国仏教界に何が起こっていたのだろうか。すでに唐代において、荷沢神会《かたくじんね》らによる禅、善導《ぜんどう》の浄土教が生まれていた。禅のほうはその後も多くの僧侶によって発展、いくつかの流派を擁する巨大な教団に発展していた。かつての仏教史研究ではこのことを重く見て、唐代において仏教は、禅や浄土教も含めて絶頂をきわめたと捉えていた。そうした歴史観は、中国哲学側からする「唐代に不振だった儒教が宋代に挽回した」という見解にも鼓舞されて、宋代へとつながる仏教の展開を軽視する傾向を持っていた。

しかし、近年の内外の研究は、新たな視角からこうした歴史観の見直しを迫っている。新たな視角とは、教義の発展にのみ目を奪われるのではなく、宗教としての——あるいは〈教〉としての——仏教の勢いを顧慮することによってもたらされた。実際には、宋代のほうが、禅も浄土信仰も多くの信者の篤い信仰を得ていたのである。唐代までを「宗教の時代」と呼んで宋代以降と区別することには、この点であまり賛成できない。

禅宗の内部分裂

呉越《ごえつ》国が仏教を庇護したことは前にも述べた。呉越国だけではない、福建の閩《びん》国でも四川《しせん》の蜀《しょく》国でも、朝野をあげて仏教寺院に広大な土地を寄進し経済的に優遇した。そうした力を背景にして、宋代になっても、これらの地域では仏教寺院の社会的影響力は甚大だった。ともすると、そうした寺院のあり方が経済的な支配階層と同一視され、庶民生活を圧迫していたかのごときイメージを与えかねない。だが、それは庶民の日常生活にとって仏教が身近にあったということの証でもある。六朝隋唐の仏教が、どちらかと言えば鎮護国家という至上目的のために、いわば国家のための存在だったのとは異なって、五代を経て宋になると、庶民をも巻き込んだ、人々の生活のための仏教という色彩が強くなってくるのである。唐末以来の藩鎮《はんちん》政治が地方分権の趨勢《すうせい》を生み、仏教寺院が地元密着型になったということが言えるかもしれない。大蔵経《だいぞうきょう》の印刷も、最初のものは太宗支援の国家プロジェクトであったが、南宋になると蘇州や福州といった地方の寺院が推進している。

　これら既成の経典教学に対抗して、「不立文字《ふりゅうもんじ》、直心見性《じきしんけんしょう》、以心伝心《いしんでんしん》」をスローガンに掲げて唐代に登場していたのが、禅宗であった。いま「禅宗」と言ったが、日本の宗派意識とはやや異なるものの、自分が誰の弟子でどういう系譜に属しているかという「法門」意識が強烈なのが彼らの特徴である。したがって「師資相承」が禅の理想であるが、複数の弟子を持つのが通常だから師の教えはすぐに分裂し、禅宗のなかも際限ない内部分裂を繰り返すことになる。次々に灯をリレーしていくことの比喩、「伝灯」という語に象徴される正統意識はその裏返しでもあった。朱子学の道統論は、禅の論理の換骨奪胎《かんこつだったい》である。

　すでに唐のはじめにおいて、いわゆる北宗と南宗の分裂があり、以後は南宗の系譜が主流派となり、そのなかから臨済義玄《りんざいぎげん》が出て教線を拡大した。北宋では臨済宗の一派である黄龍派が、蘇軾《そしょく》・黄庭堅《こうていけん》との人脈も活かして四川・荊湖《けいこ》・江西《こうせい》といった長江流域一帯に拠点を作り上げた。蔡京《さいけい》の政敵張商英《ちょうしょうえい》もその支持者として知られる。

　南宋になると、同じ臨済系でも楊岐《ようぎ》派が力を得てくる。なかでも大慧宗杲《だいえそうこう》は、張九成《ちょうきゅうせい》とは主戦派という立場も一致して親しい関係にあり、臨安《りんあん》郊外に教団本部を設けて士大夫の信者を急増させた。秦檜《しんかい》からは政治的理由にかこつけて弾圧をこうむり、主戦論という点では同じはずの朱熹からも、徹底的な批判を浴びる。それだけ彼らがその教説を脅威《きょうい》に感じていたということであろう。

大慧の特徴は、看話禅《かんなぜん》もしくは公案禅《こうあんぜん》と呼ばれるその方法にある。これは曹洞《そうとう》宗系統の黙《もく》照禅《しょうぜん》、すなわちひたすら坐禅によって悟りの境地に至ろうとする流儀を否定し、悟りの契機となる言葉を重んじる教えである。ひらたくいえば禅問答のことである。もとは具体的な場面での発話であることに公案の本義があったわけだが、やがて過去の大先生の発言は教団構成員にとって悟りへと導いてくれる貴重な共有遺産とみなされ、その編集・出版がなされる。「語録」である。語録によって自派の教説を伝えていくやり口は、儒教の道学にも受容された。

ちなみに、栄西《えいさい》が伝えたのは黄龍派系であったが、以後の臨済禅僧はみな楊岐派系であり、この点でも栄西を日本臨済宗の祖師とすることの虚構性が見られる。「只管打坐《しかんたざ》」の道元が曹洞宗であることは言うまでもない。

道教への傾倒

仏教におけるのと同様、道教についても教団の分権化・土着化という趨勢が読みとれる。唐における老子崇拝という国家的保障を喪失したことで、道教内部に政権からの自立傾向が強まった。そのことはさまざまな儀礼の整備として現れてくる。それらの儀礼は〈科儀〉と呼ばれ、中には現在でも道士のマニュアルとして生命力を保っているものも見受けられる。皇帝一族の健康を寿ぎ、老子の子孫が治める王朝の安寧を祈るための〈教〉から、人々の息災長寿を祈り、それを通して国家秩序の安定に寄与していく〈教〉への変化が、道教には見られた。

たしかに真宗や徽宗のように道教に入れあげ、篤く庇護する皇帝は現れている。道教経典の編纂・刊行も国家プロジェクトとして進められ、真宗の時の『雲笈七籤《うんきゅうしちせん》』、徽宗の時の『道蔵《どうぞう》』を生み出した。特に徽宗の場合は一時期道士林霊素《りんれいそ》を信任し、道教に絶大な権威を付与している。話が脱線するが、その経緯を簡単に見ておこう。

林霊素が宮中に参上したのは、『政和五礼新儀《せいわごれいしんぎ》』による新たな礼制が施行されてまもなくのことであった。彼は次のような教説を言上して徽宗の心をつかむ。すなわち、九層ある天のなかで最上のものを神霄《しんしょう》といい、上帝の長男の神霄玉清王が治めるのだが、徽宗がこの王にほかならないし、蔡京以下の大臣や后妃も天上界の神々なのだ、と。徽宗は各地に神霄万寿宮を建立するように命じ、みずからは「教主道君皇帝」と称するにいたる。道教を学ぶための学校として「道学」（もちろん、儒教の流派とは別）を創建したばかりか、太学でも『老子』『荘子』『列子《れつし》』を教科書として指定した。そして、ついに重和《ちょうわ》二年（一一一九）には釈迦《しやか》の称号を「大覚金仙」、僧侶を「徳士」、尼僧を「女徳」、寺院を「宮観」と改称させる指令を発するにいたる。つまり、仏教を道教の論理に従属させ、「道教」と対になる「徳教」としたのであった。

だが、この年のうちに林霊素は失脚して世を去り、仏教の諸名称も翌年にはもとに戻された。道教への傾倒がやんだわけではなかったが、道教一尊の状況は一過性のものだった。しかも、同じ重和二年（二月に改元して宣和元年）には田起こしの儀礼である籍田《せきでん》を徽宗みずから行い、皇后には親蚕（桑摘みの儀礼）をやらせていて、『政和五礼新儀』の施行計画も着実に進んでいる。道教盲信というよりは、三教全体を統合してその上に君臨する王権の構築をめざしていたと見るべきだろう。

しかし、まさにその頃、道教内部には別様の変質が生じつつあった。王重陽《おうじゅうよう》に始まる全真《ぜんしん》教《きょう》の誕生である。王重陽は徽宗治世下の政和《せいわ》二年（一一一二）に生まれているものの、この教団の成立は北宋ではなく金の治下なので、詳細は本シリーズ第八巻（『疾駆する草原の征

内丹の図　『雲笈七籤』所収の『真元妙道修丹歴験抄』より「還丹五行功論図」（正統道蔵より）

服者』）のほうに譲りたい。

南宋では、あとで述べる生者の心のケアの問題解決とも関係して、内丹道《ないたんどう》が発展していく。道教の修行者は仙人になることを目的としてきた。それには薬品を用いていわば化学的に自己の身体を改造する方法と、精神統一によって心のなかに仙人を養成する方法とがあった。仙人になる種を「丹」というため、前者は外丹《がいたん》、後者は内丹と呼ばれる。唐代以来、内丹では坐禅にも通じる身体技法によって修養するようになっていた。北宋はじめの道士張伯《ちょうはく》端《たん》の『悟真篇《ごしんへん》』は韻文《いんぶん》の形でその作法や境地を歌い、南宋にはこれが流行していく。なかでも、儒教における朱子学のような戦術を採ったのが白玉蟾《はくぎょくせん》一派であった。彼らは儒教（道学）や仏教（禅）の教義を換骨奪胎しながら取り入れ、書物の印刷という新技術も活用しながら教線を拡大し、確乎《かっこ》とした地位を占めるようになっていく。

死者を送る儀礼

仏教にしろ道教にしろ、唐代後半以降積極的に取り組んできたのは、人々の心のケアであった。それは死者を送る儀礼と、生者の精神衛生との二つの側面から捉えることができる。

葬送儀礼については、道教の科儀もその一翼を担っているし、仏教側でも中国に土着化するにあたってインド時代にはなかったさまざまな儀式を、民間の習俗から取り入れて整備していた。たとえば、現在の日本でも普通に行われている七七日《しちしちにち》（四十九日の法要）や、祖先を追供養する盂蘭盆会《うらぼんえ》（道教の中元節《ちゅうげんせつ》）も、もとを正せば唐代までに中国で成立した慣行である。初七日や一周忌、三回忌は、そもそもは儒教経学、より正確には経書が記録した古来の習俗を、のちに仏教が取り入れたものであるが、そうした慣行が一般化するにあたっては、仏教の儀式として普及していったという面が強かったと思われる。あるいは、現実にはそうでないにしても、欧陽脩ら儒教改革派は仏教の儀式になってしまったものとして見ていた。さらには、遺体を埋葬する手法としての火葬がある。荼毘《だび》に付すという習俗は、仏教の浸透を抜きにしては考えられない。宋代にはかなり普及していたことが、司馬光《しばこう》らの告発・糾弾やそれらをふまえた現代の研究によって明らかになっており、儒教側が経学の理念にもとづいて最も問題にしたのも、この点であった。親の遺体を火にくべるという行為が、尋常の孝子にできようはずがない。仏教の妄説に惑わされているというのである。

儒教側はこれに対抗して、正しい葬送儀礼の指南書《しなんしょ》を作成し、普及に努めていく。その代表作が朱熹の作とされる『家礼《かれい》』であった。冠婚葬祭の式次第を記す短篇で、経書の記載にもとづきながらも、当世風のアレンジが施されている。朱熹の名によるブランド性もあって、南宋末期には一定の拡がりを見せ、やがて明清時代の礼治システム形成に大きく寄与していく。実際の儀礼行為がどうであったかはさておき、理念としては遵奉すべき規範として、社会通念となり、強度な規範力を持ち続けた。欧陽脩の嘆きはとりあえず解決したと言ってよかろう。

禅による悟りの境地の追求

他方、生者の精神衛生の面はどうか。

人間として自分は何のために生きているのか。この実存的とも言える問いは、〈哲学〉を知らない宋代の人にとっても、頭を悩ませることがあったであろう。よき官僚として人の上に立つということに、いったいどういう意味があるのか。あるいは、科挙《かきょ》受験に成功しなかったら、人として生まれてきた価値がないのか、等々。讖緯《しんい》思想によって王権に奉仕する漢から唐の儒教は、正面からそうした問いに答える意図を持っていなかった。

いや、正確には、その萌芽を持ってはいた。儒家思想において古来論じられてきた性説《せいせつ》がそれである。性説とは言ってもセックスやジェンダーの議論ではなく、人間本性についての考察である。孟子《もうし》の性善説《せいぜんせつ》、荀子《じゅんし》の性悪説《せいあくせつ》、漢の揚雄《ようゆう》の「性には善悪どちらもある」とする説、そして、性三品説《せいさんぴんせつ》。漢代以来の人間本性をめぐる論争は、この四つの類型をめぐってなされた。

唐における主流派は最後の性三品説であった。前漢ですでにその傾向が見えるのだが、この説の中心人物として宋代の儒者が選んだのは韓愈である。そして、孟子以下の四人が孔子の教説の後継者に認定され、実際、神宗の時の孔子廟への新規従祀者であった。ただし、唐代までの性三品説を中心とする性説と、宋代における四説併称、やがて性善説の勝利という論争とでは、性に対する扱い方が異なっている。

そもそも、性三品説とは、人間を上中下三つに価値付けし、善なる性を持った王者が、普通の人々を教導し、悪なる性を持った下等人を懲罰することによって天下を治めるという、政治論としてあった。漢代以降の貴族制社会に適合すると言われてきた所以である。ところが、性善説、少なくとも宋代におけるその受け止め方では、性の問題が各人の修養とリンクして捉えられている。自分自身の内面を見つめ、よりよき生を送るためのよすがとして、本性の把握がめざされていた。

そうした議論の基盤は、仏教の禅によって準備されていた。阿弥陀如来《あみだにょらい》の救済、もしくは弥勒菩薩《みろくぼさつ》の来臨《らいりん》を期待する、他力本願的な浄土《じょうど》信仰が庶民の人気を得ていたのとは対照的に、自分自身の力量で生き抜こうとする士大夫層の間には、禅による悟りの境地の追求が流行していた。一部ではもちろん出世間をめざす禅が盛んであったが、多くの場合、在家《ざいけ》の居士《こじ》がしかるべき禅師に参禅して心の平安を得ようとしていたのである。禅師の側でも積極的に天下国家の問題に関わった。ただし、そのやり方は、従来の仏教がそうしてきたような鎮護国家的な祈禱《きとう》・呪術ではなく、為政者の精神的支柱、よき相談役となることによってであった。「はじめに」で述べた成尋の勘違いとは、このことである。祈禱師は政治顧問よりも格が下だった。

浄土信仰が葬送儀礼とも結合して庶民に浸透していく一方で、禅のほうは坐禅や公案を通じて士大夫の心を魅了していった。教理的にも――ただし、禅の場合、経典の注解を重んじないために教理の意味あいが旧仏教とは異質だが――深化が進み、日本からの学僧を惹きつけるものを持っていた。栄西がわざわざ再度の入宋をしているのは、そのためである。鎌倉仏教のうち、天台系の法華《ほっけ》教学を修めた日蓮《にちれん》や、浄土系の祖師三人（法然《ほうねん》・親鸞《しんらん》・一遍《いっぺん》）は入宋する必要がなかったのも、このことと関わる。法然は唐代の善導を尊崇していればよかったが、栄西は臨済義玄の語録だけ読んでいるわけにはいかなかったのである。禅は宋の地において発展途上であった。「只管打坐」の道元にいたってはなおさらである。彼らの同志たちは、禅の典籍とともに道学者の著作物も日本に持ち込んでいる。

新学も性説を通して心の問題を探究していないわけではないが、政治システム、制度としての〈教〉に重心を置く教説体系であったために、禅を超える魅力的な所説は提示しなかった。それを積極的に引き受けたのが道学であった。一面で儒教内部における政治偏重の傾向（新学）に対抗し、他面では仏教における心の教説（禅）に取って代わるものとして、道学はみずからを位置づけていた。身体論として道教で展開していた内丹道をも横目でにらみながら、南宋における道学の士大夫層への浸透が進んでいく。

孟子の性善説を換骨奪胎し、王者の教化の言説としてではなく、個々の人間の自己修養の教えとして、道学においては性説が議論の中心に捉えられた。普通それを心性《しんせい》論と呼んでいる。まさに〈哲学〉的に、近代以降の主要研究対象とされてきた分野である。しかし、それはあくまで彼らが立論の根拠として重視したということであって、思索の目的としたということではない。儒教を奉じる彼らが目標としたのは、あくまで天下国家の安寧であった。個々人の内面は、そのまま社会に連続していた。換言すれば、哲学は政治学の基礎にすぎなかった。

　では、道学の形成浸透過程をわたしたちはどのように理解すべきなのだろうか。次章はこの問題に焦点を当てていきたい。

第六章　士大夫の精神

先憂後楽

万世のために太平を開く

慶暦の改革の領袖《りょうしゅう》范仲淹《はんちゅうえん》。彼の「先憂後楽」については、第二章ですでに紹介ずみである。この四文字ほど、宋代士大夫《したいふ》の理念を端的に示した字句はない。

もちろん、これはあくまで理念である。士大夫がみなこういう立派な人物であったなどと、過去を賛美するつもりは毛筋ほどもない。歴史上の人物を美化するのは、小説家や脚本家に任せておけばよい。わたしのような研究者の任務は、ともすると作り話を実話とはき違えて青少年教育の現場にまで持ち込もうとする動きに、マッタをかけることにあると思っている。歴史に学ぶということは、偉人の伝記を読むことではない。范仲淹でさえも完全無欠の人格者ではなかった。

とはいえ、この先憂後楽精神が理念として作用したこと、そのこと自体の意味は重い。士大夫として生きていく者たちに課せられた使命が、庶民を正しく教え導き、そうしたあとでみずからの楽しみに浸ることになったからである。その使命を、彼らはどうやって果たそうとしたのか。

　范仲淹の知人であり、時に門人という扱いもされる張載《ちょうさい》という人物がいる。程《てい》氏兄弟とは親戚であり、彼らの道学形成に重要な役割を果たした。というか、朱熹《しゅき》によって道学創設者の一人に祭り上げられた人物である。彼の語録に「万世のために太平を開く」という文言があったと、朱熹は言う。「万世のために太平を開く」――一九四五年八月一五日正午、「大日本帝国」の全「臣民」向けに彼らの君主が肉声で伝えた降伏の報告のなかに、ある漢学者の修文によって挿入された文言として、記憶しておられる読者も多かろう。

　これが張載の言葉だと「朱熹は言う」とわたしが妙な表現をしたのは、この句が現存する史料では彼と呂祖謙《りょそけん》の共編である『近思録《きんしろく》』にまでしかさかのぼれず、本当に張載の発言なのかどうかは裏が取れないからだ。いちおう朱熹を信用するとして――この「偉人」は捏造《ねつぞう》を時々するのであまり信用できないのだが――、この評語も朱子学のなかで尊重された。「万世のために太平を開く」、すなわち遠い未来を見すえて今の世の中をよくしていこうという気概の表明である。宋代士大夫にはこうした国家百年の計が常に――と言うと「美化」になってしまう――念頭にあった。

　彼らがこうした明るい未来を思い描けたのは、第九章で見ていくような経済的な好況による面が大きかった。今までの暗黒時代に別れを告げ、太古の黄金時代を再現させようという気概は、程氏兄弟に始まる道学のみならず、王安石父子の新学や蘇軾《そしょく》兄弟の蜀学《しょくがく》にも共通する心性である。大唐帝国の桎梏《しっこく》から解放された慶暦年間（一〇四一―四八）あたりが、その

れば新法党政権による政治構想を見ていくことにしたい。はそれを批判して、みずからの教説を練り上げていった。そこで、まずは新学の、言い換えるのは新学であったから、道学は新学のプランを参考にしつつ、時にはそれに賛同し、時に意味でも画期になる。新学には新学の、道学には道学の〈復古〉のプランがあった。先行す

れば新法党政権による政治構想を見ていくことにしたい。

新学の政治構想

第三章で述べたように、王安石《おうあんせき》の改革の特質は、水も漏らさぬ緻密な制度設計にある。その基盤には『周礼《しゅらい》』をはじめとする儒教経典の独自な深読みがあった。周代のものとされる政治制度・財政機構を模範としつつ、宋代の現実を勘案しながら構築されていった諸新法は、唐宋変革を彩る最も華やかな改革であった。もしそれが永続していれば、西洋史と同じように、引き続き近代社会に移行するという筋が描けたかもしれない。そうしなかった悪役は、道学である。道学側ではもちろんそうした形で自分たちの責任を認めたりはしない。北宋の栄華が失われた原因は、ひとえに靖康《せいこう》の変を呼び込んだ徽宗《きそう》と蔡京《さいけい》の無能な政府にあるとされた。だが、それは本当だろうか。

靖康の変は徽宗政府の諸政策の必然的な結果だったのか、それとも単なる偶然だったのか。その判断は非常に難しい。しかし、少なくとも、この結果を前提にした上で戦犯捜しをおこなってしまっては、徽宗時代のナマの姿は見えてこないであろう。歴史には、今からさかのぼって過去を回顧する視線とともに、当事者の行動を追体験すべく、さらなる過去から

降りてくる作業も必要である。そうしてこそ、「あの時になぜ？」という疑問に解答が得られるであろう。

王安石がめざしたのは、中央政府が指導する形での水も漏らさぬ秩序の構築であった。第三章で紹介した諸新法、前章で述べた宗教政策、いずれも彼がそう解釈する太古の聖人の意図を汲み、かつてあった黄金時代をふたたび甦らせるための具体策であった。その根本経典は『周礼』である。

儒教の経書《けいしょ》全般に言えることだが、『周礼』はとりわけ来歴不詳の経典であった。少なくとも『史記』にはまったく登場せず、伝承のうえでも地方の王が発見して皇帝に献上したことになっている。前漢末の劉向《りゅうきょう》・劉歆《きん》父子による宮廷図書館の整理作業で陽の目を見、礼の経書として分類された。当初は『周官《しゅうかん》』と呼ばれていたが、後漢末の鄭玄《じょうげん》があらゆる経書を統括するものとし、『周礼』の名を定着させた。天地春夏秋冬の六つの主要官庁と、それぞれのもとに配属された概数で三六〇にのぼる諸職掌は、宇宙の秩序を模したものとされ、天人相関思想ともあいまって、王権のあるべき姿と思念されるようになる。

漢の官僚機構は『周礼』とは似ても似つかぬ組織を持っていたが、魏《ぎ》以降の諸王朝には規範としての『周礼』が意識されるようになり、北周にいたって六官制が現実化する。それを受け継いだのが唐の六部制であった。玄宗《げんそう》の『大唐六典《だいとうりくてん》』はこれを最も理想的な形に整理したものである。王安石引退後、神宗主導で進められた元豊《げんぽう》の官制改革は、唐末以来複雑重層化した機構を簡略に整理しなおし、六典の職名をふたたび実職として復活させる企てであった。『周礼』は壮大な官僚システムを提示している。その運用には実務能力を持つ多数の官吏育成が欠かせない。王安石は科挙《かきょ》によって選抜される人材にそうした能力を求めた。

太学の再建と州学の設置

そのために、話をふたたび慶暦の改革の時点、西暦一〇四〇年代に戻す。范仲淹は官僚として有為な人材育成のため、科挙試験の改定だけではなく、学校制度の整備充実にも意を用いた。太学《たいがく》の再建と州学《しゅうがく》の設置である。

太学とは、首都に置かれた帝国大学のことである。漢代には儒教国教化の象徴であった。後漢末には宦官《かんがん》の専権に抗議する学生運動の拠点となり、いわゆる党錮《とうこ》の禁という大弾圧を招いている。その後の歴代王朝でも、人材養成を看板に掲げて太学を設けてはいたが、実際に機能するかどうかは当局者の熱意にかかわっていた。范仲淹は有名無実化していた太学での教育に新風を吹き込み、先憂後楽精神の涵養に努めたのである（厳密に言うと、彼の「岳《がく》陽楼記《ようろうき》」は慶暦の改革よりあとの作品である）。

その際に彼が抜擢したのが胡瑗《こえん》であった。胡瑗は以前から蘇《そ》州にある州の学校で教鞭を執っており、斬新な指導法で人気を集めていた。すなわち、学生を二つの課程、経義斎と治事斎とに分け、前者では経書にもとづいた人格陶治《とうや》、後者では実務に必要な知識や技能を教授していた。彼はそれを〈体〉と〈用〉という語に区分して説明する。〈体〉とは本体すなわち学問の根幹であり、〈用〉とは実用すなわち学問のはたらき・効用である。儒教経学と政治実務とを結びつけたところに、彼の新味、もしくは時代の息吹があった。

その場合の経学は、以前の注疏《ちゅうそ》の学が重きを置いた名物訓詁《くんこ》よりも、むしろ人間としての主体性の涵養に重点を移していた。しばしば強調される、宋代儒教の自由な学風のはしりである。ただし、第八章で見るように、名物訓詁の学が顧みられなくなったわけではない。人としての生き方を経書から学ぼうとする取り組みのなかで、経書の文言がいったい何を意味しているかを解釈することは引き続き重要であった。禅のように以心伝心、もしくは偶然的な出来事が機縁となって突然の悟りが得られるという発想を、胡瑗は採らない。あくまで、聖人が遺したテキストに即して聖人の教えを追体験することによって、人格陶冶が実現するとする。したがって、経書を読解する作業は、彼の新しい経学においての必須の事柄であった。

彼らの新しい儒教は、彼ら自身のオリジナルな〈哲学〉としてではなく、あくまでも経学の枠内で、経書解釈という営為のなかから誕生した。旧来とは異なる解釈――彼らの主観では、本来の正しい解釈――を提起することによって、新しい思想が語られた。

君主像の変化

たとえば、しばしば指摘される象徴的事例として、『尚書《しょうしょ》』洪範《こうはん》篇における「帝」という字の解釈がある。『尚書』は『書経《しょきょう》』とも呼ばれる経書で、堯《ぎょう》・舜《しゅん》以来の聖人たちの政治の記録であった。洪範篇は殷周《いんしゅう》革命の直後、殷の王族であった箕子《きし》が武王《ぶおう》に向かって説いた教えとされている。もちろん、実際には戦国時代の作品である。そこでは政治の要諦が九つの範疇《はんちゅう》に分類されている。これを洪範九疇《こうはんきゅうちゅう》という。そもそも、〈範疇〉という語自体、カテゴリーを翻訳するために、あの西周《にしあまね》が洪範九疇を縮めて造語したものだった。

洪範篇の冒頭には、九疇を「帝」が禹《う》王に与えたという記述がある。従来はこれを天帝のことと解釈し、九疇が洛水（洛陽市街を流れる川）から神秘的な現象として現れたことを意味すると解釈されてきた。しかし、胡瑗はそれを否定し、「帝」とは禹が仕えていた帝堯のことだとする。つまり、唐代までの儒教において、天帝が王に天命を下すことを表現するとされていた句が、堯から舜、舜から禹への王者同士の王権移譲（禅譲《ぜんじょう》）を述べたものと解釈されるようになったわけだ。こうして讖緯《しんい》思想による易姓《えきせい》革命理論は、有徳者統治を賛美する文面へと読み変えられていく。

この発想は、宋代新興儒教各流派の共有するものであった。特に堯舜賛美の氾濫ともいえる状況が現出する。王安石も程頤《ていい》も、彼らが仕える皇帝に向かって堯や舜を手本にすることを強く勧めた。漢や唐の皇帝たちはその欠点を指摘され、もはや模範とするに充分ではないとされた。そのことは、王権保持者に厳しい倫理を要請することになる。経書に見える誠意・正心・修身といった徳目が、皇帝・士大夫両者に共通のものとして強調される。言い換えれば、皇帝も士大夫と同質の存在として、同じ倫理を要求されるようになっていく。唐までのような、より正確には宋の真宗の時までのような、神聖王権的な要素は影を潜め、哲人王が時代の要請となっていく。科挙官僚たちは、自分たちの遥か高みに君臨する超越的な君主をではなく、同じ本性を賦与されている人間として同じ倫理規範に従い、同じ行動準則を守る人物としての君主を、上司として戴くようになる。王安石にとって、皇帝も国家の官僚システムを担う組織構成員だった。その構想はすでに欧陽脩に見えることが指摘されている。

それでは、君主を君主として、一般官僚と区別するものはなんなのだろうか。それは旧来とはやや異なる形の天命論であった。

天理の発見

天人を貫く〈理〉

「天変畏《おそ》るるに足りず」――自身の失政に対する天の怒りとして彗星《すいせい》が現れたり蝗《いなご》の害が生じたりしたと批判された際に、ひるむことなく王安石はそう言い放ったとされる。それは本当のことかもしれない。豪胆な彼なら、それくらいの開き直りがあって不思議ではない。しかし、このことをもって、王安石が自然界の現象と人間界の政治とを切断しようとしたとみなすのは短絡的である。

そう見ようとしてきた理由は、彼を西洋的な意味での近代合理主義者に仕立て上げたいからであった。中国の停滞と没落が朱子学の支配体制下で起こった事象であるとしたら――実際に清末まで朱子学は体制教学だったわけだが――、その責任を負うべき朱子学は、中国の歩むべき道を誤らせた元凶だということになる。それとの関連で、朱子学が葬り去った王安石に、実現することのなかった中国近代化の夢を託し、彼を近代西洋政治史上の著名人になぞらえる言い方が、清末以来の言説において主潮となった。特に毛沢東《もうたくとう》（一八九三―一九七六）晩年の歴史認識では、中国思想は儒家と法家との不断の闘争によって展開しており、進歩的な役割、すなわち正義の味方はつねに後者の法家思想であるとされていたから、儒家の典型たる朱子学に相対する英雄として、王安石は法家思想の重鎮に祭り上げられた。いつでもどこでも存在する御用学者たちによって、毛沢東のこのテーゼは肉付けがほどこされ、唯《ゆい》物《ぶつ》史観の立場から見た場合に極度に美化された形の王安石像が構築された。彼は中国に近代をもたらすべく奮闘し、保守的勢力の反抗にあって敗れ去った悲劇の主人公となった。

しかし、彼の実際の姿はこれとは異質である。王安石は決して天と人との分離を強調したわけではない。むしろ、天に代表される自然界の仕組みへの探究を通して、人間界のあるべき秩序について思索していた。〈自然〉という語が、彼や彼に近い学者たちの文章にしばしば登場する。彼らはそこに一貫した法則を見いだそうと努力していた。それは〈理〉と呼ばれる。

王安石政権の主要閣僚の一人沈括《しんかつ》には『夢渓筆談《むけいひつだん》』という随筆がある。近現代の視線から、彼は宋代随一の科学者と評されている。たしかに、『夢渓筆談』は「科学的」立場からの自然界への探究心に富んでいる。しかし、それを支えていたのは、西洋近代における思惟《しい》とは異質な、「自然の理」への信頼であった。自然界は他者として、観察対象として存在するのではなく、あくまで人間界を律する規範を見いだす探究対象として、知的営為の場に枢要な位置を占めたのであった。宋代にさまざまな技術革新がなされたことは第七章で紹介していくが、それらは西洋の近代科学とは異なる文脈においてなされていた。天人を貫く〈理〉の存在が前提となっていたのである。

心の問題に取り組む儒教教説――道学

そのことを、より人間の内面に即して強調したのが道学であった。ここに、さきほど新学に対抗して道学が形成されたとわたしが述べたことの真意がある。王安石の新学は、たしかに自然界と人間界、彼らの用語で言えば〈天〉と〈人〉とを貫く〈理〉の探究を志していた。〈理〉にもとづく制度、すなわち〈法〉が施行されることによって、十全な秩序が実現し、人々は幸福になる。しかし、それが我々人間の外側に考究されるかぎり、政治社会秩序を秩序たらしめている我々という存在、西洋人なら主体（subject）と呼ぶであろう存在のあり方について、指針を示してはくれない。もちろん、新学は新学なりにこの課題に答えようとしていたのだが、よき官僚として全体秩序に奉仕するというだけでは、その担い手すべてを満足させるということはできなかった。おそらく、西洋で疎外（estrangement）と呼ぶのに似た事態に敏感な人々もいた。「秩序を根源で支えるのは〈法〉ではなく〈心〉ではないのか」と。「禅仏教の流行は、人間の内面の問題、心のケアに成功しているからであろう、それに引き比べてわが儒教のざまはなんだ」と。こうして、前章で述べたように、心の問題に取り組む儒教教説として道学が登場する。

その際に強調されたのが、〈天理〉である。程顥《ていこう》によって、「わたしの学説は先人を受け継ぐものばかりだが、〈天理〉の二文字だけは自分自身で会得したものだ」と誇らしげに語られたように、この概念は道学の売り、セールスポイントであった。もともとは『礼記《らいき》』の楽記篇に〈人欲〉と対になって登場する語であり、実際、朱熹《しゅき》によって常に「天理人欲」としてワンセットで用いられたことばであるが、北宋中葉、王安石政権の全盛時代に程顥・程頤《ていい》兄弟によって「天の理」という考え方が創出されたことは、思想史的に大変な意義を持っている。

どういうことかと言うと、前章で見た古来の性説に、これまでにない精緻な理論化を施すことに成功したからである。『礼記』中庸篇冒頭の「天の命ずるをこれ性と謂う」という文言を、「性とは理である」と解釈することによって、天と人との一貫性、天人合一の思想を樹立したのであった。「性とは理である」は、原文で「性即理」と表現される。

つまり、〈天命〉は〈理〉であり、それが〈性〉として我々個々の内面に賦与されている。だからこそ、性は善なのである。我々はみな、あらかじめ善なる資質を持っている。それが実現しないのは、誰のせいでもない、我々自身の落ち度にすぎない。我々がこの善なる資質に気づき、そこに立ち戻るべく正しい方法で努力するならば、この普遍的な〈理〉の世界は、本来そうあるべき姿で現実化するであろう。程氏兄弟の教説は、天理を全面的に信頼することによって内面陶冶、すなわち〈心〉の問題に回答を与えようとした。彼らが依拠したのは『孟子《もうし》』というテキストの所説だったが、歴史的人物としての孟子はこんなふうに〈理〉について語らなかった。中国語では、朱子学・陽明学《ようめいがく》を中心とする宋金元明の儒教思潮全般を、その前後の時代と区別して「宋明理学」と呼んでいる。儒教のなかで〈理学〉が誕生するのは、何事も理屈で語らないと気がすまない宋代人の世界認識のもとにおいてであった。

神宗と同じ年に、ということは王安石に一年先だって、元豊八年（一〇八五）に程顥が没すると、弟の程頤がこの新流派の総帥に就任する。学派としての道学の創設者は、この弟のほうであると言ってよかろう。すでに世を去っていた親戚の張載や年長の友人邵雍《しょうよう》の門人たちも吸収して、程頤一門は学界・官界に隠然たる勢力を占めるようになる。元祐更化期における蘇軾兄弟との軋轢については、第三章でも述べた。新学・蜀学との、単なる理論闘争ではなく、人間関係も含めた生臭い戦いを経て、道学は南宋になると在野士大夫の間で絶大な影響力を持つにいたる。それは楊時《ようじ》がおこなった靖康の変の責任追及に代表される、新法党批判という政治的戦術が効を奏しただけではなく、道学の教説内容そのものに、彼ら在地士大夫を惹きつける性質があったからであった。新学への違和感、それとの差異性を強調するために道学が持ち出した儒教経学上の教説が、『礼記』大学篇のいわゆる三綱領八条目《さんこうりょうはちじょうもく》であった。

宗族形成運動

士大夫層の支持を得た道学

朝廷中枢を押さえ、強固な政治システムと統制された教育機構とによって中央集権体制を構築することが、新学の基本的スタンスだった。南宋にはいっても、秦檜《しんかい》のように新学に肩入れする権力者がいてはじめて、その学術は再生産が可能であった。野党でいたのでは長続きしない脆弱《ぜいじゃく》性を、新学は本質的に持っていた。

これに対して、新法党政権に対する抵抗勢力として誕生した道学は、当初は在野の運動であった。元祐更化で程頤が皇帝の侍講として活躍したり、靖康の変前後に楊時が政界で大きな発言力を持ったりしたものの、元来その地盤は朝廷の外にあった。広範な士大夫層の支持を得ていたことが、南宋における道学興隆の背景にはあった。この足腰の強さが、やがて朱子学の最終的勝利へと結びついていく。

在地の士大夫――官僚たる〈士大夫〉と官僚予備軍たる〈士人〉とを区別する論者の語法にしたがうならば、〈士人〉のほう――の支持を道学が得た理由は、三綱領八条目の強調にある。

『礼記』大学篇は、宋代になってから急速に脚光を浴びるようになったテキストである。中庸篇は、性説の議論という地盤もあって、六朝時代からすでにしばしば単独で講じられてきた。これとは異なって、大学篇およびその主要テーゼである三綱領八条目は、宋代人の心にこそ響く教説だったのであろう。道学は『易』の形而上学と中庸篇の性説と、そして大学篇の三綱領八条目の上に築かれたと言っても過言ではない。

三綱領とは「明徳を明らかにす」「民に親しむ」「至善に止まる」の三つ。このうち二番目の「親民」を「新民」の誤字として処理し、「民を新たにす」と読むのが、程頤―朱熹ラインの解釈である。八条目とはその個別具体的な実践で、格物《かくぶつ》・致知《ちち》・誠意・正心・修身・斉《せい》家《か》・治国・平天下。詳しい解説は省略するが、自己の主体性を確立して社会秩序を担う責任を果たしていく過程を順番に表している。

そもそも、儒教のテキストの多くがそうであったように、大学篇も為政者をその実践主体として想定していた。狭く限定すれば君主である。君主自身が立派な人格者となることによって周囲が順次感化され、やがては天下に君臨する王者たりうる。戦国時代末の、王者の出現を待望する風潮の中で形成された、いわば「王者になるための八ヵ条」であった。しかし、道学はこれを一般士人を導くための教えと解釈する。范仲淹《はんちゅうえん》の先憂後楽精神を身をもって体現しようというわけである。自己にあらかじめそなわった明徳、これを道学では天理の同義語とするが、この善なる性のその至善性を確認し、天下国家――この言葉自体、八条目の後半三ヵ条（斉家・治国・平天下）に由来する――のために活躍することが、人と生まれた者の責務、最も人間らしい生き方だというわけである。ここでは前章で述べた二正面作戦、すなわち禅仏教と新学への戦闘が宣言されている。すなわち、禅は社会的責任を逃避し、新学は自己修養を疎かにしている、と。

この教説が当初からそう意図していたかどうかは定かではないが、八条目への注目は在地士人に生き方の指針を与えるものだった。もちろん、理想は優秀な成績で科挙に合格し、皇帝を輔弼して天下の政治を担うことである。すなわち、范仲淹「岳陽楼記」のことばで言えば「廟堂の高きに居りては」である。しかし、現実問題として、そうなれる人物はごくごく少数であった。大多数の士人は科挙に合格することすらなく、その生涯を終える。では彼らは世間にとって何の役にも立たないのか。それではあまりにむなしい人生になってしまう。「江湖の遠きに処りて」も治国・平天下の一翼を担うことはできないのか。八条目は最終目標をそこに置きつつ、その過程を重視する。修身・斉家、それが治国・平天下の基礎として士人たちの前に投げ出された。ここに男系血縁組織、〈宗族《そうぞく》〉が登場する。

一族の結束

宗族は宗法《そうほう》によって統制された集団である。儒教の経書は、周代に封建制度を支えるものとして精密な宗法システムが存在していたと説く。実際にそうしたものがあったかどうかは、ここでは問題ではない。少なくとも、儒教の言説空間内部にいる者にとって、過去の理想的時代において宗法がきちんと行われていたことは自明の前提だった。

宋代に科挙官僚制度が定着してくると、その首脳たち自身の間から、ある不安が表明されるようになる。王朝を支える世族の不在である。慶暦の改革の領袖だった范仲淹も欧陽脩《おうようしゅう》も、父親を早くに亡くしていたが、逆にそれゆえに一族の結束に積極的だった。范仲淹が一族の相互扶助を企図して晩年蘇州に設置した〈義荘《ぎそう》〉。欧陽脩が一族の系譜関係を明らかにすべく作成した〈族譜《ぞくふ》〉。それらは自分の子孫たちが官僚社会で生き残っていくための資本蓄積であるとともに、王朝体制を支える組織の構築を志してもいた。蘇軾の父蘇洵《そじゅん》も族譜を編纂している。

程頤や張載も宗族の必要性を強調する。彼らは儒教式の冠婚葬祭を社会に普及させる基盤として宗族を考えていた。司馬光《しばこう》は大家族を統率する規範として『司馬氏書儀』を著し、やはり婚礼や葬礼についての式次第を定めた。彼らの場合には、古代の正しい礼制を復活させるために不可欠の道具立てとして宗族を考えていた面が強い。しかし、それは王安石が上からの秩序構築を志向していたのとちょうど逆向きのベクトルを、彼らの社会思想にもたらす結果となった。下から、つまり家や地方から、秩序の基礎を組み上げていくことによって、王朝統治システムを安定させようという発想である。

現実には当時宗族は存在していなかった。だからこそ、彼らはその必要性を説き、さまざまな形でそのためのモデルを提供したのである。そして、それはかなり広範な支持を得た。自分の一族が社会的に安定した地位を保持しつづけるための戦略という私利的な側面と、古代の礼制にもとづいて現行秩序の維持に寄与するという公共的な側面とを合わせ持って、宗族に対する関心が高まっていく。宗族はもともと存在しなかった。それゆえ宋代に見られるこうした動きを、現在の視点から宗族形成運動とする呼び方がある。

前章で紹介した朱熹の『家礼《かれい》』は、こうして形成されつつあった宗族に冠婚葬祭という通過儀礼の式次第のマニュアルを提供する意味を持っていた。そこで標榜された「仏事をなさず」は、純粋な儒教（という、彼らが思い描いた幻想）を追求する士人たちのあいだで人気を勝ち得ていった。規範的な振るまいと認定されていることを実践する人の数が少ないからこそ、その実践は社会的威信の獲得と維持に強い効力を持つ。「葬礼・祭礼を『家礼』にしたがっておこなった」ことが、少なからぬ士人の伝記に特筆される。それは彼らを賞賛するためであった。しかし、特筆されるということは、それが稀な行為だったからだろう。たとえば、現代日本で「喪中に年賀状の欠礼ハガキを出した」ことが伝記に載るだろうか。自分の家で正月三が日《にち》をひっそりと過ごしていたら、ひょっとすると「正しい喪中の過ごし方」としてエピソードに伝わるかもしれない。本来、きちんとそうすべき行いでありながら、皆が皆やってはいない行い——儒教式の葬送儀礼は、その後の祭礼とともに、宗族という場を得て徐々に浸透していった。

そして、これが八条目にいうところの「斉家」だと解されたのである。朱熹は『大学章句』のなかで積極的にそう説いた。一族を家長として統率すること、これも立派な政治参加である。なぜなら、天下の秩序は個々の宗族の総体として存在するものであるから。さきほども述べたように、それはあくまで仮想の話である。現実には（清末のような形での）宗族社会は朱熹の時点でも存在していない。国家の法制上もそれは想定されていない。というか、王安石風の統治システム構想から言えば、宗族は秩序の攪乱要因ですらある。しかし、在地士人の立場に身を置いた時、彼らに安心立命の根拠を与えるのは、「自分も宗族を束ねることでお役に立っている」という満足感だった。宗族の効用は後述する実利面もたしかにあった。しかし、ではなぜ〈宗族〉という呼称で、なぜ男系血縁組織が形成されたのかといえば、儒教の経書に規範を求めうる、換言すればなんのやましさも感じることなく、むしろ誇らしげに語れるものとして、この不在の存在に利用価値が見いだされたからであった。南宋以降の宗族普及と朱子学の勝利とは表裏一体の関係にあるのである。

科挙の役割

科挙一千年の歴史の分水嶺

宋代の士人の心性――この「心性」は儒教用語としてではなく、メンタリティーの翻訳語としての意味で――を考える場合に、科挙《かきょ》はその最大の問題である。士たることの存在根拠は為政者として人の上に立つことにあり、宋代においてそれは制度的に科挙試験によって可能だったからである。

ともに父親を早くに亡くして母親とその縁者（再婚者もしくは実家）によって育てられた范仲淹《はんちゅうえん》と欧陽脩《おうようしゅう》が、科挙に合格して進士の学位を得たことによって官界で昇進を遂げ、やがて士大夫たちのリーダーとして君臨することになる過程は、科挙の権威を象徴的に物語っている。范仲淹の政敵呂夷簡《りょいかん》も、欧陽脩が批判した楊億《ようおく》も、守旧派というイメージとは裏腹に、実は科挙によって官界に重きをなした新進官僚であった。

　唐代の科挙では事前の請託が容認されており、受験者は日頃の作詩・作文を試験官に進呈して売り込みを図るのが普通だった。宋代真宗のときにはこれが禁止され、試験官は匿名の答案を採点するようになった。さらに欧陽脩が試験官を務めた嘉祐二年（一〇五七）の科挙では、古文による答案が要求され、過去問で準備してきた受験生たちが不平を唱える騒ぎとなった。しかし、この回の試験では、蘇軾《そしょく》・蘇轍《てつ》の兄弟はじめ、張載《ちょうさい》や呂恵卿《りょけいけい》など、次の時代を担う人材が多く合格している。慶暦の改革に始まった時代の変化を決定づける試験であった。

　そして、王安石《おうあんせき》の改革が来る。熙寧《きねい》三年（一〇七〇）は、科挙一千年の歴史の分水嶺であった。隋以来五〇〇年近く続いた詩賦《しふ》重視の傾向が、経義（経書の解釈）を中心とするものに大きく変化する。その後、元祐更化によって詩賦も復活し、南宋も両者並存の状況が続くが、元・明の制度は王安石の方針にかなうものだった。厳密には、王安石路線を踏襲したのではなく、王安石路線に賛同した道学＝朱子学路線が勝利したのである。元祐更化の際にも、司馬光は王安石の方針を基本的に支持していた。詩賦の復活を主張したのは蘇軾である。蘇軾と程頤の確執が、こんなところにも作用している。

　経義で出題される経書は、兼経（必修科目）と本経（選択科目）からなる。必修が『論語』と『孟子』。選択のほうは五経（易・書・詩・周礼・礼記）から一つ。経義のあとには歴史上の人物・事件を批評する〈論〉、時事問題について建白書を書かせる〈策〉が課せら

「観榜図」（台北故宮博物院蔵）　科挙試験合格発表の光景

れた。このパターンは、微調整をともなって朱子学に踏襲される。すなわち、必修としてほかに『大学』と『中庸《ちゅうよう》』が加わり、選択する五経は『周礼』に代わって『春秋』を入れる旧来の形に戻した。必修となったのは四書ということだ。

四書五経、しかも前者は全部に通暁する必要があり、後者は自分の好みでどれか一つを選ぶという形が明代に定着する。もっとも、四書が必修とは言っても出題されるのは各回三問なので、四つすべてから出題されるわけではなく、『大学』か『中庸』かどちらかから一題というケースが多かったという。清《しん》の乾隆年間（一七三六—九五）にいたって考証学の隆盛を受けて五経すべてが必修とされるまで、この形式が続く。

熙寧の科挙改革のもう一つの柱は学校の整備である。范仲淹の方針を継承して、地方の学校も整備し、科挙受験資格は原則としてそこの学生に与えるようにしたのである。徽宗時代には前に触れた三舎法の完成を見る。学校の教科目として重視されたのは科挙改革にあわせて経書解釈ということになったが、その教科書もまた王安石によって新たに用意された。『三経新義《さんけいしんぎ》』である。『周礼』『尚書』『詩』の三つの経書につき、王安石・王雱《おうほう》父子がみずから執筆した注釈を政府の事業として作成、各地の学校に配付したのである。そのほかにも、王安石には多くの経書注解があり、また彼の系譜を引く新法党にもそれを引き継ぐ注釈者が輩出した。北宋末期、哲宗親政期から徽宗時代には、これらの注釈書が公定の参考書として出まわっていたのである。道学者も彼らの立場からする注解を作っていたが、その数は南宋後半の道学系学者の蔵書目録においてすら、必ずしも圧倒的ではない。新学の影響力の大きさが計り知られる。

科挙受験生の必読書

新学に引導を渡したのは、朱熹である。彼による精密かつ体系的な注釈書の作成、弟子たちによる二次的注解——六朝隋唐の用語にちなんで彼ら自身〈疏《そ》〉と呼ぶもの——によって、朱子学の注解が科挙受験生の必読書の座を奪っていく。需要を失った新学系注解は、再版されることなく淘汰され、しだいに地上から姿を消していく。元や明が公的に朱熹の注解を指定したことによって、最終的な勝負がついた。清朝考証学のもとで漢代の経学が復活すると、それらの古い注釈を古注、朱子学の注を新注と呼んで対立的にとらえるようになるが、その間に介在した王安石学派の存在は、一般にはほとんど忘れられた。だが、朱子学全盛の前段階には新学の栄華が存在していたことを、歴史的に見落としてはなるまい。

と同時に、道学内部での朱子学のヘゲモニー確立が進行していた。程氏兄弟の跡継ぎとして靖康の変前後に活躍した楊時と胡安国《こあんこく》が世を去ったあと、道学派を担ったのは張九成《ちょうきゅうせい》と胡宏《ここう》であった。朱熹は彼らの教説を批判し、われこそが道学の正嫡であると自称する。その際に持ちだされたのが道統論である。張九成や胡宏の世代まで、周敦頤《しゅうとんい》と張載は必ずしも枢要な人物ではなかった。朱熹が呂祖謙とともに淳熙三年（一一七六）に編纂した『近思録《きんしろく》』が、周敦頤・程顥・程頤・張載の四人の文章・語録を集成、分類し、巷間の読書人に多大な影響を与えたことで、朱熹は自分の信奉する道学形成史を若者たちに刷り込むことに成功する。「道学の開祖は周敦頤」という歴史像が創造された。朱熹は彼ら四人の所説をふんだんに盛り込む形で四書五経の注釈を著す。それらは訓詁学的な検討にも堪えうる整合性・体系性を有していたため、科挙受験生にとっても恰好の受験参考書となった。教説内容の独創性・優秀性もさることながら、朱子学は科挙文化に沿うことによって士大夫たちに広まっていった。

もっとも、道学は個々人の内面陶冶を説く教説であったから、立身出世をめざす科挙受験とは相容れない側面も持つ。実際、道学流の「聖人になるための学問」を志して科挙のための勉強をやめてしまったまじめな学生も少なくなかった。道学は公営の学校とはまた別に教育施設を構えた。「精舎《せいしゃ》」と呼ばれる。日本では祇園精舎《ぎおんしょうじゃ》で知られる語だが、中国では漢代から私塾をこう呼ぶ習慣があった。この施設は、また「書院」とも呼ばれ、のちにはこのほ

東林書院　江蘇省無錫にある。宋の楊時が創設し、明末に政府に批判的な士大夫の拠点となった

うが一般的な呼び名となっていく。はじめは科挙試験とは別の目的をもって営まれたものの、やがて書院も受験予備校化する。

ところで、どのような形の出題であれ、科挙に合格するためには相当の事前準備が必要であった。いつの世も、受験勉強には金と手間がかかる。こうした優雅なことをする余裕を持つのは、一部特権階層だけであった。万人に開かれている公平な無記名試験として、一七世紀にイエズス会宣教師たちを驚愕させ、のちにフランス高等文官試験制度導入のきっかけになった、その本家本元の科挙も、ブルデューが言うように「再生産」の機能を持っていた。スタートラインに立つことすら、多くの庶民には不可能であった。

科挙と世族とは理念的には両立しない。そもそも、通説のように、隋の文帝が貴族制を打破するために科挙を始めたのだとしたらなおさら、この両者は相容れない。実際、程頤や張載が郡県制システムの弱点として挙げていた世族の不在は、科挙がもたらしたものでもあった。しかし、他面、科挙は運ではなく実力がものをいう試験だったから、子弟に入念に準備させることで突破できる確率の高くなる仕組みでもあった。そして、誰かが合格すれば、その縁者には莫大な見返りが約束される、割のよい投資でもあった。と言って、単婚家族だけでは資力面でも環境面でも心許ない。誰かを合格させるためには、あるいは誰かが合格したあとの特権維持にはどうしたらよいか。ここで先程の宗族が利用される。義荘や、そのあがりで運営される義塾には、科挙官僚を輩出する家柄を守るという機能が期待されていた。

名公と豪強

在地有力者である士大夫の葛藤

もちろん、科挙だけではない。数は力であるから、地域社会で発言力を持つためには一族が結束していたほうが有利である。地方の秩序の担い手として、と言えば聞こえはいいが、官側の記録にしばしば「豪強」として登場する在地有力者たちは、王安石タイプの社会秩序構想が潰えたあとを埋めるものとして、南宋社会に叢生する。

士大夫の彼らに対する態度は二律背反的である。そもそも今「彼ら」と呼んだが、先程来述べてきたように、士大夫自身が在地有力者なのであるから、それは時に自分のことでもある。理念としての士大夫と実態としての豪強と。そこには社会的には同一の存在が、その時置かれた立場や自分の信念に応じて態度を変える、いや、変えざるをえない苦悩が存在した。史料の文面に遺されたその結論部分のみを取り上げて、当事者の階級的立場を大所高所から云々するだけの処理方法では、彼らの思惟《しい》は理解できまい。

その葛藤を伝える典型的な史料が、撰者不詳の『名公書判清明集《めいこうしょはんせいめいしゅう》』（以下『清明集』）である。「書判」とは裁判の判決文のこと。徴税と裁判は、昔から地方官の二大職務であった。南宋末に編まれたこのアンソロジーは、地方官の手引書として作られたらしい。宋代にはこれ以外にも飢饉対策やら治水方法やらについて、地方官向けのさまざまな手引書が作られている。全国に一〇〇〇を超す県があって、各県に知事・主簿《しゅぼ》（出納長《すいとう》）・尉《い》（警察本部長）がいたから、府州も含めたそれらの役職だけで数千のポスト、三年交替で定期的な人事異動があり、しかも、連続して実職につくことがあまりないのが通例だったから、何万という地方官予備軍がいた計算になる。需要は相当にあったわけだ。上述した『書儀』『家礼』の類を含めて、宋代はマニュアル教則本作成がはやった時代である。それを媒介したのが印刷出版文化の成立であった。

『清明集』は日常生活のもめ事が生々しい形で記録された貴重なテキストであり、そこには中央政府によってまとめられた統計数値とは趣を異にする宋代社会の姿が描かれている。だ

【裁判と刑罰】

西洋の法体系を導入するまで、中国には刑事裁判と民事裁判の区別がなかったという。それはたしかにその通りだが、もちろん実態として容疑者に国家が刑事罰を与える案件と、原告の訴状を受理して当事者間の利害衝突に国家が裁決を下す案件との両方が存在した。それらを制

度上は区別せず、表のように同じ仕組みで処理したところに、「礼治」をモットーとする儒教国家の面目が現れている。裁判官（地方では知事が兼任）とは、訴訟自体がない世の中を作ることを任務としていたのだ。

とはいえ、実際には刑事事件は頻発する。宋代でも基本的には唐律《とうりつ》（唐の刑法）を踏襲した『宋刑統《そうけいとう》』が施行されていたが、実際の運用にあたっては勘杖《かんじょう》と呼ばれる棒叩きの仕置きと編管と呼ばれる懲役刑とが新たに行われていた。『水滸伝』の好漢たちも、事あるごとにこれらの刑罰を受けている。

中央政府の刑部にあたる職務は、府や州では司理参軍が担当していた。法務は「理」ということばで表現されるものなのである。ここにも、第五章で述べた「理」字の活躍ぶりが見られる。

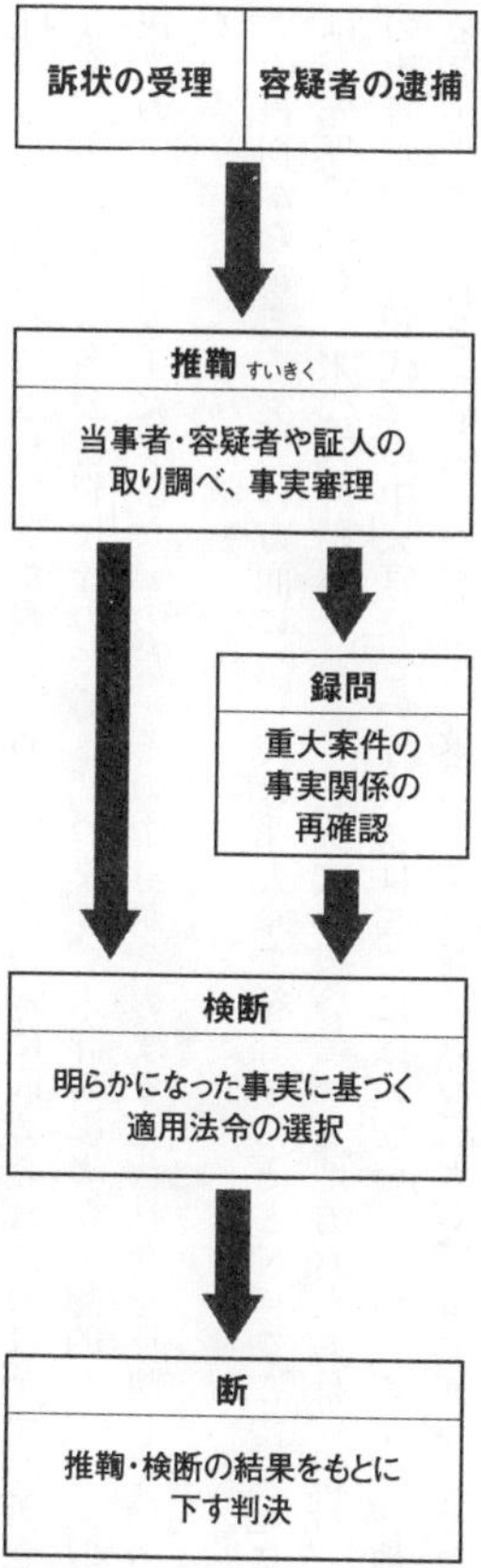

裁判のしくみ（大澤正昭『主張する〈愚民〉たち』より作成）

が、内容が目を惹くものであっただけにその検討が先行し、執筆編集方針に対する分析という肝心な点が後回しにされてきた観は否めない。この本に収められたのはナマの訴訟資料ではなく、あくまで「名公書判」なのである。つまり、未詳の編者が理想的だと考え収録した判決文のアンソロジーにすぎないのだ。その中身がそのまま宋代社会を反映しているわけではない。

この書物から窺える実態の方面については第九章で紹介するとして、ここで問題にしたいのは、先程述べた、宋代人の葛藤である。判決文を書いている地方官たちは、自身、在地社会の出身だった。親代々の中央官僚という人物はここにはいない。その彼らが、在地社会で幅をきかす実力者を「豪強」(「豪横」「豪民」とも呼ばれる)として批判する。それは政府官僚の一員として当然の態度ではあろう。だが、そこに時に見え隠れする、「なぜ彼らはわかってくれないのか」という嘆きや、「こいつらはやはりこうなのだ」という諦念ぶりに、理想の社会秩序の実現を願う、ある研究者の表現を借りれば「闘う民政官たち」の苦しみが読みとれる。

「名公」を輩出した思想集団の視線

『清明集』所載の判決文の書き手たち、すなわち「名公」たちの多くが朱子学系の人物であった。冒頭三つの文章(判決文ではなく、官吏への戒め)の著者はあの真徳秀《しんとくしゅう》だし、続いて登場し、全巻通じて七〇を超す判決文が収録されている蔡杭《さいこう》は、祖父以来の親子三代にわたって朱熹に師事した人物である。この点からは、全体の編者も朱子学系の人物であることが予想され、彼らの考える理想的な地方統治の姿がうかがえる。これらの判決文には、『論語』と『大学』に見える孔子の発言が頻繁に引用されている。「わたしは裁判官としては人並みの能力しかない。ただ、わたしがめざしているのは、訴訟自体の存在しない世の中だ」。この基準によれば、現代世界に覇者として君臨している某国は、まことに嘆かわしい状況にあるということになろう。

『清明集』には人々の訴訟を幇助する「訟師」という専門家が登場する。規定通りの書式で訴状を作成する代書屋であるが、しばしば訴訟の仕掛け人としても暗躍している。現代社会の弁護士の役割といったところか。

さらに、官僚機構の末端に位置して実務にたずさわる、胥吏《しょり》と呼ばれる公務員たちも悪役として登場する。地方の役所に中央政府から派遣されるのは、知事（知州・知県）やその補佐官など、ほんの数名であり、実際の行政実務は、徴税にしろ治安維持にしろ、こうした胥吏の手に委ねられていたから、任期三年で見ず知らずの土地に赴任してくる官僚たちは、ほとんどの場合彼らの言いなりだった。大過なく任務を完了し、本来の俸給のほかに民政官として得られる役得を懐にして、次の任地や故郷に向かうのが、彼ら士大夫官僚の処世術だったから、在地有力者や胥吏たちとの関係は相互もたれあいであるのが普通だった。「越後屋、おぬしもワルよのう……」の世界が展開していたのである。「名公」の活躍する場がこうして準備される。

『清明集』所載の判決文は「闘う民政官」の姿を示すものであり、したがって、それらは実録であるとはいっても、統計的に有意なものではない。「闘う民政官」は少数派であり、だからこそ「名公」として模範視されたのである。そもそも、在地有力者を「豪強」という負の価値を帯びた語で呼ぶのは、彼らを国家秩序の敵とみなす「名公」たちだからこそであった。『清明集』によって現代のわたしたちは「名公」と「豪強」との対立の構図を知ることができるが、それは「名公」を輩出した側の思想集団の視線が捉えた、嘆くべき社会の現状を過度に強調したものであったということも忘れてはならない。

豪強や胥吏ばかりではない。一般庶民の範疇に含まれるであろう人たち、「名公」の目には「愚民」と映じた人たちも、訴訟の当事者として書判に登場する。それはたくましくなった庶民の姿を示すものと評価されている。これもたしかにそのとおりなのだが、と同時に、そうした「愚民」たちに対してただちに暴力装置を発動させて訴訟沙汰を押さえ込むのではなく、きちんと教え諭して当事者を納得させようとする志向が、彼ら「名公」には見られる。彼らはここでも聖人の教えを持ちだして語りかける。それは従来「礼は庶人に下らず、刑は大夫に上らず」(『礼記』曲礼《きょくらい》篇)としてきた儒教の変質を意味する。庶民層をも含めて礼教秩序に包摂しようとする志向、それは前章で取り上げた淫祀《いんし》への態度と同じ「文明化の過程」に棹さしている。

これらの判決文は、編者の価値基準から見て名裁きであったからこそ『清明集』に収載されたのであるから、これらが宋代の裁判の平均像を示しているわけでは決してない。おそらく中には問答無用で恣意《しい》的な判決を下す酷吏や、袖の下に応じて匙《さじ》加減を変える貪官も多かったことだろう。むしろ、そうした状況だったからこそ、編者はこの書物を世に送って、多くの地方官に手本とすることを求めたのである。しかしながら、ここでもう一度繰り返しておこう。先憂後楽は理念だったからこそ士大夫たちの生き方を規定したのだ、と。ごく一部であれ、模範となる判例が存在したことの思想文化的な意義は大きい。

宋代の地方官が折にふれて発した住民むけの告示を総称して諭俗文《ゆぞくぶん》と呼ぶ。朱熹は特に慶暦士大夫の一人であった陳襄《ちんじょう》のものを顕彰した。道学者とかぎらず、しかし、道学系の地方官に目立って、諭俗文の布告という事績が見られる。そこでは三綱五常《さんこうごじょう》、すなわち儒教が人間社会と禽獣の相違点として古来強調してきた人倫を確認し、人々に礼規範にかなった生き方をするよう勧め求めている。諭俗文が地方官というおかみの立場から発せられた文書であるのに対し、在地有力者が地域住民たちをいざなって誓い合う倫理的申しあわせは〈郷約《きょうやく》〉と呼ばれる。張載《ちょうさい》の門下生であった呂大臨《りょたいりん》の兄弟が郷里で結成した郷約をもとに朱熹が手を加えたのが「増損呂氏郷約」。朱子学において郷村秩序の規範となっていく。『家礼』が家を場とし宗族という血縁組織の規範であるのに対して言えば、こちらは郷を場とする地縁組織ということになる。「闘う民政官」は故郷に戻れば「いざなう素封家《そほうか》」であった。

以上、道学あるいは朱子学は、心の問題に答えうる教説として登場し、士大夫の社会的存在意義を正当化する言説として浸透していったと述べた。だが、それが政治秩序の安定化に実際に効果を持たず、実効性が薄ければ、単なる観念論にすぎない。心のことしか説いていなければ、それは言葉の文字通りの意味で「唯心論」というものである。

だが、実際にはそうではなかった。朱子学的思惟《しい》は、現実に即した技術知によっても支えられていた。だからこそ、朱熹は八条目の〈格物〉を「ものにいたる」と訓じ、「即物窮理（物に即して理を窮《きわ》む）」と解釈したのである。次章では、宋代のさまざまな技術について見ていくことにしよう。

第七章　技術の革新

印刷出版

製本様式の変化

　前章で述べたように、宋代の社会は科挙《かきょ》制度を軸に展開していた。科挙そのものは隋《ずい》に始まったとされるにもかかわらず、とりわけ宋の重要性が指摘される理由は、この受験レースに広範な階層が参加するようになったからである。隋唐の科挙が、中下級貴族の子弟の登龍門の役割を果たしたのに対して、宋代には、先祖代々官界とは無縁だった人物が一躍高級官僚に出世することも可能になった。それを可能にしたのは、知識伝達媒体としての書物の流通であり、つまるところ印刷技術の普及であった。

　版木に左右逆転させた文字を浮き彫りにして墨を塗り、紙を伏せてそこに字形を写し取っていくという技術は、それ自体としては唐代にすでに確立していた。敦煌《とんこう》出土の仏典や暦の実例は、これらの書物がこの手法で製作されていたことを示している。

　考えてみれば、このての印刷技術というのは、印章とさして変わらない。実際、かつて世界最古の印刷物としてもてはやされた日本の百万塔陀羅尼《だらに》も、印刷というよりはスタンプである。両者の相違は、平面の上に置かれた紙に文字を彫った道具を下向きに押し付けるか（〈印〉）、文字を彫った面を上向きに置いて上から紙をこすりつけるか（〈刷〉）にあるだけである。だが、この相違は書冊の形態の変化となって、やがて読書行為そのものに決定的な変質をもたらすことになる。

紙が発明される以前、中国では竹や木の札の表面を削ったものに一行ずつ文字を記入する〈簡《かん》〉〈冊《さく》〉や、一定の幅を具《そな》えかつかなりの長さを持った絹すなわち〈帛《はく》〉が用いられていた。本シリーズ第三巻『ファーストエンペラーの遺産』で強調されているように、漢代以前の墓の発掘作業で副葬品として発見され、従来の古代史記述を塗り替える内容によって注目されている出土資料が「竹簡」「木簡」「帛書」などと呼ばれる所以である。書記する材料のこうした形態は、紙を使用するようになっても踏襲された。書物はかなりの長さの〈巻〉を単位として、丸めて保管されていたのである。したがって、ある作品を閲読する際には、各巻のはじめの部分はすぐに見ることができるものの、途中の部分を見るには文字通り巻物をほどいていかなければならなかった。巻物（これを〈巻子本《かんすぼん》〉という）を広げるにはそれ相応の空間が必要で、調べ物のために何種類もの書物を同時に広げて比較検討するという作業は困難であった。というより、そもそもそうした調べ方自体が存在しなかったであろう。書物とは即座に開いて参照すべきものではなく、基本的にはその内容を記憶すべきものだった。

しかし、刷ることによる書物の製作は、本の様式を変えた。版木で刷れば、刷られたもの

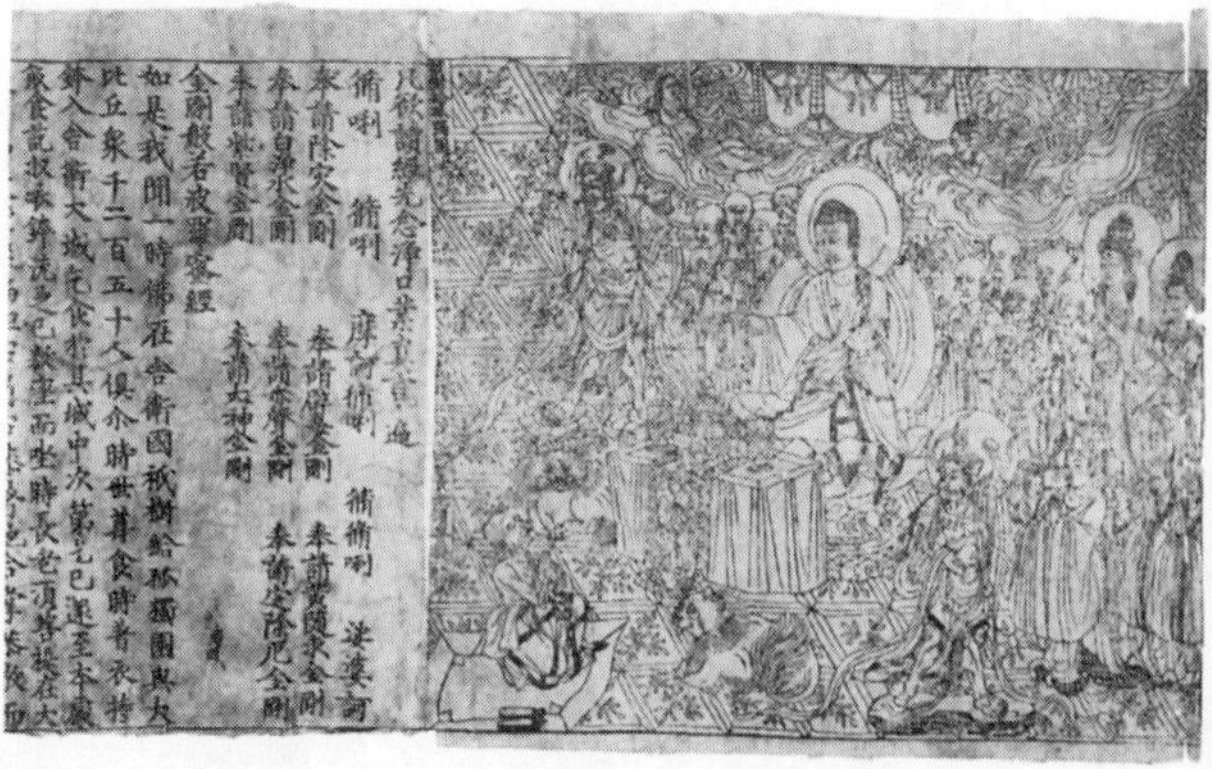

敦煌出土の印刷仏典『金剛般若波羅蜜経』（大英図書館蔵）

は元の版木の横幅を単位とするかたまりの集積となる。版木の横幅が〈頁〉という概念を生んだ。はじめはそれらをつなげて巻物にしていたであろう。やがて、巻物を頁単位で折り畳む方法（折り本）が考案される。そのほうが、頁ごとに刷られた版面を見やすいからだ。ファクシミリ初期の頃、受信した内容が長くてロール式の印字紙がだらだらと出てきた時に、これを頁の切れ目ごとに山折りと谷折りを交互に繰り返し、折り畳んでいった経験をお持ちではなかろうか。あれである。今でも葬儀・法事でお坊さんが懐から取りだすお経がこの形態をしている。宋代の大蔵経はそもそもこうして製本されていた。

やがてこれを折り畳むのではなく、切断して束ねるという手法が編み出される。その場合、今でも会議資料などをクリップで留めるように、端を綴じるということもあったろう。いわば大福帳方式である。だが、これでは厚い本に不向きで本を広げるのに版面の二倍の面積が必要になる。こうして考え出されたのが、頁の中心を糸で綴じ合わせ、谷折りで重ねられた版面を見開きで書見するという形態のものであった。これは頁を広げた時に蝶のような形になることから胡蝶綴《こちょうと》じと呼ばれている。宋代には書物は主としてこの形態であった。そのため頁の中心は綴じ代として本文を印刷せず、むしろ、糸が解けたときに書物として順序通りに再構成できるようにと、書名や巻数や頁番号を記入する場所となった。これとは逆に頁の中心を山折りして紙の端の方を綴じる、現在普通に和本として見られる綴じ方が一般化するのは、さらに後の時代のことである。現存する宋版でこの綴じ方をしているものは、後世、糸を綴じ直した結果である。いずれにしろ、私たちが小学校以来おなじみの原稿用紙の書式、中心部には本文を記入しないのは、この胡蝶綴じに由来している。

これは読書行為にとって革命的ともいえる変化だった。まずは、巻の途中であろうと、いつでも必要なところを参照できるようになった。付箋《ふせん》を挟んでおけばなおよい。瞬時にしてその部分を開くことができる。うろ覚えの内容を、すぐに原典で確認できる。しかも、版木と同じ大きさの場所があれば一冊の書物を開くことができる。何冊もの書物を同時に広げて比較検討することが可能になった。「甲の本ではこうあるが、乙の本では同じことをこう記録している」——一字一字についての校訂作業や、ある事件の記述をめぐる考証の学風が興るための技術的な前提である。人並み外れた記憶力を誇る人物でなくても、こうした作業への参加が可能になった。たとえば、岳飛《がくひ》の孫岳珂《がくか》の『刊正九経三伝沿革例《かんせいきゅうけいさんでんえんかくれい》』は、当時流布していた経書《けいしょ》の各種テキストを校訂してその異同を一覧にしたものである。

印刷の効用と副作用

もちろん、印刷の効用として、大量に同一のものが複製できるということの重要性は言うまでもない。金さえあれば、誰でも自分の書斎に知の宝庫を所有できるようになった。写本のように、写した人物の性格や気分によってその信用性が左右されるということもない。悪筆で、あるいは達筆すぎて、読めないということもない。

印刷は文字の規格化も進めていく。初期の印刷では唐の顔真卿《がんしんけい》を彷彿《ほうふつ》とさせる骨太で大きくがっちりした書体のものが彫られた。彫師もこのたぐいの文字は彫りやすかったろう。だが、小型の普及版が商業印刷されるようになると、現在コンピュータのフォント名としても残っている〈宋朝体〉と呼ばれる、線の細い痩せた、それでいて気品のある書体が用いられるようになる。紙の節約なのか、字間行間の空白を設けず、点丸も付けることなく、紙面にびっしりと細字で印刷された書物は、決して読みやすいものではない。しかし、規格化された文字が整然と並ぶ版本は、ハイテ

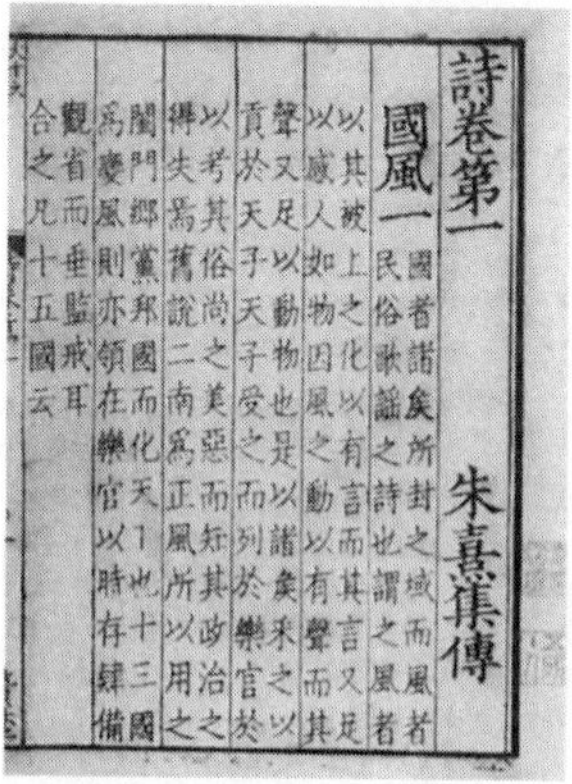
詩卷第一　朱熹集傳
國風一　國者諸侯所封之域而風者民俗歌謠之詩也謂之風者
以其被上之化以有言而其言又足
以感人如物因風之動以有聲而其
聲又足以動物也是以諸侯采之以
貢於天子天子受之而列於樂官於
以考其俗尚之美惡而知其政治之
得失焉舊說二南爲正風所以用之
閨門鄉黨邦國而化天下也十三國
爲變風則亦領在樂官以時存肄備
觀省而垂監戒耳
合之凡十五國云

宋朝体の例　朱熹『詩集伝』より
（東京・静嘉堂文庫蔵）

ク製品として宋の人びとの心を捉えていったのである。

この話題になるとわたしが決まって引用紹介するのが、蘇軾《そしょく》の次のような述懐である。

わたしが年配の先生から実際にうかがった話では、その方が若い頃には『史記《しき》』や『漢《かん》書《じょ》』を読もうと思っても手に入れることができなかった。さいわい借りることができると、自分で全部書き写して昼も夜も朗読し、それでも足らないことを心配していたという。近頃では、商売人が毎日のようにあらゆる本をあいついで大量に印刷出版している。学生たちは本を簡単にたくさんそろえることができるようになった。(「李氏山房《りしさんぼう》蔵書記」)

この文章は、彼の時代がまさにその転換期だったことを如実に示している。そして、「近頃の若い者」への批判が続く。曰く、「書棚に古今の良書を揃えた学生たちはもうそれで満足し、中身を読もうとはしない」。「積《つ》ん読《どく》」という悪習は、印刷技術の副作用としてすでに九〇〇年前に生じていた。

印刷出版による教線拡大

はじめ印刷技術を思想的に利用したのは、仏教教団だった。彼らは経典を印刷することで、宣教活動に利用していたのである。国家の財政補助を得て、宋の太宗の時には仏教経典・教義書の全集(大蔵経《だいぞうきょう》)も刊行された。やや遅れて、儒教側も注解全書の刊行を国家事業として進める。第一章で紹介した五代の宰相《さいしょう》馮道《ふうどう》、その継承政策として宋の真宗が邢昺《けいへい》らに命じて校勘・刊行させた経書の疏《そ》、そして王安石の『三経新義《さんけいしんぎ》』。

朱熹《しゅき》にもっとも象徴的であるように、道学側も在野勢力として自分たちで資金を調達して古今の典籍の刊行を行い、印刷出版を活用して教線拡大を図った。その際に地方官の特権を利用して公費を用いる場合もあった。呂祖謙《りょそけん》と同郷の唐仲友《とうちゅうゆう》という人物を朱熹が弾劾《だんがい》した時の罪状の一つに、「地方の役所の公金を、出版に不正に流用した」という項目がある。唐仲友は荀子《じゅんし》や揚雄《ようゆう》の著作を刊行したのだが、朱熹にとってそれらは公費を使用してまで出すべき本ではなかったのだ。もしこれが『論語』や『孟子』だったら、まして朱熹の集注《しっちゅう》だったら、彼はこんな非難をしたかどうか。

　唐仲友は学術の発展のために、よかれと思って常識の範囲内で公金を支出しただけであった。法的にはたしかに違法行為だが、誰でもどこでもやっている社会的には黙認されてきた慣行を、わざわざ告発し正論をふりかざすことによって論敵を失脚させる。朱熹とはつくづくイヤな奴である。彼らの交友関係から推測して、その一冊を朱熹が受け取っていた可能性すら考えられるのに。あるいは、「献呈」の一冊が届かなかったための、逆恨みの内部告発であろうか。おそろしや、おそろしや。

　ところで、刊本の登場が旧来から伝わる写本をことごとく駆逐したわけではもちろんない。宋代には刊本の値段はまだまだ高く、知人から借り受けた本を自分で筆写して所蔵する事例もかなり多かった。わたしも貧乏学生時代にはコピー代を惜しんで友人から借りたノートを書き写したことがある。まあ、そのほうが内容はよく頭にはいる。蘇軾の上の嘆きは、経済的に恵まれた、士大夫《したいふ》の二世・三世たちにだけ当てはまったことなのかもしれない。また、自費出版するのもなかなか大変だったから、宋代の多くの著作は原稿からの写本として複製されていたであろう。刊本は貴重であった（紙の材質もすぐれていた）がゆえに、現存する宋代の書物に刊本が多いということかもしれない。

実際、写本のみだったために書物自体が亡びた事例もある。南北朝時代の梁《りょう》の学者皇侃《おうがん》の著書『論語義疏』はその一例である。邢昺『論語疏』は皇侃のものを下敷きにして作られているのだが、これが朝廷によって印刷されると市場の需要もそちらに集中していき、皇侃の疏は顧みられなくなる。どうやら、朱熹も目睹《もくと》することができなかったようだ。つまり、南宋なかばの時点ですでに消滅状態にあったのである。このため中国では以後長い間、この本はもう地上から姿を消したと思われていた。ところが、実はあったのである。日本の足利《あしかが》学校に。一八世紀になって、この写本にもとづいて刊本が製作され、中国に輸出された。これを見た清朝の考証学者たちは一驚したという。それはそうだろう。彼らは宋代以降の学術を批判してはいたが、依拠すべき文献はことごとく宋代以降に印刷されたものばかりで、それ以前の書物の現物はほとんど存在していなかったのだから。

邢昺《けいへい》以降、宋代には多くの論語注釈書が登場し、印刷されて広まっていった。そのなかで最終的に勝ち残ったのは朱熹の『論語集注』であった。皇侃の『論語義疏』は四庫全書にも収録され、朱熹の論語解釈の恣意性をあげつらうための材料として利用された。

中国の印刷文化を支えた木版印刷

このように、朱子学の普及は印刷技術無しに考えられない。「グーテンベルク無くして宗教改革無し」をもじれば、「木版印刷無くして朱子学無し」なのである。

ここで、中国の印刷文化を支えたのが木版印刷であったことをあらためて確認しておきたい。わたしがかつて読んだ、西洋を中心として書物の歴史を述べた本のなかに、中国人の名前が三人だけ登場していた。始皇帝《しこうてい》・蔡倫《さいりん》・畢昇《ひつしよう》である。始皇帝は焚書《ふんしよ》を命じた皇帝、蔡倫は紙の発明者としての紹介である。もっとも、彼らのこうした事績は伝承にすぎず、その実像ではないのだけれども。そして、三人目の人物畢昇は、われらが宋代の人物で活字の発明者ということになっている。沈括《しんかつ》『夢渓筆談《むけいひつだん》』に、畢昇による活字の製法が紹介されているのだ。西洋史の窓から見ると、活字の発明こそ、印刷文化の主役・花形の登場を意味する事件であり、それゆえその発明者を大々的に顕彰することになったものだろう。

しかし、漢字は数多くの表意文字からなっている。二十数文字しか持たない西洋人の意表の外にある。何千何万という活字をひととおり揃えて組むには、莫大な財力・労力、それに何より保管場所を要する。活字が使われるのは、決まり切った文字を組みあわせて版を作製し、初版印刷後すぐに組み版を崩し、使用済みの活字を次の作業に再利用できる場合にかぎられた。印刷を急ぐが再版しないでよいもの、たとえば時事的なパンフレットや記念出版物のたぐいに使われたのであり、初版が好評だったら増し刷りする商業出版には不向きだった。そのため、活字が東アジアで全面的に一般化することはなかった。日本でも天草《あまくさ》版は宣教師が伝えたグーテンベルク系の発想による事業であるし、同時期の駿河《するが》版は創設まもない徳川幕府の威信を示す文化事業であって、江戸時代の出版は主として整版すなわち木版であった。朝鮮でも古く金属活字が使われたが、やはり国家の文化事業としてである。明治初期に官報印刷のために活字が普及したということも、即応性と一回性というその特徴に由来している。西洋を尺度にして文化を評価することは、厳に慎まなければならない。畢昇が中国書物史を代表する三人のなかの一人として選ばれることには違和感を覚える。

世界ではじめて印刷出版文化が華開いた宋代。このほかのさまざまな技術的知識も、書物という媒体を通じて広まっていった。本章の後続する各節は、やはり書物の話題が中心となる。かつて宮廷の図書館はこうした知識の宝庫であり、そこにアクセスできるごく限られた御用学者のみが、その知を独占していた。あるいは、仏教寺院がその役割を担うようになっていた。だが、印刷物の普及は古来の叡知を巻間に氾濫させていく。新たな発見・発明だけではなく、唐宋変革には、文化の普及という一面もあった。

医・薬・食

医書の出版ラッシュと海外流出

印刷出版は医学書の分野にも及んだ。太祖の開宝年間には本草《ほんぞう》（薬学）の書物が二点、国《こく》子監《しかん》（国立の大学）から刊行されている。現存しないので確かめようがないけれども、たとえば、それより一〇年前に刊行されている『三礼図《さんらいず》』の例などから推測して、植物図鑑の役割を果たすべく絵入りだった可能性もある。印刷は図版の複製を容易にしていた。特に、活版ではなく、版木にすべての字を彫る工法であるから、字だろうと絵だろうと手間はほとんど変わらない。知識はビジュアルな形で伝達されていった。

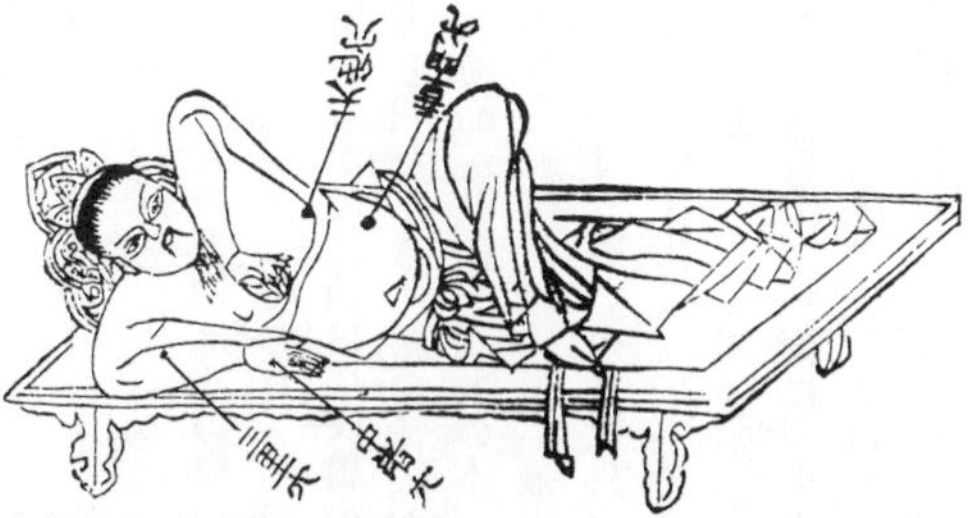
人体の穴（つぼ）『太平聖恵方』より（東洋医学善本叢書21、オリエント出版社の影印より）

その二〇年後、太宗の淳化《じゅんか》三年（九九二）には『太平聖恵方』が刊行され、あらゆる治療法が網羅された。仁宗の天聖《てんせい》五年（一〇二七）には王惟一《おういいつ》が担当して『黄帝内経素問《こうていだいけいそもん》』『難経《なんけい》』といった古典注釈書が校訂・刊行される。王惟一は鍼灸《しんきゅう》術の方面でも、つぼを指示した銅人二体の製作とその図経刊行を行った。それから四〇年後の英宗の時には、林億《りんおく》が中心になり、『傷寒論《しょうかんろん》』の校勘や『黄帝内経素問』注釈の改訂など、数多くの医書が相継いで出版された。いずれも現存しないものの、現在通行している本のもとになったのはこれらの版本であり、中国医学史の専門家によってきわめて重要な文化事業であったと評価されている。濮議《ぼくぎ》によって評価の低い英宗朝であるが、これらの医書刊行だけでも文化的に充分貢献しているといえよう。さらに、徽宗《きそう》の時には『太平恵民和済局方《たいへいけいみんかさいきょくほう》』をはじめとする処方書や本草書が新たに何種類も編まれ、南宋にかけて版を重ねている。

これらの書物はその実用性の高さから、ただちに海外に輸出された。日本には南宋版がいくつも現存しており、それらが将来され珍重されたことを示している。高麗《こうらい》ではすでに一一世紀なかばに独自に医書の印刷が始まっており、中国で英宗の時の医書出版ラッシュが起こると、ただちにその輸入がなされたものと思われる。元祐《げんゆう》八年（一〇九三）、高麗からの朝貢使節《ちょうこう》が歴史や制度の本、それに『太平聖恵方』を買い求めて本国に持ち帰ろうとしているのを、蘇軾《そしょく》が摘発し、輸出禁止措置を上奏している。最新の科学技術の無償での流出に歯止めをかけ、遼《りょう》との二股外交を行おうとする高麗を自分のほうに惹きつけるための手段にしようとする深謀遠慮であろうか。軍隊の強弱だけが国家の力を決めるわけではない。宋は文化国家として、周辺諸国から仰ぎ見られていたのである。医書出版の分野でも、南宋になると、儒教学術同様に中央よりも地方の動きが目立つという。

宋の医学書流入が日本に大きな影響を与えたことは言うまでもない。しかし、ここでも皇侃《おうがん》の『論語義疏』について指摘したのと同じことが起こった。日本では中国本土と違って、旧来から写本で伝わっていた書物も大事に伝承されており、江戸時代になって古方派が興隆するとともにそれらが再び脚光を浴びる。『黄帝内経太素』などいくつもの書籍が、日本から中国に還流していったのである。

医学理論という面では、「金元四大家」という呼称があるように、宋の治下よりも一二―一三世紀の華北や、一四世紀、元朝支配下の江南にすぐれた医学者が出て、運気論による体系化が行われている。この理論体系は、陰陽五行《いんようごぎょう》によって体内の諸機能や病理を統一的・整合的に説明しようとするもので、その意味では儒教の精神に近い。実際、その影響も看取される。この理論が南宋にではなく金に生まれたことの理由は、金の思想文化の特質解明として、別途顧慮される必要があるだろう。

すでに述べたように、宋代には地方官となる士大夫のための各種手引書が作成・印刷されていた。医学関連では、変死体の検屍に用いる教科書がいくつも作られている。中でも、淳祐七年（一二四七）の自序を持つ宋慈《そうじ》の『洗冤《せんえん》集録』は、系統的な法医学書として後世にいたるまで高い評価を得た。この本は一七七九年、アンシャンレジーム末期のフランスでも翻訳・刊行されている。当時のフランスでは啓蒙主義思想家たちによって、中国が理性の国としてもてはやされていたからであろう。もちろん、日本でもかつてこの内容が実際の検屍に用いられていた。

宋慈は朱熹の孫弟子にあたり、『洗冤集録』にも個々の具体的事例を全体的・体系的に統合しようとする意志をうかがうことができる。化学的操作を加えて遺体や金属の変色を見たり、絶命時の状況を生理学的に検証するなど、その多くは現在でも通用するものである。一方で、遺体の骨に生者の血をたらし、しみこむかどうかで両者の血縁の有無が判明するという記述などは、たしかに現代医学・化学の立場からすればまったくの迷信にすぎないけれども、そこには祖先と子孫とでは確実に気が通じ合うとする当時の人々の信念が込められていよう。日本のように生物学的な血縁関係を必ずしも一義的とはしないイエと違って、中国の宗族があくまで父系の血のつながりにこだわることの、別の面での現れともいえる。

宋代の料理の特徴

さて、「医食同源」ということばがあるように、中国では食事は健康の維持・増進のためにも重視されていた。その特徴は何よりも調理の仕方にある。動物性と植物性とを問わず、また、海の幸か山の幸かを問わず、火を通して完成品に仕上げていくその手際によっても、中華料理は世界を代表する料理文化として工夫され洗練されている。そして、今日見ることができるこの特徴も唐宋変革のたまものだった。

唐代までと比較した時の宋代の料理の特徴は、専門家によると次の五点からなるという。
①現在の調理用語でも使われる用語の多くが、宋代に登場する。
②調味料として豆や穀物から作る〈醬〉が発明された。今や四川《しせん》料理に欠かせない豆瓣醬《トウバンジャン》もその一種である。
③麵類の〈餅〉からの独立。いわば、うどんとクレープの分離。
④麵を冷やして食べる際の、冷や麦方式から冷麵方式への転換。
⑤そして、なんと言っても、油を使った加熱法の改良と工夫。

特に⑤によって、中華の二大加熱法である炒《そう》と炸《さ》とがそろい、多彩なメニューが可能になったのである。油使用の増加は、石炭の普及および植物性油脂の生産拡大と対応している。弱火でぐつぐつ煮る方式や、動物のからだから採れる少量の油（ラードなど）を素材になじませつつ加熱していたやり方に代わって、強力な火力で大量の油とともにパッと火を通す、わたしたちにとってお馴染みの、あの豪快な調理法が可能になった。

遣唐使に同行した人たちは、時期的にこうした料理を味わうことができなかった。一方、南宋なかばの中国を訪れ、上陸前に船で出会った食事係の典座《てんぞ》から仏道のなんたるかを教わった道元《どうげん》であったが、彼の『赴粥飯法《ふしゆくはんぽう》』でも粥を食べるための作法は綿密に定められているものの、当時俗世で流行していた上記調理法の紹介はない。肉料理が食べられない「葷酒《くんしゆ》山門に入るを許さず」の禅の世界は、その代わりに精進料理＝健康食品を伝えてくれたわけである。

時代は南宋滅亡後になるが、上述した「金元四大家」の一人朱震亨《しゆしんこう》の親戚に、毎日鯉ばかり食べて病気になったという症例がある。経済的な繁栄は生活習慣病も蔓延させつつあった。食生活の改善による健康志向は、宋代にも見られる。それを日本に紹介したのが、「はじめに」で言及した栄西《えいさい》の『喫茶養生記《きつさようじようき》』である。

喫茶のほうの話は次章に譲るとして、上下二巻からなるこの本の下巻は、実はほとんどが桑の効用を説いたものである。飲水病・中風《ちゆうぶう》・食欲不振・瘡病・脚気《かつけ》、これらの症状に対する桑粥・桑湯の効用は絶大である。桑を削った楊枝《ようじ》は虫歯を防ぎ、桑の枕は頭痛をなくす。栄西は、その理由を「桑は諸仏菩薩の神聖な木だから」と説明しているだけだが、これらの効用は宋の医師から伝授された口伝であり信用できるとしている。実際に彼自身も試して効果があがったのであろう。仏の真理を求めて中国に渡った秀才たちは、精神の修行のみならず、身体の保全に関するさまざまな知識をもたらしてくれたのであった。

農法と交通

江南の新田開発

食生活の改善は、農業技術の発展によって支えられていた。紹興《しょうこう》一九年（一一四九）、一冊の農業技術書が出た。陳旉《ちんふ》の『農書』である。「西山隠居全真子」と名乗るこの人物の詳細な伝記は不明であるが、蘇州または湖州の、つまり現在の江《こう》蘇《そ》・浙江《せっこう》両省の境界地帯に暮らす在地士人であると推測されている。これに先立つ農書の古典としては六世紀の『斉民要術《せいみんようじゅつ》』が有名だが、『斉民要術』が華北乾地農法の完成形態を示すとされているのに対して、陳旉『農書』は江南稲作農耕の隆盛を伝える史料として珍重されている。

陳旉『農書』全三巻は、その後継書として一五〇年後に書かれる王禎《おうてい》『農書』全二二巻に比べて分量も少なく、記事も簡略である。杭《こう》州すなわち臨安《りんあん》府の後背地として、江南の農法は南宋末期には王禎『農書』が描く世界にかなり近づいていたことが予想されるが、ここでは本巻の守備範囲にしたがい、陳旉『農書』だけを見ておこう。

全三巻の構成は、半分以上の字数を占める上巻が水稲耕作について、中巻が耕作用の牛の飼育について、下巻が養蚕《ようさん》についてである。江南は商品作物としての桑の栽培が盛んであった。桑の効用が蚕の餌にとどまらないことは、栄西の記述によって見たとおりである。分量的には不釣り合いながら、中巻が耕牛に、下巻が養蚕にそれぞれ割り当てられている理由について、当時牛の病気が流行していたことへの危機感と、「男が耕し女が織る」という分業観念とが作用したという見方がされている。この分業観念は経書以来の儒教知識人の固定観念とも言うべきもので、皇帝夫妻がおこなう祭祀にも反映されていた。第五章で述べたことだが、徽宗はその実践を志していた。また、「夫は耕作、妻は機織り」は、地方官が布告する勧農文のなかで示される常套句でもあった。江戸時代のあるべき農民像や、現在の天皇と皇后の姿がこの理念に起源すること、言うまでもない。ちなみに、南宋明《めい》州士大夫の雄、楼《ろう》鑰《やく》の伯父である楼璹《ろうちゅう》には『耕織図詩』なる作品があって、耕図二一種、織図二四種を描いている。

唐宋変革期、江南の農法は大きな転機を迎えていた。大唐帝国の繁栄を支えたのは、はじめのうちは華北の麦の生産であった。しかし、やがて帝国の財政の中心は江南に移動し、隋の煬帝《ようだい》が築いた大運河を利用して大量の物資が黄河流域に輸送される。南唐の小康も呉越の独立も、江南の生産力のたまものであった。はじめのうちは、山間盆地や河谷平野が水の便から耕地となっていたが、やがてデルタ地帯の湿地や湖の一画を区切って水田と化す、いわゆる圩田《うでん》・囲田《いでん》による新田開発が進み、稲と麦による二毛作も定着する。

治水派と治田派

宋になってこの趨勢はますます進み、有名な占城米など新品種の導入もあって稲作は低地デルタでも行われるようになる。そのなかで、江南の中心に位置する巨大な湖、太湖《たいこ》の治水が俎上《そじょう》にのぼってくる。提案者は、あの范仲淹《はんちゅうえん》であった。河川を浚渫《しゅんせつ》して既存の中小圩田を保護しようとする、この流派を治水派と呼ぶ。一方、用水路を兼ねる運河（クリーク）を東西南北に整理して穿ち、国家の立場で新田を造成しようとする流派を治田派と呼ぶ。王安石の農田水利条約（ここの「条約」は条例の意味）は治田派の政策であった。これに対抗して、旧法党は民活重視の治水派に走る。杭州知事として蘇軾が採った政策もそうであった。その後、蔡京《さいけい》により、いっそう大規模な新田開発が国営事業として進められた。徽宗時代の悪名高き花石綱《かせきこう》も、こうした諸政策の一環として見直す余地がある。なお、北宋後半には、黄河の水路をどうするかをめぐっても、政争と絡んだ論議が繰り広げられた。

太湖ほどの巨大さはないが、日本で言えば琵琶湖《びわこ》に匹敵する面積を持っていた鑑湖《かんこ》という湖がある。越州《えつ》（紹興府）にあって、もとは鏡湖と呼ばれていたが、太祖の祖父趙敬の諱《いみな》と同音のためこれを避けて、宋初に鑑湖と改称された。おそらく、湖面が澄んでいたことから付いた名であろう。ところが、この湖、干拓による新田開発が進んで北宋なかばにはほとんど消滅してしまう。それによって、ここの水を灌漑《かんがい》用水としていた下流東方の耕地が被害をこうむることになる。地方官たちはさまざまな施策を立案試行したが、抜本的な改善はなされなかった。その経緯は唐宋八大家の一人曽鞏《そうきょう》の名文「越州鑑湖図序」に詳しい。越州に通判（副知事）として赴任したての熙寧《きねい》二年（一〇六九）の作品である。時まさに、王安石政権成立の年であった。鑑湖は曽鞏らの保護策の甲斐なく、運河としてのみ残ることになる。

同じ越州でも鑑湖の西側、杭州湾の深部に面した蕭山県《しょうざんけん》では、鑑湖のこうした状況もあって、新たな水源による新田開発が模索された。熙寧の政策を受けて地元住民の発案により、銭塘江《せんとうこう》の支流浦陽江《ほようこう》から水を引く人造湖が計画される。利害対立でうまくゆかず、徽宗朝初期にもう一度同様のことがあったのち、政和二年（一一一二）に蕭山県知事の強力な指導力によって計画が遂行された。できあがった人造湖を湘湖《しょうこ》という。この優秀な知事こそ、誰あろう、あの楊時《ようじ》なのである。この道学の大立て者は、徽宗朝新法党政権下、その農地開発政策を一地方官として推進していたのだ。

南宋になると、臨時首都の後背地として江南の重要性はいや増した。デルタ地域の湖沼群は次々に耕地化されていく。新田開発によって利益を得ようとする〈豪民〉と、水利の公益を護ろうとする〈公義の士〉との間でしばしば対決がなされる。ここに中国社会における政治的公共空間の成立があるとする見解もある。

陳旉『農書』はこうした時代環境で編まれた。したがって、この本は最先端の技術を紹介するというよりは、江南の在地地主であった著者が、自身の経験をまとめたものであった。

すでに唐代において都市の住民の排泄物が肥料として売買されていたことが知られている

が、宋代になるとさらに多様な施肥が行われていた。そのことは陳旉『農書』からもうかがえる。そこでは、草木や土を蒸し焼きして人糞尿を加えたものが推奨されている。

水路を往来する川舟

「南船北馬」という成句が示すように、江南の一〇〇万都市臨安府をはじめ、蘇州（南宋途中から平江府《へいこう》）・秀州《しゅう》（南宋途中から嘉興《かこう》府、現在の嘉興市）などで生じる大量の排泄物は、大運河をはじめとする多数の水路を通じて農村に運搬された。そして、農村で収穫された食糧や衣料・油などの日用商品作物は、その逆の経路で消費地に運ばれた。北宋の場合は首都開封《かいほう》までの距離はだいぶ遠かったが、それでも水路は内陸にあった。宋代中国を代表するのは第九章で取り上げる海外交易のために使われる帆船というよりは、実はこうした水路を往き来する川舟だった。川舟は時に漕がれ、時に曳かれて水路を進んだ。

内陸水路専用といっても、その規模は大小さまざまだった。こうしたものの復元には文字史料より絵画が有効である。「清明上河図《せいめいじょうかず》」に精密に描かれた舟をすべて図面に起こして工学的に検証する作業が、日本の研究者によって行われ、これらの舟の構造が、従来思い込まれていたのとは若干違うこともわかってきた。

宋代、特に南方の移動はほとんど水路沿いに舟によって行われた。そのほうが乗り手も楽だからである。多作詩人として知られる陸游《りくゆう》の『入蜀記《にゅうしょくき》』は、乾道《けんどう》六年（一一七〇）、彼が地方官として故郷紹興府から四川に向けて旅した時の日記であるが、ことごとく舟を使って

「清明上河図」より虹橋と曳き舟

いる。夜は沿岸の津に停泊するため、そこが州城・県城など都市の近くであれば、当地の士大夫がやってきて、詩や書画の交歓会となる。第六章で述べたような士大夫間の人的ネットワークは、こうした舟の旅によって作られたと言ってもよい。蘇軾が海南島に往還する旅もできるだけ川沿いになされたし、朱熹が建州建陽県から泉《せん》州同安県に赴任する際にも、閩江《びんこう》沿いに一旦海に面した福州まで出ている。「板子一枚下は地獄」という怖れは彼らには無縁のものだったようだ。それだけ宋の造船技術は信頼するに価するものだったのだろう。高名な人物が水難事故で亡くなった事例は史書に伝えられていない。

「清明上河図」に描かれた、運河を通航する舟の姿。水上交通が優先されていたことは、水路に架かる橋の形状にも明らかである。日本で言う太鼓橋、いわゆる〈虹橋〉なのだ。現代社会で自動車の通行を優先させるため、人間様がえっちらおっちら息を切らせて歩道橋を登らねばならないのと、まったく同じ発想である。人々が虹橋の昇降に苦労する下を、荷物を満載した川舟が我が物顔に横切っている。

とはいえ、南方でも都市の近郊・内部や分水嶺を越える場合は動物の足に頼らなければならない。牛・馬・ロバ・ラバ・ラクダ、もしくは人足、あるいは本人自身。もちろん、車や輿《こし》・駕籠《かご》も使われる。朱熹の本拠地は福建から長江流域への山越えの道に面していた。浙江から福建・江西の一帯は、こうした山間盆地が連なる地域であった。これに対して、水路が縦横にめぐる江南の平野部では牛や馬はもっぱら耕作用に使役されたであろう。陳旉『農書』の地域性はここにもある。

陳旉『農書』でもう一つ興味深いのは、上巻で一二項目にわたり水稲農法を説いたあと、かなり長文の「祈報篇」を設け、飢饉《ききん》の原因を先王以来の正しい儀礼が行われていないことに求めている点である。従来の研究ではこの部分を非科学的な信仰伝統の残滓《ざんし》として扱い、本書全体の基調が技術水準を高らかに誇ることにある以上、飢饉によりやむをえず付け足したものとみなしている。あるいはその通りかもしれない。しかし、人為的な技法を列記したのちに祈りの効用を説く構成のなかに、天人相関思想を全面否定しなかった宋代人の精神世界が投影されているとは言えないだろうか。宋代はたしかに新しい時代の幕開けであったが、それがヨーロッパ同様に神人分離になったわけではなかった。

天文地理

天体の異常現象と天の意思

今上皇帝の実の父親をどう祭るべきかで宋の政局が揺れていた頃、遥か西方のイングランドに欧州大陸ノルマンディーから上陸・進軍している軍団があった。侵略者たちの行く手には、天空高く彗星《すいせい》が輝いている。彼らはこの現象を、神が自分たちの征服事業を歓迎する吉兆として受け止めた。その首領はやがて「ウィリアム一世征服王」と呼ばれるようになる。数百年後、世界の七つの海を制覇し、中国に「西洋の衝撃」をもたらすことになる国家の礎が、この時に築かれた。

宋でも同じ天体現象が、宋の暦で治平《ちへい》三年（一〇六六）に観測され、史書に記録された。濮議《ぼくぎ》における政府批判派が自説の論拠として、この天の意思を利用したことは言うまでもない。英宗は彗星出現という事態を受けて、慣行どおりに正殿への出御を取りやめ、食事の質を落として謹慎の意を示した。剣ではなく、筆で争われた政局の混迷は、翌年の英宗崩御にともなう、参知政事欧陽脩《おうようしゅう》らの退陣で幕を閉じる。この時点で、洋の東西を問わず、天体の異常現象は神の意思のあらわれとされていた。

それから数百年、啓蒙《けいもう》された理性を旗印に掲げる欧州の人々は、何かというと天変を気にする欧陽脩の後輩たちの行為を迷信として嗤《わら》うようになった。西洋の学問を身につけた東アジア出身の知識人も、同朋の動揺をしかめ面で見るようになった。天体の異常現象は万物の霊長が観察する対象でこそあれ、真剣に思い悩む事件ではなくなっていった。日蝕《にっしょく》も月蝕《げっしょく》も、惑星の大接近による異様な輝きも、雨のようにふりそそぐ流星群も、すべて予測されていたものにすぎない。それを何か悪いことの兆しと考えるのは、啓蒙されていない「愚民」のたわ言である、と。「天変畏《おそ》るるに足りず」と嘯《うそぶ》いた宰相《さいしょう》は、数少ない先覚者として再評価されるようになった。

だが、本当にそうなのだろうか。予測は中国でもかなり古い時代から可能であったし、実際になされていた。それでも人々はそれを天の警告と受け止めた。王安石《おうあんせき》といえども、天候不良で日蝕が見えないですんだ時には、慣行どおりに「おめでとうございます」の上奏を行った。天体の運行は人間界とまったく無縁なのだろうか。西洋で軍神とされる火星が六万年ぶりに地球に大接近した二〇〇三年、「文明の衝突」ともいわれる米国とイラクとの戦争がなされたことを、わたしたちは最近のこととして知っている。

中国の人たちは、なにゆえ天体の運行に細心の注意を払ったのであろうか。科学史家は中国天文学がきわめて公的性格を持っていることを強調する。古来、天文学は宮廷の秘義として伝授され、民間での勝手な学習は禁止された。王権の存立にかかわる最重要事項だったからである。天命の移動が天体観測によって確認されでもしたら、あるいはそう主張されでもしたら、その王朝は易姓《えきせい》革命の非運に見舞われかねない。みずからその手段で禅譲《ぜんじょう》をもぎとった現王室は、今度は守る側の立場から常に警戒を怠らなかった。宋もまた同様である。

天文学と暦学

天体の観測は、予想される異常現象をあらゆる手段を通じて予知し、その事件性を減らすために綿密になされた。あるいは、異常現象のなかでも定常化している日蝕や月蝕が、正しく予想される日時に起こるような暦を作成するためになされた。上の表のように、素人目にはほとんどその差異の意味がわからない微妙な改暦が宋代に頻繁に行われたのは、主としてそのためであった。日蝕は月のついたちの予報された時刻に起こってくれなければ困るのである。逆に、そのずれが暦の精度の検証・確認の決め手ともなった。優秀な宮廷天文方が北方に拉致されてしまっていた南宋初期、日蝕のずれを正確に言い当てた無位無官の陳得一という人物に新しい暦（統元暦）を作るよう指令が下っている。その後も頻繁に改暦が行われるが、主たる理由は観測による天体の実際の運行と、当該の暦における理論的数値とが合わなかったためであった。

年号	西暦	中心人物	名称	
（後周・顕徳3）	（956）	（王朴）	（欽天暦）	
建隆4	963	王処訥	応天暦	
太平興国7	982	呉昭素	乾元暦	
咸平4	1001	史序	儀天暦	
天聖元	1023	張奎	崇天暦	
治平2	1065	周琮	明天暦	（1070－75は崇天暦を再び用いる）
熙寧8	1075	沈括	奉元暦	
元祐7	1092		観天暦	
崇寧5	1106		紀元暦	
紹興5	1135	陳得一	統元暦	
乾道4	1168	劉孝栄	乾道暦	
淳熙4	1177	劉孝栄	淳熙暦	
紹熙2	1191	劉孝栄	会元暦	
慶元5	1199	楊忠輔	統天暦	
開禧3	1207	鮑澣之	開禧暦	（開禧暦は統天暦に附して行われた）
淳祐12	1252	譚玉	会天暦	
咸淳6	1270	臧元震	成天暦	

宋代改暦一覧

観測を主とする天文学と数理的な暦学とは、中国では区別された学問ではあったが、しかしやはり緊密に結びついてもいた。恒星の位置を天空の座標上に配列し、それらを連ねて星座の図を作成することが古くから行われていた。これを星宿図《せいしゅくず》と呼ぶ。現代天文学がギリシャの星座名称を使用しているためだろう、日本の小学校ではギリシャの神々にちなんだ星座名を純情な生徒たちに教え込んでいる。これぞ西洋崇拝以外のなにものでもないが、生徒たちが中国天文学の星座名として唯一教わるのが北斗七星《ほくとしちせい》である。理科の教科書では「おおぐま座のしっぽ」とも注記されている。この星座の重要性は、北天にあって時計の針の役割を果たしたことである。すなわち、この星座の尾が指す方角が、十二支で表現される年や月や日や時刻の、その方位なのであった。いわば、空間と時間とを媒介するのがこの星座である。もちろん、こうしたことは、今の学習指導要領では教えていない。単に北極星探しの道具として紹介されるだけである。

それはさておき、星宿図が平面的であるのに対して、立体模型によって恒星の配列を再現した天球儀――プラネタリウムの小型版を想像していただければよい――も中国では造られた。これを渾儀《こんぎ》と呼ぶ。宋代においては星宿図の代表が現在も蘇州孔子廟内に残る淳祐七年（一二四七）作成の石刻の天文図、渾儀の代表が元祐七年（一〇九二）に勅命を受けて蘇頌《そしょう》を中心に作製されたものである。蘇頌らは渾儀その他の観測機器作製の経緯と成果を『新儀《しんぎ》象法要《しょうほうよう》』三巻にまとめた。『新儀象法要』には、渾儀の星座を平面上に展開した図を掲載している。元祐の渾儀は、水を動力に用いていたという点で注目される。

蘇州天文図も元祐の渾儀も、宋代の独自性を示すわけではない。また、宋代で唯一というわけでもない。蘇州天文図には紹熙《しょうき》年間のはじめ（一一九〇頃）に黄裳《こうしょう》という人物が描いた原図があった。蘇州の図はこれを四川で見て模刻したものという。黄裳の図も彼の独力で描かれたわけではなく、それ以前からの国立天文台の観測結果に基づいていた。渾儀はすでに先秦時代から存在したといわれ、宋代ではいずれも北宋の時期、全部で六回鋳造された。太宗の太平興国五年（九八〇）を手始めに、五回目があの沈括《しんかつ》設計による熙寧《きねい》七年（一〇七四）のもの。『夢渓筆談』巻七や巻八にはそれに関する彼自身の記録がある。

天文学を支える純粋数学

ところで、これらの『夢渓筆談』の記事は「象数」と題する篇に載っている。象（現象のパターン）と数とは宇宙を成り立たせる構成要素として古来思念されてきた。その原理を説く書物が『易経《えききょう》』である。暦の数値が常に易学を意識していたのもそのためで、唐代の暦の最高傑作とされる僧一行《いちぎょう》のものが『易経』の術語にちなんで「大衍暦《だいえんれき》」と呼ばれるのも、その理論的背景に易学があるからであった。沈括の『夢渓筆談』象数篇はその大衍暦以来の改暦の沿革紹介で始まっている。そして、以下、暦・天文・占術・気象・病理・音響物理に関する話題が続く。これらが「象数」としてくくられるジャンルだったわけだ。それらを支える純粋数学でも、宋代には見るべき成果があった。

代表的な数学者は南宋末期の秦九韶《しんきゅうしょう》である。もっとも彼も理論数学しかできない書斎の学者ではなく、天文・音楽理論・建築にも造詣が深かった。『数書九章』（『数学九章』ともいう）全一八巻は中国の数学書の通例にならって応用問題とその解法を示しているが、問題のジャンルが九つ、各類九問、総計八一題という、数神秘主義的な思考によって構成されている（なお、炯眼な読者は、本巻の章だてからすでに何かを感じ取られていることだろう。易の筮竹《ぜいちく》の数は五〇本である。司馬光はそれを「五かける一〇」と解釈した）。

秦九韶の名を不朽のものたらしめているのは、高次方程式の数値解法で、西洋では彼に遅れること六〇〇年にして発見され、発見者の名にちなんでルフィーニ・ホーナー法と呼ばれている。中国で出版された科学史の本では、ナショナリズム心性に訴えかけるように、第一発見者に正当な権利を返して「秦九韶法」と呼ぶべきことを提唱している。もっともな言い分だとは思うが、秦九韶がこの解法を易の理論から編み出していることに注意すべきことが、日本の研究者によって指摘されている。易学は自然科学全般の基礎付けを与える学術として、宋代人の認識世界に君臨していたのである。

天地人にまたがる知

話を蘇州天文図に戻す。この図は実は全部で四つある図のうちの一つであった。そのうち一図は現存しない。他の二図を地理図と帝王紹運図という。帝王紹運図とは要するに歴代皇帝一覧である。地理図のほうはその名のとおり、大宋国の山川と都市を一枚に描いたもの。天文地理という現代日本語でも使われている呼称は、一対の来歴の古いことばであった。

天文図（右）・地理図（中）・帝王紹運図（左）（内藤氏旧蔵　京都大学人文科学研究所蔵）　平江府（現在の蘇州）に建てられた石碑の拓本

天の姿を描く図に並べて地の様相を描く図があるのは当然である。ただし、あまり詳細な地形図は、軍事機密の敵国への漏洩《ろうえい》につながりかねない。前に紹介した蘇軾の憂慮もこうしたところに発していよう。詳細・正確な地図は、進軍のためにこそ必要だった。

ところで、ここで注目されるのは、蘇州地理図の範囲である。ここに描かれた宋国は実際の南宋ではない。理念としての宋国、すなわち華北を統治し、さらには燕雲《えんうん》十六州も支配下に収めている中華国家の姿である。わたしたちはこの地図の子孫を、首都を南京に置き外蒙古《そともうこ》をも領土とする「中華民国」の地図や、「台湾《たいわん》省」を自分のところと同じ色に塗りつぶした「中華人民共和国」の地図に見ることができる。

平清盛は南宋との交易を権力基盤としたけれども、華北は金が領有していると判断したであろう。当事者には当事者の主張があって当然だが、部外者がその主張に追従する必要は必ずしもない。

軍事と建築

火薬の発明――金に遅れをとる軍備の火器化

遼《りょう》との澶淵《せんえん》の盟約以来四〇年の平和は、タングート族が自立して西夏《せいか》を建国するや、西部国境が急を告げることで破られた。この有事にあたって防衛体制を整えるため、朝廷は軍事についての大全を編纂する。曽公亮《そうこうりょう》と丁度《ていたく》という二人の大臣の名を編者にいただく『武経総要《ぶけいそうよう》』全四〇巻が、こうして慶暦四年（一〇四四）に完成した。序文によれば、もとの姿は制度一五巻、辺防五巻、故事一五巻だったようだが、現在は二〇巻本で流布している。

その巻一五には、「指南魚《しなんぎょ》」すなわち磁石についての記載がある。磁石の原理は先秦時代にすでに知られており、中国三大発明の一つとされる。ただし、これが軍事技術書に解説されていることからわかるように、その想定される用途は行軍中に陸地で方角がわからなくなった時の進路・退路の検出であった。あるいは、占術者の工具としてであった。航海のための羅針盤《らしんばん》にしたのは、遠洋航海をしなければならない西方の「蛮族」の勝手な応用にすぎない。内陸水路や沿海航路では道に迷う心配はなかった。

『武経総要』のなかで、近代の技術史・戦史研究において注目されてきたのは、もう一つの三大発明、火薬の製法について記載されていることである。現存する世界最古の記述だからだ。のちに全人類に大きな恩恵と災厄をもたらすことになる、その起源である。皮肉なことに、清末以来一〇〇年間、中国を苦しめることになったのは、羅針盤と火薬を用いた西洋列強諸国による「堅艦利砲」だった。アヘン戦争を一つのきっかけにして国民国家としての統合に突き進んだ明治日本も、やがてその矛先ならぬ銃口を中国大陸に向けてくる。受難の世紀の遠因は、春秋《しゅんじゅう》の筆法をもってすれば慶暦政府にあったことになろう。あるいは、「ピカドン」の遠い祖先がこの本だったといってもよい。

だが、宋の軍隊は火薬をきちんと実用化しなかったらしい。宋軍が砲弾に火薬をつめて飛ばした事例はあるが、爆発用に火薬を使ったのは敵の金軍が先であった。韓侂冑《かんたくちゅう》の時の戦争で「石火砲」の被害を蒙ったと、当時の宋側の記録にある。『水滸伝《すいこでん》』では、官軍側に有能な火薬師がいて、さしもの梁山泊《りょうざんぱく》の好漢たちにも負傷者続出という事態にいたるが、彼を寝返らせることで形勢が逆転する、というエピソードがある。だが、どうもこれは時代に合わない。『東京夢《とうけいむ》華《か》録《ろく》』によると、徽宗皇帝臨席の観兵式においては「爆杖」が打ち鳴らされただけで、火薬は徽宗の朝廷では儀典用にのみ平和利用されていたようだ。その後、南宋になると、爆杖と並んで「爆竹」も使われるようになる。徽宗の軍隊が梁山泊に立てこもる山賊相手

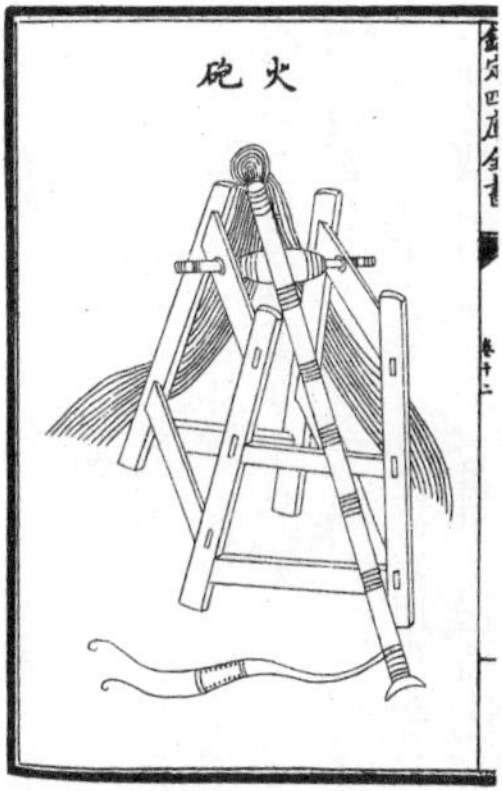

『武経総要』より火砲

に大砲を使うということは、どうもありそうにない。『水滸伝』が完成する明代までに潤色されたのであろう。〈鬼〉（悪さをする幽魂）を払うためだけの用途に火薬を使っていた宋は、韓侂冑の時にも平和ボケしていたのだろうか。

金ではその十数年後、新興蒙古軍相手に守勢にまわった汴京《べんけい》（宋の開封）防衛戦で、「震天雷」をお目見えさせる。その名のとおり、轟音とともに着弾し、あたり一帯を焼き尽くす、最新ハイテク兵器だった。このほか、手持ち花火のような「飛火槍」という武器も金にはあった。宋も蒙古も金の実用化から時をおかずして軍備の火器化を図る。いつの世も、あらゆる技術のなかで一番早く伝播するのは、兵器かもしれない。博多に集結した鎌倉武士の度肝を抜いたのも、飛火槍によく似た「てつはう」だった。種子島《たねがしま》の火縄銃は、蒙古やトルコの活躍が刺激となり、三〇〇年間ヨーロッパで練り上げられてきた、その子孫の里帰りだった。ただし、最近の研究では、ポルトガル式というよりも、東アジアの倭寇の技術であるという。

歴代王朝最弱とされる宋の禁軍

金が滅亡して四〇年後、宋と蒙古がぶつかりあった襄陽《じようよう》攻防戦では、蒙古軍に「回回砲」が登場する。これはムスリム技術者製作の投石機で、城壁を壊すことに主眼がある西アジアの都市攻防戦で活躍してきた兵器だった。もちろん、同様の技術は古くから中国にもある。その伝統をふまえて宋側でも即座に回回砲の模倣品が前線に配備された。

それ以前、靖康《せいこう》の変や建炎《けんえん》・紹興年間の金との戦争では、火薬を使わずに、工夫を凝らした各種兵器が使用されている。李綱《りこう》が使わせた「車騎」という戦車は、停止すればそのまま兵営にもなるしろものだった。岳飛《がくひ》が用いた「灰砲」は、なかに毒薬を詰めてこれを散布する効果があり、さしずめ化学兵器といった趣がある。

火器が南宋末まで実用に供されなかったように、宋軍の軍備は旧来の武器を改良したものに頼っていた。『武経総要』も、新時代の到来を受けた新技術のお披露目というより、旧時代の知識の体系化という北宋前半の風儀に属している。他の分野では神宗・哲宗・徽宗期に見られる新たな胎動は、軍事技術に関しては、ない。これが文官支配の科挙《かきょ》官僚制に由来するものなのかどうかは、慎重に検討したうえで判断しなければならないが、少なくとも、『武経総要』を乗り越える編纂作業が企画されてさえいないというところに、宋という王朝の性格を考える大きな鍵がありそうである。

兵器のみならず、戦争の仕方、すなわち戦略・戦術についても、新たな展開はうかがえない。岳家軍の活躍が岳飛の個人芸のように見える所以である。それが（武を卑しむ文人士大夫たちによって）単に記録されなかっただけなのか、それとも社会全体がそうしたものを蔑《さげす》んでいたのか。いずれにしろ、歴代王朝のなかで最弱とされるのが、宋の禁軍であった。開封も臨安も少数民族の軍団の前にあっけなく落城した。しかし、真の勝者がどちらだったかは、また別の問題である。宋人が重んじた孟子は言っている。「民を尊しとなす。社稷《しゃしょく》これに次ぐ」と。強い軍隊を持つ政府のもとで生活することが、庶民の幸せにつながるわけでは必ずしもない。

宋代の建築技術

複雑に入り組んだ構造を持つ機械としての兵器開発。それは多くの部品を規格どおりに揃えて組み立てるという点で、建築と同じ作業だと言ってよい。実際、宋代は建築面でも旧来の手法を集大成し、行き着くところまで行ってその最高水準に到達した観がある。真宗が封《ほう》禅《ぜん》儀礼にあわせて築造させた泰山《たいざん》の岱岳廟《たいがくびょう》は、世界最大規模の木造建築であった。岱岳廟の場合、以後の皇帝が封禅を企てなくなったことが、改築という名の文化財破壊を免れさせた。

このほかにも宋代には壮麗な寺院がたくさん建てられた。栄西はこの方面でも新技術を摂取している。重源《ちようげん》（一一二一―一二〇六）没後、東大寺大仏殿の再建事業は彼の指揮下に進められ、宋のモードによる斬新な威容を古都奈良に現すことになる。南大門はこの時ののものである（大仏殿は一六世紀に焼失）。新開の鎌倉では、禅寺が積極的に宋の様式を取り入れて陸続と創建されていく。円覚寺舎利殿は（一六世紀の焼失後に別の寺院から移築したものだが）その遺構だ。わたしたちの目には数百年の時を経て、古き良き日本文化の代表と見えるこれらの寺院も、西暦一三世紀においては異国趣味以外のなにものでもなかった。

宋代の建築技術の史料ということでは、『営造法式』がある。元符三年（一一〇〇）、李明仲の撰。元祐年間の規格（法式）が「囲三経一、方五斜七」だったのを、経七に対して囲が

二二、方一〇〇に対して斜一四一を用いている。経は直径、囲は円周、方は正方形の一辺で、斜はその対角線。つまり、「囲三経一、方五斜七」とは、円周率を三、二の平方根（$\sqrt{2}$）を一・四とみなしていることになる。一時期はやった「ゆとり教育」の算数でならまだしも、建築の現場でこれを使って建物が建つわけがない。

李明仲は実際の技術者だったようで、数神秘主義者には好まれていたこの比率を改め、より実測値に近いものを用いることにしたのだ。中国式の分数表記では、もちろん無理数が表

奈良・東大寺南大門

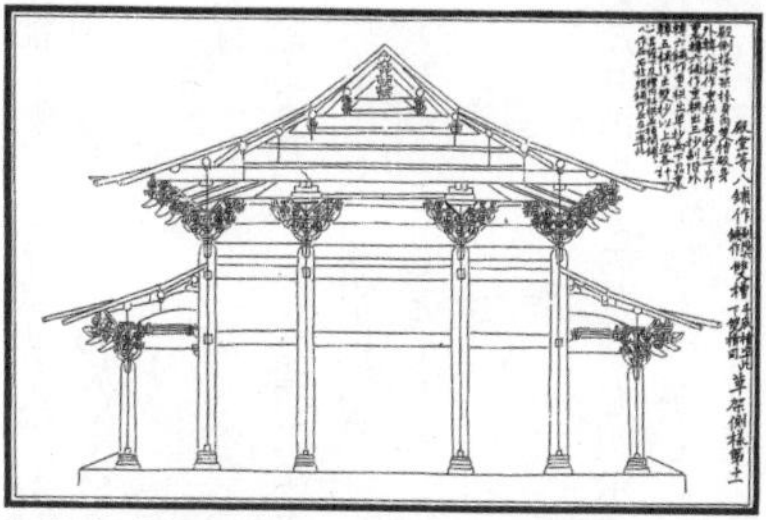

石印本『営造法式』掲載の大木作側様（1919-20年刊より）

記できるわけはないが、それでも上記の数値を小数表記すれば、円周率は三・一四三、二の平方根は一・四一となるから、この長さの規格で切った木材を組み合わせれば、誤差の範囲内で図面どおりの物は建つ。

ただ、現代の研究者を惑わせるのは、「計画の最初に必要な柱間の寸法や柱の高さを決定する方法ないし標準の寸法というような点が、どこにも記載されていないということである」（竹島卓一『営造法式の研究』1、中央公論美術出版、一九七〇年）。他の研究者の推測によれば、一営造尺は三〇九ミリメートルとのことである。

度量衡の基準

これは憶測でしかないが、単位あたりの長さの基準を明示するということは、建築技術書の範囲を超える営為であると、李明仲は考えていたのかもしれない。度量衡《どりようこう》の基準は、古来中国では音響物理学によって定められていた。「寸」という単位は、黄鐘《こうしよう》という名の絶対音を出す笛（律管と呼ばれる）の、九分の一の長さとして決められることになっていた。そして、絶対音の高さは（各種の決定法があるが一般には）黍《きび》の粒が管にいくつはいるかによって決められていた。黍粒の体積の合計によって基準管の容積が決定され、その容積の管の中で振動する空気の波長が、音波となって外に聞こえる。その音こそは、自然界の秩序を反映した形で決められた、正しいピッチ音だという論理である。したがって、この管の長さが物差しの単位基準になる。

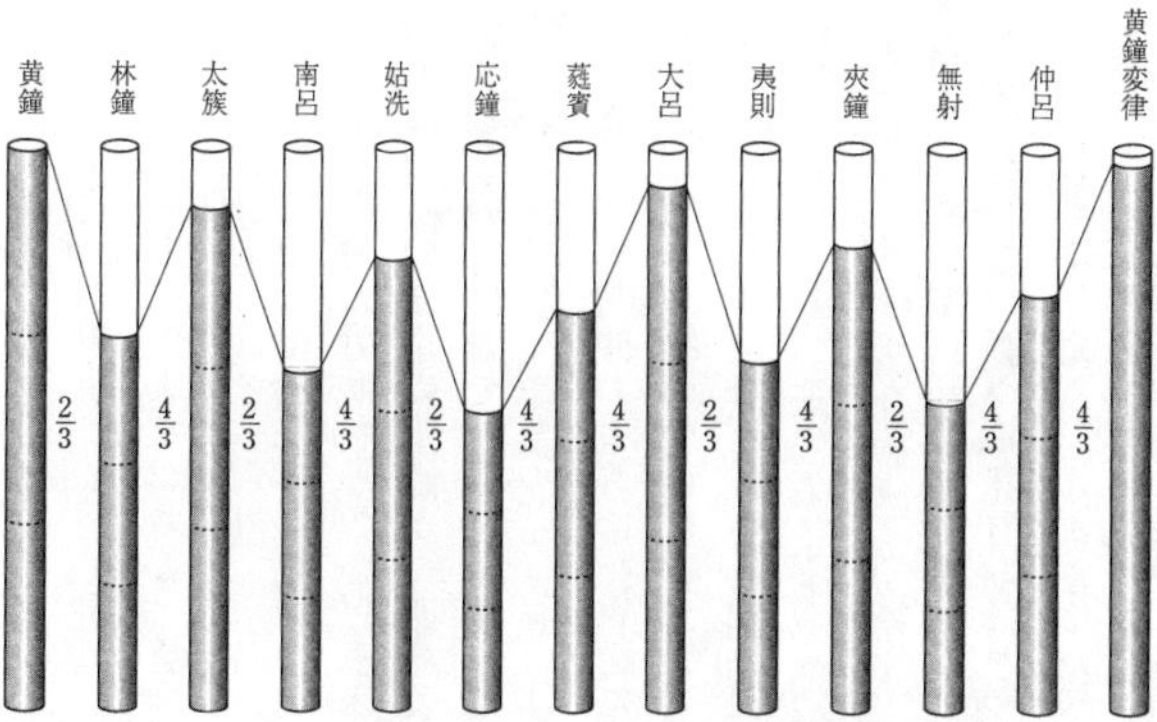

三分損益法による十二律管の生成　黄鐘を基準に音響物理学的にピッチが決まる

わかりにくければ、わたしたちが使うメートル法のことを考えてみればよい。今でこそ、光が進む速さによって厳密に決めているが、二〇〇年前のフランスでメートル法が考案されたとき、基準になったのは地球の大きさだった。その円周をもとにしてメートル原器が作られ、それをもとに重さやかさの単位も定められた。連動して、物理学の諸単位も定められた。中国では長さの基準に地球ではなく音の高さが使われたということだ。

ただ、北宋では、どんな黍粒を選ぶのか（その大きさの基準）、管に詰まる数なのか一列に並べた時の数なのか、（後者として）長径を並べるのか短径を並べるのか、等々をめぐって論争があり、それに応じて基準音の高さも変化していた。ということは、それに連動して尺の長さもそのつど改定されることになる（実際に民間で使っている尺度は、それでは不便でたまらぬから、別様に決まっていたらしい）。したがって、李明仲はこれを記載しなくても、もっと高度な政治的判断によって定めてもらえたのである。逆に言って、李明仲ごとき一技官の手に負えるしろものではなかった。宋代とはそういう時代だった。

ついでに言えば、これは『営造法式』完成の数年後だが、徽宗は魏《ぎ》漢津《かんしん》という方士《ほうし》の建白《けんぱく》を容れて、自分の指三本の長さを黄鐘律管の長さとするよう布告を発する。手の指は関節によって三部分に分かれるので、三本で九つ、これが九寸という意味だという解釈である。しかもこの時の徽宗の年齢が二四歳（聖数一二の二倍）だったから、彼の身体が宇宙とシンクロするという理論である。光速を基準に精密に度量衡を決めているわたしたちにとっては、到底理解できない議論である（と、わたしたちは言い切れるだろうか）。理論家たちの数神秘主義と、李明仲のような技官の精密主義。宋代とはこの二つの知性が同居する時代、沈括のように同一人物の中に共存できる時代であった。そして、王安石の吏士合一策が旧法党によって葬られて以降、前者を担当する士大夫と、後者を担当する幕僚・胥吏《しょり》とに、官人は二極分化していく。宋代朱子学の理気世界観と明代陽明学の（言葉の文字通りの意味での）「唯心」主義とは、時代相の差の反映でもある。

以上、本章では駆け足で宋代が誇る技術の諸相を見てきた。それらは文字記録を残す能力を持つ人たちによって書物の形で後世に伝えられ、中国のみならず朝鮮・ベトナム・日本などにも影響を与えた。さまざまな分野で、新たな鼓動が生じていた。次に、狭義の文化面について、その特徴を見ていくことにしよう。

第八章　文化の新潮流

喫茶と陶磁

飲料における唐宋変革

「唐詩は酒、宋詩は茶」と言われる。俗耳に入りやすい標語の通例で、必ずしもそう割り切れるものではないが、後世から回顧してそう表象されてきた事実は重い。唐の詩人というと李白のようにいかにも大酒飲みで、おのが才能の世に認められないことの憂さをアルコールの力を借りて晴らしたり、詩作の霊感を得たりしていそうである。これに対して、宋の詩人というと、蘇軾《そしょく》にしろ陸游《りくゆう》にしろ、政争に敗れて官界に意を得ないながらも、そうした世間を、気のあう仲間たちと茶を啜りながらあれこれ批評している図が目に浮かぶ。詩の内容が理屈っぽくなっているのも、そうしたイメージ形成を支えていよう。それぞれの時代の詩人が実際には何を飲んでいたにしろ、こうした形で語られるところに、飲料における唐宋変革がよく現れている。

茶こそは、宋に始まる近世文化を象徴する飲み物である。もちろん、その風習自体は唐以前から存在する。中国西南山間部原産の茶の葉から出るエキスを湯に溶かして飲むことは、かなり早い時代から知られていた。吉川英治《よしかわえいじ》の『三国志《さんごくし》』が、一介の行商であった劉備《りゅうび》がコツコツためた全財産をはたいて老母のために茶を購《あがな》う場面から始まっているのは、いささか時期尚早の気味があるけれども、三国分立に始まる六朝《りくちょう》時代の宮廷人は酒だけでなく茶も飲んでいた。ただ、まだそのころには、茶は士大夫《したいふ》の精神を象徴する飲料だなどとは全然考えられていない。茶が文化的になってくるのは、唐の後半、陸羽《りくう》の有名な『茶経《ちゃきょう》』のころからである。

これが一一世紀ともなると、宋の人々が愛飲するのはもちろん、北方異民族王朝にもその需要が生じ、北部国境での遼《りょう》や西夏《せいか》との交易が茶馬貿易とも呼ばれるほどに、重要な輸出品目になった。

今でも俗に「唐は団茶、宋は末（抹）茶、明は煎茶」とされるが、最近の研究によれば、これは意味のない言い条らしい。実状を正確に言い直せば、唐代人は茶の葉を蒸して固めた〈磚茶《たんちゃ》〉を削って湯で煮出して飲み、宋代人は磚茶を粉末にして湯をかけ混ぜ合わせた液体を飲み、明代人は葉の形のままのものを湯に浸して飲んだのだという。現代日本で日常食卓に供されるのは明のやり方に近く、お作法の対象となっているのが宋代の抹茶の飲み方であるということになろう。栄西が健康飲料として現地で体験し、故国に紹介したのも、この抹茶の飲み方、すなわち〈点茶〉であった。この「点」は動詞で注ぐ意味。栄西も使っているように「喫茶」という語もすでにあって、「喫茶去《きっさこ》」という表現で禅の語録に頻出する。余談ながら、かつてこれを「まあお茶でも一服」と訳していたのはとんでもない間違いで、

「茶堂へ行って茶を飲んでこい」、要するに「顔を洗って出直してこい」という叱責の常套句《じょうとうく》だとか。師匠がなぜ叱ったのかを頭を冷やして考えるための飲料として、宋代の禅寺で茶が日常の飲み物になっていたことがわかる。

ついでに言えば、朱子学揺籃《ようらん》の地福建《ふっけん》北部の建《けん》州は宋代からすでに有名な茶の産地であった。「宋詩は茶」という以上に、「宋学は茶」というほうがしっくり来る。禅寺同様、朱熹《しゅき》の私塾においても茶が飲まれていたことはまちがいない。辛辣《しんらつ》な口調の多い朱熹の語録『朱子語類』に、「喫茶去」という句は見えないが。

だが、今の日本で人々が「福建」と聞いて真っ先に連想するだろう烏龍茶《ウーロン》は、当時まだ存在しない。その製法が確立するのは数百年後である。一九八〇年代に缶入りの、九〇年代になってペットボトル入りの烏龍茶を商品化したのは日本の飲料メーカーであって、中国ではもともと茶を冷やして飲むなどという習慣はなかった。ところが、「中国人はアイスティーは飲まない」と授業で大見得を切って学生たちを感心させていたのもつかの間、今や大陸でも台湾でもコンビニで冷やした茶を購入する人々の光景が普通になってしまった。

話を戻そう。

宋代の喫茶法を伝える文献としては、かの慶暦《けいれき》士大夫の蔡襄《さいじょう》の『茶録《さろく》』や徽宗《きそう》の『大観茶論』が有名である。福建出身の蔡襄による『茶録』は、上篇で色・香・味の佳品の話題に始まって茶葉を飲むまでの過程を説明し、下篇ではもっぱら茶器を論じている。『大観茶論』も建陽《けんよう》の御茶園産のものを中心に、その喫茶法を詳細に紹介する。しかし、栄西が味わった浙江の寺の茶は、粉茶を茶盞《ちゃさん》に入れてかきまわしたもので、こうした高級な磚茶ではなかったらしい。宋代茶書が宮廷で味わわれる最高級品の記録であるのに比べて、浙江の人々の日常飲料に近い形だったのだろう。いずれにしろ、その後の留学僧や渡来僧の貢献もあって、禅宗寺院は日本に喫茶の風習を伝える拠点となっていく。抹茶の茶道に対して、宇治の煎茶の作法が、一七世紀の福建から伝わった新来の黄檗宗《おうばく》によることも、蛇足ながら付記しておこう。

宋代工芸の極致――陶磁器

その茶を飲むための器が、宋代工芸の粋をきわめた陶磁である。その絶妙な色合いは、技術的にはより高度に発展したはずの清朝工房が模倣作を作っても、素人目にも違いがわかる程度の作品しか作れなかったほどのすばらしさであった。

天目茶碗と日本で呼ばれているものの中国での呼称は、黒磁《こくじ》である。その特産地は茶と同じく福建建州。黒色の釉薬《ゆうやく》がかもしだす得も言われぬ風合いに、朱子学に通じる精神性を感じるのは、そう思い込んでいるからにすぎないのだろうか。この地特産の土がその色のもとになっている黒磁には、兎《うさぎ》の毛のような黄土色の文様（中国名〈兎毫《とごう》〉、日本名〈禾目《のぎめ》〉）や銀色の斑点すなわち〈油滴《ゆてき》〉をともなって焼き上がったものもある。

そもそも、唐三彩《とうさんさい》のような陶器から、焼き上げ温度の高い磁器が発展してくるのは、前章の調理法のところで述べた火力の改良が原因である。その代表的産地としてまず頭角を現し

宋代陶磁の名品
①白磁金彩雲鶴唐草文碗　定窯（東京国立博物館蔵）　②白磁盤口瓶　磁州窯（ボストン美術館蔵）　③青磁劃花牡丹碗　耀州窯（台北故宮博物院蔵）　④青磁下蕪形瓶　汝窯（英国・デイヴィッドコレクション）　⑤青白磁刻花牡丹唐草文瓶　景徳鎮窯（大英博物館蔵）　⑥曜変天目茶碗　建窯（東京・静嘉堂文庫美術館蔵）　⑦青磁琮形瓶　南宋官窯（東京国立博物館蔵）　⑧青磁袴腰香炉　龍泉窯（鎌倉・円覚寺蔵）

たのが磁州《じ》（現在の河北省邯鄲市）で、そのため日本では高温で焼かれた陶器一般のことを特に「磁器」と呼ぶのである（中国語では「瓷器」という表現を用いるのが普通）。瀬戸産でなくても「瀬戸物」というがごとしか。磁州窯の産品は白磁《はくじ》に黒で模様を描いたものが多い。

白磁の色の精度をさらにあげたのが定州《てい》（現在の河北省定州市）であった。定州は遼との国境に接していたが、定窯では北宋末期にかけて釉薬の製法を洗練させ、ごく薄い塗りで光沢を出すことに成功した。白磁としては、このほか、江西の景徳鎮《けいとくちん》窯が有名である。黒磁・白磁をしのいで、宮廷で最も好まれたのが青磁《せいじ》である。南方では処州《しょ》龍泉《りゅうせん》県（浙江省）を産地とする。龍泉窯は古くから栄えた越《えつ》窯の流れを継いでいる。いにしえの越の地、北宋の行政区画でいえば越州・明《めい》州・台《だい》州といった浙江《せっこう》東南沿海部で焼かれる器は、古代の灰陶以来の伝統的な色を基調とする。土地柄から輸出品としての需要も大きかった。また、鈞《きん》州（現在の河南省禹《う》州市）や耀《よう》州（現在の陝西《せんせい》省銅川《どうせん》市）の彩色青磁は、原色ではなく、淡い色合いの微妙な変化を特徴とする。以上、北方の定・磁・鈞・耀、南方の景徳鎮・越・龍泉・建が宋代の八大窯とされるが、汝《じょ》州（現在の河南省汝州市）や吉《きつ》州（現在の江西省吉安《あん》市）も窯場として有名であった。このほか、宮廷御用という意味で官窯と呼ばれる窯場が存在した。都の移転にともなって、南宋の官窯は臨安近郊に作られている。

いずれにしろ、わたしのつたない文章能力ではこれらの作品の真価を表現することは到底できない。やはり、美術館に足を運んで実見していただくにしくはない。

唐三彩が墓の副葬品、いわゆる明器《めいき》として焼かれたものが多い――単に現存するものが発掘や盗掘により発見されたからという面もあろうが――のに比べて、宋代の白磁・青磁・黒磁は日用生活品であった。鑑賞用のものも、すくなくともそうした用途を意識していた。祭器ではなく実用品として焼かれたことに、東アジアのみならず、全世界に向けて輸出・拡散していった理由があろう。

生活に根ざした芸術。宋代文化の特質を、磁器はこの面でも象徴している。

金石と名物

古代文字の研究

『水滸伝《すいこでん》』のプロローグは、仁宗《じんそう》が道教の聖地に派遣した官僚が、太古に封印された伏魔殿《ふくまでん》の扉を強引に開けさせ、一〇八の魔物が地上に逃れていく場面に始まっている。その際、封印には科斗《かと》文字が記されていた。「科斗」はおたまじゃくしのこと。古代の字体がその形状に似ていることから来た呼称である。宋代人は古代文字の研究にも興味を持っていた。ここでも仁宗朝の名臣欧陽脩《おうようしゅう》にお出まし願おう。

欧陽脩はみずから六一居士と称した。蔵書・金石《きんせき》遺文・琴・碁・酒・自分という六つのもののなかの一人という意味である。蔵書一万巻は大学者として当然の所有物、琴や碁は古来君子のたしなみとされてきたもの、そして（茶ではなく）酒。功なり名遂げた大官として身の回りにふさわしいものばかりである。では残る「金石遺文」とは何か。それは古今の碑文拓本や銘文入りの器物であった。いわば文字のコレクションである。彼はそれを目録化し解説を付して一冊の書物にまとめる。『集古録』である。

その大半は唐代の作品であったが、秦始《しんし》皇帝《こうてい》の度量衡器《どりょうこう》の銘文など秦漢六朝時代のものも少なくない。さらにさかのぼって、『集古録』の冒頭に並んでいるのは西周《せいしゅう》時代の「敦《たい》」と呼ばれる青銅器に刻まれた銘文である。当然その字体は西周金文《きんぶん》であった。彼はそれらを書写したうえ、宋の通行字体（すなわち楷書）に直している。つまり、金石文の解読作業をおこなっているわけだ。こうしたことから、欧陽脩は金石学の祖ともされる。夏殷《かいん》周三代への復古の意志は、このように当時の文字史料を蒐集し、それを読み解こうとする志向も生んでいた。

欧陽脩より数十年遅れて、徽宗は宮廷に蒐集した古代の器物を『宣和博古図録』に描かせた。その時代に趙明誠《ちょうめいせい》という若き蒐集家もいた。彼らだけでなく、当時コレクターはいくらもいたであろう。趙明誠の名を不朽のものにしたのは、彼自身が作成した目録が朝廷に献上され、後世、伝写され印刷されて流布しつづけたからである。それには次のような哀話がともなっていた。

趙明誠は地方官を歴任する士大夫官僚であった。靖康《せいこう》の変のときには青《せい》州（現在の山東省青州市）におり、迫り来る金軍から逃れて南方へと避難することを余儀なくされる。転々とするうちに膨大なコレクションはしだいに身辺から消えていき、流浪生活のなかで死んだときにはほとんど散佚していた。彼が少しずつ書きためていた蒐集品についての解説目録『金石録』を朝廷に献上して後世に伝えたのは、遺されたその妻であった。したがって、この時点で、それは欧陽脩の『集古録』のように眼前にある所蔵品目ではない。靖康の変によって家も財産も夫も失った女性が、それらへの追憶からまとめた作品なのである。彼女の名を李清照《りせいしょう》という。わたしたちは、本章四節「文学」で彼女と再会することになろう。

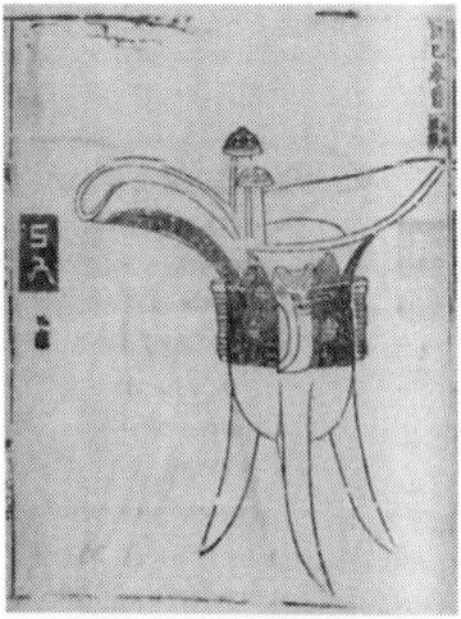

『至大重修宣和博古図録』より　爵と呼ばれる酒器（静嘉堂文庫蔵）

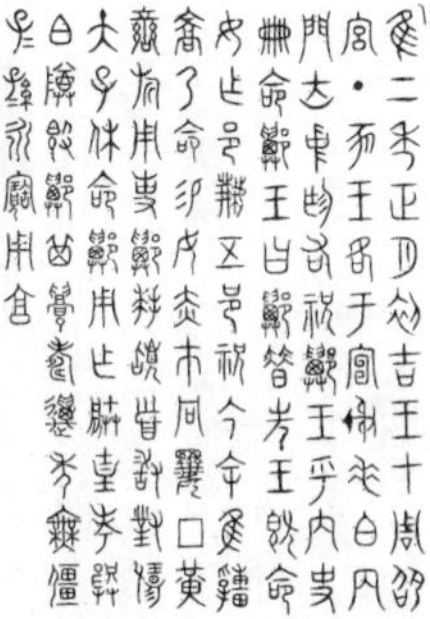

『集古録』より　毛伯敦銘（『欧陽脩全集』巻134より）

　関連して述べておけば、個人蔵書の解説つき目録も、南宋になってから作られるようになる。晁《ちょう》公武《こうぶ》『郡斎《ぐんさい》読書志』と陳振孫《ちんしんそん》『直斎書録解題《ちょくさいしょろくかいだい》』が現存している。そもそも、「解題」という語自体、陳振孫の目録などによってこの時期に定着した。

　宮中図書の目録については前漢末の劉向《りゅうきょう》の図書整理以来の古い伝統を持つが、個人蔵書目録の作成は第七章で述べた印刷出版文化の成立とも関わっていよう。もっとも、現在目録が残っているような大蔵書家は、刊本のかたちで巷に普及している一般的な書物ばかりでなく、転写するなどの努力をして蒐集した写本をも多く所蔵していた。上述の欧陽脩もそう称していたが、この時期自分の書斎を「万巻楼」と名付けた事例が多く見える。

王安石の『字説』

金石学と関連するものとして名物学がある。名物といっても、ある土地の特産品ではない。物の名前やその物自体を考証する学問である。経学《けいがく》のなかでは、『詩経《しきょう》』に出てくる動植物の実物比定作業として昔から重んじられていた。宋代でもその方面の作業は行われ、蔡《さい》卞《べん》・陸佃《りくでん》の著作が残っている。

彼らはいずれも王安石《おうあんせき》門下の新法党官僚であった。こうした関心を共有する人物として、第七章で何度か登場した沈括《しんかつ》を挙げることもできよう。世界の秩序を皇帝のもとに統一的に把握・構築しようとする王安石の考え方は、物の名前の探究にも及んでいたのである。

そもそも、その王安石自身に『字説《じせつ》』という、今は失われた字書があった。漢代の許慎《きょしん》の『説文解字《せつもんかいじ》』に匹敵する大作である。今でもわたしたちが小学校でそう教わるように、許慎は漢字の成り立ちを四通りに分けた。象形・指事・会意・形声である（そのほかに借用形態が二種）。王安石の説のユニークな点は、形声という考え方を認めない点にある。実際には漢字の九割以上が形声文字に分類されているわけだから、これがいかに野心的な仮説であるかがわかろう。現存しないため確認しようがないが、彼は何万という形声文字をすべて象形・指事・会意のどれかで説明したのである（実際にはほとんど会意で処理したと思われる）。そのため、かなりの無茶を冒しもした。彼に批判的な旧法党の人士は、次のような逸話を伝えてこの字書を揶揄している。

逸話その一。ある人が「覇」の字はなぜ西を冠しているのかと王安石に訊ねた。「西方は殺伐とした風土だからだ」。王安石は説明を延々と続ける。相手は頃合いを見て口をはさむ。「あ、そうそう、正しくは『霸』ですから、西じゃなくて雨ですね」。王安石がシマッタという顔をするかと思えばさにあらず、彼は平然と言い返す。「慈雨が感化するんだ」。

逸話その二。蘇軾《そしょく》が自分の号でもある東坡《とうば》の「坡」の字を訊ねた。王安石曰く、「土の皮だよ」。「ということは、『被』は衣の皮で『波』は水の皮ですね」。喜ぶ王安石。蘇軾は間髪を容れず、「では『滑』は水の骨ですか？」。

たしかに王安石の所説は強引なこじつけである。虚心坦懐に見て、許慎の形声説に軍配を上げたくなる。南宋になると『字説』が顧みられなくなっていくのも頷ける。しかし、である。なぜ彼はここまでして漢代以来の文字学を改変しようとしたのか。この奇妙な字書についてきちんと検討しないことには、王安石新法の精神を正確に把握することなどできないだろう。そこに近代に通じるものだけ見いだして再構成するのでは不十分なのである。ただ、失われたこの字書に関してまだ報告すべき具体的な成果はあがっていない。

考古の学風

欧陽脩が古代の文字を蒐集・解読したように、また、王安石が聖人が作成した（とされていた）文字そのものの成り立ちを探究したように、宋代には考古の学風が生じていた。しばしば、宋代人は観念的であって、清代の考証学とは逆の精神を持っていたと誤解されているが、実はそんなことはない。考証学者たちが自分たちの源流として何人かの宋の学者を挙げることがあるように、宋代にも考証の学は存在していた。ただ、それは単なる考証のための考証、暇つぶしの趣味行為ではなく、世のため人のため、当時のことばで経世済民のための基礎作業としてであった。太古の聖人が定めた完成された制度を復元し、それを模倣するためには、そうした細かい作業が必要だったのである。

王安石学派以外にもこうした風気を持つ学者はいる。ここでは南宋末期に活躍した明州士《し》大夫《たいふ》を二人紹介しておこう。王応麟《おうおうりん》と黄震《こうしん》とである。

王応麟の祖先は開封《かいほう》近郊に住んでいたが、南宋になってからは代々明州に居住した。父は呂祖謙《りよそけん》の系譜を引く科挙《かきょ》官僚、彼自身は朱熹《しゅき》・真徳秀《しんとくしゅう》系列の学者に師事した。若くして進士となり、官界で順調に昇進する。しかし、宋の屋台骨はすでに大きく傾き、加えて北方から蒙古《もうこ》の脅威が増してきていた。しばしば直言するも宰相《さいしょう》賈似道《かじどう》に容れられず、ついに南宋は滅亡する。以後二〇年、彼は蒙古の元朝に出仕することなく、郷里で著作に専念する。その成果は多面にわたるが、代表作とされるのが『困学紀聞《こんがくきぶん》』である。経書・史書の内容から制度全般にわたる考証作業の列記であり、清朝考証学者たちから高く評価された。

かたや黄震は明州でも州城から離れた慈渓《じけい》県の出身。つまり、第四章で紹介した楊簡《ようかん》と同郷であるが、陸九淵《りくきゅうえん》系統の学ではなく朱子学を信奉した。彼には地方官としての功績が伝わる。その『黄氏日抄《こうしにっしょう》』は、やはり古来の書物の内容に対する検討作業の集成で、彼の子孫と称する明末の黄宗羲《こうそうぎ》や、清代に寧波《ニンポー》（＝明州）で活躍した全祖望《ぜんそぼう》らによって高く評価された。

この二人は清代になって朱子学への批判の風潮が強まるなか、「宋代にも考証の学風を持つ者がいた事例」として顕彰されるようになる。そこには為にする虚像形成の要素がないわけではないが、逆に言って王応麟・黄震は自分のことを篤実な朱子学者と思っていたのであり、むしろ南宋における朱子学の実像がどのようなものであったかを示している。朱熹自身も『詩経』の注釈作業において名物の学を重視していた。

王応麟には初学者向けの学習書『小学紺珠《しょうがくこんじゅ》』がある。天道類の「両儀」すなわち天と地とに始まって、動植類の「三異」すなわち「害虫が（すぐれた地方官の治める）土地にやってこない、感化が禽獣に及ぶ、豎子《じゅし》に仁の心がある」にいたる、約一九〇〇項目にわたって、基本的には「数詞＋名詞」の形をとった物尽くし集である。王応麟の自序に「小学は大学の基本である」とあるとおり、三綱領《さんこうりょう》八条目《はちじょうもく》の理論を学ぶ高等教育は、名物の学という初等教育を修了した者にのみ許されていた。いきなり理気論・心性論といった高踏的・哲学的話題に行くわけではなかったのである。

書画

宋の四大家

元符三年（一一〇〇）九月、皇帝代替わりにともない赦されて開封に戻るため、蘇軾《そしょく》は旅の空にあった。二四日、康州端渓《こうしゅうたんけい》県（広東《カントン》省）の渓流で舟遊びをし、岩壁に記念の文字を刻む。中国を旅行したことのある者なら誰しも、風光明媚な場所の岩肌に刻まれた、古来の墨客たちの筆跡を見たことがあるだろう。その字がはっきりするように、わざわざ赤いペンキでなぞってあったりする、あれである。自然の景観は自然のままに保存しようという、西洋化された近代人の感性とはおよそ異なって、天下の名勝を訪ねた記念に壮大な落書きを残していくのが、中国文人のたしなみだった。蘇軾にとっても、もちろん、今回がはじめての経験ではない。

それなのに、わざわざこれを引きあいに出したのは、これから紹介する二つの点でこれが興味深いからである。

第一に、舟に戻ってから今度は紙の上に別の文章をしたためたことである。岩壁の文字は彼がいつも書く骨太で勇壮な字体なのに、こちらはわざと意識してか、普段とは違う字体であった。彼自身、それを「瘦妙」と表現している。残念ながら現存しないために見ることができない。また、翌年この旅の途次で死んでしまうため、この新境地による作品はもう書かれることがなかった。

第二に、この場所である。書道に造詣のある読者はすでにお察しであろう、ここは有名な硯の産地なのである。彼がこの時地元産の硯を使用したのかどうかはわからないが、すでにその生産はさかんであった。蘇軾を敬愛した南宋の高宗は、自著『翰墨志《かんぼくし》』のなかで次のように述べている。「端渓の硯は豚の胆のような紫色、素材となる石は緻密で堅固、水を吸い込むことはなく、墨とよくなじむ。息を吹きかければしっとり潤い、墨を磨《す》ってもなめらかでまったく音がしない」。

マルチタレント蘇軾は、書の世界でも宋の四大家の一人に数えられる逸材である。他の三人は蔡襄《さいじょう》・黄庭堅《こうていけん》・米芾《べいふつ》。蔡襄はすでに紹介したとおり慶暦士大夫の幹部。きっちりとした楷書にすぐれるとされる。蘇軾も書家としてこの先輩を尊敬していた。黄庭堅は蘇軾の門人。文筆家としても欧陽脩・蘇軾の古文を継承し、詩人としては江西詩派を開いた。書家としては草書にすぐれていた。米芾は王羲之《おうぎし》にならった平淡天真の風で知られ、初期徽宗宮廷の寵児であった。

蘇軾

ただ、この四人以外にも著名な書家は多い。なかでも徽宗は彼らと並ぶ水準にあった。その字体は繊細にしてかすれるほどに細く、痩金体《そうきん》と呼ばれている。蘇軾晩年の上記の「痩妙」な字とは、案外これに近かったかもしれない。このほか、蔡京《さいけい》も書家として知られていた。彼の字体は徽宗とは対照的に太くてがっしりしている（一一二頁参照）。一説には、当初四大家には蔡京がはいっていたが、政治的理由でのちに蔡襄と入れ替えたのだと。この二人、実は同族である。

宣和《せんな》五年（一一二三）、徽宗が命じて編纂させた、宮中に所蔵されている書の目録『宣和《せんな》書譜《しょふ》』が完成した。こちらは逆の政治的理由から蘇軾・黄庭堅を載せず、王安石と蔡京の宰相としての功績を絶賛している。王安石については、政敵蘇軾も「荆公の書は無法の法を得ている」と、その型破りながら秀でた才能を誉めていた。

書論家でもあった蘇軾は、「人の筆跡は巧拙とは別に持ち味があり、人格のよしあしが現れるものだ」と述べている。字の形そのものの優劣を基準にした唐代までとは異なって、各人各様の個性を認め、そこから人間性を読み取ろうとする視点は、唐宋変革が書の世界にもあったことを示している。

同一基盤に立つ〈書〉と〈画〉

形から心へ、と標語化できそうなこの芸術論は、絵画の世界にもうかがえる。と言うより、書の分野と画の分野が同一基盤に立って論じられるようになったことが、宋代の特徴なのである。徽宗は宮中に書画院を設け、『宣和書譜』と対になる『宣和画譜《がふ》』を作らせている。崇寧《すうねい》三年（一一〇四）には、前年の医学（医術専門学校）に続いて、算学（算術専門学校）と同時に書学・画学を設置し、画工の養成にも積極的だった。もっとも、書学と画学はすぐに廃校となっている。

注目されるのは、『宣和書譜』『宣和画譜』のどちらにも日本のものが収載されていることだ。『宣和書譜』の最後に政府発給文書（のうち書法のすぐれているもの）が列挙されているのだが、そこに五代や南唐・大理《だいり》国のものと並んで「日本国康保《こうほう》偽告」二通が見える。康保は村上帝の年号で西暦九六四―九六八年にあたり、宋では太祖の時である。「偽」と呼ぶのは、このように日本の年号が載っているからであろう。「告」は政治文書の種類を示す。これらは奝然《ちょうねん》がもたらしたものと思われる。一方の『宣和画譜』には山水画のなかに「海山

「五百羅漢図」（周季常・林庭珪　全82幅のうち　京都・大徳寺蔵）

風景図」一幅と「風俗図」二幅があり、解説文によれば、やはり奝然が将来したもので、ことばが通じないため、絵によって土地のありさまを示したのだという。献上品であるため入念・華麗に、金粉をふんだんに用いて描かれていたらしい。他の外国にはないことで、「礼義の国ではないのに絵画に心がけるとは、あっぱれである」というのが、編者の評語。たしかに、『宣和画譜』唯一の外国作品である。

ついでながら言及しておけば、北宋では日本刀が美術品として珍重されており、欧陽脩に「日本刀歌」という詩がある。もっとも、この詩、学者欧陽脩らしく、日本刀に事寄せつつも後段は緊密な文化交流がない両国関係を嘆いている。

前朝貢献屢往来　　前朝の貢献　しばしば往来す
士人往往工詞藻　　士人　往往にして詞藻に工みなり
徐福行時書未焚　　徐福行く時　書　未だ焚けず
逸書百篇今尚存　　逸書百篇　今尚《なお》存す
令厳不許伝中国　　令厳にして中国に伝わるを許さず
挙世無人識古文　　世を挙げて人の古文を識る無し
先王大典蔵夷貊　　先王の大典　夷貊《いばく》に蔵さる
蒼波浩蕩無通津　　蒼波《そうは》浩蕩《こうとう》として津に通ずる無し
令人感激坐流涕　　人をして感激し坐して流涕《りゅうてい》せしむ

鏽渋短刀何足云　鏽渋《しゅうじゅう》たる短刀　何ぞ云うに足らんや

欧陽脩がこの詩を詠んだのは一一世紀のなかばすぎ。それから一〇〇年もすると、平氏政権のもと日宋貿易が栄え、南宋から日本に多くの文物がもたらされた。宋側の窓口は第九章で詳しく紹介する明州（現在の寧波）。そのため、寺院などに所蔵されて日本に現存する宋の画には、明州で制作されたものが多いという。その中心を占めるのは、当然のことながら、信仰のために如来《にょらい》・菩薩《ぼさつ》・羅漢《らかん》・僧侶などの姿を描いた仏画であった。中国本土ではその後宋代に栄えていた仏教寺院が衰退したり、戦乱で破損・焼失したりしており、日本にかえって多くの宋画が遺されている。

やがて日本人は、茶室に中国伝来の書画を掛け、その前で宋磁に注いだ抹茶を啜るようになる。こうしたわびさびの光景は、なんとも伝統的な「日本情緒」溢れる風情にわたしたちには映るだろう。しかし、そのもととなったのは、唐宋変革を承けて変化しつつあった、中国東南沿海地方の文化なのであった。

宮廷絵師の活躍

話を画に戻そう。『宣和画譜』の存在が示すように、絵画の最大の注文主でありかつ最大の蒐集家は宮廷であった。五代十国の各王朝はそれぞれに宮廷絵師を擁していた。宋の統一によって、彼らは開封に集中する。特に文芸の栄えた南唐宮廷から多くのすぐれた絵師がやってくる。開封皇城内に造られた宮殿や庁舎の内壁は、彼らが描く障壁画で彩られた。それは、華北王権が江南文化を吸収し、大唐帝国の継承者として君臨するようになったことを視覚的に示す事業であった。

一〇〇年後、第三章で言及した元豊《げんぽう》の官制改革により、一部庁舎の改築が行われる。こうして新たに建てられたいくつもある庁舎の壁のほとんどを飾ったのは、当時活躍していた郭《かく》熙《き》という画家による障壁画だった。それは財政再建に成功し、ふたたび国威を発揚できるようになった宋王朝を荘厳する事業という意味合いを持っていた。なお、この時、尚書省《しょうしょ》の壁は画ではなく、翰林院《かんりん》お抱えのプロたちによる、『周礼《しゅらい》』の文言の書で埋められた。『周礼』は元豊官制のモデルだったからであろう。

郭熙は華北系の山水画家で、宋初の李成《りせい》の画風を継承・発展させた。単彩の墨のみで描く山水画は、もともと唐代の潑墨《はつぼく》という技法に由来すると言われている。紙の上に墨を撒き散らし、偶然できあがった模様をもとに画を構成する技法である。李成は大唐帝国の皇室の一族で、山東の平原地帯に住み、「平遠山水」と称される画風を示した。郭熙はこれに、范寛《はんかん》が陝西《せんせい》地方の屹立する岩山を描いた「高遠」な画風を融合させる。息子の郭思《かくし》がまとめた『林泉高致集《りんせんこうちしゅう》』という郭熙の画論は、高遠・深遠・平遠の構図法や山・木・人の配し方、雲や霞の使い方を説いている。徽宗も郭熙を高く評価していた。

徽宗は自分でも絵をよくした。ただし、そのジャンルは山水画ではなく花鳥画、すなわち彩色を施して動植物の生態を写実的に表現するものであった。彼は宮廷画家の崔白《さいはく》の系譜を引く画家から手ほどきを受け、自身、独自の境地を開拓した。この画風を、翰林図画院にちなんで院体画と呼ぶ。

徽宗の身柄同様、彼の作品は金によって北方へ移管されたのち、やがて清朝宮廷の珍蔵品となる。また、民間に流出したものの一部は海外に渡り、世界各地の著名美術館の宝となっている。日本にも「桃鳩図」などいくつかが所蔵されている。個人的に思い出深いボストン美術館には「五色鸚鵡《おうむ》図」があって、わたしの滞在中の一時期、かつて開封の同じ宮殿に身

「早春図」（郭熙　台北故宮博物院蔵）

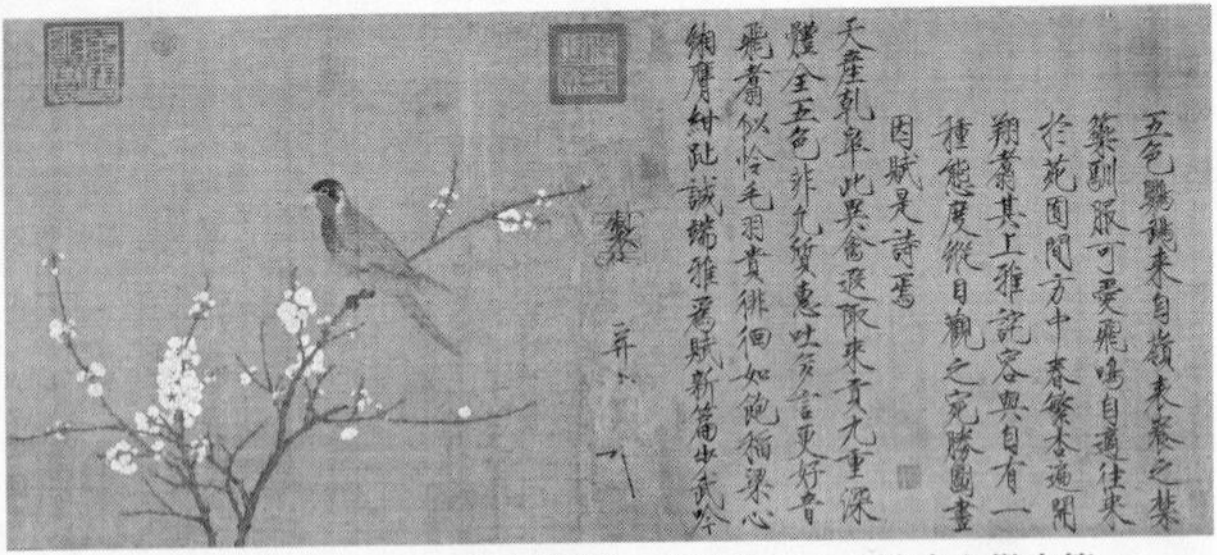

「五色鸚鵡図」（ボストン美術館蔵）　痩金体による跋文も徽宗筆

を置いた磁器たちの上の階に展示されていた。この画には徽宗直筆の痩金体による題跋《だいばつ》が記入されている。

士大夫たちが描く絵画——文人画

靖康の変のあと、徽宗の宮廷画家を務めていた李唐《りとう》が中心となって、南宋院体画が形成される。李唐は山水画家であったが郭熙の画風とは異なり、簡潔な筆致で質感を表現する新画風を開いた。その系譜に属する臨安出身の夏珪《かけい》の画風は、のちに浙派と呼ばれる流派に継承される。

以上の院体画と対概念をなすのが、士大夫たちが描く絵画、いわゆる文人《ぶんじん》画である。明代に南宗画ということばが生まれてこの両者が混用されるようになるが、文人画とは語の定義から言えば「アマチュアによる絵」にすぎず、ある特定の様式を表す概念ではないし、宋代にまだ「南宗画」ということばはない。その系譜は（朱子学などと同様）後世から遡って創造されたものである。蘇軾は文人画の名手にして盟主だった。

北宋後半には、士大夫たちのサロンが形成される。党争

「西園雅集図」(部分　ネルソン・アトキンス美術館蔵)

がその一因であった。前にも述べたように、洛陽《らくよう》には反王安石の重鎮たちが集住していた。蘇軾の周囲にも、その風を慕う文人墨客が集まって詩を吟じ、書を筆し、(おそらく)政治を談じていた。そうしたさまは、「西園《せいえん》雅集《がしゅう》」という宴によってイメージされた。この宴自体は実際にはなかったらしいのだが、一六人の同好の士が集まるという設定によって、蘇軾のサロンが理想化・理念化して後世に伝えられる。媒体はもちろん絵画である。このグループの画家として有名なのが李公麟《りこうりん》。彼は同志たちの肖像画を遺したことでも知られている。

　というか、そもそも現在わたしたちがイメージするような肖像画が描かれるようになったのが、彼らの時代なのである。帝室に神御殿や景霊宮があったように、一般士大夫の祖先祭祀にも肖像が用いられた。そうしたこともあり、対象人物の個性を写し取ることに主眼が置かれ、その方法が模索される。程頤《ていい》は肖像画を祭壇から撤去して代わりに位牌を据える方法を提唱したが、その論拠の一つは「髪の毛一本描きそこなっただけでも、その

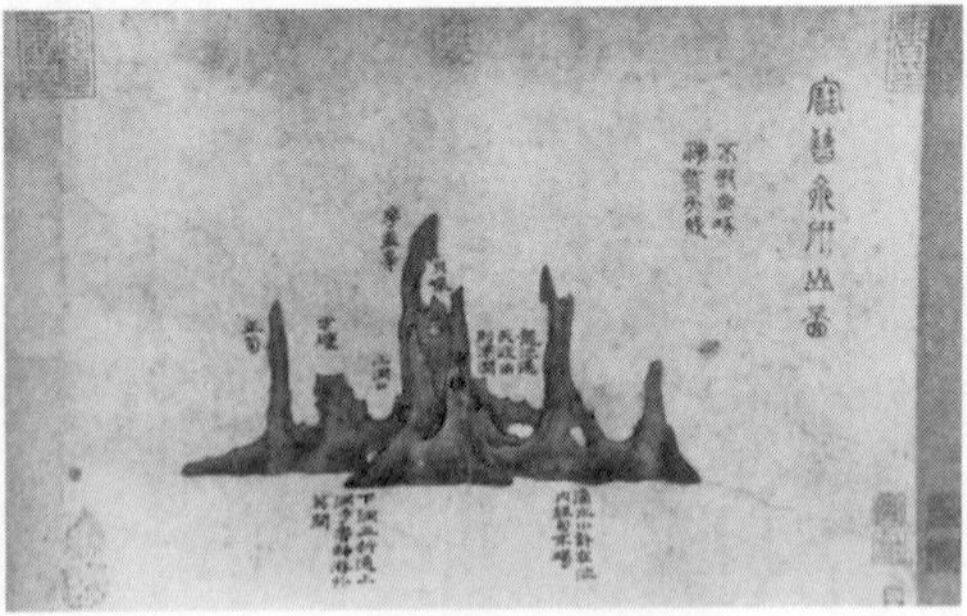
「宝晋斎研山図」（米芾　北京故宮博物院蔵）

画は真容と呼べない」だった。精密な模写が志向されていたことを窺わせる。

　このことは、文学芸術作品における作者の誕生とも関係する事象ではないかと言われている。作者がいつどのような状況の時にその作品を生み出したのか。こうした作者論がさかんになり、それがたとえば文学者の年譜作成にもつながっている。たとえば杜甫《とほ》の詩を、「いつ、彼がどのような状況にあった時に詠んだものか」という観点から鑑賞するようになった。ここにも心性面での唐宋変革が見られる。

　彼らと同時期に活躍した米芾《べいふつ》も書画両面で著名であった。前述の書学と画学の博士（教授職）を兼任しているほどである。「宝晋斎研山図」は彼の作品。枯淡な味わいがあって、徽宗の宮廷画家ではあったけれども、彼が文人画の開拓者の一人でもあったことを示している。

　ところで、これは何を描いたものだろうか？「研山」すなわち盆石である。

庭園に石をよそから運んできて人工的な自然景観を造る試みは、唐の白居易《はくきょい》が始めたと言われている。彼は知事を務めたことのある蘇州や杭州から気に入った石を洛陽の屋敷に運ばせた。

唐の都といえば、西の長安、東の洛陽であるが、宋代になると長安のほうは京兆府《けいちょうふ》と呼ばれて永興《えいこう》軍路の路の役所が置かれているだけで、四京よりは軽く扱われて地方都市と化している。一方の洛陽は、宋の京西北路の中心河南府城であるにとどまらず、西京として副都扱いを受けていた。太祖の時にはまだ洛陽への憧憬が強く、まじめに遷都も検討されている。神宗のころともなると、さすがに開封の首都としての権威が確立していたが、開封からの適度な距離のために新法党政権に批判的な重鎮たちのたまり場になる。彼らは政治の実務からは遠ざけられていたため、自分の趣味とライフワークに悠々と時間を過ごしながら、互いに往き来していた。その場として庭園は重要な役割を果たした。

当時、李格非《りかくひ》が書いた『洛陽名園記』は、そうした洛陽の庭園一七ヵ所を紹介する。その筆頭に挙がるのが、司馬光の独楽園であった。『資治通鑑《しじつがん》』編集の息抜きに、ある時は一人で、ある時は友人たちと、その景観を楽しんでいたのである。これらの庭は、唐代のものをもとにして宋人が手を加えたものが多かったらしい。白居易故宅の大寧寺《たいねいじ》も、『洛陽名園記』に見えている。

それらの庭は、たとえば白居易より五〇年ほど前の詩人王維《おうい》が長安郊外に設けた有名な輞《もう》川《せん》山荘の「空山　人を見ず」というような大規模なものではなかった。だからこそ、園内に人工的に築山《つきやま》を設け、池を掘り、遠方から運んだ巨石を配置して、ミニ深山の雰囲気を醸し出す必要があった。都市のなかに自然を人工的に造り上げ、そうすることによって自然を楽しむという、倒錯した世界——われわれ近代人・都会人にとって日常化している世界——が展開していく。

その最大規模を誇る作業が、徽宗による万歳山（艮岳《こんがく》）の建設である。宣和年間になってから、道士の勧めで子宝に恵まれるようにと、開封宮城の東北に建設された人工の山であった。この時点でもう徽宗にはのちの欽宗や高宗のような立派な皇子が何人もいたのだが、やはり寵愛する女性に新たに生ませたいという欲望があったのだろうか。この時彼はまだ四〇歳になったばかりである。

この庭園建設のために江南の太湖から、この地独特の形状をした巨岩が大運河を使って大量に運送された。そのために組まれた船団が「花石綱《かせきこう》」である（「綱」は船団の意味）。庭師として造営を取り仕切り、やがて政界で重きをなすのが朱勔《しゅめん》。蔡京や童貫《どうかん》とならぶ「君側の奸」である。徽宗と蔡京の政権を悪く言う必要があった南宋の江南士大夫たちは、花石綱こそが国を疲弊させ、金の侵入を招いた元凶だとする。

だが、石への愛着は、皇帝だけのものではなかった。船団を仕立てて運ぶには至らぬまでも、造園に巨石は付きものであった。造園ばかりではない。室内にまで、彼らは石を持ち込んだ。単なる観賞用であることが多かったが、文房具として実用的であれば、それらは硯や文鎮と呼ばれる。南唐後主の李煜《りいく》は、三六の「峰」を具え中央が窪んでいる石を硯として愛

「祥龍石図」（徽宗　北京故宮博物院蔵）　跋文も徽宗書

用したという。

そして、米芾も書斎を飾る盆石の愛好者であった。名石の産地に赴任した時は石の蒐集にかまけて実務をおろそかにし、それを詰問にきた監督官の楊傑《ようけつ》（王安石のもとで礼制改定に活躍したこともある人物）に向かって、袖から次々に石を取りだして煙に巻いたという。話のオチは、ついに楊傑が米芾の見せた石を「もうたまらん、それをくれ」と奪い去ったことになっている。このことは、楊傑の側にも石への愛玩心があったことを前提にしている。庭園はさらにミニサイズとなって、盆石のなかに自然界の風景を見るにいたった。盆栽も同じ発想であること、言うまでもない。

こうした心性は、禅の思想とも通底している。禅宗寺院の庭が大自然の象徴であることは、日本人にとっては周知のことだが、その枯山水も源流はこんなところにあるわけだ。

朱熹は福建山間部の、本物の自然に囲まれて思索と執筆の日々を過ごしているが、朱子学の自然観――個物のなかに宇宙の現れとしての理を見ようとする――は、宋人全般の芸術観と無縁ではない。紙に書いた字のなかに、単彩の山水画のなかに、手に取ることのできる石のなかに、宇宙があり神が宿っていた。

文学

文体の改変
蘇軾《そしょく》は若いころから欧陽脩《おうようしゅう》に目をかけられていた。彼が進士に合格するのは、欧陽脩が試験官の時である。そもそも、蘇洵《じゅん》が五〇歳近くなって蘇軾・蘇轍《てつ》の息子二人を連れて開封《かいほう》に上京してから、最も世話になったのが、欧陽脩であった。彼ら親子ばかりではない。王安石もまた、同じ江西出身のこの先輩官僚の推薦を得て、中央政界に乗りだしていくのである。

高校漢文でおなじみの唐宋八大家のうち、韓愈《かんゆ》と柳宗元《りゅうそうげん》を除く六人は、すべて同時期の人である。すなわち、右の段落に登場した五人と曽鞏《そうきょう》である。他の七人に比べてあまりパッとしない曽鞏が「八大家」に加わっているのは、朱熹が特に彼の文章を好んだからだと言われている。彼については第七章の農業問題のところで言及した。ともかく、この八人は〈古文〉の名手として後世までもてはやされ、彼らの代表作を集めたアンソロジーも作られた。清の沈徳潜《しんとくせん》の『唐宋八大家文読本』は、そのなかでもとりわけ人気を博し、日本にも移入されて各種和刻本が印刷された。彼らの作品を含む古今の名作を集めた『古文真宝』も、日本では好評だった。

北宋の初期には古文はまだ非主流派だった。韓愈を尊崇する文学者たちはおり、彼らの手で細々と古文運動は展開していたが、それは中央政界とは距離を置いた中下級士大夫の動きにすぎなかった。朝廷で幅を利かせていたのは駢文《べんぶん》を得意とする文士たちであり、その領袖《りょうしゅう》は翰林《かんりん》学士の楊億《ようおく》だった。彼らの文体を西崑体《せいこんたい》と呼ぶ。

慶暦改革は文体の改変をもともなった。太学の教官として招聘《しょうへい》された石介《せきかい》は、欧陽脩の平明さや流麗さとは趣の異なるごつごつした古文を能《よ》くし、その文体は太学体と呼ばれた。蘇軾は欧陽脩の後継者として太学体には批判的であった。と、現代日本語を使って説明してもイメージは湧きにくいだろう。百聞は一見にしかず、この三つの文体を並べてみよう。

楊億「景徳伝灯録序」（禅僧の伝記への序文）より
不立文字　直指心源
不践階梯　径登仏地
逮五葉而始盛　分千灯而益繁
達宝所者蓋多　転法輪者非一
不立文字《ふりゅうもんじ》　直指心源《じきししんげん》
階梯《かいてい》を践《ふ》まず　径《ただ》ちに仏地に登る
五葉に逮《およ》びて始めて盛んに　千灯を分けてますます繁し
宝所に達する者は蓋《けだ》し多く　法輪を転ずる者は一に非ず

石介「答欧陽永叔書」（欧陽脩から文体を批判されたことに対する反論の手紙）より
今天下為仏老
今天下の仏老たる

其徒囂囂乎声　付合響応　　其の徒　声に囂囂《ごうごう》として付合し響応す
僕独挺然自持吾聖人之道　　僕独り挺然《ていぜん》として自ら吾が聖人の道を持す
今天下為楊億　　今天下の楊億たる
其衆嘵嘵乎口　一倡百和　　其の衆　口に嘵《ぎよう》嘵《ぎよう》として一倡《いつしよう》に百和《ひやくわ》す
僕独確然自守聖人之経　　僕独り確然として自ら聖人の経を守る

蘇軾「正統論」（欧陽脩と章惇《しようとん》との王朝の正統をめぐる論争を評した論説文）より

始終得其正　天下合於一　　始終　其の正を得て　天下　一に合す
是二者必以其道得之耶　　是の二者　必ず其の道を以て之を得るか
亦或不以其道得之耶　　亦或いは其の道を以て之を得ざるか
病乎或者之不以其道得之也　　或る者の其の道を以て之を得ざるを病むや
於是乎挙而帰之名　　是に於いてか挙げて之が名を帰す

蘇軾の文体が平明であることは一目瞭然であろう。

景色を文字化する叙景詩

蘇軾は詩人としても、もちろん宋代を代表する一人であった。その作品には叙景詩が多い。これは宋詩全般の特徴で、感情も風景に託して詠じられる。このことは、旅の光景を詠んで知人に送るという絵はがき（もしくはもっと今風に携帯メール）を想わせる慣行の成立ともあいまって、詩と画とに共通基盤が成立したとされる。前節で述べた人品骨柄をビジュアル化して捉えた肖像画の成立と、眼前に拡がる景色を文字化する叙景詩。この両者は裏表の関係にある。蘇軾の代表的な叙景詩を紹介しておこう。

「春夜」
春宵一刻値千金　　春宵一刻　値千金
花有清香月有陰　　花に清香有り　月に陰有り
歌管楼台声細細　　歌管　楼台　声細細
鞦韆院落夜沈沈　　鞦韆《しゅうせん》　院落　夜沈沈

結句は、しんとした深夜の屋敷の中庭に鞦韆（ブランコ）が月明かりに浮かび上がる情景。静謐《せいひつ》な雰囲気のなかに凜とした気品を感じさせる作品である。なお、今ではあまり注目されないが、南宋にかけては王安石も蘇軾と並ぶ大詩人として崇拝されていた。詩話と呼ばれる詩論随筆には、王安石の名が頻繁に登場する。

南宋にも名のある詩人は多いが、なかでも陸游《りくゆう》は多作家として知られる。現存するもので一万首、おそらく生涯に二万首は作ったろうと言われている。彼の祖父は本章二節「金石と名物」に登場した王安石派の陸佃《でん》である。

詩ではないが、陸游が乾道《けんどう》六年（一一七〇）に故郷紹興《しょうこう》から四川の任地に向かって舟の旅をしたときの日記作品が、第七章でも言及した『入蜀記《にゅうしょくき》』である。おそらく彼自身による潤色を経ているのだろうが、その平明な文体は（血統とは異なって）欧陽脩や蘇軾を敬愛する彼の詩作にも通じる。五カ月がかりのこの旅は、停泊地ごとにその地にいる地方官や地元名士と交遊し――当然そこで詩の応酬があったはずだが、『入蜀記』には記録されていない――、いわば歌枕ともいうべき名所旧跡を観光しつつ進む、非常に悠長かつ優雅なものである。一〇年前に海陵王《かいりょうおう》率いる金軍の侵略があった緊張感はまったく感じられない。しかし、これでも陸游は主戦派として知られ、それゆえ近代になって愛国詩人とされているのである。蘇軾以来、宋人は杜甫《とほ》を好んだが、杜甫の現実味を帯びた悲愴感は、少なくとも南宋の詩人たちには見受けられない。

作詞の盛行

宋代の韻文ではもう一つ、詞に言及しないわけにはいくまい。「作詞作曲」のシは詩ではなく詞と書くように、詞とは曲をつけて歌われる作品であった。曲のメロディーが先にあって、それに合わせてことばを当てはめていくのである。この作業を塡詞《てんし》という。したがって、もとから存在する曲の題名と塡詞作品の内容とは無関係であることが多い。

詞という字のもともとの意味は「ことば」であった。今でも日本語の「辞典」は中国語で「詞典」であり、漢字そのものを対象とする「字典」と区別されている。韻文の〈詞〉は、日本語では詩と同音なので、区別するため中国語の音そのままで「ツー」と呼ぶのが業界のならわしである。あるいは、詩に一段劣る分野としての価値評価から「詩余《しよ》」とも呼ばれる。

蘇軾は詞の分野でも第一人者であった。北宋前半には古文家としても知られる柳永《りゅうえい》が詞の作家として知られていたが、蘇軾は詞を芸術作品として磨き上げていった。彼より一世代下には女流詞人の李清照《りせいしょう》がいる。本章三節「書画」で言及した『洛陽名園記』の著者李格非の娘で、二節「金石と名物」で紹介した金石蒐集家趙明誠《ちょうめいせい》の妻である。彼女の代表作を掲げておこう。

「酔花陰　九日」
東籬把酒黄昏後　東籬《とうり》に酒を把《と》る　黄昏《こうこん》の後
有暗香盈袖　暗に香の袖に盈《み》つる有り
莫道不消魂　消魂《しょうこん》せずと道《い》う莫《な》かれ
簾巻西風　簾は西風を巻く
人比黄花痩　人は黄花に比して痩せたり

題名のうち「酔花陰」というのは、この詞の原曲の名。五句からなる節回しを二度繰り返すので、全部で五二文字の歌詞を埋めることができる。引用は二番の歌詞にあたる。「九日」というのがここでの内容に即した題名で、九月九日の重陽の節句を一人で過ごす寂しさを詠じている。想い人は夫の趙明誠である。

この詞には次のような逸話が伝わっている。彼女がこれを夫のもとに届けさせると、その出来栄えに感動した趙明誠は、なんとかこれ以上の作品を作ろうと数日がかりで作詞に没頭する。できあがった作品には李清照のものをこっそり混ぜ、友人に送って批評を仰いだ。その友人いわく、「よくできているのは三句だけだ。『消魂せずと道う莫かれ、簾は西風を巻く、人は黄花に比して痩せたり』のところだね」。やはり妻のほうがすぐれた詩人だったというわけである。

夫に先立たれ南宋初期の艱難辛苦《かんなんしんく》を生き抜いた李清照は、古くから宋代を代表する女性として注目されてきた。ただ、彼女を宋代女性の典型例としてしまってよいものかどうか、それはまた別の問題である。彼女は范仲淹《はんちゅうえん》や欧陽脩の母親がそうであったように、士大夫の子女として男性の文化を体現していた。男たちは（いつの世もそうであるように？）精神的な伴侶としての女性を求める反面、一時の渇きを癒してくれる妓女も求めていた。詞のなかにはそうした華やかな妓楼の世界を謳ったものも多い。

庶民に浸透する娯楽

芸能

蘇軾の随筆『東坡志林』には、講釈師の話に聞き入る子供たちの姿が記録されている。それによると、三国時代の群雄の争いを描いた筋書きのなかで、劉備《りゅうび》方が勝つと大喜びするが、曹操《そうそう》に形勢有利となるやブーイングするという。まるで三国志もののゲームに夢中な現代の子供たちを彷彿とさせる。

宋代は正史『三国志』をもとに小説『三国志演義』が成立していく、その中途段階にあった。正史の編者陳寿《ちんじゅ》が「軍略の才能はない」と扱き下ろしていた諸葛亮《しょかつりょう》（孔明《こうめい》）が決して負けることのない希代の軍師に、「士大夫に対して傲慢だった」という関羽《かんう》が義に厚い信義の人に造形されていく。そして、敵役曹操は憎々しい非情な奸雄になっていく。劉備はこの曹操から漢王朝と民衆を守る正義の味方、錚々たる顔触れがその下に集う。それなのに、なぜか彼らは天下を取ることができない（こうした造形を経てしまうと、本当に「なぜか」が説明しにくくなる）。秋風五丈原をもって彼らの企図は失敗に終わる。宋の子供たちは、講釈師が語って聞かせる歴史物語に、自分たちの将来を投影しながら聞き惚れていたのだろう。

三国時代ものの講釈は「説三分」と呼ばれていた。徽宗時代の開封を描く例の『東京夢華録《とうけいむかろく》』では、さまざまな人気演芸師を列挙するなかに「説三分」の名手として霍四究《かくしきゅう》という人物が紹介されている。同じ語り物でも、五代乱離を題材にしたものや、世話物、落とし噺もあった。このほか、人形芝居・軽業・相撲、物売りの口上をもとにした歌というのもある。「小唱《しょうしょう》」の李師師《りしし》は、徽宗の愛人とされた妓女。

これらの演芸は一年を通して小屋掛けで行われていた。実際には明代の様子が反映しているものの、小説『水滸伝』は、開封その他の都市におけるこうした階層の男女の生態も描いている。田畑をせっせと耕す良民とは異なるこの世界は、アウトローたちともつながっていた。

こんなところにも、唐宋変革後の文化の変質が垣間見える。それまでは演芸は王侯貴族御抱えのものだった。今でも歌舞伎界の雅称として使われる「梨園《りえん》」は、唐の玄宗《げんそう》の宮廷演舞団である。郊祀《こうし》など朝廷主催の祝祭において彼らの芸を庶民が見ることもできたが、普段はごく限られた人々を楽しませるための見せ物にすぎなかった。そもそも、唐の都市では坊制が敷かれ、それぞれの坊の木戸には厳しい門限があったから、盛り場で夜遅くまで芸を楽しむことはできなかった。しかし、宋の盛り場は不夜城である。飲食店や綺麗どころの見世《みせ》と合わせて、人々は日頃のストレスを発散させるこれらの娯楽を必要としていた。芸人とは、道学先生の目から見れば決して良民とはいえない生業だったけれども、宋代人は彼らの芸能を鑑賞することによって日々の暮らしを謳歌していた。むしろ、民間芸能の発展があってはじめて、道徳家面したおじさんたちの「けしからん」という呟きが出てきたのだろう。いつでもどこでも、倫理観は現状批判から生まれてくる。

文化後進国随一の「祈禱師」成尋《じょうじん》もこれらの芸能を堪能している。上陸地杭州でまず彼の目を奪ったのは水芸であった。今でも日光江戸村で見ることのできる、太鼓や扇子から水が噴き出すこの手品に、史上最初におひねりを投げた日本人は、もしかすると彼だったかもしれない。

「清明上河図」より盛り場の様子　二階建ての大規模な酒亭が描かれている

芸能の文学化

『東京夢華録』そのほかの史料から見るかぎり、唐と比べた時のもう一つの特徴は、国際色の乏しさだろうか。長安の人たちを虜にしたという西域《せいいき》伝来の胡旋舞《こせんぶ》のような、異国情緒を感じさせる出し物はない。世界の中心であった唐と漢族限定の宋との、政治的力量の差が反映している。しかし、そのことがむしろ個々の芸能の深化と発達をもたらしたように思われる。現在の中国・台湾で見かける芸能につながっているのだ。日本で言えば、南蛮ブームのあとの江戸鎖国があってはじめて「伝統芸能」が確立したのに相当する。

それかあらぬか、現在演じられる史劇の題材も宋代から取ったものが多い。なかでも、官界を扱った芝居の主人公として有名な、文の包拯《ほうじょう》と武の狄青《てきせい》の二人は、ともに仁宗の治世後半、慶暦改革と熙寧《きねい》新法のあいだのあの停滞の時期に活躍した実在の人物である。

包拯は日本で言えば大岡越前守忠相《えちぜんのかみただすけ》にあたる名裁判官。科挙に合格して中堅官僚の昇進コースを歩んだ。伝記には、揚州の天長県の知事をしていたときに機知によって牛盗っ人を検挙した話や、康州東隣の端《たん》州知事になったときに前任者たちとは違って端渓《たんけい》の硯をまったく賄賂《わいろ》に使わなかったことを記録している。彼が「包待制《ほうたいせい》」として親しまれるのは、天章閣《てんしょうかく》待制という肩書を帯びて開封府知事を務めていたからである。江戸南町奉行の大岡忠相同様、彼も政治中枢都市の行政・司法の長官職にあったわけだ。というより、そもそも大岡政談の成立にあたって、翻案その他で包待制モノが与えた影響が大きいのである。あるいは、実在の忠相も彼を模範と仰いでいたか。

清廉潔白・剛直果敢をもって鳴る包拯だが、実際には官界において悶着も起こしている。御史中丞《ぎょしちゅうじょう》として三司使《さんしし》（三司の長官）であった張方平《ちょうほうへい》を弾劾し、その後任に選ばれたため、「拯のやり口は汚いし、私財の蓄積も相当なものだ」と非難されたのだ。非難の主は、あの欧陽脩。虚構の世界では力を合わせて仁宗の御世の天下泰平を守ったことになっている二人だが、実際にはかなりの確執があったようだ。

もう一人の狄青は、一介の兵士からのたたきあげの軍人である。文官が国防も取り仕切っていた宋代としては珍しく、枢密使《すうみつし》にまで上りつめている。兵士としての決まりで身に入れ

芝居のなかの包待制

墨を施しており、これが廟堂に居並ぶ同僚士大夫たちの気に入らなかったようだ。異分子扱いを受けてイジメに遭っていたのである。その中心人物が、これまた欧陽脩であった。

欧陽脩という人、子飼いの門人・部下を要路に配置するわざに長けており、こうした人事の派閥作りを通して政界・学界で重きをなしていった。彼が范仲淹のために弁じた「朋党論」は、君子の党派は国家のためになると主張しているが、蘇軾や黄庭堅のようないい宣伝マンを得て彼の党派が天下を取ったからこそ、その名はビッグネームとして今でも宋代史に燦然《さんぜん》と輝いているのであろう。彼の人品骨柄が本当に「君子」だったかどうかは、これとは別の話である。

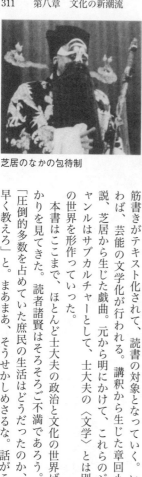

話がわき道にそれたが、宋代に題材をとって形成された講釈や芝居の数々は、やがてその筋書きがテキスト化されて、読書の対象となっていく。いわば、芸能の文学化が行われる。講釈から生じた章回小説、芝居から生じた戯曲。元から明にかけて、これらのジャンルはサブカルチャーとして、士大夫の〈文学〉とは別の世界を形作っていった。

本書はここまで、ほとんど士大夫の政治と文化の世界ばかりを見てきた。読者諸賢はそろそろご不満であろう。「圧倒的多数を占めていた庶民の生活はどうだったのか、早く教えろ」と。まあまあ、そうせかしめさるな。話がここまで来たからにゃ、その流れは止められぬ、次はいよいよお楽しみ、宋代庶民の暮らしぶりがいかなるものであったのか、そのお披露目でございます。——章回小説ならさしずめこうして次章へのつなぎとするであろう。

第九章　庶民の生活

税制と階層分化

生産関係の様相

宋代の一般庶民はどのような生活を送っていたのだろう。その様相を復元するのは、なかなか大変な作業である。それは主として史料問題に原因がある。王朝体制のもとでの〈史学〉はこの方面に関心を持ってこなかった。朝廷の人事や儀式の次第を記録することが主要な関心事であり、王朝興亡の経緯を記録して後世の鏡とすること、それが史学の務めであった。

西洋からの近代歴史学導入とともに、それに適う方法が模索された。が、史料として伝わる文献はかつてと同じである。それらの記録のなかから当時の社会・経済の様子がうかがえるものに注目したり、随筆や小説などの文学作品も歴史学の史料として活用したり、古文書の蒐集・整理に努めたり、考古学や図像研究の成果を取り入れたりすることで、生活の様子を多面的に実証することがなされてきた。こうして、かなりの程度、当時の様相が明らかになってきたのである。つまり、本章で紹介する成果は、ここまでの章のように、古くから伝わる文献にそのままの記述が並んでいるわけではなく、先輩研究者たちの労苦の成果として明らかになってきたことなのである。

さて、あらためて、宋代の一般庶民はどのような生活を送っていたのだろうか。ごく一般的なイメージとして、田畑を耕す農民の姿がまずは浮かんでくる。彼らは家族総出で労働し、その収穫の成果の少なからぬ量を、おかみや地主に納めなければならない。したがって、生活は決して楽ではない。ひとたび旱魃《かんばつ》や洪水にでも見舞われれば、飢え死にや一家離散の危険に直面している。前の章まで紹介してきた士大夫《したいふ》たちの華やかな文化は、すべてこれら農民の辛苦によって支えられている、と。

このイメージは必ずしもまちがいではなかろう。宋は基本的に農業国家だった。人口の大多数は農業に従事し、彼らが納める税や小作料が、支配階級を含む非農業人口の暮らしを支えていた。マルクス主義の史的唯物論《ゆいぶつ》が、この生産関係に着目したのはたしかに正しい。

特に一九四九年から一九七六年にいたる時期——直訳調で好きではない表現だが、この場合はまさしく「二〇世紀の第三四半期」——には、中国でも日本でも、宋代の生産関係の様相が歴史学研究の中心的なテーマとなった。毛沢東路線による革命の成功という事件が、多くの宋代史研究者の目をこの問題に（中国大陸の場合には政治的な文脈からも）向けさせたからである。昔の農民は主としてどういう階級的立場にあったのか、奴隷なのか農奴なのか、小作農なのか自作農なのか。毛沢東の死による文化大革命の終結、その後の改革開放政策、さらにはアナール学派や構造主義を導入した方法の転換によって、中国でも日本でも、

「紡車図」（王居正　北京故宮博物院蔵）

「耕穫図」（北京故宮博物院蔵）

この問題をめぐるひところのような熱気は失われている。だが、この時期の研究成果の蓄積は、宋代の農村社会の様相解明に多くの貢献をしている。

日本での場合、この議論は時代区分論争として展開した。宋代は近世なのか中世なのか。主要な生産関係が田主（地主）と佃戸《でんこ》（小作人）との純粋な契約であれば近世であり、人格的な隷属関係があれば中世封建制社会とみなすことができる。士大夫たちが書き残した政治文書の片言隻句の解釈をめぐって、果てしない論争が繰り広げられた。同じ史料をめぐって、それが近世社会の証拠とされたり、中世的性格を示すとされたりした。

王朝政府が遺した文書記録には、税制上、庶民をどのように把握しようとしたかに関する資料が多く見える。そのため、農業の生産関係を明らかにすることを志す現代の歴史学研究においても、そこに一つの争点が置かれた。主戸客戸論争や戸等制の問題である。

宋は農民として両税を納める家計単位を主戸と客戸とに範疇《はんちゅう》分けした。その数値は各県・各府州軍、そして各路ごとに集計され、中央政府において全国規模で把捉《はそく》されていた。その一部はさまざまな史料の記録として現在でも見ることができる。

なかでも、元豊三年（一〇八〇）に完成した『元豊九域志《げんぽうきゅういきし》』には州単位での主客戸統計を載せている。たとえば巻頭の東京開封府は主戸が一八万三七七〇、客戸が五万一八二九、鄂《がく》州（武昌《ぶしょう》、現在の湖北省武漢《ぶかん》市）は主戸が五万三一五〇、客戸が七万二一〇七である。

ところで、この主戸・客戸とは何か？　これが研究史上の論争の的であった。おおまかには主戸は土地持ち農民、客戸はそうでない者ということになるのだろうが、「田主と佃戸」という範疇分けと同じなのか違うのか、「客」というからには他の場所から移った新来の者を指すのではないか、等々。上の数値に見えるように、主戸と客戸の比率が場所によりかなり大きく異なっていて、全体の戸数では半分しかない鄂州のほうが首都開封府よりも多くの客戸を抱えていたりする。そのため、これは新興開発地域の特性だとする分析もある。門外漢のわたしには論断しかねる問題だ。

また、主戸の内部を資産に応じて五段階に分ける戸等制が布かれていた。これはさまざまな職役を賦課する、その基準である。政策の意図としては、第一等から三等までの上等戸に税の輸送などの大きな負担を与え、財の再分配という意味での公正さを持たせようということであった。しかし、節税は古今東西の智恵。上等戸に指定された農民は、職役の対象からはずされる特権を持つ官僚や寺院に名目的に土地を譲渡してその小作人のふりをしたり、戸籍上所有を細分して下等戸になったり（詭名析戸《きめいせきこ》）することで、その負担を免れた。これは違法行為すれすれなのだが、おかみのお目こぼしをいただくための手段を講じることを彼らは忘れなかったし、それだけの財力があった。

斉民思想の理念と現実

かくて、いつの世も正直者は馬鹿を見る。素直に自分の資産を申告し、その通りに把握された者は、ズルをしている者の分も負担させられ破産していく。『文献通考』巻四に引かれる治平《ちへい》年間の「会計録」の一句、「賦租の加わらざる所の者、十に其の七に居る」は、免税特権の不正運用によって税制システムが事実上崩壊していたことを示す文言とされる。王安石の改革は、こうした税の不公平を正すことを一つの目的としていた。

第三章ですでに紹介した募役《ぼえき》法とは、要するに職役を実際に課する（差役）のではなく、従来負担を免除されていた者たちも含めた全員から、資産に応じて免役銭を徴収し、それによって実際に役を担当する者を雇用しようというものであった。

『長編』巻二一五に引かれる「呂恵卿《りよけいけい》家伝」によれば、「坊郭の等第戸、及び未成丁・単丁・女戸・寺観・品官の家、もと色役無き者《しきえき》」とある。都市城壁内部の住民は以前から一〇等に区分されていた。これが「坊郭の等第戸」である。他は、戸主がまだ成人していない、男が一人しかいない、（男がおらず）女が戸主、寺院道観、それに官僚の家ということで、いずれもそれなりの理由から従来さまざまな職役（色役）を免除されていた。以後はみんなで公平に負担しようというわけである。

旧法党側の反対意見は、「女戸や単丁というのは窮民なのだから免役銭賦課はかえって不公正」（蘇軾）というものだった。どちらも一理ある。要は、税制システム全体として何を目標とするかであろう。新法党がめざしたのは、何度も言うようだが、中央政府が国民生活を一元的に管理掌握することだった。目こぼしは一切認められない。窮民のふりをしている輩からも税を取り立てる代わりに、本当の窮民には救恤《きゆうじゆつ》施設を用意してやるのである。

中国歴代王朝の人口統計は「戸口」と言われる。戸は家計単位、口は人の数。宋の場合、人口は丁数すなわち成人男子の数のみが記録された。これは人口把握が成人男子への税役負担を目的としていたことを示している。そもそも、日本の律令制度のもととなった唐の均田制は、王朝政府が帝国の良民に対して耕作地を貸与し、その見返りとして租庸調《そようちよう》の納入を求めるものであった。これがどの程度の実効性を持っていたかは今も検討が進められている

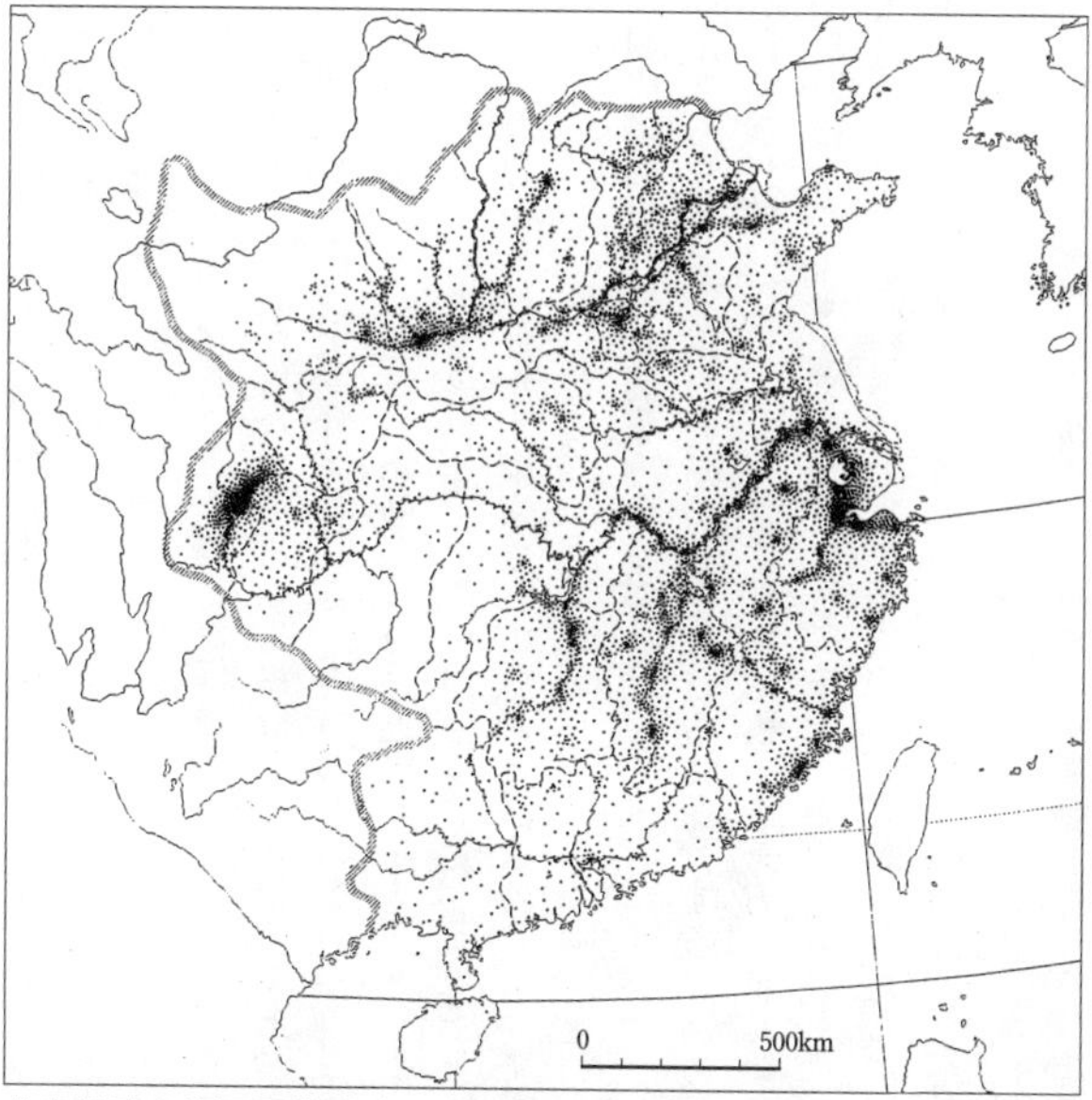

北宋崇寧年間の戸数分布　ひとつの点が3000戸を示す（陳正祥編著『中国歴史・文化地理図冊』をもとに作成）

が、すべての良民——賤民《せんみん》は除く——を同質の存在と捉える斉民《せいみん》思想が理念としてその背景にあればこその政策である。両税法によってこの理念は事実上崩壊していたが、宋になっても斉民思想は国是であり、世帯数と成人男子の数の捕捉が企てられていたわけである。ただし、実際には上で述べたような不正な操作がいろいろとなされていたため、この数もどこまで信用してよいかわからない。また、税収こそが目的であったから、耕地面積が規定の両税額から逆算して机の上で計算されることもあったといい、こうなると斉民思想は理念だけの空回り状態である。王安石の改革とは、『周礼』モデルにもとづいて、この理念を強権によって現実化しようとする政策であった。そこでは実態としての貧富の差を織り込んだうえで、公平な負担とは何かが模索されていたと評することができよう。

農村の階層分化と郷村秩序の構築

南宋ともなると、農村の階層分化はさらに進行する。富める者は新田開発などの形でその富を資本として投資し、ますます富を蓄積する一方、貧しい者は貧しさゆえの労働意欲の減退や借財によってますます窮乏化し、土地を手放していく。と言って、多くのホームレスが生まれることは、治安維持の観点から持てる階層の者たちにとっても望ましくない。その安全弁として、ある程度の富の再分配が行われていった。ただし、主体はもはや中央政府ではない。在地の有力者である。彼らは干拓・開墾した新耕地に耕す土地を持たぬ者たちを労働力として吸収し、そこに新たな郷村秩序を構築していく。第六章で紹介した郷約《きょうやく》に朱熹《しゅき》が目をつけたのは、やはり卓見だった。もちろん、その盛行は明代を待たねばならないが、社会の状況はすでに質的にはその段階に到達していたのである。

人口増加と移住。宋代の農村はそう特色づけることができよう。もちろん、中国史を通じていつもこの二つの現象は生じていた。しかし、そのパターンは唐宋変革を境に大きく変化する。漢や唐の総人口が六〇〇〇万だったのに対して、徽宗の時に一億を超えた人口は以後持続的に増加するという。これはたしかに統計上の数値にすぎないが、逆にそれだからこそ意味を持つとも言えそうである。また、窮民は唐代まで賤民・奴婢《ぬひ》として私民化されていたが、ほぼすべての小作人が良民として把捉対象とされ、その数値がどこまで信頼できるかはさておき統計数値に現れてくるという現象。これには、大規模な荘園経営に代わって単婚家族による小農経営が基本となっていく事情が作用しているとする説もあり、伝統的な斉民思想のもとで政府が自立した農民家族を保護しようとする政策とも関わってくる。

国家がいつも無辜《むこ》の人民からの収奪しか考えていないわけではない。むしろ、為政者の側が積極的にその自立を支援しようとすることもある。後継者がおらずに断絶した戸の財産は国庫に帰する決まりであったが、各地の地方官はお家断絶の措置を推進するどころか、養子政策を進めて戸の存続を図った。これも、単純化はできず、大幅に戸数を減らすと勤務評定が下がるとされたこと――前述の詭名析戸が黙認された理由の一つかもしれない――も作用していようが、ともかく、経営主体としての、ということはつまり納税単位としての戸の数を増やすことが為政者の務めとされた。これもすでに第五章以来指摘してきたことだが、総じて庶民が政治の対象として大きく立ち現れるのが、宋代の特質と言ってもよかろう。地方官として都を離れることが事実上の流罪を意味した唐代とは、時代の風気は大きく異なっていた。

農民の述懐

小作農の暮らしぶり

二〇世紀前半、侵略政策と微妙な関係を持ちながら、日本人研究者による華北農村の聞き取り調査が行われた。その記録は現地で生活する者の生の声を伝えてくれる貴重なものである。もちろん、宋代についてそのようなものは存在しない。以下は「もしあったら」という仮定にもとづくフィクションである。フィクションではあるが、ここに盛り込んだ内容はわたしに理解できた範囲での、宋代社会経済史研究の成果を整理したものである。聞き取り対象も「朱氏世徳碑記」という明代の史料に見える実在の人物である。

時：端平元年（一二三四）夏。すなわち、端平更化の年。
場所：江南東路建康府句容《くよう》県。
語り手：農民、男。四〇歳前後。

＊＊＊

俺たちの暮らしぶりについて知りたいって？　そんな話、聴いておもしろいんかね。そう言やあ、前に住んでた饒州《じょう》（現在の江西省上饒市）で、その昔、そこに野処先生とかいうお偉いさんがいて、いつもお屋敷の街道沿いに椅子を出して腰を掛けちゃあ、道行く者たちに「なにかおもしろい変わった話はないかい？」って声かけてたっていうのを聞いたことがある。朝廷でかなりの高官になった人だそうだが、そんなわけで死んでからも有名さ。なんでもあとでそれらの聞き取りを本にまとめたんだってよ。あんたもその仲間かい？　でも俺はまだ幽霊を見たりしたことはないぜ。たいしたことは話せないよ、それでもいいかい？

（調査者注：おそらく洪邁《こうまい》の『夷堅志《いけんし》』のことを言っているのであろう）

まあ、折角だから聴かせてやろうか。なに、名前？　百六だ。一族の同世代のなかで六番目の男だからさ。イトコは百四や百七だよ。百五は早死にしちまった。

姓は「朱」だ。こういう字だよ（と、手のひらに指で書いてみせる）。え？　なに感心してるんだ。このくらいの字は書けるさ。銭の計算なんか得意だぜ。あんた方と違って小銭だけで暮らしてるからな。近頃ときどきおかみの紙幣をつかまされちまうけど、信用ならねえから、俺はすぐに他人に渡すようにしてるんだ。なんたって銭が一番だよ。持ち運びには重くて大変だけどよ。ま、もっとも、そんな大金を持ち歩くことは滅多にないしな。

ここの村は朱家巷っていうくらいで、ほとんどが「朱なにがし」だ。でも親戚だから結婚できないんで、嫁はよそ者ばかりだ。俺の女房は隣の胡家荘から来たんだ。もちろん姓は

「胡」さ（と、これも字を書く）。

字をどこで覚えたって？　ガキの頃に何ヵ月か町のセンセイのところに通ってたんだ。でもまあ、ほんとに身に付いたのは暮らしの苦労のなかでだな。自分たちの名前を書けなきゃ、小作の契約もできんだろ。おかみに訴え事をするにも、内容は専門家が書いてくれるが名前ぐらいは自分で書かんとな。

え？　ああ、俺も訴えたことあるよ。女房の親が死んだときに遺産の取り分のことでね。ん？　なんで女に親の遺産の取り分があるのかって？　ああ、あんたもそう思うだろ。普通はそうだよな。ところがね、饒州のほうじゃ嫁に行っていても娘に息子の半分の取り分を認めてるんだ。嘘じゃないぜ。さっきも言ったろ。俺は若いころ、ちょっとこっちでヘマをやって、しばらく饒州のほうに行ってたんだ。その時に知ったんだよ。で、こっちでもと思って訴えてみたわけさ。案の定、門前払いだったけどな。県の役所に呼びだされて何日も足止め食らったうえに、こっちの言い分は全然認めてもらえなかった。「兄弟は仲良くしなきゃいかん」って説教されただけで終わっちまったよ。訴訟師への支払いもかかって大損さ。あんた、どうしてだか知ってるかい？　なに？　「それは饒州のほうの特別な決まりじゃないか」だって？　ふ〜ん、じゃ、どうしてそんな決まりがあるんだい？　「わからない」？　ちゃんと調べてくれよ。大事なことなんだからさ。

亭主が死んだときは遺産は女房のもんだよな。この村にもそうした女の地主がいるよ。亭主に早くに死に別れてから姑の面倒をしっかり見て、まだ小さい子供を育てながら暮らしてるんだ。センセイなんぞは、べた褒めよ。センセイは俺と同じ姓の朱ナントカっていう大先生の孫弟子だとかで、なんでもその教えによると、女は絶対に再婚しちゃいけねえってんだ。教科書に書いてあるんだとよ。夫が死んだら姑に仕えて一生を終えるべきなんだそうだ。今でもいい女なのに勿体ないって、俺なんかは思うけどね。まあ、それでも財産があるから暮らしていけるんだな。もし俺がくたばった日にゃ、女房は一人じゃやっていけないよ。

「秋庭戯嬰図」（部分　台北故宮博物院蔵）

ここの畑は小作だが、向こうに見えるあの田んぼは俺のものさ。親爺の遺産の俺の取り分だ。だからこれでも俺はいちおう「主戸」なんだぜ。おかみからいろんな負担を言い付かって面倒なだけだがな。

野良仕事に精出して、そのうえ暇なときに細工物を作って売れば、結構な金にはなるよ。ほら、ここんとこ兵隊がたくさん通るだろ。やつら出陣のときには金回りがいいから、道で待ち受けたり、宿へ押し掛けていったりして、いろんなものを売りつけるのさ。すけべな連中だから、土地の娘にちょっかい出そうってんで、その贈り物にするものがよく売れるね。

ところで、この戦、どうなってんだい？　金《きん》に勝ったっていうめでたい話は俺も聴いてるが、そのあと蒙古とかいう野蛮な連中ともめてるっていうじゃねえか。あんた、学者さんならなんか知らないか？　厄介なことにならなきゃいいがね。いやさ、さっきのセンセイの話じゃ、一〇〇年前もおんなじことをして、とうとう天子様が捕まっちまったっていうじゃないか（調査者注：もちろん、靖康《せいこう》の変のことを言っているのであろう）。

今度の戦はその敵討ちだっていうが、前より悪い奴と組んじまったんじゃないかって、ね。俺たちでも喧嘩するときには、誰と組むかよ～く考えるぜ、ほんと。敵の敵なら誰でもいいってわけじゃねえだろう。しっかりしてくれよ。まあ、俺たちには関係ねえ話だけど。

おっと、話しこんでたら陽が傾いてきちまったじゃないか。俺たちはあんた方と違って明るいうちにきちんと畑仕事しなくちゃならねえんだ。暑いなんて言っちゃいられない。女房が秋には産をするんだ。二人目だけどな。もし今度も男だったら、将来、俺のあの狭い田んぼを兄弟でさらに分けるのかね。がんばって稼いで買い足しておくかな。そしたら、息子たちも感謝してきちんと死後の菩提を弔ってくれるかもしれないし。

じゃあな。都に戻ったら、天子様によろしく言ってくんな。今年はおかげさんで陽気もよかった、来年もこの調子でいい天気になるように、精出して神様たちに祈ってくんな、ってね。

この年の秋、朱百六は次男を得る。名は「朱四九」。だが、果たして翌年の収穫をこの地で無事に得られたかどうか。彼の不安が的中し、蒙古軍の一回目の侵略があったからである。その経緯は次章で史実に即して見ていくことにする。彼の子供たちの世代は、曲がりなりにも三〇〇年間続いた王朝の滅亡に立ちあうことになる。

この朱百六の玄孫にして朱四九の曽孫は、なんとこの聞き取り調査の一三四年後に、ここ建康でめでたく皇帝の位に即き、全国の民のために豊作を祈願する祭司になる運命にあった。朱百六の霊は帝室の始祖として、都に設けられた荘厳な宮殿において「徳祖玄皇帝」という名前で祭られることになる。

＊＊＊

貨幣経済

空前の経済活況期

朱百六からの架空聞き取り調査にも出てきたが、宋代には農民にとっても貨幣は必要不可欠な存在となっていた。よほどの山間部でないかぎり、彼らの生活は自給自足ではなかったからである。

そもそも両税法では、夏には銭、秋には穀物を納めさせる決まりであった。と言っても、実際には夏税もその時点での収穫物、小麦や絹・麻・綿での現物納入だったらしい。まだ貨幣が充分に流通浸透していなかったためであろう。

五代十国時代、各地の王権は独自に通貨発行を行った。銭には銅と鉄の二種類があったが、その換算比率も異なっていた。宋の初期には「宋元通宝《そうげんつうほう》」が鋳造されていたが、淳化《じゅんか》元年（九九〇）に「淳化元宝」と刻印した通貨が発行される。太宗みずから筆を執って真（＝楷）・草・行の三つの書体を書いたものが使われた。年号を通貨に冠する名称の始まりだった。

その後、宋は全国規模での経済圏樹立めざして基本的には銅銭重視政策を進めたけれども、実情に見合う形で鉄銭も併用し、特に四川や淮南ではほとんどもっぱら鉄銭が使用された。朝廷における銅銭鋳造額も徐々に増加する傾向にはあったが、途中まで劇的な変化は見られない。ここでも王安石の改革が大きな節目となる。

王安石の青苗法《せいびょうほう》は、農村に貨幣が行き渡る画期となったと評される。この出納には貨幣を用いることになっており、農民は端境期《はざかいき》を乗りきると収穫物を売りさばいて借銭を返済しなければならなかった。旧法党側の人士が青苗法を批判する際の常套句は、「本来必要ない貨幣を調達させるために農民に損害を与える」というものだった。たしかに、運用面での不手際や不正から、各地で混乱が生じていた。しかし、事の是非はさておき、この政策が貨幣を実際に帝国の血液たらしめたことは、そもそもの改革の理念からして成功であったといえる。中央政府の統制が、農民の懐のなかにまで及ぶようになったのだ。旧法党の懐旧的道徳家が批判する、「不要な贅沢品を買うために借金をさせる」政策こそ、経済活性化をもくろ

宋銭（東京大学大学院経済学研究科蔵）　左から至和元宝・嘉祐元宝・宣和元宝・建炎通宝

む王安石政府の意図するところだったからである。

人は生まれついて勤勉なのではない。何かを欲求し、それを手に入れるためにだけ労働する。この経済人類学的な知見を、王安石は持っていたのだろう。果たして、経済は空前の活況期にはいる。それにともなって国庫も充実した。それが民間からの収奪にすぎず、国民生活は実は苦しくなっているのだとするのも一つの見方である。積極的にインフレを進めるのか、それともある規模での安定したシステムへの安住をめざすのか。難しい統計理論があろうがなかろうが、昔から経済政策には相反する二通りの立場があるのだということ、そして、そのどちらが正しいかは、結果を見てからでなければわからないということを、この歴史的事例は示してくれているようだ。宋の場合、数十年間はそれで成功した。そして、もし靖康の変さえなければ……。

なお、宋銭が国際通貨として広く出回り、日本にも大量に伝来していることはご存知の通りである。

通貨政策

宋代に、というより、前近代の東アジア全域に存在した、わたしたちには理解しにくい慣行が、〈短陌《たんぱく》〉である。〈陌〉は一〇〇。実際には一〇〇文ないのに、数十文を一〇〇文として支払いに当てることである。そのレートは商品により、また宋でも場所や時期により異なるようだが、『東京夢華録』は次のように記録している。

官用	七七文
街市通用	七五文
魚肉・野菜	七二文
金銀	七四文
宝石・女中雇用・愛玩動物	六八文
文字（書籍か）	五六文

著者孟元老《もうげんろう》がわざわざこれらを列記していることから見て、彼が記録した南宋初期には、やや異なる数値での短陌がなされていたのではないだろうか。このうち官用レートは太平興国二年（九七七）制定のれっきとした規則だった。南宋の算数教科書にはこんな問題が載っているという。彼らは日常生活でこれをいつも計算する必要に迫られていたのだ。「九六貫二五〇文は、七七の短陌ではいくらになるか？」（答えは一二五貫ちょうど）。

この慣行をめぐっては、最近、商品流通の孤立性の証拠とされたり、果たして「慣行」の語でくくれるのかという疑問が出されたりしていて、研究史上、大きな転機を迎えつつあ

a	80陌	官告	天聖4 (1026)	
b	80陌	輸官	北宋中期	
c	85陌	麴	熙寧4 (1071) まで	開封
d	99陌	高麗進奉使への進物	熙寧5、6、9	明州
e	80陌	封贈銭	北宋末	
f	94陌	市舶条例	紹興1 (1131)	
g	80陌	銀	紹興年間	桂陽軍
h	99陌	和糴	乾道5 (1169)	紹興府
i	98陌	銀	淳熙10 (1183)	広東
j	99陌	家屋田地典買	嘉泰4 (1204) －開禧2 (1206)	蘇州
k	98陌	銀	淳祐12 (1252)	広東
l	98陌	園地買上	宝祐6 (1258)	明州

国家の使用する短陌（省陌公定以後）（宮澤知之『宋代中国の国家と経済』より）

a	48陌	諸州私用	太平興国2 (977)	
b	72陌	市井交易	咸平5 (1002)	開封
c	74－75陌	衣服綿帛	大中祥符3 (1010)	〃
d	98陌	米	熙寧1 (1068)	
	72陌	魚肉菜	北宋末	開封
	74陌	金銀	〃	〃
	68陌	珠珍、雇用、虫蟻	〃	〃
	56陌	文字	〃	〃
	75陌	街市通用	〃	〃
e	60陌	絹糸	乾道6 (1170)	磁州
f	70、96陌	賄賂	淳熙9 (1182)	台州
	96陌	糯穀	〃	〃
g	70陌	土地賃銭	淳祐1 (1241)	建康
h	50陌	賄賂	南宋	

民間使用の短陌（宮澤知之『宋代中国の国家と経済』より）

る。会計事務にうといわたしにはなんら生産的な発言はできないのだが、「現金でお買い上げの場合にかぎり、商品に応じて五〜二〇パーセントのポイント還元を致します」という量販店の商法、つまり信用取引よりも現金即時払いを優遇するやり方は、どこかでこの慣行に通じるものを持っているのかもしれない。

宋代の通貨政策で特筆されるのは、会子《かいし》とか交子《こうし》と呼ばれる紙幣の併用である。例によって、「世界初の」をしばしば枕に冠されるこの現象は、持ち運びに不便な鉄銭に代わる代用通貨として四川《しせん》で始まった。永久通貨ではなく、当初は三年期限の回収通貨であった。新法党政権のもとで増産され、徽宗の時にはついに本源となる銭の裏付けなく発行されることもあった。不換紙幣化である。だが、それはすぐに撤回され、南宋でも通用期限が来たら銭への交換を保障する形での発行が続けられた。この一つの期限を〈界〉と呼ぶ。さすがに南宋も後半になると、財政窮乏とあいまって紙幣の信用価値が下落していく。

これらの紙幣がどの程度一般庶民の生活に使われたのか、まだ充分明らかにはなっていない。前節の「朱百六」の発言は、もちろんわたしの創作で、おそらく彼のような階層にとっては無用の長物、わけのわからないシロモノだったのではという想像によっている。上述の一般の評価には、現在の視点からする宋代の紙幣使用への過大評価があるように思われるのだ。紙幣とは言っても、要するに政府が発行する手形のようなもので、その点では当時民間で広く行われていた交引《こういん》と呼ばれる手形決済の一種にすぎないという見方もある。さきほどの例を繰り返せば、今でもカードより現金が優遇されたりするように、あるいは逆にカード使用に特典を付けたりするように、通貨の問題はいつでもどこでも複雑微妙である。

鎮市の勃興

大規模化する商業聚落

だが、少なくとも言えることは、唐宋変革以降、農民たちも交換経済の網の目に搦めとられていったということである。自分たちが消費する以上のものを、売りに出すことを最初から目的にして生産する。あるいは逆に、自分たちの生活必需品を他者から購入する。それもごく近隣の、いわば村のなかでのみ済ませるのではなく、より広域的に、それを専門とする商人を介して行うようになる。こうして、交換の場所が恒常的な施設として農村地帯に出現した。その小規模なものは〈店〉〈歩〉〈市〉などと呼ばれた。店は陸路の街道沿い、歩は船着き場にできた商業聚落に使われた。

なかでも〈市〉は、日本語でも市場《いちば》――最近はきどってシジョウと音読みすることが多くなった気がするが――と使われているように、もっとも一般的な語だった。そもそもは経書のなかに出てくる、都城内の商業地（つまり、市場）のことを指す語であったわけだが、それが都城外に誕生し、そうして形成された聚落自体を〈市〉というようになったのである。それが熟語化して〈虚市〉〈村市〉〈草市〉などという用語が史料に頻出する。それらが大規模化して都市の相貌を呈してくると、官側はそれらを〈鎮《ちん》〉という名で把握した。

そもそも、中国の統治理念では、人が集住するのは政治拠点であり――あるいはその逆に、政治拠点に人を住まわせるという論理――、都市の基本は県城だった。ほかには鉱業都市に多い監や、商税徴収所である場務や酒税徴収所の酒務がある程度である。このほかあらたに商業都市が叢生してきた時、それらをすべて県に昇格させるという処理方法もあったろう。しかし、行政サイズの固定化をめざした歴代王朝は、人口増加や商業隆盛にもかかわらず、県の数を増やす政策は採らなかった。全国で千数百という県の数は、なんと唐の人口の五倍あった清でも維持されている。

したがって、実際に生じてきている県の下位の都市に、何か名称を与えなければならない。それが鎮であった。それ以前に、軍事拠点としての塞《さい》・堡《ほう》、鉱業都市の場《じょう》などがあったが、新たに各地に設けられた鎮の数には遠く及ばない。その数は徽宗の頃でおよそ二〇〇〇であった。都市という概念をどのように捉えるかにもよるが、宋代以後の都市の中核は、少なくとも量のうえでは鎮であった。

県城が行政拠点としていわば政治の論理によって場所設定されるのとは異なり、鎮は流通の都合で生まれる。とはいえ、流通は行政の影響を強く受けていた。たとえば、ある県と別の県の間に物流がある場合、その境に商品交換のための場所が必要になってくる。例として適切かどうかわからないが、現代国家における国境貿易を考えてもらえばよい。国境には貿易のための町がその両側に存在している。宋代の鎮のなかにはそういうものも少なくない。その場合、実態としては一つの町なのに、行政上は境界線によって二つの県に所属が分かれることになる。すると、官側の把握としてもこの二つは別の県の別の鎮ということになってしまう。したがって、さきほどの二〇〇〇という鎮の数は、実際の町の数とは一致しないことになる。政府が作成する統計だけでは実情を再現できないもどかしさが、こんなところにもあるのだ。

都市化の趨勢

ところで、都市と農村の人口比率はどうだったのだろうか？　前述したような統計上の問題もあって、たしかなことは言えないが、ある研究によれば熙寧九年（一〇七六）の保甲法《ほこう》における丁男《ていだん》数では、市と鎮を合わせたものの占める割合が全体の三・四二パーセント、つまり約三〇分の一となっている。ただし、この数字がいわゆる都市化率を意味するものではないのは、開封近郊よりも河北東路（現在の河北省）や秦鳳路《しんぽう》（現在の甘粛省と陝西省の一部）のほうが遥かに高い数値を示していることからわかる。あくまで目安にすぎない。それでも、商業聚落の拡大趨勢があったことは確実で、同じ研究によると、福建の山間部にある汀《てい》州でさえ南宋の数十年の間に都市人口が六倍に増えているという。汀州では南宋末の時点で、都市に全体の三分の一が住んでいた。別の研究者の調査（三三六頁表）では、南宋の坊《ぼう》郭戸《かくこ》（都市居住者）の比率は一割前後の場所が多く、鎮江《ちんこう》や真《しん》州（現在の江蘇《こうそ》省儀徴《ぎちょう》市）で例外的に四割前後となっている。金との前線に近いところでは、軍隊の駐屯や彼らの消費をあてにする商業・娯楽などのサービス業者の集住により、後背地である農村に比べて異様に

地区	年代	総戸数	坊郭郷村戸数		%	資料出所
真　州 揚子県	嘉定 （1208－24）	12,711	坊郭	5,855	46.06	申嘉瑞『隆慶儀真県志』巻6「戸口考」
			郷村	6,862	53.94	
鎮江府 丹徒県	嘉定	42,900	坊郭	15,900	37.06	兪希魯『至順鎮江志』巻3「戸口条」
			郷村	27,000	62.94	
	咸淳 （1265－74）	22,779	坊郭	8,698	38.18	
			郷村	14,081	61.82	
汀　州	南宋初 （1127－）	150,331	坊郭	5,285	3.52	『永楽大典』巻7890「汀州府条」引『臨汀志』
			郷村	145,046	96.48	
	宝祐 （1253－58）前	222,361	坊郭	72,626	32.66	
			郷村	149,735	67.34	
	宝祐	223,433	坊郭	73,140	32.74	
			郷村	150,293	67.26	
楊　州	紹熙 （1190－94）	35,951	坊郭	4,226	11.75	盛儀『嘉靖惟揚志』巻8「戸口志」
			郷村	31,725	88.25	
	嘉泰 （1201－04）	36,160	坊郭	3,637	10.06	
			郷村	32,523	89.94	
	宝祐4年 （1256）	43,892	坊郭	7,975	18.17	
			郷村	35,917	81.83	
台　州 臨海県	嘉定以前	73,997	坊郭	10,000	13.51	陳耆卿『嘉定赤城志』巻15「版籍門1・戸口条」、楼鑰『攻媿集』巻3「寄題台州倅庁雲壑図」
			郷村	63,997	86.49	
漢陽軍	嘉定	23,000	坊郭	3,000	13.04	黄榦『勉斎集』巻30「申京湖制置司弁漢陽軍糴米状」
			郷村	20,000	86.96	
慶元府 鄞　県	宝慶 （1225－27）	41,617	坊郭	5,321	12.79	羅濬『宝慶四明志』巻13「鄞県志二・叙賦篇・戸口条」
			郷村	32,692	87.21	
撫　州	嘉定	247,320	坊郭	30,588	12.37	許応嶸『光緒撫州府志』巻14「建置志」載李紘「清風門考」引『景定志』
			郷村	216,733	87.63	
楚　州 塩城県	嘉定元年 （1208）	34,000	坊郭	4,000	11.76	劉克荘『後村先生大全集』巻148「方子黙墓誌銘」
			郷村	30,000	88.24	
漳　州 漳浦県	嘉定8年 （1215）	43,383	坊郭	5,000	11.52	羅青霄『万暦漳州府志』巻19「漳浦県志・戸口条」、葉適『水心先生文集』巻10「漳浦県聖殿記」
			郷村	38,383	88.48	
厳　州 淳安県	開禧3年 （1207）	18,726	坊郭	1,335	7.13	董弅『厳州図経』巻1「戸口条」、『宋会要輯稿』「瑞異三・水災篇」開禧3年6月15日条
			郷村	17,391	92.87	
徽　州 歙　県	乾道8年 （1172）	27,874	坊郭	1,931	6.92	羅願『淳熙新安志』巻1「州郡志・戸口条」、巻3「歙県戸口条」
			郷村	25,943	93.08	
徽　州	宝慶3年 （1227）	134,942	坊郭	3,887	2.88	彭澤『弘治徽州府志』巻2「食貨志一・戸口条」
			郷村	131,055	97.12	
紹興府 嵊　県	嘉定	33,194	坊郭	1,194	3.60	高似孫『剡録』巻1「版図篇」
			郷村	32,000	96.40	
荊門軍	紹興 （1131－62）	（主戸） 3,000	坊郭	（主戸） 500	16.67	洪适『盤洲文集』巻49「荊門軍奏便民五事状」
			郷村	（主戸） 2,500	83.33	

南宋の都市化比率（梁庚堯『南宋的農村経済』をもとに作成）

	〈北方〉						〈南方〉					
	西京			河北東			淮南東			江南西		
貫	府州	県	鎮等	府州	県	鎮等	府州	県	鎮等	府州	県	鎮等
50万未満−30万以上	1											
−10万以上												
− 5万以上							2					
− 3万以上	2			1	1		1	1		1		
− 1万以上	1	3		8	2	2	5	3		4		
− 5千以上		10	1	3	2	2	1	4	2	5	4	
− 1貫以上		35	51	6	22	97	1	16	32		32	14
1貫未満		3			2			3				

	京東東			河北西			淮南西			荊湖南		
貫	府州	県	鎮等	府州	県	鎮等	府州	県	鎮等	府州	県	鎮等
50万未満−30万以上												
−10万以上												
− 5万以上							1					
− 3万以上	1			1						1		
− 1万以上	5	1	7	6			5	2	1	2	1	
− 5千以上	3	8	4	5	2		1	7	1	3	5	1
− 1貫以上		19	45	5	36	43	2	14	34	2	13	16
1貫未満						1					7	

	京東西			河東			両浙			荊湖北		
貫	府州	県	鎮等	府州	県	鎮等	府州	県	鎮等	府州	県	鎮等
50万未満−30万以上												
−10万以上												
− 5万以上							2					
− 3万以上	1			2			2					
− 1万以上	2		1	1			8	7	3	2	1	
− 5千以上	4	7		5	1		2	19		5	1	2
− 1貫以上		22	25	12	53	50		32	48	3	22	29
1貫未満					7	1		2			12	

	京西南			秦鳳			江南東			福建		
貫	府州	県	鎮等	府州	県	鎮等	府州	県	鎮等	府州	県	鎮等
50万未満−30万以上												
−10万以上												
− 5万以上				1								
− 3万以上	1			1			1			1		
− 1万以上	2			3		1	7	3	1	3	2	
− 5千以上	4	2	1	2	2	3		7		3	5	1
− 1貫以上	2	17	10	7	21	71	2	26	19	2	27	51
1貫未満		3			5						1	

	京西北			陝西			〈全国〉		
貫	府州	県	鎮等	府州	県	鎮等	府州	県	鎮等
50万未満−30万以上							1		
−10万以上									
− 5万以上							6		
− 3万以上				2			19	2	
− 1万以上	3			3			70	25	16
− 5千以上	1	3		7	5		54	94	18
− 1貫以上	4	26	30	10	53	91	58	486	756
1貫未満		1			8	1		54	3

北宋における都市の格と商税額の対応（斯波義信『中国都市史』より）

大きな規模の都市が出現するためであろうか。

「封建社会特有の自給自足経済」という観念的な思い込みとは異なり、宋代の社会はあらゆる階層で交換経済を前提とする生活が営まれていた。食料品は基本的にはごく近距離の交易圏で用が足りる。ただ、塩や茶は特産地からの輸送を必要とし、そこに目をつけた政府によって専売や特許の政策が採られて、商品自体の価値をはるかに上回る税が課せられる。さらに、日用品の多くはやはりある特定地方の特産物であったから、それを全国に流通させる自律的な仕組みが作られていた。後代まで続く〈行〉という同業組織もその一つである。そして、商品が最も遠距離を移動するのが、国際貿易ということになる。シルクロードによって西方との陸路貿易のイメージが強い唐に対して、宋の貿易の主役は舟と海港であった。

大貿易港――広州・泉州・明州

南海交易の拠点――広州・泉州

鎮が最小規模の交易都市であるとすれば、最大規模の交易都市は貿易港ということになろう。宋代では広《こう》州・泉《せん》州・明《めい》州の三つが代表である。

広州は唐代以来南海交易の拠点として栄えた。珠江《しゅこう》河口部の、海とも川ともつかぬ水路に面している。外洋に直接面していないため、天然の良港であった。すでに秦の時に南海郡が置かれている。伝えられる黄巣の大虐殺にもかかわらず、ここに都を置く南漢は西暦九一七年に帝号を称して五〇年以上にわたりこの地に君臨した。五代の後漢《こうかん》が国号選定の時にこの南方の独立国のことを意識しなかったことに示されているとおり、中原からは隔絶された空間であった。南漢にも中原に鹿を逐《お》う意図は最初からなく、国内は平和と安定を享受していた。

開宝四年（九七一）にこの地を接収した宋は、広州を広南東路の中心都市として統治の拠点にしたうえ、貿易を統轄し関税を徴収するための官庁、市舶司《しはくし》を置いた。華中で生産された商品が広州に運ばれ、ここを窓口として南アジア方面に輸出されていった。宋代三〇〇年を通じて、巨大貿易都市としての広州の繁栄は続いた。ただ、後背地の珠江デルタは宋代の技術ではまだ開発に難しく、唐代と同じく未開発地域にぽつんと浮かぶ孤立した島、東南アジアにその後もいくつも現れる中継貿易港にすぎなかった。珠江デルタの開発が本格化し、広東が農業生産の上でも要地となるのは明代になってからである。

蒙古による占領統治期の初め、イタリアからやって来て中国に長く滞在したとされるマルコ・ポーロが感嘆のことばを書き連ねたのは、しかし、この広州ではなかった。彼が世界最大の港として絶賛した「ザイトン（Zaiton）」は、幾多の研究者の考証《しどう》を経て、二〇世紀のはじめに泉州であるという断案を得た。泉州名物の刺桐の木にちなんで、おそらくそう表記したのだろうと言われている。

泉州は福建南部の海港。厳密にいうと海から晋江《しんこう》を数キロ遡ったところにある。泉州は福建に属しているが、この呼称が示すとおり、福建とは北部を流れる閩江《びんこう》中流域の建州と河口部の福州とからその開発が進み、泉州は唐代にはまだ沿海部の平凡な港湾都市にすぎなかった。一〇世紀に閩国が南北に分裂すると、ここを拠点にした事実上の独立政権が生まれ、その政策によって交易が奨励される。だが、宋に吸収されてからも、福建路の政治・文化の中心はあくまで福州であった。

泉州の運が開けてくるのは熙寧五年（一〇七二）、均輸法の責任者、発運使の薛向《せっきょう》が市舶司設置を建白したことに始まる。すでにそれに先駆けて、知事を務めた蔡襄《さいじょう》によって東に向かう街道に洛陽橋が架けられたりと、インフラ整備は進んでいた。紆余曲折があったのち、元祐二年（一〇八七）に市舶司設置が決定される。南宋になると、その税収を見込んで、巨大化した帝室の一族のうちの半分が移住し、管轄する南外宗正司が置かれた（西外宗正司は福州）。

広州には唐代にすでに〈蕃坊《ばんぼう》〉という呼び名の外国人居留区が設けられていた。泉州でも都市内部にはおのずと棲み分けが行われ、港に近い市街南部は外国からの貿易商人たちの住み処となり、モスクなどの施設が造られた。漢人の船乗りたちが航海の安全を祈る媽祖《まそ》廟もその一画にある。一方、市街北部は行政・文教地区となり、在地有力者たちの屋敷町でもあった。都市としての規模拡大が進むとともに、手狭になった城内をはみだして門外にも人家が建ち並ぶようになる。やがて、それらを囲い込む形で城壁の工事が行われ、最終的には内城・外城・羅城という三重の構造をもつ都市ができあがった。

朱熹が最初の任地として赴任した同安県は、泉州の町から西南西に六〇キロの地である。

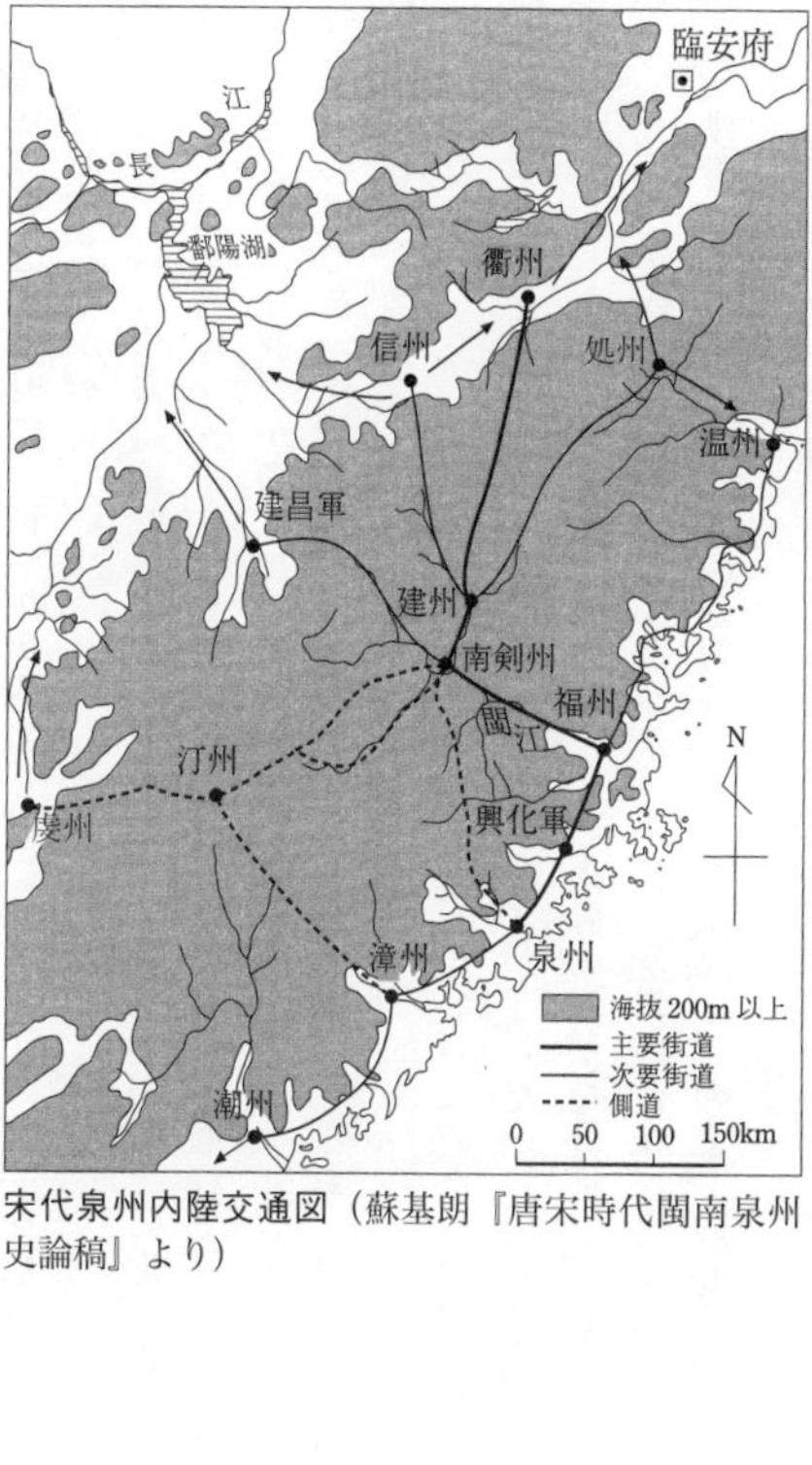

宋代泉州内陸交通図（蘇基朗『唐宋時代閩南泉州史論稿』より）

彼の理の哲学はこの地でムスリムと接触した結果ではないかとする推測もある。話としてはおもしろいが、彼の文集や語録を見るかぎりでは、彼が異文化体験をした形跡はまったくうかがえない。彼のみならず、思想上はその後継者であった真徳秀《しんとくしゅう》も、二度にわたる泉州知事在任中、貿易振興政策に意を注いでいるにもかかわらず、ムスリム商人たちとの交流を図ったようには見えない。儒教がそもそも大陸の思想として生まれ、海には開けていなかったことが、華夷《かい》思想とあわせて、彼らの思考コードにイスラーム文明を取り入れさせなかった一因なのではなかろうか。

　貿易港としての泉州の特権的地位は南宋滅亡後も続く。当時この地の市舶司長官であったアラブ系（一説にペルシャ系）の蒲寿庚《ほじゅこう》は、臨安を逐われて逃れてきた宋の宮廷の懇願を斥け、水軍とともにモンゴルのクビライ・カーンに帰順する。マルコ・ポーロが見た泉州は、その数年後の姿であった。モンゴル帝国がもたらす平和のもとで、海洋交易の拠点として泉州は広州をしのぐ地位を手にしたのであった。

　だが、この繁栄も長くは続かなかった。外洋に面していないため大型船が入港できず、積み荷を小型ジャンクに積み替えねばならない不便さが、しだいに近隣諸港に取って代わられていく原因となった。街道に橋を架けたために土砂の堆積を促進してしまったという指摘もある。一九七〇年代に、沖合の砂のなかから宋代の沈没船がほぼ完全な形で発見された。おそらく、座礁して放棄されたものだろう。この発掘品はそのままの形で博物館に保存されている。

　明の海禁政策も、政治的に保障された泉州の地位を下降させていった。というのは、実際には盛んだった密貿易がおかみの目を逃れるために、泉州近辺の別の港で行われたからである。明代後半には同安県下の厦門《アモイ》や隣の漳《しょう》州月港が、福建南部の交易港になっていく。広州が近現代にも発展を続ける大都会としてその変容著しいのに比べ、この衰退のせいで、泉州は今でも往時の面影を色濃く残す町である。

二つの顔を持つ明州

もう一つの港町明州《めい》は、明《みん》王朝によって与えられた寧波《ニンポー》という現在の名によって日本でも馴染み深い。宋代では栄西や道元、明代には勘合《かんごう》貿易による日本船が、この港町を訪れた。応仁の乱以来の細川・大内の抗争が場外乱闘となってこの町を焼き払ったこともある。

泉州湾出土の宋代の沈没船（泉州海外交通史博物館）

明州も外港ではない。しかし、甬江《ようこう》を通じて海につながり、逆に支流余《よ》姚《よう》江を溯れば運河を経由してそのまま越州・杭州に至る。その先は当然、大運河が控えている。つまり、船だけで中原に直結できるのである。唐ではまだここに町が形成されておらず、明州の官庁も別のところに置かれていた。余姚江と奉《ほう》化《か》江の合流地点に州城が移転したのは、唐末のことである。咸《かん》平《ぺい》二年（九九九）、杭州と同時にここにも市舶司が置かれる。杭州がすでに呉越《ごえつ》国の首都として政治的にも大都会に発展していたのに比べて、平凡な州城でしかない明州に市舶司が設置されたのは、今述べたような地理的条件によるものだろう。杭州と明州の中間に位置するのが、越州である。

明州の州城は、西側に運河、北東を余姚江、南東を奉化江というように、完全に水路で囲まれた卵形をしている。そのため城壁を拡げることは不可能で、宋代そのままの規模で清末にいたった。ここでも船着き場に近い城内東部が海運業にかかわる商業地区となり、北部や西部が政治・文教地区となった。屋敷町は西南部に展開する。ここは生活用水の水源に近く、また城外西郊にひろがる水田地帯ともつながっていた。第四章で指摘したように、明州は特に南宋になってから中央政界に人材を送り込みつづけたから、彼らが政治的権勢にものを言わせて集めた財は、この町に蓄積されたり、郊外の耕地の取得に投資されたりしていった。科挙官僚の故郷としての顔と、国際貿易港としての顔。この二つの顔は、一九世紀に上海《シャンハイ》にその繁栄の座を譲るまで、明州（寧波）を特徴づけるものであった。西門そばに明末に造られた天一閣は、明代の地方志の大コレクションなどによって、宋代史研究にも多大な恩恵を与えている。黄宗羲《こうそうぎ》の死後、清代になって『宋元学案《そうげんがくあん》』を完成させた全祖望《ぜんそぼう》や『宋元学案補遺』を編んだ王梓材《おうしざい》・馮雲濠《ふううんごう》は、みな寧波の人間である。そのためか、第八章で述べたように、『宋元学案』は宋末になって儒教の正統が寧波の学者によって担われることになったような書き方をしている。

広州・泉州・明州。これら三つの市舶港には、アジア全域からの貿易商人が参集し、宋との交易に従事していた。

泉州の市舶司長官を務めた趙汝适《ちょうじょかつ》に、宝慶《ほうけい》元年（一二二五）の序文を持つ『諸蕃志《しょばんし》』という著述がある。上巻が交易相手国それぞれについての紹介、下巻がその物産についての記事からなっていて、当時の交易の様子を伝えてくれる貴重な史料である。たとえば、上巻の最後を飾る「倭国」では、今は「日本国」と国号を変えたこと、八八万人の成人男子がいること、寿命が長く八〇～九〇歳であること、女性が貞淑で嫉妬しないことなどが紹介され、終わりに奝然の訪問と太宗との例のやり取り、そしてここでも太宗の歎息が記録されている。万世一系と貴族の世襲が、宋代人にはよほど印象深かったのであろう。

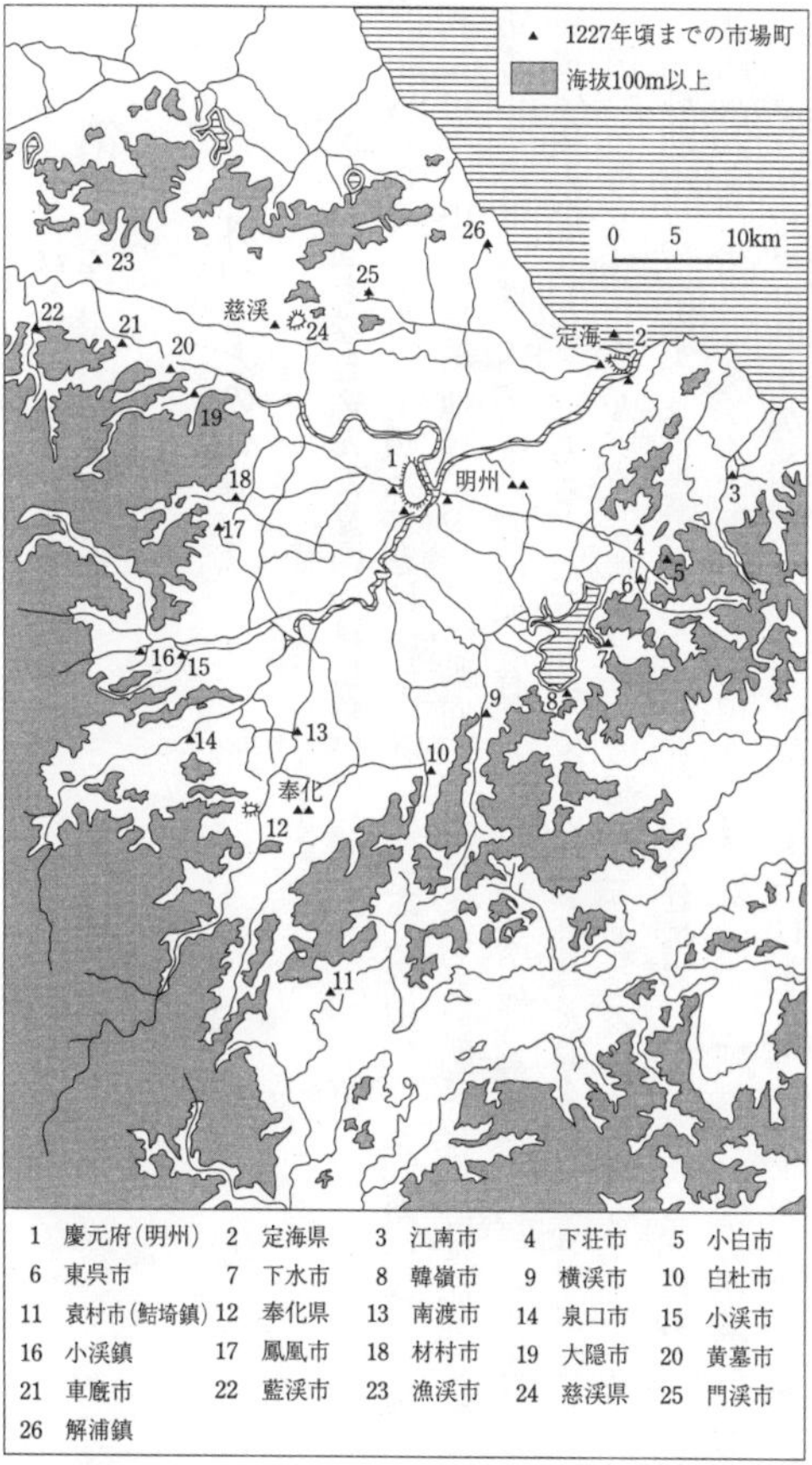

明州周辺の市場分布（斯波義信『宋代江南経済史の研究』をもとに作成）

第一〇章　中華の誇り

「外国」との交流

宋・遼二大国を巻き込んだ夏国の跡目争い

宋代の正史『宋史《そうし》』全四九六巻は、一二巻におよぶ「外国伝」と「蛮夷伝《ばんいでん》」で締めくくられている。中国以外の地域についての動向が、中華王朝との関係を中心に記述される部分である。この形式は正史古来のもので、有名な『三国志』の「魏志倭人伝《ぎしわじんでん》」、正確には「魏書東夷伝倭人条」もそうである。ただ、『宋史』の特異性はそれをわざわざ「外国伝」と「蛮夷伝」とに分けたことと、遼《りょう》と金《きん》についての記述を含まないことである。

その理由は、『宋史』が編纂されたのが元朝の宮廷においてだったことにある。宋への朝貢国（およびそれに準ずるとみなされた国々）は「外国」と呼ばれ、宋の領域内にありながらまつろわぬ少数民族が「蛮夷」とされた。遼と金は宋と対等の王朝国家として、個別に『遼史』『金史』が編まれたため、宋の正史にはあらためて章だてされなかった。このことからも、「唐→宋→元→明」という単線経路が必ずしも正確でないことがわかる。この問題はあとでまた取り上げるとして、ここでは『宋史』が「外国」とした国のなかからいくつかを紹介していこう。

「外国伝」全八巻のうちはじめの二巻は「夏国《か》」の紹介である。いわゆる西夏《せいか》のことだ。チベット系タングート族を中心とするこの王朝については、本シリーズ第八巻（『疾駆する草原の征服者』）で詳しく取り上げられることになっているので、ここでは本巻のテーマである宋とのかかわりにしぼって述べる。

『宋史』夏国伝は李彝興《りいこう》という人物の伝記に始まる。夏州（現在の内蒙古《うちもうこ》自治区）の人。もとの名は彝殷だったのが、宋の宣祖（すなわち趙弘殷《ちょうこういん》）の諱《いみな》を避けて改名した、と。つまり、彼が宋の皇帝に臣従する人物だったことを印象づける記述である。本姓は拓跋《たくばつ》氏。これは彼らの自称であるためなんら根拠はないのだが、北魏を築いた拓跋部の権威が、彼らの間で広く認知されていたことを示すものとして注目されている。

　彝興の祖先は大唐帝国への軍事的貢献により帝室の李姓《り》を賜った。かの後唐の帝室一族と同じ由緒であり、彼自身も第一章に登場した李克用《こくよう》などと同じく、外国人部隊として活躍していたことがわかる。宋と北漢との抗争で宋側に加担、定難軍節度使《せつどし》に任ぜられ、没後に太師という官界最高の名誉職と夏王の称号を贈られる。嗣子の克睿《こくえい》も初名の光睿を宋太宗（趙光義《こうぎ》）の諱を避けて改名した。あとは息子の継筠《けいいん》、さらに継捧《けいほう》が嗣ぐ。

　ところが、継捧の襲位につき、同族の李克文が異議を申し立てたため、太平興国七年（九八二）、継捧はみずから開封に至って宋太宗に拝謁した。この事件の評価をめぐって学界には諸説あるが、宋側の記録では夏州・銀州などの支配権を宋の皇帝に捧げに来たと解釈している。時期的には、この四年前に呉越国王が支配権を宋に譲渡しており、太宗はこれと同質の、大唐帝国の版図回復の一環としてこの事態を捉えたと思われる。ただ、継捧の側では、宋の後押しによって同族内部の紛争に勝利し、あらためて夏国の王として君臨する計画だったのかもしれない。宋からの兵権放棄の命令に対して、銀州にいた李継遷《りけいせん》が反旗を翻す。彼は宋の暦で雍熙《ようき》三年、すなわち遼の統和《とうわ》四年（九八六）、遼と婚姻を結び、夏国王の冊封《さくほう》を受けた。ここに宋と遼という二大国を巻き込んで、「夏国」の跡目争いが勃発する。宋では対抗上、継捧に国姓の趙を与えた。夏州刺史《しし》趙継捧の誕生である。しかし、戦闘は李継遷側に有利で、趙継捧は結局は宋の一官僚として華南の地で生涯を終えた。

　遼の支援で自立できた李継遷であったが、時には宋への臣従の態度も取り、両大国の間で巧みに地盤を固めていった。あとを嗣いだ徳明《とくめい》も両属外交を展開、天書降臨のおめでたでは「守正功臣」の称号をもらっていながら、その裏ではちゃっかり遼から「大夏《だいか》国王」にしてもらっている。その子が元昊《げんこう》である。

　彼もはじめは宋の外藩として振るまっていた。仁宗が明道と改元した際には、「明」字が父の諱に触れるからという理由で同義の「顕」字を用い、「顕道」としている（高麗が「建隆」を用いずに一見独自年号の「峻豊」を建てたのも同じ理由らしい）。この事実は、彼が遼ではなく宋の年号を奉じていたことと、避諱という漢族の風習に従っていたことの二点で注目される。ただ、これが宋の年号使用の最後であり、西暦一〇三四年、ついに「開運」という独自年号の使用に踏み切る。それは東アジア文明の文脈では、帝国としての独立を意味した。西方の沙州《さ》（現在の甘粛省敦煌市《かんしゅくとんこう》）など、シルクロード沿いのオアシス都市も次々と攻略して西夏の版図に加えていった。タングート族の独自性にもめざめた夏国では、いわゆる西夏文字を作成する。

西夏との抗争

李元昊《りげんこう》はついに西暦一〇三八年、大夏国の皇帝に即位し、「天授礼法延祚《てんじゅれいほうえんそ》」と改元。宋には皇帝同士の対等外交を要求する文面の親書を送った。大夏という国号は夏州にちなんだものであったけれども、「夏」は聖王の禹《う》が開いた王朝として、漢族にとっては特別な響きを持つものだった。中華が「中夏」とも表記されることからもそれがわかる。ただし、以上は要するに漢文文献による記述であり、国号のタングート語での呼び名の意味は「白・高・国・大」だそうだ。

夏の独立宣言は宋にとって筋目として認めがたい。宋は李元昊に与えていた官職を剝奪《はくだつ》し、交易を禁止したうえ、その首に報奨をかける措置をとる。そして、その側面を衝くため吐蕃《とばん》（現在のチベット）と連携する。唐の時には強大な国家を形成し、一時期長安を占領したことさえある吐蕃であったが、一〇世紀以降は統一王権も存在せず、軍事的にはあまり振るわなかった。宋にとってもそれほど重要な存在ではなかったが、この時に首領の一人を節度使に任じ、味方に懐柔した。宋にとっては、西夏から軍馬が輸入できなくなった穴埋めを、吐蕃との交易で満たす必要もあった。

西夏との抗争に一応の決着をつけたのが、韓琦《かんき》と范仲淹《はんちゅうえん》であった。慶暦四年（一〇四四）、宋は李元昊を「夏国主」として認めることになる。また交易再開のほかに、歳賜として絹一五万匹余、銀七万両余、茶三万斤が毎年宋から西夏に渡されることになった。

その後、何度かの代替わりを経ても両国関係は小康状態を保っていたが、王安石政権の積極政策で雲行きが怪しくなる。熙寧四年（一〇七一）、神宗・王安石政権は「西夏を叩くには側面から」という王韶《おうしょう》の献策を取り上げ、彼に河湟《かこう》地方（現在の甘粛省蘭州《らんしゅう》市と青海省西《せい》寧《ねい》市との中間地帯）の収復事業を担当させ、熙州・河州などを合わせてあらたに熙河路を設置した。しかし、元来ここを勢力範囲としてきた吐蕃との軋轢《あつれき》によって、熙寧七年（一〇七四）には事実上の撤退を余儀なくされる。

元豊四年（一〇八一）、西夏の内紛に乗じて再度出兵するが、ただちに反撃に遭い、翌年には永楽塞（現在の陝西省延安《えんあん》市の北方一五〇キロ）において二〇万の将兵を失う大敗北を喫する。

哲宗が即位すると、宣仁太后のもとで対外的に融和政策が採られ、西夏との関係も小康状態となった。しかし、徽宗政府は再び積極策に転じ、王韶《おうしょう》の子王厚《こう》が父の遺志を継いで熙河路拡張政策を担当した。遼が西夏支援にまわり、三国間の駆け引きが続く。

こうしたところに、第四のアクターとして金が登場する。宋金枢軸と遼夏連合。西暦一一二〇年代のこの対抗図式が宋にとっていかなる結末を迎えたかは、すでによくご存知のとおり。西夏は最後は金と組んで領土拡大に成功する。

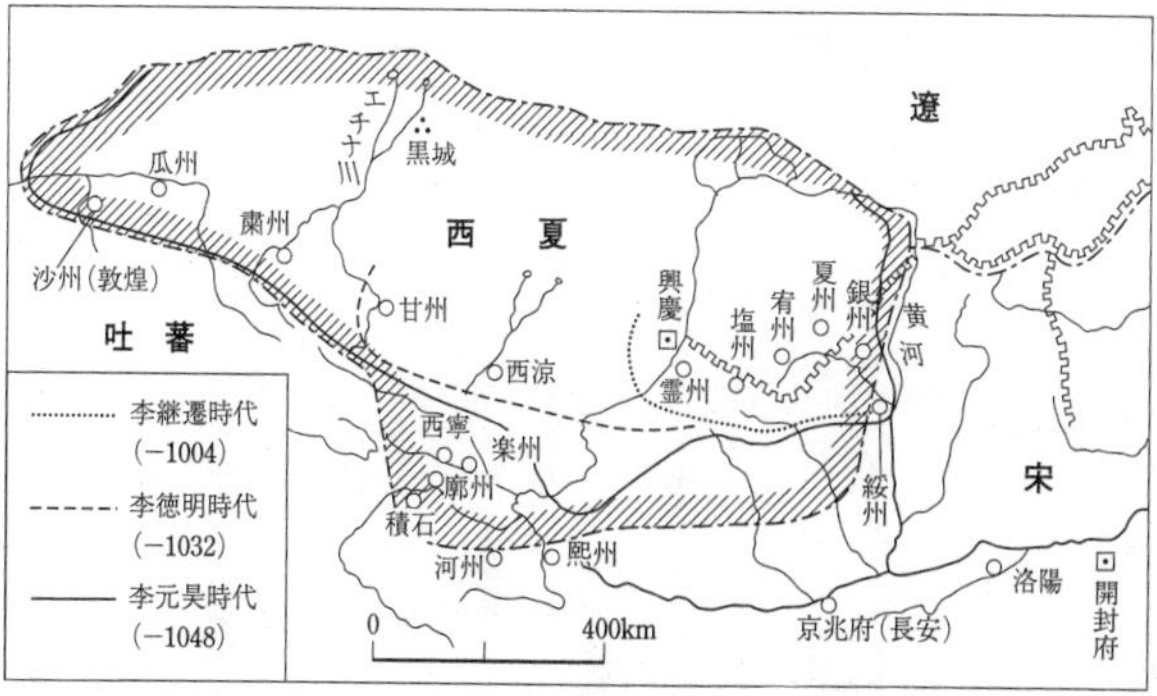

西夏の領域図(佐伯富編『宋の新文化』をもとに作成)

金に華北を制圧された宋では、その回復のために西夏との挟撃策が模索される。献策者は主戦派の張浚《ちょうしゅん》。しかし、実りある成果を挙げえぬままに、紹興八年(一一三八)以降は秦檜《しんかい》の講和政策に転換したため沙汰止みとなり、以後、長期にわたって西夏との交渉は途絶える。蒙古の興隆に乗じて金の挟撃を図る使者が、今度は西夏から宋にやって来たが、西夏側の政策変更でこれも実現しなかった。宋の宝慶三年、どういうわけか西夏でも宋とまったく同じ年号を同時期に一年遅れで使うようになっていた、その宝慶二年(一二二七)、西夏が蒙古によって亡ぼされたことが風のたよりで伝わってきても、史弥遠《しびえん》以下、宋政府の当局者たちにとって、それは遠い異国での出来事としか思えなかったであろう。

高麗の対外政策

次に目を東方、朝鮮半島に転じよう。

大唐帝国から冊封を受けていた新羅《しらぎ》王国は、西暦九世紀の末には宗主国唐の退勢に引きずられるかのように衰え、半島各地には自立政権が叢生していた。そのなかで頭角を現してきたのが王建《おうけん》という人物であり、彼は「高麗」の王となって独自に天寿という年号を建てる。西暦九一八年のことである。彼はその後、後唐王朝から高麗国王としての冊封を受け、半島統治の正統性を確保するのと引き換えに独自年号を廃し、以後、五代諸王朝および宋の年号を奉じることになる。

宋とは国初以来、朝貢国としての友好関係が続いていた。淳化二年（九九一）の使節は刊行したての大蔵経《だいぞうきょう》を所望し、許されている。そうした両国関係に水を差したのが遼であった。淳化四年（九九三）、遼の高麗侵攻。救援要請を受けた宋は、遼と事を構えるのを怖れて返答を濁す。業を煮やした高麗国王は遼に臣従、あらためてその冊封を受ける。こうして宋はここでも朝貢国《ちょうこうこく》を一つ失ってしまう。

澶淵《せんえん》の盟で宋との軍事緊張がなくなると、遼は余裕をもって高麗に侵攻し、首都開城は灰《かい》燼《じん》に帰した。この時も、宋は高麗になんの助けも与えなかった。そして、その数年後もまた侵攻。この間も高麗はしきりに宋に使節を派遣している。その窓口となったのは山東《さんとう》半島の登州《とう》（現在の山東省蓬萊市《ほうらい》）であった。一時期、ここに市舶司《しはくし》が置かれたこともある。ただし、遼への臣従が決定的になると、宋との通交は四〇年以上にわたって断絶する。

再開は熙寧二年（一〇六九）のこと。宋側でも新法党の積極政策で遼に一泡ふかせてやろうという気概を持っていた時期だったから、高麗の使節を西夏と同等に厚く処遇した。高麗使節の「登州が窓口だと航路が遼に近いためその牽制を受けやすい」との言い条にもとづき、あらたに明州《めい》が朝貢のための港として指定された。以後、北宋末まで友好関係が持続する。その一方で、蘇軾《そしょく》が高麗の入貢は宋にとってありがた迷惑だと述べたのも、この時期である。

この間、徽宗《きそう》のときの宋側使節の見聞記が『宣和奉使高麗図経《せんなほうしこうらいずけい》』全四〇巻として現存している。「建国」「世次」に始まって、高麗の制度文物・風俗習慣が事細かく報告されている。宋人の目に高麗がどう映じたかを伝える貴重な史料である。

靖康《せいこう》の変は当然両国関係に大きな影を落とした。欽宗《きんそう》即位の慶賀――宋にとって慶賀されるような事態でなかったのは言うまでもないが――に始まって、建炎から紹興《しょうこう》初期の政府の所在も決まらない時期に、高麗は律義に明州に朝貢使節を派遣している。もちろん、宋の内情を探ろうという意図があったのかもしれない。だが、その使節の足もしだいに遠のき、高麗は陸続きの金との友好関係に政策を変更していく。金の華北での権威失墜にともない蒙古《もうこ》から三〇年にわたる侵攻をこうむり、ついに蒙古の年号を奉じる決断を高麗がしたのは、南宋の理宗《りそう》皇帝の晩年、景定元年（一二六〇）のことであった。

独立国――安南・大理

次に簡単に交趾と大理について紹介しておこう。

交趾すなわち現在のベトナム（漢字表記は「越南」）は、漢代以来中原《ちゅうげん》王朝による占領と地元勢力による独立を繰り返してきた。宋の初めには南漢国のさらに南方にあったから、当

【雲南と四川】

雲南地方は前漢の時に領土に組み込まれた。その時にあった県の一つが雲南という名で、これが元代に「雲南行中書省」が設置される語源となった。その点でも、中華王朝の直轄地になったり独立国になったりしたベトナムとよく似ている。図版のように、君主の衣裳も中国風とタイ風とが混交している。日中戦争中の「援蔣ルート」を引き合いに出すまでもなく、タイ・ビルマ方面への通路として古来交通の要衝であった。

その北に位置する四川は、肥沃な盆地を擁してこれも古来独立政権の揺籃地だった。諸葛亮（孔明）の天下三分の計が、劉備に蜀（四川）の奪取を勧めたことはよく知られている。五代期には第一章で述べたように前後二つの蜀王朝が生まれ、しかも中原の王朝は

「大理国梵像図」（部分）利貞皇帝夫妻（張勝温　台北故宮博物院蔵）

そこでの年号について頓着していない。宋の太宗の時には、「貧富を均《ひと》しく」をスローガンに掲げた王小波《おうしょうは》・李順《りじゅん》の乱が発生したが、これは宋代で最大規模の農民反乱だった。南宋でも四川は行政的に特別扱いがなされた。蒙古がまず四川・雲南を攻略したのも、南宋包囲網を形成するためであるとともに、これらの地域が分離して支配しやすかったからであろう。

然通交はない。最初は交州節度使《せつどし》に、開宝八年（九七五）には交趾郡王に任じられている。「国王」でなく「郡王」であることに注意されたい。ここは外国ではなく内地であるという宋側の主張が込められているのだ。

丁《てい》朝・黎《れい》朝（一五世紀の黎朝と区別して前黎朝と呼ばれる）に続いて、宋の大中《たいちゅう》祥符《しょうふ》二年（一〇〇九）、李朝が成立して昇龍（現在のハノイ）に都を置き、大越国と称する。しかし、宋から見ればあくまで交趾の王にすぎない。元祐二年（一〇八七）、「南平王」に昇格。小競り合いによる一進一退はあったが、宋との境界は現在の国境線とほぼ重なっていた（ただし、南平国の南方には占城《チャンパ》国があり、現在のベトナムの領域とは一致しない）。南宋になって淳熙元年（一一七四）、ようやく「安南《あんなん》国王」として高麗と同格の称号になっている。宝慶元年（一二二五）、王朝交替が生じて陳朝に代わる。蒙古の攻撃も斥けて独立を維持し、以後、一五世紀初頭の明による占領期を除いて中国皇帝の直接統治には服さなかった。

一方、現在は雲南《うんなん》省として完全に内地化されている「大理石」の原産地には、唐の時に南《なん》詔《しょう》国があった。後晋《こうしん》の天福三年（九三八）、段思《だんし》平《へい》が大理国を建てて年号を文徳とする。その後もここは自前の年号を使い続けており、はじめて宋に使節を送るのは段連義が王位にあった熙寧《きねい》九年（一〇七六）のことである。それでも国内向けには独自年号を使う独立国だった。一時、高昇泰に王位を奪われるが、すぐに段氏王朝が回復し、文治八年（一一一七）、宋の政和七年に「大理国王」の称号を授与される。高麗・安南と同格である。天定三年（一二五四）、蒙古に滅ぼされる。

『宋史』では同じ「外国伝四」に並んでいることからもわかるように、安南・大理の両国は、宋の目から見て、また元朝に仕える史官の目で見ても、同一範疇《はんちゅう》の国だった。その後の歴史的経緯により、一方は国民国家として独立しているのに、他方は中国の一行政区画に組み込まれている。そのことを荒立てるつもりはないが、現在の国民国家の国境が太古の昔から定められたものではなく、単に偶然の産物にすぎないことは、もう一度確認しておくべきだろう。今や、遼も金も西夏も大理も、そして吐蕃（チベット）までも、宋同様に「中華民族」の構成員とされているのである。

日本との関係

仏教交流を通して直輸入された中国文化

日本も宋にとっては「外国」の一つであった。『宋史』の日本国伝が奝然《ちょうねん》の記事で埋まっていることは、「はじめに」で紹介したとおりである。そのあとには喜因《きいん》や成尋《じょうじん》（『宋史』は

「誠尋」と表記）来訪の記事もあるが、高麗などと比べると記事の数は少ない。もちろんこれは日本との政府間交渉が疎遠であったためである。

といって、それが民間でもそうだったことにならないことは、すでに論じておいたとおりである。栄西《えいさい》も円爾《えんに》も道元《どうげん》も、政府の使節として訪問したわけではなかったが、日本の思想文化に計り知れない貢献をしている。

「道真がハクシに返す遣唐使」以来、日本からの正規の使節団は中国に派遣されなかった。日本政府の意を受けて中国を訪問したのは、いずれも仏教の聖職者たちであった。平清盛により日宋貿易が盛んになり、また、禅の受容が始まると、朝廷と直接関わりをもたない留学僧が増えてくる。その嚆矢《こうし》は、臨済《りんざい》禅を将来したとされる栄西であった。

延暦寺《えんりゃくじ》で天台密教を学んだ栄西は、高倉帝即位の年、宋の暦で乾道四年（一一六八）に宋の土を踏む。天台山などを巡礼して半年後に帰国。その後、インドへの求法《ぐほう》の旅を志し、淳熙《じゅんき》一四年（一一八七）にふたたび入宋。しかし、インドへの旅行許可を南宋政府から得ることはできず、天台山・天童山で臨済系の禅を学んだ。紹熙《しょうき》二年（一一九一）、日本の建久二年に帰国し、新しく創建された京都の建仁寺《けんにんじ》などで密教に禅を加味した教えを説いたため、後世、日本臨済禅の祖師とされる。

彼が宋から持ち帰ったもののなかに、現在鎌倉の鶴岡八幡宮が所蔵する長命富貴堆黒箱《ちょうめいふうきついこくはこ》がある。底裏に朱漆《しゅうるし》で記された文言によって、これが「侍郎周宏《じろうしゅうこう》」なる人物によって二度目の入宋から戻る前年に贈られたものとわかるのだが、注目されるのはその年代表記である。

「明昌元」とあるのだ。明昌は金の年号で、宋の紹熙、日本の建久と同じ年に始まる。つまり、その元年は西暦一一九〇年にあたる。だが栄西が金の領域にまで足を踏み入れたという記録はない。ということは、この堆黒箱が栄西に手渡されたのは宋の領域、おそらくは浙江《せっこう》地方であったはずである。その地にいた人物がなぜ金の年号を使って異国の客人に品物を贈呈したのか。そもそも周宏という人物の素性が皆目わからない。金の年号を用いている以上は宋の官僚とは考えられず、侍郎という役職も金の朝廷における地位であったろう。宋への使節の一員としてたまたま滞在中、栄西と知りあうことになったものだろうか。いずれにしろ、宋の領域内での異国同士の交流を示す資料として興味深い。

ちなみに、これとは別に、栄西の帰国にあたって朱熹《しゅき》の門人二人が贈ったとされてきた絵がある。「送海東上人帰国図」と呼ばれ、重要文化財に指定されている。なぜこれを栄西のものとみなすようになったのか明らかではないが、賛を書き込んでいるのは間違いなく朱熹門人であり、しかも知名度の高くはない人物であって捏造《ねつぞう》とは思えない。図柄は去っていく舟を描いており、港町で別れの直前に手渡されたものだろう。ところが、最近の研究によると、この二人が同時に師の朱熹とともにいたのは紹熙五年（一一九四）のこととしか考えられず、栄西では年代が合わないから、おそらく別の僧侶（名は不詳）に贈られたものだろうという。そうだとすれば、その人物こそが朱熹の教えに接した最初の日本人であった可能性が高い。もっとも、だからといって、栄西の功績が減じるわけではないけれども。

実際には栄西一人の功績で臨済禅が日本に根づいたわけではない。特に渡来僧蘭渓道隆《らんけいどうりゅう》

明庵栄西坐像（鎌倉・寿福寺蔵）

長命富貴堆黒箱（鎌倉・鶴岡八幡宮蔵）　下の写真は底裏朱漆銘

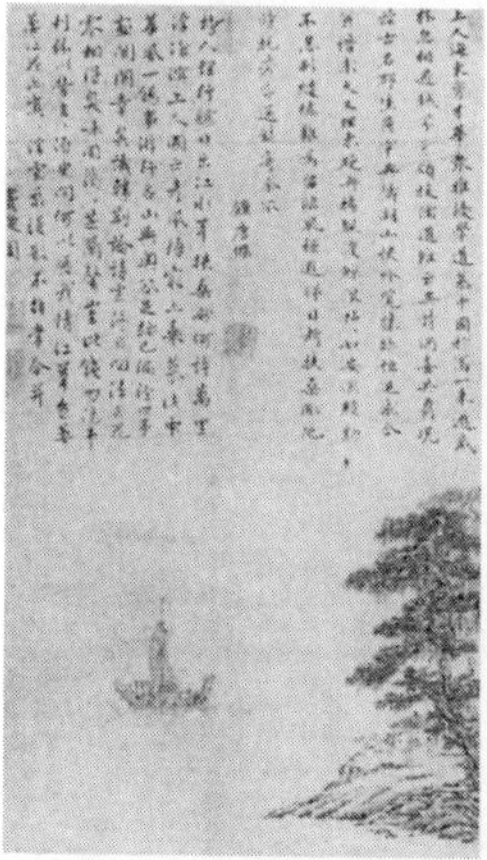

「送海東上人帰国図」（鍾唐傑・寶従周賛　鎌倉・常盤山文庫蔵）

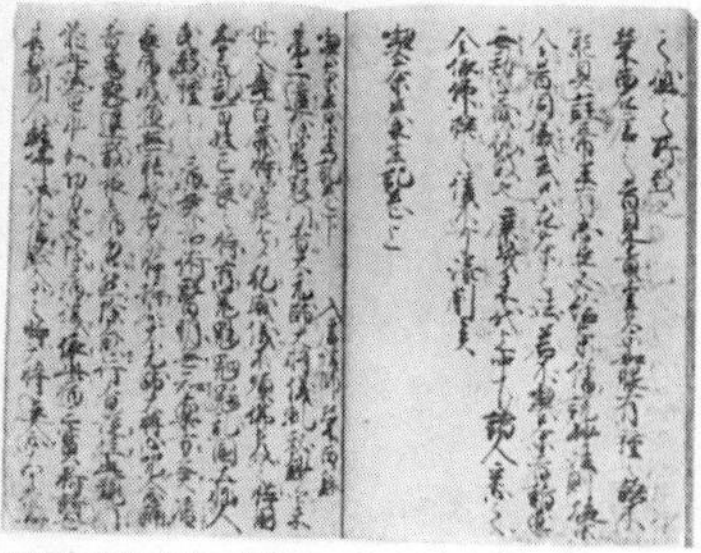

『喫茶養生記』（鎌倉・寿福寺蔵）

は、鎌倉幕府の政治顧問的な役割を担ってその庇護を受けた。執権北条時頼《ほうじょうときより》は建長《けんちょう》五年（一二五三）、彼のために鎌倉北部に年号を取った建長寺を創建する。これ以降、鎌倉は禅寺の建立が相継ぎ、鎌倉には京都や奈良の既存の仏教文化とは異質な、独特の禅文化が華開いた。鎌倉五山では中国語（当時の浙江の口語）が用いられていたという。そこは唐宋変革以後の中国文化を直輸入した異空間であった。

日宋両国が共有した時間

幕府首脳は宋末の情勢を、中国からの渡来僧や日本人渡海僧を通じて不断に入手していた。安房《あわ》勝浦出身の留学経験もない僧侶が国難到来を予言するより以前から、幕閣首脳部は襄陽《じょうよう》攻防戦の様子などを耳にしていたものと思われる。北条家の分家金沢家が蒐集した宋の書籍は、今もその一部が各地の図書館に伝わっている。東アジアの国際情勢から日本だけが遊離していたわけではない。

奝然に始まり道隆に終わる日宋の仏教交流。ここで宋の節目節目に日本で何があったかを列記し、両国がどういう時間を共有していたかを確認しておこう。

まず、陳橋《ちんきょう》の変で宋が成立したのは、わが村上帝の天徳四年（九六〇）。摂関政治の確立期であった。澶淵《せんえん》の盟が結ばれて東アジアの二大国が友好関係に移行したのが、一条帝の寛《かん》弘《こう》元年（一〇〇四）。清少納言《せいしょうなごん》と紫式部《むらさきしきぶ》の時代である。欧陽脩《おうようしゅう》がさまざまなジャンルで新風を巻き起こしているころ、永承《えいしょう》六年（一〇五一）に奥《おう》州で前九年の役《えき》が始まった。元祐更化の年、応徳三年（一〇八六）には白河帝が堀河帝に譲位、院政を始めている。靖康の変は崇徳《すとく》帝の大治《だいじ》二年（一一二七）、帝の実の父（系譜上は曽祖父）の白河院は「治天の君」としてなお健在であった。朱熹が呂祖謙《りょそけん》と『近思録《きんしろく》』を編纂して活躍を始めたのは、平清盛が日宋貿易を取り仕切っていたころにあたる。源平合戦は朱熹の晩年と重なる。端平更化の二年前、貞永《じょうえい》元年（一二三二）に御成敗式目《ごせいばいしきもく》が発布。そして、臨安が蒙古軍に無血開城されるのは、後宇多《ごうだ》帝の御世、すなわち持明院《じみょういん》・大覚寺《だいかくじ》の二統の争いが兆すころであり、二度目の蒙古襲来に備えて博多湾に石塁を築いた建治二年（一二七六）のことであった。つまり、平安時代の中期から鎌倉時代のなかばすぎまでが、宋という王朝とともにある時代だったことになる。

宋の末路はいかなるものであったのか、いよいよその話にはいる時期が来た。

蒙古との衝突

蒙古侵攻と金王朝の滅亡

宋末四〇年の経緯を、端平更化から始めたい。端平元年（一二三四）は、外交上も、金の滅亡という大事件が生じた年だからである。

最長不倒政権を続けていた史弥遠《しびえん》が、畳の上で安らかな死を迎えたのが、紹定《しょうてい》六年（一二三三）の一〇月。その後継者として丞相に就任したのは、三年前から参知政事として史弥遠を補佐してきた鄭清之であった。この新政権に早速突きつけられた課題が、金と蒙古との戦争にどう対処するかであった。

初代テムジン（チンギス・カン）の時代から金と交戦してきた蒙古は、西方遠征でカラ・キタイ（西遼）や西夏《せいか》を滅ぼして中央アジアを平定すると本格的な南進を開始し、金の領域を侵略する。これに先立ち、蒙古の鋭鋒を避けるべく、金は中都（現在の北京《ペキン》）から汴京《べんけい》に遷都《せんと》していたが、金の暦で正大八年（一二三一）初頭には、その汴京城下にも蒙古軍が姿を現した。オゴタイ・カーンみずからの親征である。

蒙古軍は翌年一旦引き揚げるが、異常気象によりその夏の汴京は冬のような気温で、城内には疫病が蔓延する。金は政府機関をさらに南方の蔡《さい》州（河南《かなん》省駐馬店市）に移動させ、ここで蒙古を迎え撃つ構えをとった。しかし、その命運が風前のともしびであることは、誰が見ても明らかであった。

ここで宋はふたたび火事場泥棒として動く。一〇〇年前の靖康の変の恨みを晴らすべく、その時と同様に、新興勢力と組んで挟撃の挙に出たのである。黄河以南は宋の取り分とする条件のもと、宋から派遣された孟珙《もうこう》は蒙古軍とともに蔡州を囲んだ。大興三年（一二三四）正月、宋の暦で端平元年、皇帝みずから縊死して一二〇年続いた金王朝は滅亡した。

宋はこの機を捉えて汴京や洛陽《らくよう》など河南の地の接収に乗り出すが、盟約条件に違反するとする蒙古との間で戦闘が始まった。まさに靖康の変の時と同様の事態が進行していく。蒙古軍は多方面から侵攻を開始、端平二年（一二三五）には旧宋金国境を突破して長江の北側を下流に向け東に進軍、建康対岸の淮南《わいなん》一帯を荒らし回っている。長江の支流漢水方面では、端平三年（一二三六）、襄陽で宋の守備部隊に内紛が生じ、一方が金銀財宝をみやげに蒙古に投降する始末。他方の側は腹いせに城内を略奪し、岳家軍以来一三〇年間、この地方の戦略拠点として栄えていた襄陽市内には、この騒ぎで何も残らなかったと史書は伝える。その後、孟珙が襄陽を奪還、この町は四〇年後に、また凄絶な攻防戦の舞台となる。

軍事的に劣勢に立たされた宋王朝

端平更化とは、実はこんな情勢のなかでの宮廷改革に過ぎなかった。しかも、真徳秀《しんとくしゅう》や魏《ぎ》了翁《りょうおう》は実権を掌握できたわけではなく、端平三年（一二三六）には鄭清之に代わって、やはり史弥遠の腹心だった喬行簡《きょうこうかん》が首班となる。しかも、この蒙古の侵攻に前線で対抗すべき京湖安撫制置使に任ぜられていたのは史弥遠の族子史嵩之《しすうし》で、嘉熙《かき》三年（一二三九）には右丞相に昇格、淳祐《じゅんゆう》元年（一二四一）二月の喬行簡の死によって、かつて史弥遠が長年そうであったような単独宰相として専権を振るいうる地位に就く。

第四章の最後に紹介した孔子廟の従祀改定という政策は、彼のもとで実現した。軍事的に劣勢に立たされた宋王朝が、文化的には儒教の正統を受け継いでいるのだということをアピールする意図があったと考えられる。朱熹の従祀は、金（および蒙古）にではなく、南宋にこそ孔子の正嫡が伝わることを喧伝したものだった。国内的にはたしかに朱子学の勝利を意味するわけだが、対外的には滅びゆくものの呻きだったのかもしれない。当時の正義派官僚として知られる陳韡《ちんい》が淳祐八年（一二四八）に、「本朝は火徳なのだから、炎帝神農氏の祭祀を盛んにしよう」と今さらのように建白しているのは、当時の士大夫の心性を物語っている。神頼みというよりも、こうした儀礼の実践自体によって王朝統治の由緒正しさを示そうとしていたのだ。

こうしたなかでも淮南への蒙古の襲撃は断続的に執拗に続いた。だが、宋側でもこの時点ではまだこれを跳ね返すだけの力があったし、蒙古も本腰入れて宋を併呑しようという段階ではなかったから、戦況は一進一退であった。淳祐一一年（一二五一）のこととして、理宗が「戦争で避難した者たちはもう戻ったのか？」と訊ねたのに対し、左丞相の謝方叔《しゃほうしゅく》が「淮南の民もみなもといた土地に戻り、困窮者には政府として手助けもしております」と答えている。ただ、この年も蒙古の侵攻があった。翌年二月の理宗の質問に、謝方叔は「蒙古軍の撤退は種蒔きの前でしたから大事ありません」と答えている。おそらく、淮南一帯で冬の間に蒔く小麦のことを言っているのであろう。

蒙古との対峙は前線各地で膠着化した。宝祐二年（一二五四）からは四川《しせん》方面の蒙古軍は自身耕作もする屯田兵として居着くようになり、今までのように簡単には追い払えなくなっている。そして、なんと言っても焦点になったのが襄陽攻防戦である。だが、その前に、宋の朝廷の様子を見ておこう。

理宗時代の政界の推移

第四章でも述べたことだが、宋代の歴史記録の残り方からすると、理宗朝以後は量が少ない。これは王朝としての歴史編纂作業と関係がある。

宋の歴史を再構成する場合に、わたしたち研究者がまず参照・依拠しているのが、年代記としての『続資治通鑑長編《ぞくしじつがんちょうへん》』『建炎以来繫年要録《けんえんいらいけいねんようろく》』等と、事項別の『宋会要輯稿《そうかいようしゅうこう》』である。前者はどれも当時伝わっていたさまざまな一次史料を編集加工してできあがった二次史料である。その意味では一次史料があればそれにこしたことはないし、たとえば、ある人物の上奏文などはその文集が残っていればそちらのものを引用するのが普通である。こうした年代記は、もとは朝廷で記録されたさまざまな政治文書、記録官が担当した日誌、政府高官の日記などの文献にもとづいている。北宋時代と南宋初期の朝廷の動向が詳細にわかるのは、上記二書のおかげである。

また、それら諸文献を暫定的に加工した実録や会要と呼ばれる史料がある。明清についてはこの実録の写しが現存しているので、宋や元とは比べものにならない詳細さで、当時の政府部内の動きが把握できる。宋代の会要は明の初期には残っていて、『永楽大典《えいらくたいてん》』の諸項目執筆の際にそれと明示されたうえで引用された。清代には当時すでに滅んでしまった書物を『永楽大典』から復元する抜き書き作業がしばしば行われた。『続資治通鑑長編』自体、そうして復元されたものである。宋代の会要もこうして一部が復元され、『宋会要輯稿』と命名された。

『永楽大典』そのものはあらかた失われてしまったが、『宋会要輯稿』の手書き本が二〇世紀になって出版され、研究者が容易に閲読できるようになっている。だが、そこでも理宗時代についての会要を編纂する余力は次の度宗《たくそう》の時にはもうなかったためか、この時期の記録はほとんどない。

したがって、理宗時代に関するまとまった史料として現存するものでは、『宋史』が最も詳しいという状況である。『宋史』の編纂には江南の士大夫《したいふ》が関わっているため、彼らが蒐集した材料、彼らの祖先たちの文集や現地の碑文史料が、モンゴル宮廷伝来の文献とは別に利用されたものと思われる。以下、理宗時代の政界の推移を、『宋史』の記述態度によりつつ見ていく。

南宋における明《めい》州士大夫の頭目として、族祖父史浩《しこう》以来政府首班として権勢を振るってきた史嵩之《しすうし》だったが、その失脚はあっけなかった。淳祐六年（一二四六）、父の喪に服することになったのを機に、引退するようにとの詔が発せられたのである。一種の宮廷クーデターであった。

代わって、翌年には、一度名誉職に任じられて第一線を退いていた鄭清之が右丞相に復帰、淳祐九年（一二四九）には左丞相に昇格する。彼の後任が、さきほど登場した謝方叔《しゃほうしゅく》であった。その後、短期政権が挟まったのち、謝方叔に可愛がられ、そのもとで参知政事になっていた賈似道《かじどう》が、開慶元年（一二五九）に右丞相に就任する。

賈似道は、秦檜《しんかい》・韓侂胄《かんたくちゅう》・史弥遠と並んで、南宋の専権宰相《さいしょう》とされる。以後、徳祐《とくゆう》元年（一二七五）の失脚まで、南宋朝廷が政府としてきちんと機能していた時期の最後の首班として、彼は王朝の屋台骨を支える役回りを担った。しかし、史書は彼に対してまことに手厳しい。『宋史』は当然のように、彼を「姦臣伝」に入れている。

第三章で述べたように、この「姦臣伝」、『宋史』巻四七一から巻四七四の四巻を占めるが、その前半二巻は北宋新法党政権の領袖たちである（ただし、王安石を除く）。後半、三巻目は南宋初期の講和派宰相たちであり、そのなかに秦檜もいる。そして、最終巻の四人には韓侂冑と賈似道が含まれている。ところが、史弥遠はいない。つまり、史弥遠は「姦臣」ではないのだ。その理由の一つは、おそらく彼が明州出身者だったからだろう。『宋史』編纂に努めた士大夫たちにとって、史弥遠はどちらかといえば親近感を持てる仲間だったのである。

父祖が南宋政府の中枢に加わっていた彼らの意向が、『宋史』には色濃く見える。全一〇巻からなる「忠義伝」の半分は靖康の変の殉職者たちだが、残り半分は、対蒙古戦争の犠牲者たちで占められている。筆禍を引き起こさぬように細心の注意を払い、侵略者を「北兵」というように表現してはいるが、これらの伝記は、今は亡き宋王朝のために尽くして死んでいった者たちへの鎮魂の記録にほかならない。「青史に名をとどめる」ことが士大夫にとって重要な人生目標であったとすれば、彼らは蒙古軍にあくまで抵抗することによって、その目的を達成したのであった。実際、そのためにと明言して殉職した（ことになっている）地方官もいる。

朝廷の全権を握った賈似道

そうした目であらためて賈似道の伝記を眺めると、この人物をなんとしても亡国の責任者に仕立てなければ気が済まない書き方がなされていることに気づく。彼の専権を許したのは、当時の他の多くの士大夫たちだった。彼らのなかに賈似道を批判する者がいると、さも立派な人物の発言であるかのように記録されている。しかし、では彼らが当局者だったならば、果たして蒙古の侵攻を食い止めることはできたのか。書生たちの理念的な防御策が理宗政府によって斥けられて実現しなかったことを、『宋史』はいかにも悔やまれると言わんばかりの書き方をしていく。だが、それらが現実に有効性を持っていたかどうか、定かではない。だいいち、もし万一有効であれば、蒙古軍は江南を併呑できず、ということは『宋史』の編纂者たちがモンゴル帝国の平和のもとでこの歴史書編纂事業にたずさわることもなかったはずなのだが、それを彼らは自己矛盾と感じていないのだろうか。

正論を吐く人士はいつどこにでもいる。それが非現実的として斥けられ、だが、現実派が失敗すると、後世の史家はそれ見たことかと正論派の見解を讃《たた》える。しかし、歴史記述とはそれでいいのだろうか。少なくとも近代の実証史学は、そうした勧善懲悪のストーリーとは別のものを目指してきたはずである。

賈似道は父親の恩蔭で官僚となった。つまり、科挙《かきょ》官僚ではない。彼の立身出世は、姉が理宗の寵愛を受けたことに始まる。宝祐二年（一二五四）には同知枢密院事（国防大臣代理）として政府首脳入りした。開慶元年（一二五九）、蒙古軍はモンケ・カーンみずから四

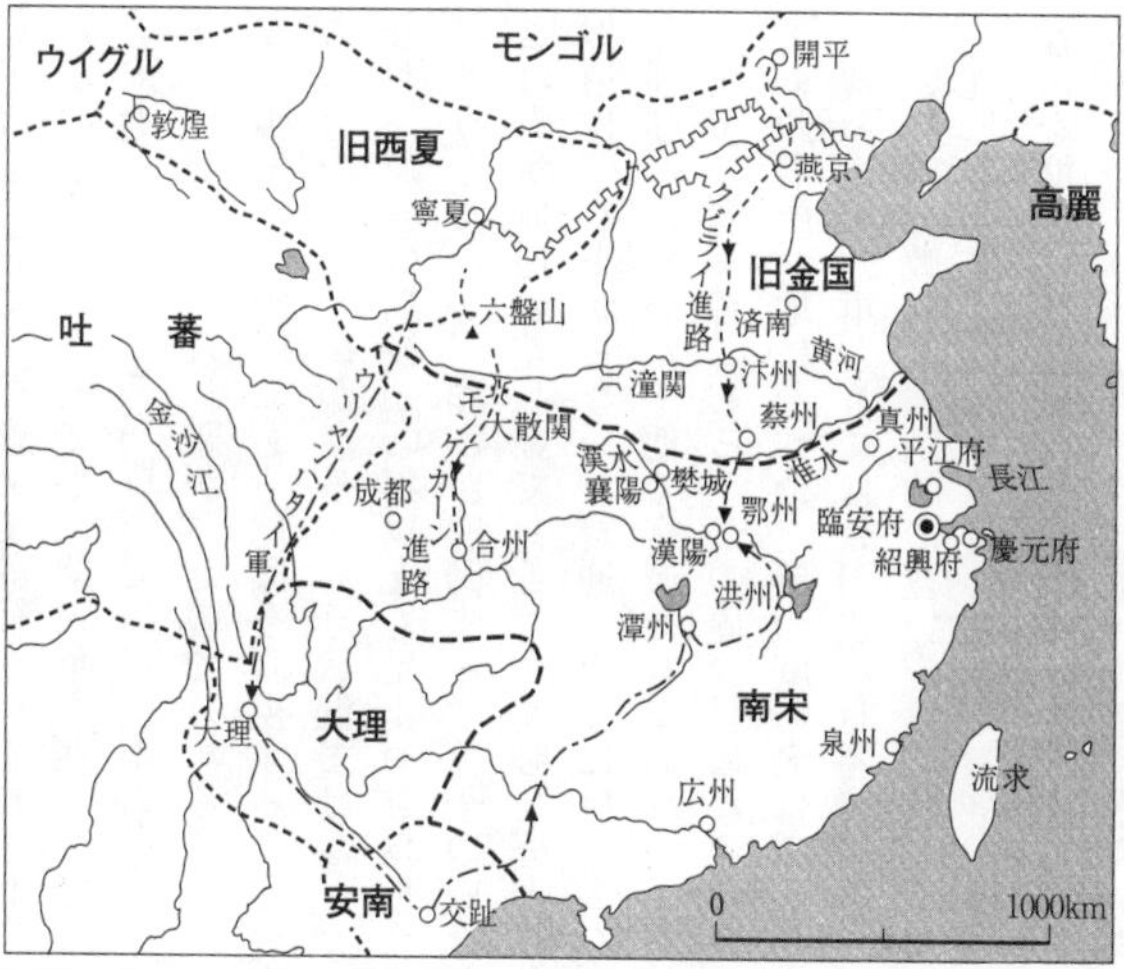

鄂州の戦いへ　蒙古軍の進撃

川方面へ親征、弟クビライが鄂《がく》州（のちの武昌《ぶしょう》すなわち現在の武漢《ぶかん》市の一部）を攻撃してきた。そこで賈似道が鄂州対岸の漢陽（現在は武漢市の一部）に救援に赴くことになる。その陣中で彼は右丞相を拝命する。たまたまモンケが四川（合州）の陣中で亡くなり、北方に戻りたかったクビライは、賈似道との間で講和の密約をしたうえで引き揚げていった。しかし、賈似道はこれを「自軍勝利」として臨安に報告する。これが嘘の始まりだった。賈似道は凱旋将軍、救国の英雄として歓呼のなかを帰還する。

翌年、クビライは独自にクリルタイを主宰して即位、蒙古皇帝として宋との講和条約をつめるため、郝経《かくけい》を派遣する。密約の件がばれるのを懼《おそ》れた賈似道は地方官に言い含めて郝経一行を長江北岸の真州（現在の儀徴《ぎちょう》）に抑留、何事もなかったかのように、臨安での栄耀栄華を楽しんでいた。

『宋史』によると、「賈似道は官位を惜しまずに与えて当時の名士たちを籠絡した」と言う。だが、彼一人が悪かったのではあるまい。籠絡された士大夫たちにも責任があろう。臨安の風気は、眼前にある危機を直視することを本能的に避けていたのである。世界情勢は彼らの努力でどうにかなるという状況ではなかった。蒙古の足音はじわじわと近づいていた。なお、郝経は以後一〇年以上も足止めを食らうことになる。

そうしたなか、理宗が崩御する。実子のいなかった彼は甥の趙孟啓《ちょうもうけい》を後継者としていた。これも賈似道の差し金である。かくして禥《き》と改名した新皇帝（度宗《たくそう》）が即位するが、彼は賈似道に頭が上がらない。普通、臣下には本名を呼びつけるのに、彼に対してだけは「師臣」と呼びかけていた。他の官僚たちはおべっかを使って賈似道を「周公」と呼んだ。理想の政治秩序の構築者である、かの周公旦《しゅうこうたん》になぞらえたのである。この頃から賈似道の私邸が事実上の政府所在地になった。その庭の名は、なんと「後楽園」であった。

賈似道の政策としては公田法が有名である。軍費調達のために江南の耕地を時価に比べて安い価格で政府が強制的に買い上げ、国有地にしたのである。これも『宋史』以来、悪政の一環として挙げられる事例なのであるが、現代の社会経済史的な視点からは、大地主の土地独占を抑制する国家財政の立て直し策として再評価する向きもある。新法党の路線を踏襲する手法であり、したがって批判は喧々囂々《けんけんごうごう》のありさまであった。賈似道は持論を展開したうえで辞任を表明したが、理宗は「一時の世論に迎合して国家財政を誤ってはなるまい」と述べて賈似道を支持、結局賈似道失脚まで続けて施行される。これなどは、賈似道が無為無策の凡庸な為政者でなかったことを示していよう。ただ、士大夫地主層にとって、この政策は王安石再来の悪夢を思わせるものだったに違いない。この一件だけでも、正論派士大夫から見て、彼は充分「姦臣」に分類されるに値しよう。おそらくこうした悪評対策だろうか、賈似道は、士籍なるものを設けて士人を一般庶民から法制上区別する政策も推進している。

このように賈似道政府に対する非難と黙認がせめぎあうなか、いよいよ蒙古の本格的侵攻が始まった。

襄陽攻防と臨安開城

暗君と権臣の構図

襄陽《じょうよう》は古くから漢水流域の重要な戦略拠点であった。かの関羽《かんう》が荊州《けい》から魏《ぎ》を攻撃した時の最大の難関がここにあり、襄陽がついに抜けぬうちに呉《ご》の軍の急襲にあって悲運の落命をしている場所でもある。蒙古《もうこ》も漢人官僚の献策によって南宋平定作戦の主眼をここに置き、大軍を集結させて襄陽城下に押し寄せてきた。咸淳《かんじゅん》三年（一二六七）、蒙古の年号で至元《しげん》四年のことである。これを迎え討つべく宋が襄陽府知事として送り込んだのは、呂文煥《りょぶんかん》という人物。以後、彼の指揮下に六年に及ぶ籠城戦が展開する。

蒙古は水軍の必要性を痛感して戦艦五〇〇〇隻を建造、兵士七万人を養成し、雨天で実地に訓練できない日には地上に船を描いて訓練するほどの熱心さだった。だが、なんら成果は上がらない。と言って、蒙古が退却するわけでもない。外との連絡を絶たれて、襄陽は孤立無援であった。いや、厳密に言うと、漢水北岸の樊《はん》城が襄陽の出城の役割を果たしていた。呂文煥は鉄鎖によって蒙古の水軍が漢水を通航できないようにし、逆に浮き橋を造って宋軍が対岸に渡れるようにしていた。制海権ならぬ制河権を握り、水陸双方からの蒙古の攻撃をしのいでいた。

咸淳六年（一二七〇）のある日、度宗は賈似道《かじどう》に訊ねる。

「襄陽は囲まれてもう三年ということだが、どうなっておるのか？」

「敵軍はすでに撤退しております。誰ですか、そのようなことを陛下に申し上げたのは？」

「うん、女官のなかにそう言う者がおったのでな」

賈似道は他事に事寄せて彼女を殺害、以後、みな懼《おそ》れて国境の情勢を皇帝に告げ知らせなくなったと史書は伝える。典型的な暗君と権臣の構図である。そもそも、宮廷ではお手つきになった女官は翌朝謝恩の挨拶を行うしきたりであった。度宗の場合、毎日三〇人以上が挨拶したという。空恐ろしい精力である。

至元八年（一二七一）一一月、宋の暦で咸淳七年、蒙古は漢字表記の国号を『易経《えききょう》』の文言にちなんで「大元」と定めた。中国風の王朝名称を持つにいたったのである。

咸淳八年（一二七二）、襄陽籠城満五年。援軍は来ないのに呂文煥は頑張っていた。城内の穀物の蓄えはまだ余裕があったが、塩・薪・布が欠乏していたという。ただ、逆に言えば、よほど大量の穀物を備蓄していたことになろう。端平三年（一二三六）の壊滅のあと、戦略拠点の復興は充分になされていたのだ。宋にはまだまだ体力があった。漢水下流の鄂《がく》州から決死の増援部隊三〇〇〇人が水路、蒙古の包囲線を突破して襄陽城内にたどり着いたりもした。

業を煮やした蒙古軍は、まず樊城を陥落させる作戦に変更する。ここで登場したのが、第七章で紹介した回回砲である。さらに鉄鎖・浮き橋も破壊されて、咸淳九年（一二七三）正月、ついに樊城が落ちる。呂文煥はあらためて救援要請の使者を臨安に送るが、応答はない。実は都では賈似道が形だけ何度も自身の出陣を懇願し、ただし、あらかじめ言い含められている他の大臣たちが慰留して取りやめるという茶番を繰り返していたのだ。蒙古から鄭重に誘われた呂文煥はとうとう降伏を決意する。こうして、六年間におよんだ襄陽攻防戦は幕を閉じた。一報が届くや、賈似道は早速、度宗にこう上奏したという。「私は早くから出陣させてくださいとお願いしてきましたのに、先帝理宗陛下はお許しになりませんでした。もっと早くに出向いていたら、こんな仕儀にはなりませなんだのに」。『宋史』はなんとしても彼を厚顔無恥の悪玉に仕立てたいのであろう。

蒙古軍はしばらく休養して英気を養ったのち、降将呂文煥を先鋒に立てて七年ぶりの進撃を開始した。襄陽より三〇〇キロ下流の鄂州開城が咸淳一〇年（一二七四）の年末。さすがに臨安《りんあん》も恐慌を来した。その半年前には度宗が（夜の仕事に体を壊したか）三三歳の若さで急逝、生まれたばかりの幼帝が即位している。当然政務を見ることはできず、理宗の皇后であった太皇太后謝氏が垂簾聴政《すいれんちょうせい》する。

丞相自身の出陣を請う太学生たちの世論に逆らえず、明けて徳祐と改元された年（一二七五）の正月、賈似道は精鋭一三万を揃えて臨安を出立する。輜重《しちょう》部隊も含めて数十キロに及ぶ船列であった。優雅な行軍は、運河の水路も使いながら一ヵ月かかってようやく太平州の魯《ろ》港に到達する。そう、かの采石磯《さいせきき》があるあの太平州、その五〇キロ上流である。

宋王朝の滅亡

しかし、今回は陸路進軍してきた金が相手ではない。天下無敵の蒙古軍、しかもその先鋒を務めるのは、二年前まで宋の前線指揮官だった呂文煥であった。この数ヵ月前に遥か東方の日本国博多湾で敗れていた遠征軍とはまったく別の、蒙古で最精鋭の水軍であった。すでに初めから宋軍は気を呑まれていた。宋の水軍主力七万は、魯港よりさらに上流六〇キロの丁家洲《ていかしゅう》に布陣していたが、あっけなく惨敗する。泡を食った賈似道は一気に二〇〇キロ下った揚州まで撤退。蒙古と宋の全面衝突はこの一回で終了した。

このあたりの経緯はいささか『平家物語』を連想させる。平家の御大将のきらびやかな行軍は、こけおどしの飾りにすぎなかった。実力では坂東《ばんどう》武者にかなうはずもなかった。幼帝を抱えた後宮の女性たちを引き連れて、あとは都落ちが待っている。揚州に退却した賈似道は、臨安からの避難を朝廷に勧める。

しかし、朝廷は動かない。靖康の故事にならって、勤王の義勇軍呼びかけが全国に発せられた。二〇年前の科挙で状元《じょうげん》となりながら賈似道に逆らって出世できず、当時江西南部の贛《かん》州知事の職にあった文天祥《ぶんてんしょう》もこれを受けとり、すぐさま一隊を率いて赴こうとする。それを止める友人。

「今の元軍の勢いはすさまじい。君が義勇軍を連れていっても、それは羊の群れを猛虎に立ち向かわせるようなものだ」

「そんなことは僕もわかっている。だが、王朝創設以来三〇〇年の恩義を受けながら、誰一人守ろうとしないなんて」

モウコ（蒙古＝猛虎）におとなしい羊を――もちろん跳ねまわる兎でもよいのだが――立ち向かわせる。日本語では地口《じぐち》になってしまう言い方だが、この時点で形勢いかんともしがたいことを、聡明なこの状元は悟っていた。彼の出陣の決意は固かった。庁舎の事務机を撫でながらこう言ったという。「人の楽しみを楽しむ者は人の憂えを憂える。人が作った食糧を食らう者は人の事態のために死す」と。あの范仲淹《はんちゆうえん》の先憂後楽を意識したこの言い回しには、宋代士大夫の最後の気概が籠められている。長年宰相を務めてきた臨安の後楽園の主があっけなく大敗を喫したあと、南宋を最後に支えたのがこの文天祥であった。一年後、臨安に蒙古軍が迫るなかを居残った結果、彼は太皇太后から最後の宰相に任命されることになる。

丁家洲の敗戦からわずか数十日の間に、建康・平江《へいこう》・嘉定《かてい》など江南各地の城壁都市は次々に蒙古の軍門に降った。三月には、天空高くで二つの星が諍《いさか》い、そのうち一つが地に落ちるるという現象が観測された。あまりにもできすぎたこの話、事実なのかどうかは確かめようがない。ただ、当時の人々はこういう記録を遺すことによって王朝交替を象徴させたのである。さきほど南宋末期は記録があまり残らなかったと言った。ところが、臨安の度重なる火災のことや、通常に比して異様に多い日蝕《にっしょく》や彗星《すいせい》の記事によって、そう記録している年代記が露骨に表現しなくても、王朝の終焉の近いことが示唆されている。

当時、宋側の主力部隊はまだ揚州にあった。これを避けて一気に臨安を攻撃するようクビライに進言したのは、誰あろう、前年博多に使節として赴いていた、日本ではなじみの趙良弼《ちょうりょうひつ》であった。

気象のうえでも秋風の吹きはじめる七月になって、賈似道の処分が決まった。それも二転三転したあげく、広東に護送される道中、福建南部の漳州《しょう》で、かねて怨みを持つ護送者にリンチによって殺害される。

徳祐二年（一二七六）、南宋王朝最後の年の元日は、潭州《たん》陥落の悲劇で始まる。すでに任地が落城してここに避難していた衡州《こう》知事が二人の息子の冠礼を執り行った。「この非常時に何を優雅な」と訝《いぶか》る友人に、「息子たちをおとなとして地下のご先祖さまに会わせたいのだ」と答え、自宅に火を放って一家全員自殺する。このニュースを耳にした潭州知事も一族で自刃した。つられて城内の住民はみな後を追い、埋まらぬ井戸はなく、首つりのない木はないというありさまだった。

数日後、蒙古軍は臨安城下に到達。宋の朝廷にすでに戦闘意欲はなく、一部の皇族や主戦派が再起を期して都落ちしていく。また、保身を図る高官も次から次へと逐電《ちくでん》する。宰相として政府を代表する文天祥は、蒙古軍司令官バヤンと会談する。

「わが宋王朝は帝王の正統であり、文明の担い手である。あなたがた北朝は我々の国を永らえさせるのか、それとも亡ぼす気なのか？」

文天祥の傲岸不遜な物言いに、バヤンは不快感を露《あらわ》にする。文天祥曰く、「自分は状元にも宰相にもなった。あと足りないのは、死をもって国に報いることだ」と。結局、降伏文書では宋の国号を用いることで妥協が成立した。

南宋軍の敗走と壊滅

かくして二月一日、宋の幼帝は蒙古皇帝への降伏文書を臣下たちに披露する。天子の象徴たる伝国《でんこく》の璽《じ》も譲渡された。そして、彼や太皇太后をはじめ、おもだった政府首脳は北方に連行されていく。宋はここに滅亡した。このあとも主戦派の不満分子が次の皇帝を擁して各地を転戦、最後は広州の厓山《がいざん》で凄絶な全滅劇を演じるが、それはエピローグに過ぎない。『宋史』は宋の立場からそこまでを宋代としているが、清の学者畢沅《ひつげん》が編纂した『続資治通鑑』などの通史では、臨安開城を境に宋と元の立場を交替させている。宋王朝の滅亡は臨安開城の西暦一二七六年。陳橋の変から満三一六年後であった。

宋のイメージ

明代に形成された宋代像

かくして宋は亡びた。しかし、その存在はその後も東アジアの歴史に大きな影を投げている。本書最後にそのあたりのことに簡単に触れておこう。

元にとって宋は敵国だったわけだが、同時に江南支配を伝国の璽継承によって引き継いだ、前の王朝でもあった。体制が安定してくると、自分たちの侵攻に力を貸した投降者よりも、南宋に最後まで忠節を尽くした人物のほうを表彰する風気が生まれる。士大夫《したいふ》たちの大義名分論が大きく作用していよう。文天祥《ぶんてんしょう》の英雄化はその象徴的事例である。

臨安《りんあん》から北方に連行される途中、鎮江《ちんこう》で脱出した文天祥は、はじめ福州の亡命政府に身を投じるが、意見の対立から独自に義勇軍を再編して蒙古への抗戦を試みる。捕虜となって降伏をうながされても、クビライに仕えることを潔しとせず、「正気《せいき》の歌」を作って刑死した。元朝の国家事業である『宋史』が、すでにその潔さを絶賛している。こうして、日本で江戸時代に水戸学系統の大義名分論者が崇拝し、幕末の尊王攘夷《そんのうじょうい》の志士を奮い立たせた英雄として造形されていくのであった。

つづいては明《みん》の建国の経緯。元の統治のたがが緩んで各地が騒然とするなか、その中心的勢力として韓山童《かんざんどう》は自分を徽宗《きそう》の子孫と称し、宋の再興をスローガンに掲げていた。明の太祖朱元璋《しゅげんしょう》（三二三頁に登場した朱百六の玄孫）は、元来その配下の一部将であった。彼も蒙古族の統治を否定して自己の正統性をアピールするために、宋を顕彰した。

明一代を通じてこの基調はかわらない。それは明の制度や文化がモンゴルの影響をどれほど色濃く刻印されていようと、それとは別の問題である。いや、実際にモンゴルの影響が強ければ強いほど、その忌まわしい出生の秘密を忘れるためであるかのように、明代人は宋の後継者として振る舞った。岳飛《がくひ》や文天祥の神話化はそのほんの一例にすぎない。明末、女真《じょしん》の系譜を引く後金《こうきん》（改称して大清《しん》）の脅威が増すにしたがい、かつての靖康《せいこう》の変の記憶が甦ってくる。西暦一六四四年の清軍入関後は、さらに元軍侵攻の記憶が重ね合わされ、江南士大夫たちの反清運動のよるべとなった。

清の宋への態度は両義的である。朱子学を国是とした統治によって宋の士大夫理念がもてはやされたが、かと言って華夷《かい》思想には当然敏感で、文字の獄と呼ばれる強烈な弾圧が繰り返された。一方で、南宋が、あるいは南宋によって公認された蜀漢《しょくかん》が、金や魏《ぎ》をしりぞけて正統王朝と認定されてもいた。清のそもそもの出自が女真であったのを考えると驚くべきことである。

清末の反政府運動が反満運動の形をとったことで、事態はきな臭くなる。宋の滅亡は臨安開城ではなく厓山だとする言説が主流となる。民国期になると、加えて日本軍の侵略が現実問題として重なり、たとえ中原《ちゅうげん》を逐《お》われていようと、漢族の王朝であった南宋は美化・神話化された。ただし、対内的には宋は都合が悪い。中華民国および中華人民共和国の版図は、清の高宗乾隆《けんりゅう》帝が切り開いた国境線を基本としているからである。宋王朝は台湾や魚釣島《うおつりじま》はもとより、チベットやいわゆる「東北」（英語名マンチュリア）や敦煌《とんこう》以西（清高宗の命名による「新疆《しんきょう》」）を、ただの一度も統治したことがなかった。

しかし、文化大革命後の改革開放政策では、海に向かって開かれていた平和文化国家としての宋のイメージが最大限利用された。また、王安石《おうあんせき》の新法は、実現しなかった早期の近代社会をめざしたものと高く評価された。イギリスの科学史研究者ジョゼフ・ニーダムが、宋の科学技術は当時の世界最高水準であったと述べたことも、ナショナリストのプライドをくすぐった。宋は多面的に今でも漢族ナショナリズムを支える役割を果たしている。

漢や唐と違って、しかし、宋の特徴は軍事的に弱いというところにある。だがどんなに弱くとも、この王朝は政治・経済・社会・文化といった諸方面で東アジア世界をリードする存在だった。さらに、今につながるさまざまな生活習慣や文化芸能がこの時に生まれた。三〇〇年を超えるという長期性——唐や清よりも長く、漢に一〇〇年ほど及ばない——が、ちょうど時代の転換期だったこともあって、宋についての記憶に特殊な色を施しているようである。

日本の伝統文化に見る宋王朝の影

これが日本においてともなると、その影はより大きくなる。すでに諸処で述べたので繰り返さないが、この王朝と日本の伝統文化との関わりは特別である。漢（「漢字」「漢文」などという言い方）や唐（「唐物《からもの》」「唐人《とうじん》」）に比べて表立ってはいないが、「宋」はわたしたちの心の奥底に居着いている。三国時代のようなおもしろさや大唐帝国のような華やぎには欠けるが、蘇軾《そしょく》の書画、朱熹《しゅき》の教説、そして岳飛《がくひ》や文天祥の気概によって、親しみを懐《いだ》かせる時代ではあった。

明の滅亡とともに日本に亡命してきた朱舜水《しゅしゅんすい》は、鎖国のなかで暮らす人々にとっては、見たことのない中国のことを教えてくれる貴重な存在だった。「今でも杭州西《せい》湖に蘇堤はあるのか？」との問いに、こう答えている。「東坡《とうば》の柳はこの風流学士が植えたとされている。彼は経世家として民に恩沢を与えており、その点で王荊公よりも数段勝れていた」と。明の士大夫としては模範的な回答であろう。本家中国に倣って、江戸時代には日本でも王安石の評判は悪かった。明代に形成された宋代像が日本でも再生産された。明治以降、それは裏返しの評価となって中国蔑視につながっていく。「文弱な士大夫たちの精神文化が中国の発展をさまたげてきたのだ。それに引き換えわが日本の武士道はすばらしい」と。

しかし、本当にそうだろうか。日本で古来伝承されてきた宋へのイメージ、そしてそれと切り離す形で語られてきた「日本精神、日本の伝統文化」という虚構。本書はそれらを覆《くつがえ》すことをめざしてきた。だが、宋の実像を探ると称しながら、その虚像をまた一つ描き出したにすぎないことを恐れる。

もっとも、所詮すべての歴史書はそういうものなのかもしれない。欧陽脩《おうようしゅう》の『五代史記』や司馬光《しばこう》の『資治通鑑《しじつがん》』が、彼らの時代を荘厳することを目的とした、為にする書であったごとくに。

おわりに

本巻の草稿があらかた成った二〇〇三年夏、わたしはやはり宋の磁器と向かい合っていた。かつてお世話になっていた知人の葬儀に参列した帰途、飛行機待ちの時間つぶしに、福岡城址に立ち寄ったのである。かつて平和台球場があった区画が、さらに大昔には鴻臚館《こうろかん》があった場所として発掘調査中で、その出土品の展示館に唐や五代のものと並んでそれらの磁器は置かれていた。

ボストンで、あるいは北京《ペキン》や台北《タイペイ》やロンドンや東京で、荘厳な博物館に展示されている伝世品とは異なり、つい最近まで地中に埋もれ、そのうえを多くのプロ野球ファンの足が踏みしめていたであろうこれらの磁器は、釉薬《ゆうやく》の輝きという点ではいささか遜色があるものの、その端正な形姿によってわたしの目を引きつけた。鴻臚館すなわち迎賓館《げいひんかん》で、歓送迎会の祝宴に供されていたものだろうか。鴻臚館は一一世紀なかばにその使命を終えたという。奇しくも宋では慶暦の改革があり、思想文化の転換が生じていた時期であった。

その日茶毘《だび》に付された知人は、法華経《ほけきょう》写本の校訂に生涯を捧げた人だった。大学を定年退官し、郷里に戻った直後の訃報であった。奝然《ちょうねん》や成尋《じょうじん》、栄西や道元は、求法《ぐほう》の旅を中国でおこない、漢訳仏典を持ち帰っている。日本人が直接インドの言葉で経典を研究するようになるのは、明治になってからであった。そのことは、仏教についての旧来のイメージを学術的に変えることになった。どちらが正しい仏教かといった次元のことではない。宗教も文化も歴史的・地理的に不断に作られていくということである。自分たちの信仰が唯一の神の正統教義だとおごることの不毛さを、この一例は示している。再度繰り返す。鎌倉時代の仏教は、デリーの諸王朝ではなく、宋の影響下に形成された。

本巻に女性がほとんど登場しないと御不満の読者も多かろう。この二〇年来、宋代についても、以前から存在した后妃伝や列女伝の研究ではなく、ジェンダー論の視点から女性の過去を明らかにする試みがさかんになっている。そうした成果をほとんど盛り込んでいないのは、たしかにわたしの不手際である。宋代人の文化は、やはり女性に支えられていた。范仲《はんちゅう》淹《えん》や欧陽脩《おうようしゅう》が母親から初等教育を受けたという列女伝的な逸話はさておき、趙明誠《ちょうめいせい》・李清照《りせいしょう》夫婦のようなカップルは、記録に残らないだけで、他にもたくさんいたのだと思う。一部の方々からはこういう言い方にお叱りを受けるかもしれないが、「内助の功」によって士大夫《したいふ》を陰で支えていたのは、女性であった。王安石や司馬光の妻がそれぞれ夫のためにわざわざ妾を用意したという逸話もある。

書物が市場に出回る時代、それを買うために「山内一豊の妻」を演じた女性は多かったことだろう。遠方の地にいる大先生に教わるための旅の資金を工面した妻もいたに違いない。そうそう、陳淳《ちんじゅん》という弟子は朱熹に会うための旅を、妻の父親とともに、その援助で実現させている。かくいうわたしも、本書の構想を固めたボストン暮らしや、執筆のための資料蒐集に、その筋から多大な恩恵を蒙っている。

栄西や道元に妻はいなかった。儒教が仏教を攻撃するときの決まり文句、「人倫の道に反して妻帯しない」は、ことによると精神的なことまで含んでいまいか。成尋阿闍梨がついに故国の老母に会わずに異国の土となったことは、儒教の孝の倫理からいうとどういうことになるのだろうか。おそらく批判の対象であろう。学問（仏法）か生活（妻帯・孝養）か。昔の人の生き様は、慣習や文化の違いを超えて現代にも通じるものを持っている。それを学ぶことこそが歴史の醍醐味だとわたしは思う。現代社会に巣くう欧陽脩や司馬光の徒に対してあえて異を唱えよう。「忠義伝」に載る人物を養成することが歴史教育の目的なのではない、と。

過去から学べることはたくさんある。「いつか来た道」を繰り返さないためにも、新たな視点を盛り込みながら、歴史は語り継がれねばならない。数万年ぶりの熒惑《けいわく》という星の大接近――この星は奇しくも宋の徳の星である――と世界的な異常気象という天譴《てんけん》があったのと時を同じくして、西アジアの地で起きた戦争が、さらなる悲劇の序幕ではないことを祈りつつ、本書の幕を下ろすことにしたい。

癸未歳陰暦八月朔

【追記】

それから一年余、世界は「災」に覆いつくされた。かつて広州港をめざす舟が通った海域に、地震による津波で人類史上最大級の惨事が襲いかかった。その西方、南宋併呑《へいどん》と前後してモンゴル帝国があっさりカリフを追放した土地では、現代最強の「帝国」が悪戦苦闘している。日本では政治の混迷と人心の荒廃が文明の衰退を象徴している。今こそ「鏡」としての歴史の復活が必要ではなかろうか。

澶淵の盟一千周年となる歳末

学術文庫版あとがき

私が本書を執筆したのは平成一五年（二〇〇三）である。その年の三月、米国ブッシュ二世政権は、イラクが大量破壊兵器を保有しているという名目で同盟諸国とともに攻撃を加えた。本書全体に国家間の無益な戦争を批判する言辞が見えるのはこの事件を意識したからである。国際平和を維持する目的だったはずのこの戦争は、その後イラク国内の内戦、周辺諸国への波及と泥沼化し、今なお尾を引いている。人類は歴史を鑑とすることが苦手なようだ。

そしてその翌年、「おわりに」に追記したように、スマトラ沖大地震による津波で二〇万以上の人命が失われた。さまざまな災厄がその後も今にいたるまで世界各地を襲っている。そしてこの間ずっと、天空には古代ギリシャの人々が戦いの神に見立てた赤い惑星が異様に明るく輝きつづけている。東アジアでも国家間やいわゆる分裂国家のなかでの政治的緊張が顕在化した一五年だった。

また、本シリーズの他の巻の著者たちもそれぞれに感じていることと思うが、研究状況が大きく変わった時期でもあった。

広く一般に当てはまることからいえば、ＩＴ技術の発達で史料の画像・データベースや研究論文の電子ファイルが活用できるようになり利便性が増した。ある記録を確認するために遠方の図書館まで足を運んで書籍を閲覧する手間を取らずに、自室で瞬時にその情報が入手できるようになった。

中国に限定していえば、大陸（人民共和国）での研究の著しい進展である。本国史である以上は当然のことながら、旧版執筆時点ですでに分野によっては日本を遥かに凌ぐ精密さで研究成果を挙げていた。その後はさらなる国力の上昇に伴うかのように、毎年夥しい数の研究成果が発信されるようになっている。大陸だけでなく台湾・香港からも中国語の論文が発信されているし、英語圏の研究も盛んである。「日本の中国研究は世界をリードしている」と誇れた時代はとうに去ってしまった。まあ、そうなった原因の一部は、担い手だった私たち世代の責任ということになるのだろうが。

本書の執筆依頼を引き受けたのは、人間を描くことがシリーズの趣旨だと説明されたからだった。精緻なデータにもとづく政治制度史や社会経済史は私の能くするところではない。当時すでに同世代の研究仲間たちがその方面に新境地を開拓しつつあった。だが思想文化に焦点をあてて宋代像を描くことなら自分にもできそうだという思いが私にはあった。今回この文庫化に際して久しぶりに通読することとなったが、自著ながら忘れている事柄が多くて勉強になった。執筆のためがんばっていろいろ調べたのだろう、自分でも忘れていたが。「原本刊行後の研究動向など、特に記すべき事項があれば、あとがきが長くなってもかまわない」というのが講談社からの指示である。だが、如上のようなわけで本巻についてはとてもそうできない。最新状況をふまえた新しい宋代通史は別の研究者が今後書くであろうものに期待していただきたい。

とはいえ、研究成果が量的に蓄積されているのに、宋という時代の全体像はほとんど変貌していないように思われる。それどころか、宋代の持つ意義を中国史ないしは世界史全体のなかに位置付けるという大きな作業はむしろ忌避されているかの如き感じすら受ける。特に日本にその傾向が強いのか、内藤湖南の唐宋変革論は日本でより中国・米国の研究者たちのほうが積極的に言及している。いささか私的な偏見かもしれないが、実証的であることそれ自体を好しとする風潮があるのかもしれない。

一五年前の日中関係は、靖国神社問題などがあって政府間ではややこじれていたものの、世間的には友好ムードだった。「嫌中」などということばは聞いたこともなかった。「中国はこんな国だ」式の低俗本が書肆を賑わしている——というのはいかにも旧弊な表現で、オンラインショップが広まったのもこの一五年間の出来事だが——、そんな状況になるとは夢想だにしなかった。一般読者に対して研究者が学術的な観点から知識を正確に伝える責任は、こうした状況だからこそ強まっていると思う。

異文化理解とか共生社会とかいうことばも、この一五年間に一般化した。言うは易く行うは難しで、他者を理解して共に生きていくのは大変（大いに変！）なことだ。しかしだからといってはじめから理解する努力を放棄するのは、人間に与えられた知性に対する冒瀆である。理解とは行かぬまでも、知ろうとすることは隣人に対する最低限の礼儀ではなかろうか。そのうえでやはり嫌いなのであれば、それはそれで仕方がない。

中国四千年の歴史のなかで、日本人にもっともなじみやすいのは宋代だろう。そのことは本書のなかで縷々述べた。本書がきっかけになって中国についての偏見・誤解が解けるようなことがあれば、著者としてこれに過ぎる喜びはない。いや、もっと喜ばしいのは、若い読者のなかから宋代研究を志す人たちを得ることである。そして彼らによって宋代の歴史像が更新されるとき、本書はその究極の使命を果たすことになるといえよう。

令和二年（二〇二〇）九月一一日

すなわち私がボストンで「あの日」を経験してから一九周年の日に

小島　毅

主要人物略伝

趙普《ちょうふ》（九二二—九九二）河北《かほく》出身の実務官僚。太祖《たいそ》が節度使《せつどし》だった時に仕え、陳橋《ちんきょう》での太祖擁立劇で太宗《たいそう》とともに中心的役割を果たす。九六四年から九七三年までは太祖のもとで、九八一年から九八三年までは太宗のもとで、宰相《さいしょう》を務める。彼自身は科挙《かきょ》出身ではなかったが、将軍たちを遠ざけた文官中心の国造りと、儒教学術の奨励実践によって、宋朝の気風の礎を築いた。諡《おくりな》は忠献《ちゅうけん》。

寇準《こうじゅん》（九六一—一〇二三）陝西《せんせい》の出身。九七九年の進士。太宗の信任厚く、真宗の輔弼《ほひつ》を任された一人。そのもとで一〇〇四年から一〇〇六年と一〇一九年から一〇二〇年の二度、宰相を務める。澶淵《せんえん》での遼《りょう》軍との対峙で中心となって活躍、以後長く続く講和体制を樹立した。だが、硬骨漢の通弊で官界遊泳術には長けておらず、同僚に足をすくわれて晩年は不遇となり、最後は今の湖南省で死去。諡は忠愍《ちゅうびん》。

范仲淹《はんちゅうえん》（九八九—一〇五二）蘇《そ》州の出身。父を早く失い、母親が再婚して義理の父に養われ、はじめ朱説《しゅせつ》と名乗っていた。その名で一〇一五年の進士となる。のちに范姓に戻り、以後は范氏の一員であるという自覚を人並み以上に強く持って、晩年には一族のための荘園を蘇州に購入・設置している（范氏義荘）。一〇四三年に参知政事（副宰相）となり、政治改革を唱える。「慶暦《けいれき》の治」として後世の士大夫《したいふ》たちから高く評価されるものの、改革は企画倒れで、晩年は地方官を歴任して終わる。「先憂後楽《せんゆうこうらく》」は宋朝士大夫の気概を示す標語として有名。諡は文正《ぶんせい》。

欧陽脩《おうようしゅう》（一〇〇七—七二）江西《こうせい》の出身。范仲淹と同様父を早く失い、母親から教育を受ける。一〇三〇年の進士。エリートコースを歩み、慶暦の治にも参画、改革派少壮官僚の領袖《りょうしゅう》となる。学者や文筆家としても活躍し、六朝《りくちょう》以来の風気を打破して新風を巻き起こした。英宗《えいそう》擁立に尽力、仁宗・英宗の二代にわたり一〇六一年から一〇六七年まで参知政事。ただし、濮議《ぼくぎ》のため改革政治は実現しなかった。神宗《しんそう》の即位とともにに中央政界を去り、地方の大官を歴任しつつ、自身の後継者であった王安石《おうあんせき》に対しては、改革に対する抵抗勢力の一翼を担って晩年を過ごす。諡は文忠《ぶんちゅう》。

司馬光《しばこう》（一〇一九—八六）山西《さんせい》の出身。一〇三八年の進士。同世代のなかでは保守的な思考の持ち主で、濮議では欧陽脩と対決、続いて王安石改革への抵抗勢力の中心人物となる。彼は『論語』に出てくる孔子《こうし》の弟子にちなんで「司馬牛」というあだ名で呼ばれるように、改革派の秀才たちとは対照的な気風と性格の持ち主だった。神宗崩御により一〇八六年に旧法党政権の宰相となるが、まもなく病没。学者としては、主著『資治通鑑《しじつがん》』のほか、易学の著作『潜虚《せんきょ》』や家庭内儀礼の式次第をまとめた『司馬氏書儀』がある。諡は文正。

王安石《おうあんせき》（一〇二一—八六）江西が本籍だが事実上は江寧《こうねい》（現在の南京《ナンキン》）出身。一〇四二年の進士。神宗のもと、一〇七〇年から一〇七六年まで宰相を務めて新法政策を推進した。官僚として多忙を極めるかたわら学者としても活躍、『周礼《しゅらい》』をはじめ多くの経書《けいしょ》に注釈を書く。詩人・書家としても高名だった。晩年は江寧に退隠し、そこで死去。諡は文。死後、王爵《おうしゃく》を追贈され、孔子に次ぐ大学者とまでみなされるが、南宋でふたたび公爵に戻される。

呂恵卿《りょけいけい》（一〇三二—一一一一）福建泉州《ふっけんせんしゅう》の出身。一〇五七年の進士。はじめ欧陽脩に目をかけられる。程顥《ていこう》・蘇轍《そてつ》らとともに初期の新法政策を実務面で担った若手官僚で、たちまち頭角を現し王安石の右腕となる。一〇七四年から一年あまり参知政事。あまりの俊敏さと策士ぶりに敵が多く、王安石とも軋轢《あつれき》を生じて地方に転出したまま生涯を終える。諡は文敏《ぶんびん》。学者としても多くの注解をものしたが、現在は他書に引用された『荘子注《そうじちゅう》』の復元版が残るのみである。

程顥《ていこう》（一〇三二—八五）・**程頤《ていい》**（一〇三三—一一〇七）河南洛陽《かなんらくよう》出身の兄弟。少年時代、一年間だけ父の部下であった周敦頤《しゅうとんい》を家庭教師として学ぶ。程顥は一〇五一年の進士。当初は王安石改革に参画する役職に就いていたが、人脈的なトラブルから辞任。一方、程頤は科挙には合格しなかった。二人とも洛陽に戻り、父の縁で司馬光ら旧法党系の老大官たちと親しく接し、その影響下に反王安石の立場から独特の思想体系を構築する。兄の没後、程頤は中央政界で学術顧問・幼帝教育係として活躍、多くの門人を擁して一大勢力を築いた。新法党政権下で危険思想家のレッテルを貼られ洛陽で死去。のちに程顥は純、程頤は正と諡される。一般には兄を明道《めいどう》、弟を伊川《いせん》と呼び、『宋史』では「道学伝」に入れて顕彰している。

蘇軾《そしょく》（一〇三六—一一〇一）・**蘇轍**《そてつ》（一〇三九—一一一二）　四川《しせん》出身の兄弟。父は欧陽脩に抜擢されて『太常因革礼《たいじょういんかくれい》』編纂に従事した蘇洵《そじゅん》。父に連れられて開封《かいほう》で学び、ともに一〇五七年の進士となる。欧陽脩麾下《きか》の若手官僚として頭角を現し、王安石改革にも当初は参画していたが、やがて抵抗勢力側にまわる。哲宗《てつそう》の時の旧法党政権では程頤とそりがあわず、司馬光の葬儀をきっかけに、双方の門人を巻き込む党争に発展した。哲宗親政の新法党時代を経て、徽宗即位により二人とも都に呼び戻されるが、蘇軾は中途で病没する。蘇轍も蔡京《さいけい》政権から遠ざけられ、河南《かなん》で晩年を過ごす。南宋になって名誉を回復。蘇軾の諡は文忠《ぶんちゅう》、蘇轍の諡は文定《ぶんてい》。蘇軾は東坡《とうば》という号で有名。

蔡京《さいけい》（一〇四七—一一二六）・**蔡卞**《さいべん》（一〇四八—一一一七）　福建出身の兄弟。ともに一〇七〇年の進士で、改革派官僚として活躍。蔡卞は王安石に見込まれ、その娘と結婚する。徽宗の初期にともに大臣として国政を担ったが、兄弟で意見が合わず、弟のほうは地方に出て行った。蔡卞には王安石の学説を受け継ぐ文字学の著作があり、経学者としての一面もある。彼は新法党時代に死んだため、文正という諡をもらえた。蔡京は一一〇二年に宰相となってから一一二五年にいたるまで、徽宗時代を通じて事実上の政府首班として国政運営にあたった。最後には金軍侵入を招いた失政の責任を問われ、配流の途上で死去。高官であった資格も剝奪《はくだつ》されたため、生前は魯《ろ》の公爵であったにもかかわらず、諡をもらっていない。二人とも『宋史』では「姦臣伝《かんしんでん》」に入れられている。

楊時《ようじ》（一〇五三—一一三五）　福建の出身。一〇七六年の進士。程顥・程頤兄弟に学ぶ。新法党政権のもと、長く官僚として不遇であったが、道学を南方の浙江・福建に広めた。南宋になってこの地域が道学派の拠点となったのは彼の功績。金軍侵入に際して、その責任をさかのぼって王安石に求め、その王爵剝奪を建白した。南宋初期、秦檜《しんかい》政権成立前の不安定期における主戦論・道学派の顧問的役割を果たした。諡は文《ぶん》靖《せい》。

大慧宗杲《だいえそうこう》（一〇八九―一一六三）　安徽《あんき》の出身。幼少より仏門にはいる。一一三七年には高宗《こうそう》の詔によって杭州《こうしゅう》の禅寺の住持となって、張九成《ちょうきゅうせい》らと交遊した。主戦論者であったため秦檜に睨まれ、地方に流される。その後赦されて杭州・明州《めいしゅう》の名刹の住持を歴任した。孝宗《こうそう》より大慧の号を授与される。坐禅《ざぜん》主義の黙照《もくしょう》禅に対抗して、看話禅《かんなぜん》の立場から臨済《りんざい》派の布教活動に貢献した。諡は普覚禅師《ふかくぜんじ》。

秦檜《しんかい》（一〇九〇―一一五五）　江寧《こうねい》の出身。一一一五年の進士。靖康《せいこう》の変に際して金《きん》に拉致されたが、その後南宋に帰順。ただちに高宗の信任を得て一一三一年に宰相となる。翌年やめさせられるも、一一三八年にふたたび宰相となって金との和議政策を担い、以後、一一五五年まで首班であった。主戦派に道学系が多かったため、これと政治的に対立し、王安石系統の学術を重んじる結果となった。王爵を追贈され、諡は忠《ちゅう》献《けん》。しかし、一二〇六年に金への宣戦が布告されると王爵を奪われ、諡も「謬醜《びゅうしゅう》」と変更された。講和後はまた元のものに復しており、その時々の政治情勢（対金政策）に応じて彼への毀誉褒貶《きよほうへん》が逆転している。

岳飛《がくひ》（一一〇三―四一）　河南の農民出身。靖康の変に際して故郷で義勇軍に応募し、数年にして南宋軍の中核を担う将軍となる。徹底抗戦による華北領土の恢復を唱えて秦檜の和議政策と衝突、ついに捕らえられて刑死する。秦檜没後に名誉回復が行われ、武穆《ぶぼく》という諡と、王爵を授与される。子孫は南宋宮廷に仕える科挙官僚となった。辛亥《しんがい》革命後は漢民族を代表する英雄となり、関羽《かんう》と同格の武神として政治的に崇められてきた。

朱熹《しゅき》（一一三〇―一二〇〇）　福建の出身。道学派主戦論の父を持ち、周囲の環境・人脈もそうした中で成長。一一四八年の進士。官僚としては出世コースをはずれていたが、呂祖謙・張栻《ちょうしょく》といった同世代の名門と交流して知名度を高め、数多くの著作によって道学派の中心人物と目されるにいたる。趙汝愚《ちょうじょぐ》政権に参加してその政治顧問となるが、すぐに失脚。晩年は偽学として禁圧を受けて終わる。名誉回復後の諡は文。やがてそれまで王安石がいた位置を奪い、孔子・孟子《もうし》の衣鉢《いはつ》を継ぐ大学者として尊崇されるようになる。

呂祖謙《りよそけん》（一一三七―八一）　浙江《せっこう》の出身。北宋の宰相呂夷簡《りよいかん》から数えて六代目の子孫。一一六三年の進士。名家の出身ゆえに若くして学術界のリーダーとなる。朱熹や陸九淵兄弟は、いわば彼のサロンに集う新進だった。朱陸の会談（鵝湖《がこ》の会）を設定したり、さまざまな出版物を編集したりして活躍。文才にも恵まれ、その作品は科挙受験生から模範と仰がれた。死後、朱熹から「雑学」とけなされたため、『宋史』では「道学伝」ではなく普通の「儒林伝」に配属される。諡は忠亮《ちゅうりょう》、および、成。

陸九淵《りくきゅうえん》（一一三九―九二）　江西の出身。一一七二年の進士。兄陸九齢《きゅうれい》に学ぶ。一一七五年に呂祖謙の仲介で朱熹と会談、以後、同じ道学の枠のなかで周敦頤評価や太極《たいきょく》観念をめぐって論争を展開する。中級官僚として地方で死去。のちに与えられた諡は文安《ぶんあん》。彼の死後、学派としては栄えなかったが、朱熹が真剣に立ち向かった論敵だったために後世にその学説が伝わり、一六世紀に陽明学《ようめいがく》が熟成するにあたって一定の作用を及ぼした。

史弥遠《しびえん》（一一六四―一二三三）　浙江明州（現在の寧《ニン》波《ポー》）の出身。父は宰相史浩《しこう》。一一八七年の進士。一二〇八年の宮廷クーデターで宰相となり、寧宗《ねいそう》・理《り》宗の二代にわたって二五年間続く、宋朝を通じての最長不倒政権を樹立した。諡は趙普や秦檜と同じく、忠献。死後、朱子学側から独裁者として悪く言われるが、自身道学系官僚の系譜に属し、南宋中期の社会的安定を実現した功労者である。

真徳秀《しんとくしゅう》（一一七八―一二三五）　福建の出身。一一九九年の進士。当時、慶元《けいげん》偽学の禁の最中だったため、自身の思想信条を隠した答案で合格したという。史弥遠批判の発言が嫌われて地方官に飛ばされ、史弥遠没後は端平更化《たんぺいこうか》の中心人物として参知政事に任ぜられるも、まもなく病を得て辞任し、ほどなくして死去。諡は文忠。朱子学者として知られ、理宗に帝王学を説いた主著『大学衍義《だいがくえんぎ》』は、中国のみならず朝鮮や日本でも長く読み継がれた。

賈似道《かじどう》（一二一三―七五）　浙江の出身。父の恩蔭で官僚ポストを獲得し、外戚として異例の昇進を遂げる。一二六〇年から宰相として理宗・度宗《たくそう》二代にわたり政権を担当。積極的な財政政策を実施して国庫の再建に努める。コレクターとしても著名で、士大夫たちの歓心を買う術にも長けていた。しかし、蒙古《もうこ》軍の侵入を防ぎきれず、最後は失脚、私刑により殺される。したがって諡はない。

文天祥《ぶんてんしょう》（一二三六―八二）江西の出身。一二五五年の科挙首席合格者。一二七五年に形勢不利のなかで義勇軍を募って臨安《りんあん》防衛を試み、臨安の知事を任される。蒙古（元《げん》）への降伏にあたっては宰相として交渉に臨む。のち、降伏を肯《がえ》んぜずに逃亡、各地を転戦しながら抵抗したが捕らえられ、クビライに仕えることを拒んで刑死。大義名分を守った忠臣として元の宮廷が編んだ『宋史』でも高く評価され、忠烈という諡を与えられる。

歴史キーワード解説

科挙《かきょ》　国家公務員（上級職）採用試験。正しくは「選挙」という。もともと漢代に人材登用のため「郷挙里選（郷に挙げ里に選ぶ）」を行ったことに由来し、六朝《りくちょう》時代の九品官人法《きゅうひんかんじんほう》を経て、隋《ずい》の時に筆記試験による方式が始まった。進士・明経《めいけい》などいくつもの「科」があったため、俗に科挙と呼ばれる。唐の後半から進士科出身者が政界を牛耳るようになり、宋では政府首脳のほとんどがその合格者で占められていて、宰相《さいしょう》の子も進士に合格してはじめて宰相に昇進できるようになる（呂夷簡《りょいかん》・呂公著《こうちょ》父子、史浩《しこう》・史弥遠《しびえん》父子など）。三年に一度の試験における合格者数は多くて五〇〇人なので、全国の同い年の男子のうち一〇〇名余しか進士になれなかった計算であり、単純な人口比で約一万分の一、実際に受験を志した中でも一〇〇〇分の一程度の合格率にすぎなかった。それでも、このエリートコースを中心に当時の政治社会秩序は構成されており、その社会的・文化的意義はきわめて大きい。

佃戸《でんこ》　他人が所有・登記している耕地で農作業に従事することによって生計を立てている者。要するに小作人であるが、地主との関係が身分的な隷属関係なのか、それとも契約を通じた比較的自由なものだったのかをめぐって、歴史学者の間に見解の対立があった。前者とすれば宋代はまだ封建的な中世社会であったことになるし、後者であれば経済関係重視の近世社会だとみなせるからである。ただ、実際にはその両面の要素があるために、論争は決着していない。そもそも、現代に残されたテキストとしての史料は、ほとんどが官僚士大夫《したいふ》たちの作文であり、そのなかで彼らが佃戸について言及するのは、たいてい彼らが思い描く理想的な統治との落差を強調する文脈であったため、ある程度は実態をふまえながらも、いずれの方向にせよ誇張されたものが多い。「佃戸が分をわきまえずにわがまま勝手し放題だ」とか「佃戸は貧窮のどん底で塗炭の苦しみを嘗めている」とかあっても、それを鵜呑みにしてはいけない。

宋銭《そうせん》　宋代に鋳造された銅製のコイン。宋の国内や外国との交易を行う場合の決済にとどまらず、東アジア各地で国内通貨としても流通した。まさしく当時の世界通貨である。額面は原則としてほとんどが一文であるが、その傷み具合等によって必ずしも等価ではなかった。また偽造のものも国外では宋銭として流通していたし、さらには中国国外で鋳造された宋銭さえ存在した。鋳造貨幣は呪術的・神秘的な力も持つとみなされていた。宋銭は象徴的な意味を帯びて汎用されたと言える。本文で記述した短陌《たんぱく》慣行などともあわせて、こうした現象は現在の経済学理論では説明しきれないとする考え方もある。

鎮市《ちんし》　州や県のような政治都市ではなく、主として経済的な原因により人々が集住することで形成された都市。鎮はもともと軍事拠点の意味で使われていたが、宋代には県の中にある経済都市として行政が認定したものに与えられる名称になった。名称授与時の年号を取った景徳鎮《けいとくちん》は、その典型的な例である。「市」は経学上は城壁都市内部に置かれることになっていた交易施設であるが、現実には一般的に小規模な町を指し、農村で生産・消費される物資の集散場であった。「市」のほかに「場」という用語も使われ、熟語としては「市場」となる。やまとことばとしてのイチバはもちろんここに由来する。これをシジョウと音読みし、経済学の学術用語として非空間的な意味で使うのは明治以降のことで、経学的な概念語への先祖返りとも見なすことができよう。

五山《ござん》　東方の泰山《たいざん》をはじめとする東西南北中の五つの名山を指す用法（「五岳《ごがく》」ともいう）が古い時代からあるが、南宋では代表的な禅寺を五つ選んでこう呼ぶようになった。インドにある釈迦ゆかりの聖地（「精舎」）が五つであったことにちなんだと言われている。杭州《こうしゅう》の径山《きんざん》興聖万寿禅寺・北山景徳霊隠《りんにん》禅寺・南山浄慈《じんず》報恩光孝禅寺と、明州《めいしゅう》の太白山天童景徳禅寺・阿育王《あいくおう》山広利禅寺である。地域的に偏っているのは、この地域が呉越《ごえつ》国以来仏教が盛んであったことに由来するほかに、当時の政治的情勢も大きく作用していた。すなわち、杭州は南宋の臨時首都であり、明州は権勢を誇る史氏一族をはじめとする有力政治家の郷里であった。日本からの留学僧も多くはこれらの寺院で学び、臨済宗《りんざいしゅう》・曹洞宗《そうとう》を伝えることになる。日本の鎌倉五山・京都五山はこの制度の模倣である。

小説《しょうせつ》 もともとの語義は「取るに足りないつまらない話」であった。漢代に図書目録が作成された際、諸《しょ》子《し》百家《ひゃっか》のなかに教説の主張内容それ自体にもとづく九つの流派（儒家・道家・法家など）と別に「小説家」が設けられた（九流十家）。この語をもとに、珍しい話や人物の逸話を集めた書物を小説と呼ぶようになる。宋代の「小説」には、今日の分類でいえば随筆に属するものも多い。短編のものは宋代に書かれたプロットにさまざまな意匠が加えられていくし、長編のものでは歴史に題材を取って批評を加えた「評話《ひょうわ》」というジャンルが生まれ、これが元代には「平話《へいわ》」と呼ばれて明清白話《みんしんはくわ》小説の源流の一つとなる。ここにも宋代に形成された枠組みが後世に受け継がれ発展していく様子を見ることができる。

宗族《そうぞく》 父系の血縁原理により組織される親族集団。古来、「宗」は屋根を表す「宀」と祭壇を表す「示」の会意《かいい》文字で、建物のなかで祭祀儀礼を行うことを意味し、「族」は旗と矢との会意文字で、軍旗のもとに多数が集うことを意味するとされる。この説明の当否はさておき、「宗族」が祭祀団体であるとともに軍事団体でもあったことを象徴していよう。だが、古代にあったとされる血縁集団はすでに解体・形骸化していた。宋代の士大夫は経書《けいしょ》に書かれたあるべき理念としての親族結合を再現前させるべく宗族復活論を唱え、みずからも実践していく。普及の度合いは南宋末でもまだそれほど高くなかったが、その規範性はのちの時代にも作用し、清代の礼教社会を築き上げる基礎となった。

宋学《そうがく》 ことばの文字通りの意味を尊重すれば「宋代の学術」ということになるが、思想史の用語としては、ある内容的特徴をともなった学術流派を指して用いられる。現代日本の辞書の説明などでは朱子学《しゅしがく》の同義語とされることが多いが、本書では両者を区別した。すなわち、宋学とは北宋なかばに勃興した儒教の新興流派全体の総称で、その中にさまざまな流派があり、その一つであった道学に属していたのが、朱子学の開祖朱熹《しゅき》であった。つまり、集合記号で表せば、宋学⊃道学⊃朱子学の関係となる。のちに清代になってから、自称「漢学」者たちからの批判の対象となったのが、朱子学・陽明学を中心とする「宋学」者であった。したがって、今でも中国の学術界においては自身の学風を表明する用語として使われる場合がある。

参考文献

以下に掲げるのは英文概説書などに見られるFurther Readingに相当するもので、わたしが本巻を執筆する際に参考にしたすべての研究を網羅するものではない。まずはそのことをお断りして、同業諸氏への申し開きとする。日本語で書かれた単行本で、かつ図書館などで入手しやすいものを優先的に紹介した。これらの論著が言及している国内外の論文を通じて、読者諸賢は芋蔓式に宋代史研究の全容に迫ることができるだろう。

概説書

(1) 周藤吉之・中嶋敏『五代・宋』「中国の歴史」五、講談社、一九七四年。のちに『五代と宋の興亡』と改題。講談社学術文庫、二〇〇四年

▼(1)は本シリーズの旧バージョンであり、わたしが本巻執筆に際して特に強く意識したもの。三〇年前の研究状況を反映して、「宋＝中世」説の立場から、土地制度と王安石新法(それも経済関係の)に多くのページを費やしている。

(2) 宮崎市定責任編集『宋と元』「世界の歴史」六、中央公論社、一九六一年。のちに中公文庫より復刊

(3) 佐伯富編『宋の新文化』「東洋の歴史」六、人物往来社、一九六七年。のちに中公文庫より復刊

(4) 竺沙雅章『征服王朝の時代　宋・元』、講談社現代新書、一九七七年

(5) 梅原郁『宋王朝と新文化』「図説中国の歴史」五、講談社、一九七七年

▼(2)から(5)はいずれも京都大学教授の手になり、「宋＝近世」説である。

(6) 斯波義信・溝口雄三・梅原郁・愛宕元・森田憲司・杉山正明『五代～元』「世界歴史大系　中国史」三、山川出版社、一九九七年

▼(6)は六人の共著だけに分量的に(5)までのものより多く、それだけ精密に時代相を描いている。巻

末の文献目録も詳しく充実している。
（7）伊原弘・梅村坦『宋と中央ユーラシア』「世界の歴史」七、中央公論社、一九九七年
▼（7）は（2）のシリーズのリメーク版。かつて（1）と（2）とが相補う関係にあったように、本巻も（7）を意識しつつ執筆した。ぜひ参照していただきたい。伊原氏は後掲「社会史・経済史関係」に挙げた書名に見えるように、宋を中世とする。わたしは本文で述べたように、宋を近世とみなす。なお、伊原氏とわたしとが共同で編集した論集に、次の（8）がある。
（8）伊原弘・小島毅編『知識人の諸相　中国宋代を基点として』、勉誠出版、二〇〇一年

研究史的回顧

（9）内藤虎次郎『内藤湖南全集』（全一四巻）、筑摩書房、一九六九—七六年
▼日本の宋代史研究の草分けは「唐宋変革」論を提起し、「宋＝近世」説を唱えた内藤湖南である。（9）でその全貌をうかがうことができる。
（10）『森克己著作選集』（全六巻）、国書刊行会、一九七五—七六年
▼（10）は日宋関係史研究の古典。
（11）周藤吉之『宋代官僚制と大土地所有』「社会構成史体系　三巻第二部　東洋社会構成の発展」、日本評論社、一九五〇年
▼（11）は「宋＝中世」説を主張し、第二次大戦後の研究に一定の方向付けを施すことになった。周藤にはこのほか、（12）から（16）のような論集がある（まとまった著作集はまだない）。
（12）周藤吉之『中国土地制度史研究』、東京大学出版会、一九五四年。東京大学出版会、一九八〇年復刊
（13）周藤吉之『宋代経済史研究』、東京大学出版会、一九六二年
（14）周藤吉之『唐宋社会経済史研究』、東京大学出版会、一九六五年
（15）周藤吉之『宋代史研究』、東洋文庫論叢五〇、一九六九年

(16) 周藤吉之『宋・高麗制度史研究』、汲古書院、一九九二年

(17) 仁井田陞『唐宋法律文書の研究』、東方文化学院東京研究所、一九三七年。東京大学出版会、一九八三年復刊

▼(17) は周藤の同僚としてともに研究活動をしていた法制史家が、周藤と同じく「宋＝中世」説を実証すべくまとめた研究。

(18) 青山定雄『唐宋時代の交通と地誌地図の研究』、吉川弘文館、一九六三年

(19) 曾我部静雄『宋代財政史』、生活社、一九四一年

(20) 宮崎市定著／佐伯富ほか編纂委員『宮崎市定全集』、岩波書店、一九九一―九四年

▼(20) では前掲の概説や後掲の科挙研究も含んで、第一巻「中国史」、第二巻「東洋史」、第九巻「五代宋初」、第一〇巻「宋」、第一一巻「宋元」、第一二巻「水滸伝」の各巻に宋代関連の研究が収められ、内藤湖南の「宋＝近世」説を継承発展させている。

(21) 竺沙雅章『中国仏教社会史研究』東洋史研究叢刊三四、同朋舎出版、一九八二年

(22) 竺沙雅章『宋元仏教文化史研究』、汲古叢書二五、汲古書院、二〇〇〇年

▼(21) と(22) は書名に「仏教」と冠しているが、宮崎門下の著者の幅広い視野に支えられて宋代の全体像を見通す論文集となっている。

(23) 柳田節子『宋元郷村制の研究』、創文社、一九八六年

(24) 柳田節子『宋元社会経済史研究』、創文社、一九九五年

▼(23) と(24) は基本的には「宋＝中世」説に立ちながらも、独自の視点や分析によって当時としては新しい見方を提示した。

(25) 斯波義信『宋代商業史研究』、風間書房、一九六八年

(26) 斯波義信『宋代江南経済史の研究』「東洋文化研究所紀要」別冊、東京大学東洋文化研究所、一九八八年

▼(25) と(26) は、(18) の手法を受け継ぎながらも、それまでの日本の研究に見られなかった斬新な手

法で宋代の経済社会を描き出した。

また、（当時の）若手研究者を中心に組織された宋代史研究会からは、以下に挙げるようにすでに七冊の論文集が刊行されている。

（27）宋代史研究会編『宋代の社会と文化』「宋代史研究会研究報告」一、汲古書院、一九八三年
（28）宋代史研究会編『宋代の社会と宗教』「宋代史研究会研究報告」二、汲古書院、一九八五年
（29）宋代史研究会編『宋代の政治と社会』「宋代史研究会研究報告」三、汲古書院、一九八八年
（30）宋代史研究会編『宋代の知識人　思想・制度・地域社会』「宋代史研究会研究報告」四、汲古書院、一九九三年
（31）宋代史研究会編『宋代の規範と習俗』「宋代史研究会研究報告」五、汲古書院、一九九五年
（32）宋代史研究会編『宋代社会のネットワーク』「宋代史研究会研究報告」六、汲古書院、一九九八年
（33）宋代史研究会編『宋代人の認識　相互性と日常空間』「宋代史研究会研究報告」七、汲古書院、二〇〇一年

▼なお、宋代に限定されるものではないが、中国史研究会によって以下の論集も編まれている。

（34）中国史研究会編『中国史像の再構成　国家と農民』、文理閣、一九八三年
（35）中国史研究会編『中国専制国家と社会統合　中国史像の再構成　2』、文理閣、一九九〇年
（36）宋元時代史の基本問題編集委員会編『宋元時代史の基本問題』「中国史学の基本問題」三、汲古書院、一九九六年

▼（36）は分野ごとに近年の研究動向をまとめることを意図して編まれたもの。

翻訳

▼宋代の文化・社会の様相を伝えてくれる史料の翻訳には、下記のとおり、梅原郁氏の功績が大きい。

（37）朱熹編纂／梅原郁編訳『宋名臣言行録』「中国の古典」、講談社、一九八六年

(38) 沈括著／梅原郁訳注『夢渓筆談』（全三巻）、東洋文庫、平凡社、一九七八—八一年
(39) 孟元老著／入矢義高・梅原郁訳注『東京夢華録　宋代の都市と生活』、岩波書店、一九八三年。東洋文庫、平凡社、一九九六年
(40) 呉自牧著／梅原郁訳注『夢粱録　南宋臨安繁昌記』、東洋文庫、平凡社、二〇〇〇年
(41) 梅原郁訳注『名公書判清明集』「京都大学人文科学研究所研究報告」、同朋舎出版、一九八六年
▼(41) は宋版で部分的に伝わる『名公書判清明集』の全訳。その後、明版の翻訳活動が各地で進み、その一部はすでに刊行されている。後掲する高橋芳郎氏や大澤正昭氏の著書は、その活動の成果でもある。
(42) 梅原郁編『訳注中国近世刑法志』上・下、創文社、二〇〇二—〇三年
▼(42) には『宋史』刑法志を含む。なお、現代日本語への翻訳ではないが、『宋史』の選挙志・食貨志については、財団法人東洋文庫より書き下し文と語釈を付けたものが、「訳注」として刊行されている。
(43) 湯浅幸孫『近思録』「中国文明選」四—五、朝日新聞社、一九七二—七四年
(44) 市川安司『近思録（宋・朱熹、呂祖謙原編）』「新釈漢文大系」三七、明治書院、一九七五年
▼『近思録』は江戸時代以来、朱子学入門書として広く読まれたため多くの翻訳がある。ここでは (43) と (44) だけ紹介する。相互に読み比べると、訳者による解釈の相違がうかがえておもしろい。
(45) 宇野精一『小学』「新釈漢文大系」三、明治書院、一九六五年
▼『小学』は『近思録』とならぶ朱子学入門書で、倫理道徳の教科書。(45) はその全訳。
(46) 島田虔次『大学・中庸』「新訂中国古典選」四、朝日新聞社、一九六七年。のち朝日文庫に収録
▼『大学』『中庸』の翻訳は数多くあるが、(46) の特色は朱熹の解釈に沿って訳す方針を採っていることで、宋代の人がどう読んでいたかをうかがうことができる。現時点で朱熹『四書集註』の全文現代語訳は刊行されていない。(47) が辛うじてそれに近い。大正時代の読書子は、これで充分内容が理解できたのだろう。(48) から (50) は、朱熹の文集や語録の部分訳を収める。なお、近年いろいろな場所で宋代の思想文献を翻訳する研究会が進行しており、いずれそれらの成果が出版されるものと期待される。

(47) 簡野道明補註『論語集註　補註』、明治書院、一九二一年
(48) 荒木見悟責任編集『朱子・王陽明』「世界の名著」続四、中央公論社、一九七四年
(49) 吉川幸次郎・三浦國雄『朱子集』「中国文明選」三、朝日新聞社、一九七六年
(50) 三浦國雄『朱子』「人類の知的遺産」一九、講談社、一九七九年
(51) 陳淳著／佐藤仁訳・解題『朱子学の基本用語　北渓字義訳解』研文選書六四、研文出版、一九九六年
▼(51) は朱熹門下の陳淳がまとめ、その死後出版された、朱子学の術語集の全訳。「性」とか「誠」という字の意味が説明されている。
(52) 圜悟克勤著／末木文美士編／『碧巌録』研究会訳『現代語訳碧巌録』(全三巻)、岩波書店、二〇〇一―〇三年
▼禅籍の翻訳は数多いが、訳語が難解であることが多い。本書はつとめて平易に訳出しようとした点に特長がある。
(53) 星川清孝ほか『唐宋八大家文読本［沈徳潜評］』「新釈漢文大系」七〇―七四、一一四、明治書院、一九七六―二〇〇四年
(54) 星川清孝『古文真宝』「新釈漢文大系」九―一〇、一六、明治書院、一九六三―六七年
(55) 前野直彬『文章軌範［謝枋得編］』「新釈漢文大系」一七―一八、明治書院、一九六一―六二年
▼(52) から (54) は「古文」の代表的作品のアンソロジーの翻訳。これら以外にその抄訳も各種ある。
(56) 陸游著／岩城秀夫訳『入蜀記』東洋文庫、平凡社、一九八六年
(57) 范成大著／小川環樹訳／山本和義・西岡淳解説『呉船録・攬轡録・驂鸞録』東洋文庫、平凡社、二〇〇一年
▼以上の二点は、南宋文人士大夫の「ものを見る眼」をうかがうのに好適の作品。韻文(詩・詞)や小説についても多くの翻訳が出版されているが、ここでは同一のシリーズに収録された下記(58)から(61)のみを紹介しておく。

(58) 前野直彬編訳『宋・元・明・清詩集』「中国古典文学大系」一九、平凡社、一九七三年
(59) 倉石武四郎編／倉石武四郎・須田禎一・田中謙二訳『宋代詞集』「中国古典文学大系」二〇、平凡社、一九七〇年
(60) 前野直彬編訳『六朝・唐・宋小説選』「中国古典文学大系」二四、平凡社、一九六八年
(61) 松枝茂夫ほか訳『宋・元・明通俗小説選』「中国古典文学大系」二五、平凡社、一九七〇年

▼蘇軾の作品の翻訳は多い。(62) のみ紹介する。

(62) 小川環樹・山本和義『蘇東坡集』「中国文明選」二、朝日新聞社、一九七二年
(63) 司馬光著／頼惟勤・石川忠久編／新田大作ほか訳『資治通鑑選』「中国古典文学大系」一四、平凡社、一九七〇年

▼『資治通鑑』には他にも抄訳があるが、(63) はわたしが中学生のときに学校の図書室から借り出し夢中になって読んだ思い出の本。そのときカウンターを（なぜか）担当していた体育の教師に、「おまえ、こんなもん読んでおもしろいんか？」と呆れた口調で言われた経験が、中国史研究を職業として選ぶことになった原点である。

伝記

(64) 礪波護『馮道』「中国人物叢書」六、人物往来社、一九六六年。のち中公文庫にて復刊
(65) 竺沙雅章『宋の太祖と太宗』、清水書院、一九七五年
(66) 竺沙雅章『范仲淹』「中国歴史人物選」五、白帝社、一九九五年

▼欧陽脩に関しては、東洋史学の立場（政治史と宗族の研究）からと中国文学の立場（古文研究）からの二冊の研究書が近年刊行された。

(67) 小林義廣『欧陽脩　その生涯と宗族』、創文社、二〇〇〇年
(68) 東英寿『欧陽脩古文研究』、汲古書院、二〇〇三年

(69)木田知生『司馬光とその時代』「中国歴史人物選」六、白帝社、一九九四年
(70)小野寺郁夫『王安石』「第二期中国人物叢書」五、人物往来社、一九六七年
(71)三浦國雄『王安石　濁流に立つ』「中国の人と思想」七、集英社、一九八五年
(72)竺沙雅章『蘇東坡』「第二期中国人物叢書」六、人物往来社、一九六七年
▼蘇軾には(72)以外に、文学研究者による伝記的研究が多数存在する。ここでは世界的に有名な林語堂のものの翻訳である(73)の紹介にとどめる。
(73)林語堂著／合山究訳『蘇東坡』、明徳出版社、一九七八年
(74)衣川強『朱熹』「中国歴史人物選」七、白帝社、一九九四年
(75)佐藤仁『朱子　老い易く学成り難し』「中国の人と思想」八、集英社、一九八五年
(76)佐藤仁『朱子行状』「中国古典新書」、明徳出版社、一九六九年
▼朱熹の伝記は上記以外にも各種あるが、(74)は官僚士大夫としての生涯に焦点を絞ったところに特色がある。(76)は朱熹門下の黄榦が著した伝記の翻訳。
(77)梅原郁『文天祥』「中国人物叢書」七、人物往来社、一九六六年
(78)桑原隲蔵著／宮崎市定解説『蒲寿庚の事蹟』東洋文庫、平凡社、一九八九年
▼桑原隲蔵は内藤湖南とともに京都大学の中国史学の礎を築いた人物。(78)は単なる伝記ではなく、南宋末期の泉州海外交易の様相を描き出した名著。
(79)陳舜臣責任編集『中国のルネサンス』「人物中国の歴史」七、集英社、一九八一年
▼(79)は朱全忠からチンギス・カンにいたる一二人の伝記を通して時代相を描く。

政治史・制度史・外交史関係(本巻第一章・第二章・第三章・第四章・第一〇章)

(80)栗原益男編『五代・宋初藩鎮年表』、東京堂出版、一九八八年
(81)梅原郁『宋代官僚制度研究』東洋史研究叢刊三七、同朋舎出版、一九八五年

(82) 王瑞来『宋代の皇帝権力と士大夫政治』汲古叢書二八、汲古書院、二〇〇一年
(83) 荒木敏一『宋代科挙制度研究』東洋史研究叢刊二二、東洋史研究会、一九六九年
(84) 村上哲見『科挙の話　試験制度と文人官僚』、講談社学術文庫、二〇〇〇年
(85) 平田茂樹『科挙と官僚制』世界史リブレット9、山川出版社、一九九七年
▼科挙の「再生産」機能にも言及している著名な研究として（86）を紹介しておく。
(86) ピエール・ブルデュー、ジャン＝クロード・パスロン著／宮島喬訳『再生産　教育・社会・文化』(Bourdieu library)、藤原書店、一九九一年
(87) 寺田剛『宋代教育史概説』、博文社、一九六五年
(88) 小岩井弘光『宋代兵制史の研究』汲古叢書、汲古書院、一九九八年
(89) 寺地遵『南宋初期政治史研究』、渓水社、一九八八年
(90) 島田正郎『契丹国　遊牧の民キタイの王朝』東方選書、東方書店、一九九三年
(91) 金成奎『宋代の西北問題と異民族政策』、汲古書院、二〇〇〇年
(92) 王麗萍『宋代の中日交流史研究』、勉誠出版、二〇〇二年
▼以上、宋についての研究のほかに、王権論に関して次の二冊を挙げておく。
(93) 渡辺浩『東アジアの王権と思想』、東京大学出版会、一九九七年
(94) 棚橋光男『後白河法皇』、講談社選書メチエ、一九九五年

思想史・宗教史関係（本巻第五章・第六章）

(95) 諸橋轍次『儒学の目的と宋儒の活動　自慶暦至慶元百六十年間』、大修館書店、一九二九年。鎌田正・米山寅太郎編集『諸橋轍次著作集』一、大修館書店、一九七五―七七年
(96) 岡田武彦『宋明哲学の本質』、木耳社、一九八四年
(97) 荒木見悟『仏教と儒教　中国思想を形成するもの』、平楽寺書店、一九六三年

(98) 島田虔次『朱子学と陽明学』、岩波新書、一九六七年
(99) 島田虔次『中国思想史の研究』東洋史研究叢刊五九、京都大学学術出版会、二〇〇二年
(100) 今井宇三郎『宋代易学の研究』、明治図書出版、一九五八年
(101) 三浦國雄『朱子と気と身体』、平凡社、一九九七年
(102) 土田健次郎『道学の形成』東洋学叢書、創文社、二〇〇二年
(103) 市來津由彦『朱熹門人集団形成の研究』東洋学叢書、創文社、二〇〇二年
(104) 吾妻重二『朱子学の新研究　近世士大夫の思想史的地平』東洋学叢書、創文社、二〇〇四年
(105) 木下鉄矢『朱熹再読　朱子学理解への一序説』、研文出版、一九九九年
(106) 木下鉄矢『朱子学の位置（一）（二）――闘う民政官たち――』「東洋古典学研究」六―七、一九九八―九九年
▼本文で用いた「闘う民政官」の語はこの論文による。
(107) 上山春平『仏教と儒教』「上山春平著作集」七、法藏館、一九九五年
▼この巻には「朱子の『家礼』と『儀礼経伝通解』」という大きな論文を収めている。著者は狭義の中国学者ではないが、朱熹のこの二つの書物についての最もすぐれた概要紹介論文である。
(108) 石井修道『宋代禅宗史の研究　中国曹洞宗と道元禅』学術叢書・禅仏教、大東出版社、一九八七年
(109) 鈴木哲雄編『宋代禅宗の社会的影響』、山喜房佛書林、二〇〇二年
(110) 林鳴宇『宋代天台教学の研究「金光明経」の研究史を中心として』、山喜房佛書林、二〇〇三年
▼三教の名称、その「教」の意味については、(111) に論文が載っている。
(111) 小林正美『六朝道教史研究』東洋学叢書、創文社、一九九〇年
▼「名公」たちが「愚民」にどう対処したかは
(112) 大澤正昭『主張する〈愚民〉たち　伝統中国の紛争と解決法』、角川書店、一九九六年
▼本文で用いた「文明化の過程」については

(113)ノルベルト・エリアス著／波田節夫ほか訳『文明化の過程』上・下、叢書・ウニベルシタス75・76、法政大学出版局、一九七七—七八年
▼以下は、わたし自身の著書。
(114)小島毅『中国近世における礼の言説』、東京大学出版会、一九九六年
(115)小島毅『宋学の形成と展開』中国学芸叢書八、創文社、一九九九年
(116)小島毅『朱子学と陽明学』、放送大学教育振興会、二〇〇四年
(117)小島毅『東アジアの儒教と礼』世界史リブレット68、山川出版社、二〇〇四年

科学技術史関係（本巻第七章）

(118)ジョゼフ・ニーダム著／礪波護ほか訳『中国の科学と文明』（全一一巻）、思索社、一九七四—八一年
(119)杜石然ほか編著／川原秀城ほか訳『中国科学技術史』上・下、東京大学出版会、一九九七年
(120)藪内清編『宋元時代の科学技術史』「京都大学人文科学研究所研究報告」、京都大学人文科学研究所、一九六七年
(121)長澤規矩也著／長澤規矩也先生喜壽記念会編纂『宋元版の研究』「長澤規矩也著作集」三、汲古書院、一九八三年
(122)井上進『中国出版文化史　書物世界と知の風景』、名古屋大学出版会、二〇〇二年
(123)山田慶児『気の自然像』、岩波書店、二〇〇二年
(124)石田秀実『中国医学思想史　もう一つの医学』東洋叢書七、東京大学出版会、一九九二年
(125)宋慈著／徳田隆訳『中国人の死体観察学　「洗冤集録」の世界』、雄山閣出版、一九九九年
(126)中村喬『宋代の料理と食品』、中国芸文研究会、朋友書店（発売）、二〇〇〇年
(127)吉岡義信『宋代黄河史研究』、御茶の水書房、一九七八年
(128)長瀬守『宋元水利史研究』、国書刊行会、一九八三年

(129)山田慶兒『朱子の自然学』、岩波書店、一九七八年
(130)田中淡『中国建築史の研究』、弘文堂、一九八九年
(131)竹島卓一『営造法式の研究』(全三巻)、中央公論美術出版、一九七〇―七二年

文化史・文学史関係（本巻第八章）

(132)高橋忠彦編『東洋の茶』「茶道学大系」七、淡交社、二〇〇〇年
(133)弓場紀知責任編集／出川哲朗文物解説／長谷部楽爾監修『宋・元の陶磁』「故宮博物院」六、日本放送出版協会、一九九七年
(134)石田肇『五代・宋・金』「ヴィジュアル書芸術全集」七、雄山閣出版、一九九二年
(135)角井博監修『宋・元の書』「故宮博物院」一〇、日本放送出版協会、一九九八年
(136)小川裕充監修『南北朝～北宋の絵画』「故宮博物院」一、日本放送出版協会、一九九七年
(137)小川裕充監修『南宋の絵画』「故宮博物院」二、日本放送出版協会、一九九八年
(138)戸田禎佑・小川裕充編集『中国の花鳥画と日本』「花鳥画の世界」一〇、学習研究社、一九八三年
(139)杉村勇造『中国の庭　造園と建築の伝統』、求龍堂、一九六六年
(140)吉川幸次郎『吉川幸次郎全集　第一三巻　宋篇』、筑摩書房、一九六九年
(141)村上哲見『宋詞の世界　中国近世の抒情歌曲』、大修館書店、二〇〇二年
(142)船津富彦『唐宋文学論』、汲古書院、一九八六年
(143)松本肇『唐宋の文学』中国学芸叢書一〇、創文社、二〇〇〇年
(144)王国維著／井波陵一訳注『宋元戯曲考』東洋文庫、平凡社、一九九七年
(145)岡本不二明『唐宋の小説と社会』、汲古書院、二〇〇三年

社会史・経済史関係（おもに本巻第九章）

▼すでに「研究史的回顧」で紹介した諸研究の多くがこの分野に属するものだが、それ以外に次のような研究がある。

(146) 日野開三郎『宋代の貨幣と金融』「日野開三郎東洋史学論集」六—七、三一書房、一九八三年
(147) 河上光一『宋代の経済生活』ユーラシア文化史選書七、吉川弘文館、一九六六年
(148) 河原由郎『宋代社会経済史研究』、勁草書房、一九八〇年
(149) 草野靖『中国の地主経済　分種制』、汲古書院、一九八五年
(150) 佐竹靖彦『唐宋変革の地域的研究』東洋史研究叢刊四四、同朋舎出版、一九九〇年
(151) 大澤正昭『唐宋変革期農業社会史研究』汲古叢書九、汲古書院、一九九六年
(152) 髙橋芳郎『宋代中国の法制と社会』汲古叢書四一、汲古書院、二〇〇二年
(153) 島居一康『宋代税政史研究』汲古叢書二、汲古書院、一九九三年
(154) 宮澤知之『宋代中国の国家と経済　財政・市場・貨幣』、創文社、一九九八年
(155) 古林森廣『中国宋代の社会と経済』、国書刊行会、一九九五年
(156) 柳田節子『宋代庶民の女たち』汲古選書三六、汲古書院、二〇〇三年

▼以下は、都市史研究。

(157) 梅原郁編『中国近世の都市と文化』、京都大学人文科学研究所、一九八四年
(158) J・ジェルネ著／栗本一男訳『中国近世の百万都市　モンゴル襲来前夜の杭州』、平凡社、一九九〇年
(159) 伊原弘『中国中世都市紀行　宋代の都市と都市生活』、中公新書、一九八八年
(160) 伊原弘『中国開封の生活と歳時　描かれた宋代の都市生活』、山川出版社、一九九一年
(161) 伊原弘『中国人の都市と空間』、原書房、一九九三年
(162) 伊原弘編『「清明上河図」をよむ』、勉誠出版、二〇〇三年

▼(162)はもと『アジア遊学』（勉誠出版）の特集（第一一号、一九九九年）として企画されたもの。上記

（8）『知識人の諸相』も同様である（第七号、一九九九年）。同誌から本書の内容と関連する号をいくつか挙げておく。
(163) 第一八号「宋銭の世界　東アジアの国際通貨」、二〇〇〇年
(164) 第六四号「徽宗とその時代」、二〇〇四年
(165) 第七〇号「波騒ぐ東アジア」、二〇〇四年

学術文庫版のための追加

旧版から一五年の間に、当然のことながら宋代研究はかなり進んだ。ここに紹介するのは旧版で挙げているものの「その後」と、本書の内容から特に必要と感じたもののみを並べている。

▼まずは（10）の新装版。ただし収録内容は一部異なる。
(166)『新編森克己著作集』（全五巻）、勉誠出版、二〇〇八―一五年
▼（27）から（33）の「宋代史研究会研究報告」の続編として、二〇二〇年の時点でいずれも汲古書院から以下が刊行されている。
(167) 八『宋代の長江流域』、二〇〇六年
(168) 九『「宋代中国」の相対化』、二〇〇九年
(169) 一〇『中国伝統社会への視角』、二〇一五年
(170) 一一『宋代史料への回帰と展開』、二〇一九年
▼（46）の説明で言及した『四書集註』のうち、『論語』について。
(171) 土田健次郎『論語集注』（全四巻）、東洋文庫、平凡社、二〇一三―一五年
▼以下は本書の内容から特に必要と感じたもの。あくまでも私の主観的選択。
(172) 遠藤隆俊・平田茂樹・浅見洋二編『日本宋史研究の現状と課題　一九八〇年代以降を中心に』、汲古書院、二〇一〇年

(173)平田茂樹『宋代政治構造研究』、汲古書院、二〇一二年
(174)梅村尚樹『宋代の学校　祭祀空間の変容と地域意識』、山川出版社、二〇一八年
(175)岡元司『宋代沿海地域社会史研究　ネットワークと地域文化』、汲古書院、二〇一二年
(176)浅見洋二『中国宋代文学の圏域　草稿と言論統制』、研文出版、二〇一九年
(177)伊原弘『宋代中国都市の形態と構造』、勉誠出版、二〇二〇年
(178)小林義廣『南宋江西吉州の士大夫と宗族・地域社会』、汲古書院、二〇二〇年
(179)垣内景子『「心」と「理」をめぐる朱熹思想構造の研究』、汲古書院、二〇〇五年
(180)福谷彬『南宋道学の展開』、京都大学学術出版会、二〇一九年
(181)種村和史『詩経解釈学の継承と変容　北宋詩経学を中心に据えて』、研文出版、二〇一七年
(182)内山精也『宋詩惑問　宋詩は「近世」を表象するか?』、研文出版、二〇一八年

年表

西暦	宋の年号	宋に関連する事項	国外でのできごと
八七五		黄巣の乱（―八八四）	
八九四			菅原道真、遣唐使廃止を提案
九〇七		朱全忠、梁の皇帝として即位（唐梁禅譲）	契丹建国
九一八			王建が王位に即く（高麗の建国）
九二三		晋王李存勗、唐の皇帝として即位し、同年中に梁を亡ぼす	
九三二		洛陽で経書の印刷を始める（九五三年に開封で完成）	
九三六		石敬瑭、契丹の後援で晋の皇帝として即位。ついで唐を亡ぼす	
九四六		契丹軍、開封を攻略。晋の出帝を拉致	
九四七		劉知遠、皇帝に即位。ついで国号を漢と定める	
九五一		郭威即位（漢周禅譲）	
九六〇	建隆元	趙匡胤即位（周宋禅譲）	
九六二			オットーが帝位に即く（神聖ローマ帝国成立）
九七一	開宝四	四川で大蔵経の刊行を始める（九八三年に完成） 南漢を亡ぼし、広州に市舶司を設置する	
九七三	開宝六	科挙で殿試を始める	
九七九	太平興国四	北漢を亡ぼす（いちおうの統一完成）	
九八二	太平興国七	西夏の李継捧が宋に帰順するが、李継遷は反対して自立	

九八四	雍熙元	日本から奝然が入宋し、完成したばかりの大蔵経を与えられる	
九九七	至道三	全国を一五の路に分け、職務ごとに所属の州を統轄する	
一〇〇四	景徳元	澶淵の盟によって遼との講和が成る（厳密には西暦一〇〇五年）	
一〇〇八	大中祥符元	天書降臨。行幸して泰山で封禅を行い、帰途曲阜で孔子を祭る	
一〇一六			藤原道長が摂政となる
一〇四三	慶暦三	范仲淹が参知政事に就任する	
一〇五四			キリスト教会が東西に分裂
一〇六五	治平二	濮議が起こる	
一〇六九	熙寧二	王安石が参知政事に就任し、新法改革が始まる	
一〇七三	熙寧六	成尋が神宗の命を受けて開封で雨乞いをする	
一〇七五	熙寧八	『三経新義』を頒布する	
一〇七六	熙寧九	陝西で張載門人の呂氏兄弟が郷約を実施する	
一〇八五	元豊八	神宗が崩御し、旧法党が奪権（元祐更化）	
一〇八六			白河帝が譲位して院政を始める
一〇八七	元祐二	泉州に市舶司を設置する	
一〇九三	元祐八	哲宗が親政を開始して新法党が復権	
一〇九六			第一回十字軍
一一〇二	崇寧元	杭州と明州とにそれぞれ市舶司を設置する 元祐党籍碑を建てて旧法党人を弾圧する	
一一一五			金の建国
一一二五	宣和七	金軍が侵入し、徽宗が責任をとって退位する	遼が滅亡する

一一二七	建炎元	金が徽宗・欽宗父子らを拉致し、張邦昌を楚の皇帝とする 高宗が即位し、張邦昌が帰順する	
一一二九	建炎三	行在所の杭州を臨安府と改称	
一一三〇			金が劉予を斉の皇帝とする
一一四一	紹興一一	宋金和議成る	
一一五六			保元の乱起こり、藤原頼長敗死
一一六一	紹興三一	金軍が侵入するも、采石磯で撃退する	
一一六八	乾道四	栄西が一度目の入宋（二度目は一一八七年）	
一一七五	淳熙二	呂祖謙・朱熹が共同で『近思録』を作る	
一一八五			壇ノ浦の合戦で平家滅亡
一一九二			後白河法皇崩御。源頼朝が征夷大将軍となる
一一九六	慶元二	朱子学への弾圧政策（慶元偽学の禁）	
一二〇六			テムジンが王となりチンギス・カンと称す
一二二三	嘉定一六	道元が師の明全の随行者として入宋	
一二三三	紹定六	史弥遠の死にともなう政権交替（端平更化）	
一二三四	端平元	宋・蒙古連合軍、蔡州において金を亡ぼす	
一二四一	淳祐元	王安石を孔子廟から追放し、代わりに周敦頤・朱熹ら五人を加える	
一二六〇			クビライ・カーン即位
一二六三	景定四	賈似道により公田法が施行される	
一二六八	咸淳四	襄陽攻防戦始まる（—一二七三）	
一二七一			クビライ・カーンが国号を「大

			元」とする
一二七四			文永の役（第一次蒙古襲来）
一二七六	徳祐二	臨安陥落。皇帝が降伏文書を差し出し、南宋滅亡	
一二七九		厓山において抵抗していた宋の流浪政府が玉砕	
一二八一			弘安の役（第二次蒙古襲来）
一二八二		文天祥が処刑される	

マ行

ヤ行

ラ行

ワ行

ナ行

ハ行

タ行

サ行

索引

用語について、主要な記載のあるページを表示した。

見出しに＊を付した語は、巻末の「主要人物略伝」か「歴史キーワード解説」に項目がある。

ア行

カ行

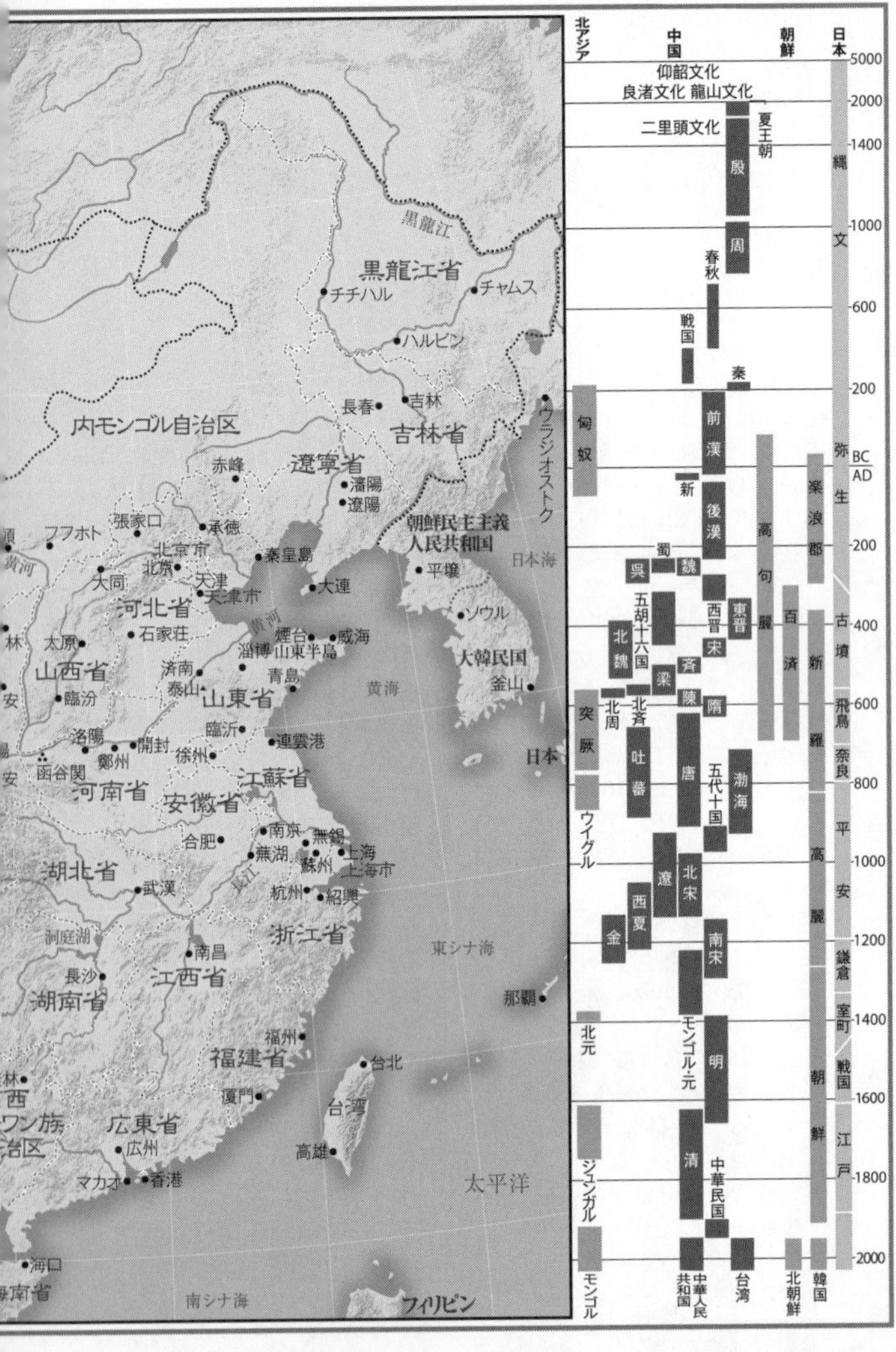

黒龍江
黒龍江省
チチハル
チャムス
ハルビン
長春
吉林
吉林省
内モンゴル自治区
ウラジオストク
遼寧省
赤峰
瀋陽
遼陽
承徳
張家口
フフホト
北京市
北京
秦皇島
朝鮮民主主義人民共和国
日本海
平壌
大同
天津
天津市
大連
黄河
河北省
石家荘
太原
煙台
威海
淄博
山東半島
ソウル
大韓民国
済南
青島
山西省
泰山
山東省
黄海
釜山
臨汾
臨沂
洛陽
開封
鄭州
連雲港
徐州
函谷関
日本
河南省
江蘇省
安徽省
南京
無錫
合肥
蕪湖
上海
蘇州
上海市
湖北省
長江
武漢
杭州
紹興
洞庭湖
浙江省
東シナ海
南昌
長沙
江西省
湖南省
那覇
福州
福建省
台北
厦門
台湾
広東省
広州
高雄
マカオ
香港
太平洋
海口
海南省
南シナ海
フィリピン
北アジア
中国
朝鮮
日本
5000
2000
1400
1000
600
200
BC
AD
200
400
600
800
1000
1200
1400
1600
1800
2000
仰韶文化
良渚文化
龍山文化
二里頭文化
夏王朝
殷
周
春秋
戦国
秦
匈奴
前漢
新
後漢
蜀
呉
魏
西晋
東晋
五胡十六国
北魏
宋
斉
梁
陳
北周
北斉
隋
突厥
吐蕃
唐
五代十国
渤海
ウイグル
遼
北宋
西夏
金
南宋
モンゴル・元
明
北元
清
中華民国
ジュンガル
モンゴル
中華人民共和国
台湾
高句麗
百済
楽浪郡
新羅
高麗
朝鮮
北朝鮮
韓国
縄文
弥生
古墳
飛鳥
奈良
平安
鎌倉
室町
戦国
江戸

現代の中国

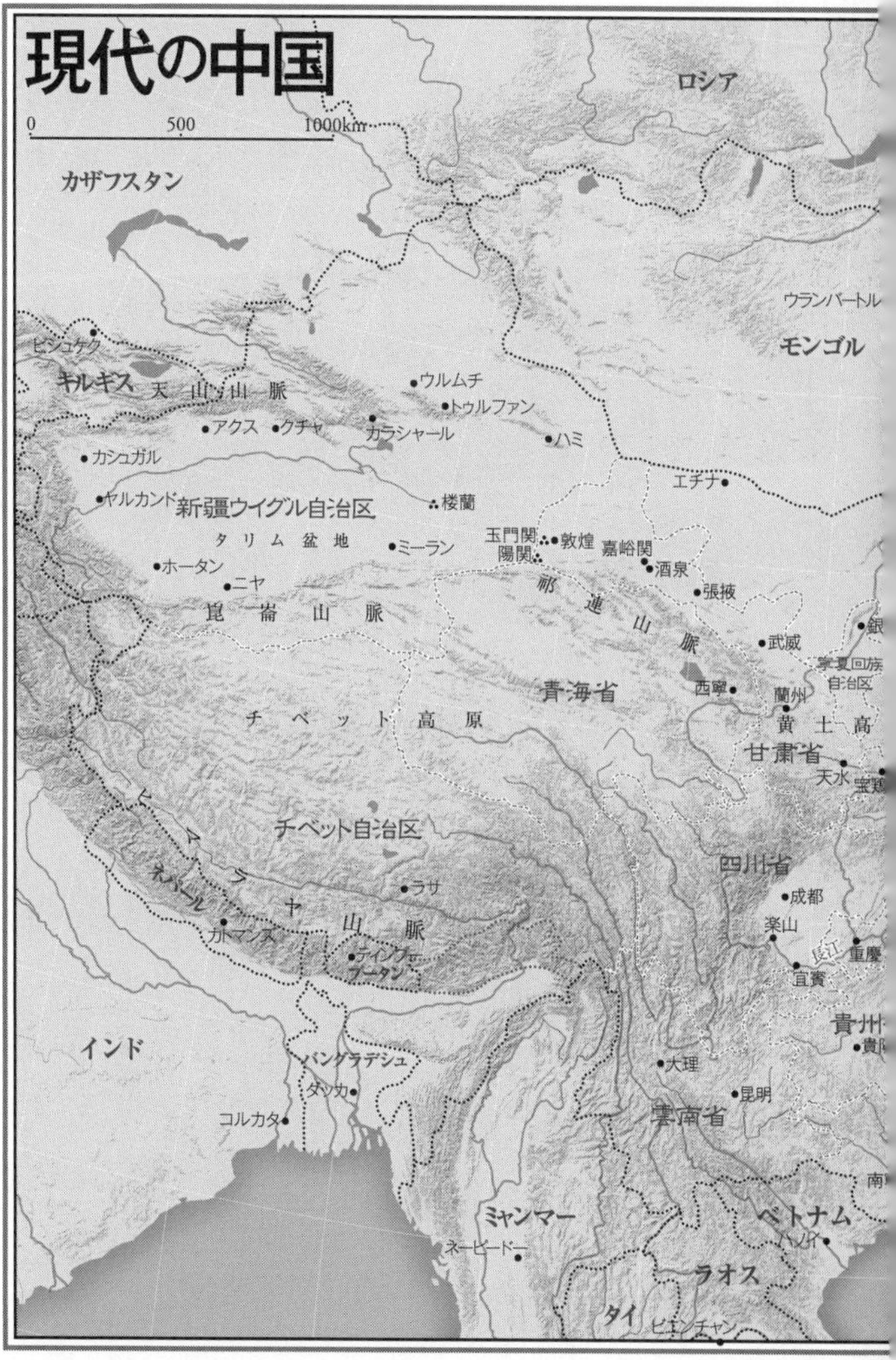
0
500
1000km
ロシア
カザフスタン
ウランバートル
モンゴル
ビシュケク
キルギス
天山山脈
ウルムチ
トゥルファン
アクス
クチャ
カラシャール
ハミ
カシュガル
エチナ
ヤルカンド
新疆ウイグル自治区
楼蘭
タリム盆地
ミーラン
玉門関
敦煌
陽関
嘉峪関
酒泉
ホータン
ニヤ
祁連山脈
張掖
崑崙山脈
武威
銀
寧夏回族自治区
青海省
西寧
蘭州
チベット高原
黄土高
甘粛省
天水
宝鶏
チベット自治区
四川省
ラサ
成都
ネパール
ヒマラヤ山脈
楽山
カトマンズ
ティンプー
ブータン
長江
重慶
宜賓
貴州
貴
インド
大理
バングラデシュ
ダッカ
昆明
コルカタ
雲南省
南
ミャンマー
ベトナム
ネーピードー
ハノイ
ラオス
タイ
ビエンチャン

本書の原本は、二〇〇五年七月、小社より刊行されました。

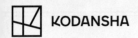

小島　毅（こじま　つよし）

1962年生まれ。東京大学文学部卒業。東京大学大学院人文科学研究科修士課程修了。現在，東京大学大学院人文社会系研究科教授。主な著書に『中国近世における礼の言説』『宋学の形成と展開』『朱子学と陽明学』『東アジアの儒教と礼』『義経の東アジア』『父が子に語る日本史』『父が子に語る近現代史』『儒教の歴史』『儒教が支えた明治維新』『子どもたちに語る日中二千年史』など。

講談社学術文庫

定価はカバーに表示してあります。

中国の歴史７

中国《ちゅうごく》思想《しそう》と宗教《しゅうきょう》の奔流《ほんりゅう》　宋朝《そうちょう》

小島《こじま》　毅《つよし》

2021年１月８日　第１刷発行
2023年９月４日　第４刷発行

発行者　髙橋明男
発行所　株式会社講談社
東京都文京区音羽 2-12-21 〒112-8001
電話　編集（03）5395-3512
販売（03）5395-4415
業務（03）5395-3615

装　幀　蟹江征治
印　刷　株式会社ＫＰＳプロダクツ
製　本　株式会社国宝社
本文データ制作　講談社デジタル製作

ISBN978-4-06-522143-3

「講談社学術文庫」の刊行に当たって

これは、学術をポケットに入れることをモットーとして生まれた文庫である。学術は少年の心を養い、成年の心を満たす。その学術がポケットにはいる形で、万人のものになることは、生涯教育をうたう現代の理想である。

こうした考え方は、学術を巨大な城のように見る世間の常識に反するかもしれない。また、一部の人たちからは、学術の権威をおとすものと非難されるかもしれない。しかし、それはいずれも学術の新しい在り方を解しないものといわざるをえない。

学術は、まず魔術への挑戦から始まった。やがて、いわゆる常識をつぎつぎに改めていった。学術の権威は、幾百年、幾千年にわたる、苦しい戦いの成果である。こうしてきずきあげられた城が、一見して近づきがたいものにうつるのは、そのためである。しかし、学術の権威を、その形の上だけで判断してはならない。その生成のあとをかえりみれば、その根は常に人々の生活の中にあった。学術が大きな力たりうるのはそのためであって、生活をはなれた学術は、どこにもない。

開かれた社会といわれる現代にとって、これはまったく自明である。生活と学術との間に、もし距離があるとすれば、何をおいてもこれを埋めねばならない。もしこの距離が形の上の迷信からきているとすれば、その迷信をうち破らねばならぬ。

学術文庫は、内外の迷信を打破し、学術のために新しい天地をひらく意図をもって生まれた。文庫という小さい形と、学術という壮大な城とが、完全に両立するためには、なおいくらかの時を必要とするであろう。しかし、学術をポケットにした社会が、人間の生活にとってより豊かな社会であることは、たしかである。そうした社会の実現のために、文庫の世界に新しいジャンルを加えることができれば幸いである。

一九七六年六月

野間省一

学術文庫版　日本の歴史　全26巻

編集委員＝網野善彦・大津透・鬼頭宏・桜井英治・山本幸司

00	「日本」とは何か	網野善彦（歴史家）
01	縄文の生活誌 旧石器時代～縄文時代	岡村道雄（考古学者）
02	王権誕生 弥生時代～古墳時代	寺沢　薫（橿原考古学研究所）
03	大王から天皇へ 古墳時代～飛鳥時代	熊谷公男（東北学院大学）
04	平城京と木簡の世紀 奈良時代	渡辺晃宏（奈良文化財研究所）
05	律令国家の転換と「日本」 奈良時代末～平安時代前期	坂上康俊（九州大学）
06	道長と宮廷社会 平安時代中期	大津　透（東京大学）
07	武士の成長と院政 平安時代後期	下向井龍彦（広島大学）
08	古代天皇制を考える 古代史の論点	大津透/大隅清陽/関和彦/熊田亮介 丸山裕美子/上島享/米谷匡史
09	頼朝の天下草創 鎌倉時代前期	山本幸司（静岡文化芸術大学）
10	蒙古襲来と徳政令 鎌倉時代後期	筧　雅博（フェリス女学院大学）
11	太平記の時代 南北朝時代	新田一郎（東京大学）
12	室町人の精神 室町時代	桜井英治（東京大学）
13	一揆と戦国大名 室町時代末～戦国時代	久留島典子（東京大学史料編纂所）
14	周縁から見た中世日本 中世史の論点	大石直正/高良倉吉/高橋公明
15	織豊政権と江戸幕府 織豊時代～江戸時代初期	池上裕子（成蹊大学）
16	天下泰平 江戸時代（17世紀）	横田冬彦（京都橘女子大学）
17	成熟する江戸 江戸時代（18世紀）	吉田伸之（東京大学）
18	開国と幕末変革 江戸時代（19世紀）	井上勝生（北海道大学）
19	文明としての江戸システム 近世史の論点	鬼頭　宏（上智大学）
20	維新の構想と展開 明治時代前期	鈴木　淳（東京大学）
21	明治人の力量 明治時代後期	佐々木隆（聖心女子大学）
22	政党政治と天皇 大正時代～昭和初期	伊藤之雄（京都大学）
23	帝国の昭和 昭和（戦前～戦中期）	有馬　学（九州大学）
24	戦後と高度成長の終焉 昭和・平成（戦後～バブル崩壊後）	河野康子（法政大学）
25	日本はどこへ行くのか	H・ハルトゥーニアン/T・フジタニ 姜尚中/岩崎奈緒子/比屋根照夫 T・モーリス=スズキ/C・グラック

学術文庫版

天皇の歴史 全10巻

【編集委員】大津透　河内祥輔　藤井譲治　藤田覚

天皇と日本史を問い直す、新視点の画期的シリーズ

① **神話から歴史へ**
大津 透

② **聖武天皇と仏都平城京**
吉川真司

③ **天皇と摂政・関白**
佐々木恵介

④ **天皇と中世の武家**
河内祥輔・新田一郎

⑤ **天皇と天下人**
藤井譲治

⑥ **江戸時代の天皇**
藤田 覚

⑦ **明治天皇の大日本帝国**
西川 誠

⑧ **昭和天皇と戦争の世紀**
加藤陽子

⑨ **天皇と宗教**
小倉慈司・山口輝臣

⑩ **天皇と芸能**
渡部泰明・阿部泰郎・鈴木健一・松澤克行

学術文庫版

中国の歴史 全12巻

編集委員＝礪波護　尾形勇　鶴間和幸　上田信

「中国」とは何か。いま、最大の謎に迫る圧巻の通史！

❶ **神話から歴史へ**　神話時代 夏王朝……宮本一夫

❷ **都市国家から中華へ**　殷周 春秋戦国……平勢隆郎

❸ **ファーストエンペラーの遺産**　秦漢帝国……鶴間和幸

❹ **三国志の世界**　後漢 三国時代……金 文京

❺ **中華の崩壊と拡大**　魏晋南北朝……川本芳昭

❻ **絢爛たる世界帝国**　隋唐時代……氣賀澤保規

❼ **中国思想と宗教の奔流**　宋朝……小島 毅

❽ **疾駆する草原の征服者**　遼 西夏 金 元……杉山正明

❾ **海と帝国**　明清時代……上田 信

❿ **ラストエンペラーと近代中国**　清末 中華民国……菊池秀明

⓫ **巨龍の胎動**　毛沢東vs.鄧小平……天児 慧

⓬ **日本にとって中国とは何か**

大自然に立ち向かって―環境・開発・人口の中国史……尾形 勇

中国文明論―その多様性と多元性……鶴間和幸

中国人の歴史意識……上田 信

世界史の中の中国……葛 剣雄

中国史の中の日本……王 勇

日本にとって中国とは何か……礪波 護